BACCHYLIDE

Dithyrambes - Épinicies - Fragments

COLLECTION DES UNIVERSITÉS DE FRANCE
publiée sous le patronage de l'ASSOCIATION GUILLAUME BUDÉ

BACCHYLIDE

Dithyrambes - Épinicies - Fragments

TEXTE ÉTABLI

PAR

JEAN IRIGOIN

Membre de l'Institut
Professeur au Collège de France

ET TRADUIT

PAR

JACQUELINE DUCHEMIN (†)

ET

LOUIS BARDOLLET

Professeur honoraire

Ouvrage publié avec le concours du C.N.R.S.

PARIS

LES BELLES LETTRES

1993

Conformément aux statuts de l'Association Guillaume Budé, ce volume a été soumis à l'approbation de la commission technique, qui a chargé M. François Jouan d'en faire la révision et d'en surveiller la correction en collaboration avec MM. Louis Bardollet et Jean Irigoin.

© 1993. Société d'édition Les Belles Lettres, 95 bd Raspail 75006 Paris.

ISBN : 2.251.00430-0
ISSN : 0184-7155

AVANT-PROPOS

*Ce livre a une longue histoire. En 1952, après la soutenance de mes thèses de doctorat, Paul Mazon me confia l'édition de Bacchylide dans la Collection des Universités de France : Camille Gaspar, l'auteur de l'*Essai de chronologie pindarique *(Bruxelles, 1900), qui en était chargé jusque-là, venait en raison de son grand âge de renoncer à ce projet. Nommé l'année suivante à la Faculté des Lettres de Poitiers, j'y fus accueilli par Jacqueline Duchemin qui mettait alors la dernière main à son livre sur* Pindare, poète et prophète *(Paris, Belles Lettres, 1955). Il fut entendu que nous collaborerions pour l'édition de Bacchylide : elle se chargerait de la traduction et des notices littéraires, l'établissement du texte et les notices métriques seraient de mon ressort. Quelques années passèrent. Jacqueline Duchemin, entraînée par ses recherches sur les origines pastorales de la poésie (*La houlette et la lyre *est de 1960), n'avait guère de temps pour traduire Bacchylide. De mon côté, le travail préparatoire était assez avancé ; c'est pourquoi, sans attendre la réalisation de l'entreprise, je me décidai à publier en 1962 des* Prolégomènes à une édition de Bacchylide *(Rev. Ét. Gr. 75, 1962, p. 45-63), mise au point sur les principaux problèmes critiques soulevés par le texte du poète.*

D'autres années passèrent, beaucoup plus nombreuses. Jacqueline Duchemin s'intéressait désormais aux origines orientales de la littérature grecque, tandis que je m'occupais de la tradition antique et byzantine des principaux auteurs. Mais jamais il ne fut question de renoncer au projet de collaboration initial. Au début des années 80, Jacqueline Duchemin se remit à la traduction et rédigea un premier état de l'introduction et des notices. Hélas !

elle commençait à souffrir d'un mal sans rémission qui, dans des conditions très pénibles pour elle et pour les siens, devait l'emporter en 1988. Consciente de la difficulté grandissante qu'elle éprouvait à se relire sans indulgence et à maîtriser son expression écrite, elle fit appel, après m'avoir averti, à Louis Bardollet, professeur agrégé, qui avait publié dix ans plus tôt, avec Bernard Deforge, disciple de Jacqueline Duchemin, une traduction d'Eschyle. Louis Bardollet, à qui furent confiés en juin 1985 un état revu de la traduction, les parties rédigées de l'introduction et des notices, ainsi que des notes préparatoires, se mit au travail avec ardeur, goût et compétence, soutenu par l'acribie et le dévouement du réviseur désigné, François Jouan, dont les notes de lecture contenaient beaucoup de suggestions précieuses. A l'usage, la tâche se révéla plus difficile et plus délicate qu'on ne l'avait pensé : il ne s'agissait pas seulement de retouches à faire sur un texte presque définitif, il fallait procéder souvent à une véritable refonte. De simple aide apportant son concours, Louis Bardollet devenait un co-auteur. C'est pourquoi, à l'initiative de la famille de Jacqueline Duchemin, son nom figure sur la page de titre à égalité avec celui de cette dernière.

J. I.

INTRODUCTION

Ire PARTIE

LA VIE ET L'ŒUVRE DE BACCHYLIDE

Si notre connaissance de l'œuvre de Bacchylide, mis à part quelques citations, ne repose que sur des papyrus [1], notre information concernant la vie de ce poète est encore plus restreinte. Nous ne possédons pas pour Bacchylide, comme c'est le cas pour Pindare ou Eschyle, de biographie transmise par la voie des manuscrits et remontant aux Byzantins, et, par eux, aux érudits alexandrins. Un très petit nombre de renseignements, le plus souvent allusifs, rapides et dispersés, auxquels il faut joindre un article de la *Souda* et un autre de l'*Etymologicum Magnum*, tels sont les faibles éléments dont nous disposons. Le plus clair de ce que nous pourrons avancer sur la vie du poète devra être tiré de son œuvre, tout incomplète, lacunaire et mutilée qu'elle est entre nos mains ; c'est dire que nous serons le plus souvent réduite aux hypothèses de nos prédécesseurs et à nos propres interprétations [2].

1. En premier lieu, le papyrus de Londres, dit parfois papyrus Kenyon, du nom de son premier éditeur : voir *infra* « Histoire du texte », p. XXVII-XXXIV.
2. Sur la biographie de Bacchylide, on prendra encore aujourd'hui comme références de base : A. Körte, *Bacchylidea*, dans *Hermes*, 53, 1918, p. 113-147 ; et A. Severyns, *Bacchylide, Essai biographique*, Liège-Paris, 1933 (cité Severyns par la suite).

I

Le cadet de Pindare Bacchylide est né à Ioulis, dans l'île de Kéos, une des plus petites des Cyclades, toute proche de l'Attique : l'île était renommée pour le nombre des victoires remportées aux Grands Jeux.

Selon la *Souda* (s. v.), le grand-père de Bacchylide, dont le poète tenait son nom, était un athlète apparemment connu. Son père s'appelait Meidôn (*Souda*) ou Meidylos (*Et. Magn.*). Par sa mère, Bacchylide était le neveu de l'illustre poète Simonide, originaire comme lui d'Ioulis (Strabon X, 5, 6).

Les principales dates de sa vie nous sont moins bien connues que sa généalogie. Si l'on tient compte d'une notation d'Eusèbe[3], qui place son ἀκμή dans la deuxième année de la 78ᵉ Olympiade, soit en 467, et si l'on fait intervenir la tradition qui situe l'ἀκμή d'un écrivain aux alentours de quarante ans, on peut fixer la naissance de Bacchylide vers 507 : il aurait alors eu une cinquantaine d'années de moins que son oncle (né en 556/555), ce qui paraît beaucoup. Il n'y a rien à tirer des autres notations d'Eusèbe et de Georges le Syncelle[4], pour lesquelles on se reportera à la discussion détaillée de Severyns[5].

On ignore aussi la date de la mort de Bacchylide. A. Körte[6] proposait de la placer vers 450, parce que les derniers poèmes datés, les *Épinicies* VI et VII, chantent une victoire remportée en 452, cette date étant assurée

---

3. Eusèbe, *Chronique*, 110, 4 Helm.
4. Olymp. 82, 2 : Eusèbe, *Chronique*, 112, 15 Helm = Georges le Syncelle, *Chronographie*, 297, 7 Mosshammer. — Olymp. 87, 2 : Eusèbe, *ibid.*, 114, 25 Helm = Georges le Syncelle, *ibid.*, 309, 12 Mosshammer. Ces deux dernières références concernaient l'aulète Bacchylide, selon G. S. Fatouros (*Philologus* 105, 1961, p. 147 sqq.).
5. Severyns, p. 17 et surtout 19-26.
6. Voir l'article de Körte indiqué n. 2.

parce qu'elle figure sur une liste olympique [7]. En fait, si
Bacchylide est né vraiment vers 507, rien n'empêche qu'il
ait vécu vingt ans de plus que ne le supposait Körte et
qu'il soit mort aux environ de 430.

Quelle que soit en définitive notre ignorance sur les
dates extrêmes de la vie de Bacchylide, il reste acquis que
le poète de Kéos est un contemporain de Pindare [8]. Nous
savons du reste que celui-ci fut son grand rival, notam-
ment auprès d'Hiéron de Syracuse : nous savons aussi que,
pour les *Épinicies* plus particulièrement, les dédicataires
de l'un et l'autre poète furent, à diverses reprises, les
mêmes. Mais nous avons relevé nous-même [9] chez Bacchy-
lide une allure nettement juvénile et des traits indiquant
que les deux poètes n'appartenaient pas vraiment à la
même génération culturelle, les événements politiques, le
bouleversement des idées et des mœurs expliquant au
moins en partie cette différence. Tout en se situant à
l'époque de Pindare, Bacchylide nous semble être sensible-
ment plus jeune que le grand poète lyrique.

Les dates sûres   De telles dates sont peu nombreu-
ses, et nous ne les devons qu'à la
connaissance, établie avec certitude, de l'occasion pour
laquelle tel ou tel poème fut composé, la certitude étant
absolue s'il s'agit d'une commande pour la célébration
d'une victoire aux Grands Jeux. Nous distinguerons ainsi
deux groupes de poèmes sûrement datés. Le premier

---

7. Sur cette liste, voir Grenfell-Hunt, *The Oxyrhynchus Papyri*,
Part II, London, 1899, p. 85-95, n° CXXII, *List of Olympian Victors*.

8. La date admise pour la naissance de Pindare est souvent
invoquée à l'appui des supputations sur celle de Bacchylide. Elle
repose sur une indication de la *Souda* qui place l'événement durant la
65e Olympiade. Le fr. incert. 71 Puech (= fr. 193 Snell-Maehler) où
Pindare déclare être né pendant la fête pythique permet de proposer
plus précisément août 518/517 (et non 522/521, comme le voulait un
calcul erroné de Boeckh). Selon Eustathe (*Introd. à Pindare*, 25
[*Schol. Pind.* III, 297, 13 Drachmann]) et Thomas Magistros (*Vie de
Pindare* [*ibid.* I, 54]), Bacchylide était plus jeune que Pindare.

9. J. Duchemin, *Pindare, poète et prophète*, Paris, 1955, *passim*.

comprend trois poèmes concernant plusieurs victoires insignes du roi Hiéron de Syracuse :

476, *Épinicie* V, chantant la victoire olympique au cheval monté remportée par le fameux alezan doré Phérénikos ;

470, *Épinicie* IV, célébrant la victoire pythique du quadrige royal ;

468, *Épinicie* III, pour la victoire olympique du même quadrige [10].

Le second groupe comprend deux odes se rapportant à un même événement :

452, *Épinicies* VI et VII, inspirées par la victoire olympique d'un jeune enfant de Kéos, Lachon, à la course du stade [11].

A ces dates il est possible, quoique sans certitude absolue, de joindre celles de deux dithyrambes :

Thésée (III) ou *Les jeunes gens*, écrit pour les Kéens, très vraisemblablement peu après la constitution de la Ligue de Délos (478/477) ;

Thésée (IV), écrit pour les Athéniens, peut-être à l'occasion de la translation des ossements de Thésée au nouveau τέμενος d'Athènes (474).

Le neveu de Simonide   La vie de Bacchylide n'est guère éclairée par l'énumération de ces quelques dates. Peut-être recevrons-nous davantage de lumière en évoquant la personnalité de son oncle

10. Peut-être convient-il de rattacher à ces trois épinicies la chanson de table, dite généralement non point σκόλιον, mais ἐγκώμιον, dont il nous reste une partie figurant sous la rubrique de l'*Éloge* 5.
11. A noter que cette année 452 a parfois été considérée comme un *terminus* soit pour l'exil, soit pour la mort du poète, ce qui expliquerait qu'il n'ait pas été chargé de célébrer la victoire d'Argeios à Némée.

maternel, Simonide de Kéos. Sans vouloir minimiser un instant les dons et les succès tout personnels de Bacchylide, on ne peut sérieusement mettre en doute l'importance du rôle joué par son oncle dans sa carrière.

Simonide, après avoir fait exécuter son premier poème choral dans son île natale, à Karthaia, aux fêtes d'Apollon, écrivit d'abord pour les cités d'autres îles voisines, Égine et l'Eubée [12]. Ayant célébré en 520 la victoire olympique du célèbre Glaukos de Karystos, alors enfant, il séjourna dans Athènes, à la cour des Pisistratides. L'assassinat d'Hippias fut cause de son départ d'Athènes. Il chercha fortune alors auprès des dynastes thessaliens. Au temps de Marathon, vers 490, il revint dans l'Athènes des Guerres Médiques, et, selon la *Vie* d'Eschyle, il l'aurait emporté sur le poète tragique pour être chargé de la célébration des morts de Marathon, tradition douteuse certes, mais propre à souligner la renommée de Simonide [13]. Poussé par le « démon des voyages » [14] ou suivant simplement le mode de vie itinérant des poètes de la lyrique chorale de son temps, comme il avait été celui des vieux rhapsodes, comme il allait être celui des grands sophistes, il partit vers l'âge de quatre-vingts ans pour la Sicile, où l'appelait Hiéron de Syracuse. Il mourut à Agrigente, âgé de quatre-vingt-neuf ans, selon la *Souda*.

Pour en revenir à Bacchylide, la vraisemblance nous pousserait à penser que le neveu, supérieurement doué pour la poésie et bientôt poète de talent, fut le disciple de son oncle avant d'être son protégé, qu'il lui servait souvent de secrétaire, et que, dans son grand âge, correspondant au séjour du vieillard en Sicile, il ne le quitta guère [15]. En

12. Voir Severyns, p. 30-31.
13. Voir ce qu'en dit P. Mazon, au t. 1 de son édition d'Eschyle (C.U.F.), p. v.
14. Severyns, p. 31.
15. Les Anciens discutaient déjà sur le verbe au duel de Pindare dans la 2e *Olympique*. Fallait-il lire γαρυέτων ou γαρύετον ? Les scholies sont toutefois d'accord pour affirmer qu'il est question soit de Simonide, soit de Simonide et de son neveu, considérés comme indissociables, semble-t-il. Et le ton de Pindare ne peut tromper sur ce qu'il ressent.

revanche, il est certain que Bacchylide ne le suivit pas
partout comme son ombre, et ses déplacements, dans toute
la période antérieure au séjour de Simonide en Sicile,
attestent pour le moins certains décalages par rapport aux
voyages de son oncle, indiquant ainsi qu'il ne s'agissait
nullement d'une route identique et d'une imitation servile,
mais d'une carrière semblable, parcourue avec souplesse,
et de l'acceptation de conseils éclairés. Des clients de
marque, comme furent ceux de Bacchylide, eussent-ils
accepté autre chose?

L'hôte d'Hiéron Les célébrations lyriques de 470
et 468 en l'honneur des victoires ma-
jeures d'Hiéron furent-elles chacune l'objet d'un voyage
distinct de Bacchylide en Sicile? Ne furent-elles que des
jalons dans un long séjour continu, ou presque, à la cour
de Syracuse? Comment le savoir? Mais il reste une autre
inconnue à propos de ce terme de ξένος que le poète
emploie dans l'*Épinicie* V, 6, datée de 476, pour se
qualifier lui-même par rapport à Hiéron, au moment où il
précise que « de son île toute divine il envoie » l'hymne à la
gloire de Phérénikos en direction de la Sicile [16]. Il faut
sans doute comprendre que, Simonide s'étant d'abord
installé lui-même à Syracuse sur l'invitation d'Hiéron, son
neveu l'y avait peut-être accompagné à ce moment-là, et,
après une rapide présentation lui permettant à la rigueur
de se dire un jour l'hôte du souverain, se serait retiré à
Kéos. Puis, désirant provoquer une invitation personnelle,
il aurait envoyé son ode à Syracuse en cadeau — de
magnifiques ξένια — dont il était à peu près sûr d'être
royalement remercié, ce qui ne manqua pas d'arriver. En
attendant les commandes majeures, faites peu d'années
après, Hiéron put demander, comme un échantillon de
moindre conséquence, l'*Éloge* 5 [17]. Le sommet des succès

16. L'ode est sûrement datée de 476, la même année que la
1re *Olympique* de Pindare, si l'on en croit Severyns (p. 87-89), lequel
pense aussi que les deux odes avaient été effectivement commandées
l'une, l'*Épinicie* V, à Bacchylide, l'autre, la 1re *Olympique*, à Pindare.
17. Voir *supra* n. 10.

bacchylidéens en Sicile fut en 468 la célébration de la
victoire d'Hiéron au quadrige olympique [18].

**Bacchylide
après 466**
L'année 466 vit la disparition presque
simultanée de Simonide et Hiéron. Pour
Bacchylide ce fut, dans une certaine me-
sure, l'écroulement de ses espoirs siciliens. Il devait
désormais faire fortune en Grèce même. Il était connu et
apprécié dans les îles voisines de Kéos, ainsi qu'à Athènes
et en Thessalie, mais il manquait de relations assez
puissantes pour lui permettre d'accéder à une carrière plus
rayonnante. Ceci dit, il faut avouer qu'il nous est à peu
près impossible de dresser, après 466, une biographie
suffisamment étayée de Bacchylide. A l'exception du seul
repère de 452, date des *Épinicies* VI et VII composées
pour Lachon à l'occasion de sa victoire olympique, notre
ignorance serait totale [19], si Plutarque, dans son traité *De
l'exil* [20], ne nous donnait pas une indication importante,
malgré sa brièveté.

**L'exil
de Bacchylide**
« Aussi bien les Muses, ce me semble,
pour aider les anciens auteurs à com-
poser leurs ouvrages les plus beaux et

18. Cette célébration, on en est sûr, fut confiée au seul Bacchylide,
bien que Pindare, dans sa 1ʳᵉ *Olympique*, eût souhaité cette victoire à
Hiéron et se fût proposé pour la chanter (v. 108 sqq.), une remarque
du même ordre, mais plus discrète, se retrouvant dans la 1ʳᵉ *Pythique*
(v. 34 sqq.).

19. Certes, nous disposons aussi d'une inscription d'Ioulis, frag-
ment de 29 lignes d'une liste de vainqueurs kéens aux Grands Jeux
(*IG* XII, 5, 608 = *Sylloge*³, 1057 ; fac-similé dans Severyns, en face
de la p. 92, et transcription dans Maehler I, 2, p. 1-2). Mais la pierre
est brisée de telle sorte que les noms des vainqueurs aux Jeux
Olympiques et Pythiques ont disparu et que les deux listes de
vainqueurs représentées sont incomplètes : l'indication de l'épreuve
remportée manque presque toujours. Le nom de Lachon et celui
d'Argeios (*Épin.* I et II) figurent dans l'inscription, mais tous les
efforts tentés, de Körte à Maehler, pour préciser la chronologie des
vainqueurs, n'apportent rien qui puisse éclairer la biographie de
Bacchylide.

20. *De Exilio*, chap. 14 (notamment 605 c).

les plus célèbres, leur ménagèrent-elles le secours de l'exil ». Ainsi s'exprime Plutarque. Suit une liste de noms illustres, des historiens surtout, Thucydide, Xénophon, Timée de Tauromenium, etc. Elle s'achève sur Bacchylide, seul poète nommé, avec la précision qu'il vécut son exil dans le Péloponnèse. Nous ne disposons d'aucune autre indication sur cet exil, ni chez Plutarque ni ailleurs. Mais on peut se demander si le passage de Plutarque n'évoque pas l'équilibre sans cesse détruit et reconstruit des petites cités dont la fortune oscillait entre les deux puissantes métropoles, Athènes et Sparte, chacune amenant, là où elle parvenait à dominer, des bouleversements politiques. Bacchylide, poète ami d'Athènes, a pu suivre le sort de tout un parti.

Conséquence ou non des luttes des factions dans l'île de Kéos [21], l'exil de Bacchylide se situe après la date de 452. Il a toutes chances d'avoir été long [22], vu le nombre de poèmes que l'exilé écrivit pour des cités ou des particuliers de la région péloponnésienne, vu l'importance que prirent dans son œuvre les mythes péloponnésiens et l'introduction dans cette œuvre de formes lyriques doriennes [23].

II

Après ces quelques indications qui tentent de situer Bacchylide dans la chronologie de son siècle, nous évoquerons divers apects de sa carrière de poète lyrique.

Le poète itinérant   De tels poètes allaient chantant, là où on les invitait, des hymnes aux dieux des sanctuaires les plus fréquentés ou des poèmes célébrant les triomphes aux Grand Jeux. Ils

---

21. La discorde civile dura sans doute jusqu'à la paix de Callias en 449/448.

22. Nous ignorons si Bacchylide rentra dans sa patrie avant sa mort.

23. Sur le Péloponnèse, lieu de l'exil de Bacchylide, et la tonalité dorienne, voir aussi ps.-Plutarque, *De Musica*, chap. 17.

voyaient leur notoriété et, dirait-on, leur clientèle s'étendre
autour du centre que constituait leur cité d'origine. Ainsi
Pindare commença par Pythô, sanctuaire voisin de la
Béotie, continua par l'Isthme, puis par Némée, et célébra
d'abord un Thébain ou un Thessalien, puis un Argien, des
Éginètes, et ainsi de suite. Simonide débuta à Kéos, aux
fêtes d'Apollon à Karthaia, avant de chanter des Éginètes,
des Eubéens, en attendant de nouer des relations avec les
dynastes thessaliens. Il en fut de même probablement pour
Bacchylide. Les *Épinicies* XII et XIII furent écrites pour
des Éginètes vainqueurs à Némée. Les commentateurs les
placent assez tôt dans la vie du poète. Ses poèmes dédiés à
des Éginètes ou inspirés des mythes eubéens ne manquent
pas. La Thessalie fournit à Bacchylide des commandes
ayant chance de compter parmi les premières : ainsi les
Épinicies XIV et XVI célèbrent Cléoptolémos et Aris-
totélès, vainqueurs au quadrige, l'un aux Jeux Pétréens,
l'autre à des Jeux locaux, en Thessalie. Le *Dithyrambe* II,
Héraclès ou *Déjanire*, est composé pour des Delphiens,
voisins des Thessaliens [24]. Pour nous, nous verrions là le
premier groupe des chants bacchylidéens : il serait situé
dans la zone de résonance d'art et de poésie dont le centre
était cette Athènes si proche de Kéos, l'île natale.

L'ami d'Athènes   Bacchylide dut-il à son oncle Si-
                        monide son introduction dans la so-
ciété et dans le milieu littéraire d'Athènes ? De toute façon,
il lui était loisible d'aller tenter sa chance dans la cité
prestigieuse, mais il fut sûrement d'autant mieux accueilli
que son oncle jouissait à Athènes d'une grande renom-
mée [25]. Parmi les dithyrambes que Bacchylide composa
pour cette ville, trois sont conservés dans le papyrus de
Londres. Dans le *Dithyrambe* III, écrit après Salamine et

24. Faut-il rattacher à une tournée du poète vers le Nord la
gracieuse chanson de table pour Alexandre de Macédoine, fils
d'Amyntas ? En tout cas, la gaieté du poème respire la jeunesse.
25. Il avait remporté cinquante-six victoires dans des concours
dithyrambiques (*Anth. Pal.* VI, 213).

tout de suite après la formation de la Confédération athénienne, dite Ligue de Délos, Bacchylide glorifie Thésée, et l'enthousiasme du poète éclate pour la grande cité qui a joué le rôle essentiel dans la délivrance de la Grèce et dans l'établissement de sa sécurité. Le *Dithyrambe* IV exalte aussi la gloire de Thésée et témoigne d'un esprit analogue. Le court *Dithyrambe* V fut composé également pour les Athéniens. On devine par les fragments d'autres dithyrambes écrits pour la même destination que Bacchylide avait su s'intégrer à la vie littéraire et artistique de la capitale des arts et des lettres, en ce siècle de son histoire sur lequel se détache la haute figure de Périclès [26].

On en sera davantage persuadé si l'on note les rapports qui apparaissent entre les poèmes de Bacchylide et des œuvres d'illustres poètes, Athéniens de naissance ou d'adoption. Le *Dithyrambe* V utilise le thème d'Iô, si familier à l'iconographie archaïque et classique [27]. Les points de rencontre avec les *Suppliantes* et le *Prométhée enchaîné* d'Eschyle sont un témoignage de l'influence que put avoir sur Bacchylide la poésie attique [28]. On est beaucoup plus à l'aise pour déceler chez Bacchylide des traces d'inspiration sophocléenne ou plutôt de préoccupations voisines dans le choix des mythes. Les influences furent sans doute réciproques des tragédies de Sophocle aux pièces lyriques du poète de Kéos. Des récits légendaires ou mythiques étaient « dans l'air » [29], popularisés par

26. Bacchylide, tout comme son célèbre compatriote, le citharède Pythocléidès, que Périclès, selon Platon (*Alcibiade*, 118 c) et Plutarque (*Vie de Périclès*, IV, 1), eut comme maître de musique, a sûrement fréquenté le cercle des familiers du grand homme.

27. Cf. la thèse de 3ᵉ cycle de L. Depannemaecker, *Catalogue des documents littéraires et iconographiques concernant le mythe d'Iô* (Université de Paris-X, 1978).

28. Il est malaisé d'en inférer une hypothèse sur la date de ce dithyrambe. On peut rappeler qu'Eschyle mourut en 456, que les *Suppliantes* sont moins anciennes qu'on ne l'avait cru et que les *Prométhées* sont à situer vers la fin de la vie du poète.

29. Pour prendre un exemple en dehors du théâtre tragique, l'histoire des malheurs de Crésus avait été dès longtemps contée dans

les représentations panhelléniques offertes à Athènes, mais auparavant déjà, et pour longtemps encore, par les arts plastiques, les peintures de vases en particulier[30]. Il reste que le rapprochement s'impose entre plusieurs poèmes de Bacchylide et les *Trachiniennes*[31]. Ainsi l'*Épinicie* V et le prologue des *Trachiniennes* racontent comment Héraclès épousa Déjanire — les circonstances étant, il est vrai, différentes ; ainsi le *Dithyrambe* II a pour sujet la mort d'Héraclès préparée par Nessos, réalisée par Déjanire mordue de jalousie à l'aspect d'Iole, et l'on voit que Bacchylide est ici très proche de Sophocle. Bien d'autres motifs bacchylidéens provoquent des rapprochements avec divers sujets traités par Sophocle : nous y reviendrons, chemin faisant, dans les notices des odes. Citons pourtant encore le *Dithyrambe* IV : il est l'objet d'une tradition rapportée dans les généralités placées en tête des scholies aux *Isthmiques* de Pindare, traitant de la fondation des Jeux Isthmiques par Thésée. Les scholiaste transcrit alors un fragment de Sophocle (905 Radt) qui appartiendrait à un *Égée* ou à un *Thésée*. Le fragment 24, conservé par Strabon qui le met dans la bouche d'Égée, semble tiré de la tragédie du même nom. On le voit, les rapprochements entre Bacchylide et Sophocle, d'ailleurs presque contemporains, ne manquent pas. Apparemment on discutait volontiers dans le cercle des lettrés athéniens, entre personnes averties, des sujets possibles de drames et de poèmes, et de

Athènes comme à Delphes, où les offrandes du souverain lydien furent magnifiques. Il est donc vain de penser qu'Hérodote ait pu faire connaître à Bacchylide le mythe de Crésus et des siens transportés en Hyperborée par Apollon. Bacchylide était du reste plus âgé qu'Hérodote d'une demi-génération, semble-t-il.

30. Voir, pour la tragédie, L. Séchan, *Études sur la tragédie grecque dans ses rapports avec la céramique*, Paris, 1926. On consultera aussi les travaux de Beazley, Trendall, Webster, ainsi que le livre de M. Bieber, *History of the Greek and Roman Theater*, Princeton-Oxford, 1961.

31. Voir la notice de P. Mazon en tête de cette tragédie, au tome I du Sophocle de Dain-Mazon (C.U.F., 1955) : il y présente cette œuvre comme la plus ancienne en notre possession, ce qui n'est guère probable.

la façon de les traiter. Nous signalerons au passage des rencontres avec d'autres poètes[32].

Bacchylide péloponnésien

Plutarque nous invite à tenter d'imaginer le sort de Bacchylide pendant son exil, puisqu'il nous indique formellement le Péloponnèse comme lieu de résidence du poète exilé. Représentons-nous Bacchylide se fixant dans une région moins chère à son cœur et où, ses biens ayant sans doute été confisqués, il devait repartir sur nouveaux frais. Nous ne savons s'il avait, comme Xénophon, des relations personnelles dans le Péloponnèse. Nous pouvons supposer qu'il continua à fréquenter les sanctuaires des Grands Jeux, à chanter les dieux et les athlètes vainqueurs. Ainsi célébra-t-il les divinités des différentes parties du Péloponnèse, le Poséidon de Mantinée, l'Apollon Pythien du temple d'Asiné en Argolide, ainsi que le héros messénien Idas. Il composa les *Parthénées* doriens que, sans l'exil, il n'aurait peut-être pas songé à écrire. On devine dans l'œuvre de Bacchylide combien les sites et les mythes du Péloponnèse lui sont devenus familiers, sans que l'on puisse déterminer le lieu précis de son exil. Compte tenu de l'alliance d'Athènes avec Argos, conclue en 462 et qui resta étroite, ce lieu se situerait probablement en Argolide. D'Argos, ou d'Asiné, le poète rayonnait sans peine jusqu'aux paysages voisins où s'épanouissaient de prestigieuses légendes. En de tels lieux, Bacchylide pouvait accroître son trésor poétique, renouer ou former des amitiés, élargir sa clientèle.

Les Épinicies pour Argeios

Pour en terminer avec l'exil de Bacchylide, il reste un point fort intéressant, bien propre en tout cas à susciter

32. On pourrait tenter de constituer un groupe avec les textes qui s'inspirent des thèmes mythiques crétois, en particulier avec le fragment de dithyrambe 6 (= 26 Snell-Maehler) qui montre Dédale servant les amours de Pasiphaé, et surtout le *Dithyrambe* III, *Thésée* ou *Les Jeunes gens*, et l'*Épinicie* I, dans lesquels le roi Minos figure sous des aspect divers.

les commentaires. Une découverte, qui suivit de quelque dix années celle du papyrus de Londres, offrit au monde savant d'importants fragments du *Péan* IV de Pindare, autrement dit le *Péan pour les Kéens* commandé au grand poète thébain par les habitants de Kéos, en vue d'une célébration apollinienne à Karthaia[33]. Tous les commentateurs admettent que les Kéens ne purent faire cet appel à Pindare que pendant l'exil de Bacchylide. Par ailleurs, si la célébration avait eu lieu après la mort du poète, Pindare, pense-t-on, n'eût pas manqué d'y faire allusion. Mais, ce qui donne au fait un surcroît d'intérêt, c'est qu'un rapprochement s'impose entre l'évocation du mythe de la naissance d'Euxantios dans l'*Épinicie* I de Bacchylide et le développement de Pindare dans le *Péan* IV à propos du même Euxantios, fils de Minos, fondateur des cités de Kéos[34]. Certes les deux récits ne présentent guère qu'un élément commun, le cataclysme dans lequel Zeus et Poséidon firent disparaître les Telchines impies avec leur roi, père de Dexithéa, la mère d'Euxantios, et les autres développements sont, à notre connaissance, différents[35]. Néanmoins on aimerait savoir lequel des deux poètes a précédé l'autre. Mais aucune indication de date ne vient nous aider[36].

Ce qui est évident, c'est que, né à Kéos, habitant de

33. Pindare nous donne lui-même les détails dans la 1re *Isthmique* : il dirigea l'exécution de l'ode non à Délos, comme il était prévu, mais à Karthaia, où le Péan fut chanté par les marins de l'île en l'honneur d'Apollon Pythien, et non Delphien.

34. Le père du jeune Argeios, vainqueur du pugilat aux Jeux Isthmiques, se faisait gloire de descendre de cette lignée.

35. Nous nous proposons d'étudier ce que l'on peut essayer de reconstituer des parties conservées de ces deux textes dans un article. Nous y développerons également dans le détail divers rapprochements susceptibles d'éclairer le problème des rapports que nous cherchons à établir entre les deux épinicies à Argeios et le *Péan* IV. [Ce projet n'a pu être réalisé.]

36. Le rapprochement proposé par Gaspar (*Chronologie pindarique*, Bruxelles, 1900, p. 150 sqq.) avec un passage d'Hérodote ne donne pas ce qu'on en pouvait attendre pour le problème qui nous occupe.

Kéos, Bacchylide n'a pas eu besoin d'apprendre d'un étranger les mythes traditionnels de son île, et que Pindare a sans doute puisé à pleines mains à la source bacchylidéenne, se faisant ainsi l'imitateur génial de son ancien rival auprès d'Hiéron [37]. Pourquoi n'aurait-il pas pensé au banni en plaçant au centre de son poème le thème de l'exil et de l'amour de la terre natale?

J. D. (et L. B.)

---

37. Dans le *Péan* IV, Pindare semble répondre à l'*Épinicie* II quand il évoque (v. 23 : μοῖσαν παρέχων ἅλις) les poètes de Kéos. Le ton qu'il prend est nettement amical.

IIᵉ PARTIE

HISTOIRE DU TEXTE DE BACCHYLIDE

Comme pour Pindare, son contemporain, la période la plus ancienne de l'histoire du texte de Bacchylide est fort mal connue [1] : nous ignorons comment pouvaient se présenter le manuscrit original et les premières copies destinées au chorodidascale et à ses auxiliaires; nous ne savons pas comment, après son exécution dans la cérémonie en vue de laquelle elle avait été composée, l'ode chorale était diffusée dans le public ni non plus si des recueils en rassemblaient un certain nombre. Ce qui est sûr, en revanche, c'est que l'œuvre de Bacchylide n'a pas connu, dans l'Athènes du IVᵉ siècle, le succès dont témoignent les citations de Simonide et de Pindare dans les dialogues de Platon et certains traités d'Aristote. Mais les travaux critiques des grammairiens alexandrins prouvent sans conteste que le commerce de librairie n'avait pas négligé les odes de Bacchylide.

L'ÉDITION ALEXANDRINE

La fondation du Musée d'Alexandrie par Ptolémée Iᵉʳ, peu après l'an 300 avant notre ère, et le développement rapide de la Bibliothèque qui lui était annexée marquent une étape décisive dans l'histoire de tous les textes grecs

1. Voir J. Irigoin, *Histoire du texte de Pindare*, Paris, 1952, chap. I à III.

antérieurs à cette fondation[2]. Une scholie aux *Dithyram-bes* de Bacchylide, attestée par le *P. Oxy.* 2368[3], mention-ne les noms de Callimaque et d'Aristarque, plus celui de Denys de Phasélis, à propos du classement d'une ode : le premier, suivi par Denys, y voyait un péan, alors qu'Aris-tarque la considérait comme un dithyrambe. La première tâche des grammairiens d'Alexandrie a été de mettre de l'ordre dans une bibliothèque qui s'était enrichie rapide-ment. Callimaque s'y était employé le premier avec ses *Pinakes*. Parmi ses successeurs, Aristophane de Byzance paraît bien avoir assuré, entre autres travaux, l'édition des poètes lyriques qui restera canonique pendant le reste de l'antiquité et même, pour Pindare, pendant toute la période byzantine et de là jusqu'à nous.

Pour Bacchylide comme pour les autres auteurs, l'unité fondamentale de l'édition alexandrine est le rouleau de papyrus contemporain dont le contenu ne dépasse pas 2400 lignes, qu'il s'agisse d'hexamètres dactyliques, de prose mesurée d'après le nombre moyen de syllabes de l'hexamètre, ou de vers lyriques de forme et de dimension variées. Le *P. Berlin* 16140[4], du Ier ou du IIe siècle de notre ère, dont l'attribution à Bacchylide n'est que conjecturale, porte en marge, en face de la ligne 23 de la colonne II, la lettre Ξ qui marque que cette ligne est la 1400[e] du rouleau.

A partir de l'unité constituée par le rouleau de papyrus, les principes de classement ont varié selon l'étendue de l'œuvre, comme le montre le cas des *Épinicies*. Celles de Simonide, les plus nombreuses, ont été réparties en livres suivant l'épreuve remportée par le vainqueur. Celles de Pindare, suivant les quatre grands jeux panhelléniques. Pour Bacchylide, elles ne constituent qu'un seul livre où sont combinés les deux classements : l'éditeur a tenu compte, pour les victoires du même type, de l'importance

2. R. Pfeiffer, *History of Classical Scholarship*, Oxford, 1968, Part two : The Hellenistic Age ; plus spécialement pour les poètes lyriques, J. Irigoin, *op. cit.*, chap. IV à VIII.

3. Décrit ci-dessous, p. XXXVI (papyrus B).

4. Décrit ci-dessous, p. XXXVIII.

des jeux où elles ont été remportées, groupant à la fin des
odes qui célèbrent des succès à des jeux secondaires. S'il a
placé en tête une épinicie consacrée à un jeune pugiliste,
Argéios, c'est que la légende de Kéos qui y est rapportée
lui a paru digne de figurer au début d'un livre rassemblant
des poèmes composés par un auteur originaire de cette île,
tout comme il a été fait, *mutatis mutandis*, pour la
première *Olympique* de Pindare, où se trouve célébrée la
suprématie des Jeux Olympiques ; l'*Épinicie* I de Bacchyli-
de a entraîné après elle la seconde ode écrite pour le même
Argeios. La suite du recueil offre un plan assez clair :
victoire du quadrige d'Hiéron à Olympie (III) et à Delphes
(IV), victoire du même souverain à Olympie, à l'épreuve
du cheval monté (V), victoire olympique du coureur
Lachon (VI et VII), victoire d'un sportif de Kéos (?) à
Olympie dans une épreuve indéterminée (VIII), victoire
néméenne d'Automédès au pentathle (IX), victoire isthmi-
que d'un Athénien à une course (X), victoire pythique
d'Alexidame à la lutte (XI), victoire néméenne de Teisias à
la lutte (XII), victoire néméenne de Pythéas au pancrace
(XIII), puis, pour les jeux mineurs : victoire du quadrige
de Cléoptolème aux jeux Pétréens (XIV), victoire indéter-
minée (XV = 14 A), victoire du quadrige d'Aristotélès à
des jeux indéterminés [5] (XVI = 14 B).

De même, aux deux livres des *Dithyrambes* de Pindare
correspond, pour Bacchylide, un livre unique. Selon un
principe cher à Callimaque, qui en est peut-être l'inven-
teur [6], les poèmes y sont classés selon un ordre alphabéti-

5. Ces observations confirment que l'*Épinicie* XVI (14 B) a été
composée pour une victoire remportée à des jeux autres que les Jeux
Pythiques. Dans le texte, Bacchylide mentionne deux succès d'Aris-
totélès à Delphes (v. 7-8), mais il ne fait que les rappeler à l'occasion
d'une nouvelle victoire, moins brillante. Si l'épinicie célébrait un
succès remporté à Delphes, elle aurait été placée après la quatrième
ode (ou après la cinquième si l'éditeur avait voulu grouper les trois
poèmes composés pour Hiéron) ; on se gardera donc de suivre Lobel
qui a proposé de lire Π(ύθι)α à la fin du titre, mutilé, de cette ode.

6. R. Blum, *Kallimachos und die Literaturverzeichnung bei den
Griechen. Untersuchungen zur Geschichte der Bibliographie* (Archiv
für Geschichte des Buchwesens, 18), Frankfurt/Main, 1977.

que assez rigoureux, soit Ἀντηνορίδαι, Ἡρακλῆς, Ἠίθεοι, Θησεύς, Ἰώ, Ἴδας, ce qui permet d'ordonner à la suite les nouveaux fragments, donnés par les *P. Oxy.* 2364 et 2368 : Κασσάνδρα, Μελέαγρος (?). Πασιφάη (?), etc.

L'ensemble de l'œuvre de Bacchylide édité à Alexandrie comportait six livres de poèmes composés en l'honneur des dieux, soit, avec les *Dithyrambes* déjà nommés, qui venaient en troisième position, les *Hymnes*, les *Péans*, les *Prosodies*, les *Parthénées* et les *Hyporchèmes*, et pour les odes célébrant des hommes, deux ou trois livres selon que l'on fond ou non en un livre les *Chansons d'amour* et les *Éloges* (ou *Scolies*?), que suivaient les *Épinicies*.

Le travail critique d'Aristophane de Byzance comportait une analyse métrique des odes destinée à mettre en relief les éléments qui se répétaient de strophe en strophe ou de triade en triade. Ces éléments ou *côla* (la traduction littérale serait « membres ») étaient disposés chacun sur une ligne, et c'est sur leur décompte qu'était fondée la stichométrie dont il a été question plus haut à propos d'un papyrus de Berlin. Il n'est pas possible de s'étendre ici sur les principes de la colométrie alexandrine [7], qui n'attache pas à l'unité du vers lyrique l'importance qu'on lui reconnaît depuis Boeckh ; il suffit de rappeler qu'elle est conservée assez bien, mais non parfaitement, par le papyrus de Londres.

L'interprétation du texte de Bacchylide, son exégèse, a fait l'objet de travaux érudits. Le nom d'Aristarque, cité, dans une scholie mentionnée plus haut, avec celui de Denys de Phasélis, en est une preuve. Un peu plus tard, Didyme compose un commentaire des *Épinicies* [8]. Quant au Ptolémée dont le nom apparaît dans une scholie au fragment 2 (= 20 A) des *Éloges*, v. 19, ce serait, selon

---

7. On trouvera une description de ces principes, à propos des odes de Pindare, dans J. Irigoin, *Les scholies métriques de Pindare* (Bibl. de l'École des Hautes Études, 310), Paris, 1958, p. 17-34.

8. Comme l'atteste Ammonios, *De adfinium vocabulorum differentia*, s.v. Νηρεΐδες (n° 333 Nickau) : Δίδυμος... ἐν ὑπομνήματι Βακχυλίδου Ἐπινίκων.

une hypothèse de H. Erbse [9], Ptolémée d'Ascalon, spécialiste de l'accentuation. Plusieurs papyrus d'époque romaine montrent des aspects différents de ce travail exégétique, qu'il se limite à des notes inscrites entre les colonnes du texte, comme dans les *P. Oxy.* 1361 et 2081, ou qu'il se présente comme un véritable commentaire, ce qui est le cas des *P. Oxy.* 2367 (commentaire des *Épinicies*) et 2368 (commentaire des *Dithyrambes*).

LA TRADITION PAPYROLOGIQUE

Durant l'époque byzantine et dans les temps modernes jusqu'aux dernières années du XIXe siècle, l'œuvre de Bacchylide n'a été connue que par un petit nombre de passages cités par des auteurs anciens. La découverte du papyrus de Londres et sa publication par Kenyon [10] en 1897 marquent la résurrection du poète de Kéos.

Le papyrus A (175 Pack²)

Par son contenu, par ses dimensions, par la beauté de l'écriture et le soin de la présentation, le *P. Br. Bibl.* 733 (*P. Lit. Lond.* 46) est l'un des plus importants livres antiques qui nous soient parvenus. Apporté d'Égypte [11] à Londres en quelque deux cents fragments, il a été patiemment reconstitué, par Kenyon, puis par Blass ; Edmonds et Snell ont fait à leur tour quelques rapprochements supplémentaires ; enfin M. Norsa a publié en 1941 deux fragments acquis deux ans plus tôt par l'Institut papyrologique de Florence (*PSI* 1278 A et B) [12]. A l'heure

9. Cité dans l'édition Snell-Maehler, *ad test.* 10, p. 132.

10. L'édition princeps, *The Poems of Bacchylides, from a Papyrus in the British Museum* (London, 1897), a été accompagnée de la publication d'un fac-similé, *The Poems of Bacchylides. Facsimile of Papyrus DCCXXXIII in the British Museum* (London, 1897).

11. Il aurait été trouvé dans une tombe, à Meir, aux dires des indigènes qui l'ont vendu.

12. M. Norsa, *Due frammenti fiorentini del papiro di Bacchilide*

actuelle, seuls deux fragments de quelques lettres (fr. 14 et
16a de Kenyon, désormais cité K.) attendent encore leur
place. Dans son état présent, le papyrus se compose de
quatre grands morceaux (A, B, C, D) qui ne se raccordent
pas, soit un total apparent de trente-neuf colonnes. La
hauteur du rouleau est d'environ 245 mm. Les colonnes,
dont la hauteur moyenne est de 170 mm, comptent en
général 34 ou 35 lignes, les extrêmes étant 32 et 36.
L'intervalle qui s'étend du début d'une colonne au début
de la colonne suivante varie entre 100 et 130 mm.

L'écriture est d'un type caractéristique qui lui a valu
d'être qualifiée de bacchylidéenne. D'allure archaïque,
avec une opposition marquée entre lettres larges et lettres
étroites, elle a induit en erreur Kenyon, qui l'a attribuée à
l'extrême fin de la période ptolémaïque ; mais très vite
Grenfell et Hunt [13] ont proposé de la dater de l'époque
romaine, Ier ou IIe siècle, et maintenant l'accord tend à se
faire sur la seconde moitié du IIe siècle de notre ère [14].

La première tâche de l'éditeur est de déterminer l'état
primitif du rouleau en fixant l'ordre des quatre grands
morceaux reconstitués matériellement et en calculant
l'importance des lacunes qui les séparent. Une étude
codicologique — même si l'épithète paraît mal choisie
pour un livre en forme de *volumen* — s'impose alors.
Comme je l'ai montré voilà une trentaine d'années [15], des
dégradations se sont produites dans la marge inférieure du
livre alors qu'il était roulé. C'est pourquoi, dans l'état
actuel, les quatre morceaux présentent dans le bas un

P. Brit. Mus. 733, dans *Annali d. R. Scuola Normale di Pisa*, 1941,
p. 155-161.

13. Dans *The Oxyrhynchus Papyri*, t. I, London, 1898, p. 53 n. 1
(à propos du *P. Oxy.* 26, qui porte au verso des comptes du
IIIe siècle).

14. Voir en dernier lieu la discussion d'E. G. Turner (*Greek
Manuscripts of the Ancient World*, Oxford, 1971, p. 26-27 ; 2d. ed.,
London, 1987, p. 24 et n. 115), pour qui le papyrus « n'est pas
antérieur au second tiers ou au milieu du IIe siècle ».

15. *Prolégomènes à une édition de Bacchylide*, dans *Rev. Ét.
Grecques*, t. 75, 1962, p. 45-63.

contour irrégulier où l'on discerne le retour périodique d'accidents caractéristiques. L'écart de ces accidents — leur période — va en décroissant régulièrement si on les place dans l'ordre A B C D qu'ont adopté les éditeurs depuis Kenyon : de 245 mm au début du morceau A il passe à 175 mm à la fin du morceau D. Cette observation prouve d'abord que le *volumen* était roulé, les débuts des *Épinicies* à l'extérieur et les quatres morceaux dans l'ordre A B C D, lorsque la marge du bas a subi ces dégradations [16]. Elle montre ensuite, contre l'avis de la plupart des éditeurs depuis Blass, que les *Dithyrambes* (colonnes 30 à 39 K.) étaient écrits sur le même rouleau que les *Épinicies* (col. 1 à 29 K.), comme le pensait Kenyon : à l'époque impériale, l'association, sur un même *volumen*, de deux livres de l'édition alexandrine n'a rien de surprenant. Enfin, l'examen de la variation régulière de l'écart entre les accidents caractéristiques permet de déterminer l'étendue des lacunes qui séparent les quatre morceaux reconstitués. Sans entrer dans le détail de la démonstration [17], il me suffira d'en donner ici les conclusions : entre les morceaux A et B il ne manque pas de colonne, alors qu'une colonne a disparu entre les morceaux B et C, et deux, plutôt que quatre, entre les morceaux C et D. Cette reconstitution, fondée à la fois sur les accidents périodiques de la marge inférieure et sur la disposition du texte en colonnes, est confirmée par l'examen des *kollêseis*, que P. Petitmengin a eu l'obligeance de faire pour moi sur l'original, après la publication de mon article : leur distance varie le plus souvent entre 210 et 220 mm, les extrêmes étant de 202 et 223 mm ; on dispose ainsi d'une donnée supplémentaire, l'écart des *kollêseis* ou, en d'autres termes, la largeur de la partie visible (au recto) des *kollêmata*, feuilles de papyrus rectangulaires collées bout à bout pour former le *volumen* [18]. L'accord des trois séries de variables assure

16. *Ibid.*, p. 46-51.
17. *Ibid.*, p. 48-50.
18. Pour les morceaux A et B, la distance qui sépare les *kollêseis* implique qu'aucune colonne n'a disparu entre celles qui portent les

l'exactitude de la reconstitution. Elle permet même de déterminer les dimensions et le contenu matériel (nombre de colonnes et de lignes) de la partie du rouleau manquant avant le morceau A. Blass, en tenant compte de la composition métrique de la première *Épinicie*, dont seule la fin est conservée, avait estimé que cette ode comptait huit triades, soit 184 *côla*, et commençait au haut d'une colonne qui, avec trois autres également disparues, précédait la première colonne conservée en entier (col. 1 K.). Cette reconstitution, qui pouvait paraître fort hypothétique [19], est confirmée par le calcul des *kollêseis* : si deux *kollêmata* précédaient la *kollêsis* qui se trouve tout au début de la première colonne conservée, on dispose exactement de la place nécessaire pour transcrire quatre colonnes supplémentaires ; il s'ensuit à la fois que la reconstitution hypothétique de Blass est démontrée et que l'épinicie ainsi reconstituée, commençant au haut d'une colonne et au début d'un *kollêma*, était bien la première du livre. En revanche le premier *Dithyrambe*, qui commence lui aussi au haut d'une colonne mais ne coïncide pas avec le début d'un *kollêma*, ne peut pas, contre l'avis de Blass soutenu en dernier lieu par H. Maehler [20], appartenir à un rouleau indépendant de celui

numéros 12 et 13 chez Kenyon. Pour les morceaux B et C, la même observation montre qu'une colonne manque entre les colonnes 22 et 23 de Kenyon ; s'il en manquait deux (hypothèse de Snell et de Maehler), les *kollêmata* seraient, en cette partie du rouleau, d'une longueur irrégulière par rapport au reste du *volumen*. Entre la fin, mutilée, des *Épinicies* (col. 29 K.) et le début des *Dithyrambes* (col. 30 K.), il pourrait avoir disparu aussi bien quatre colonnes que deux, mais l'examen de la distance qui sépare les mêmes détériorations de la marge inférieure montre que la restitution de deux colonnes est plus probable.

19. En ce qui concerne la détermination du contenu du début du papyrus. Bien plus hypothétique encore était et reste la disposition adoptée par Blass pour les fragments appartenant aux quatre colonnes disparues.

20. *Die Lieder des Bakchylides*, t. I, 1re partie, p. 36 et n. 111. H. Maehler ne semble pas avoir compris que ma démonstration portait sur l'ensemble du rouleau (« en allant de la colonne 39 vers la colonne 1 » [p. 47 de l'article cité à la note 15]) ; il a été trompé, sans doute, par le schéma donné à ce sujet (p. 47 aussi), qui ne concerne que la

qui contient les *Épinicies*. L'étude de la fabrication du *volumen* apporte ainsi une confirmation décisive aux calculs de Blass, établis d'après les seules données de la composition métrique, mais ruine son hypothèse sur l'existence de deux rouleaux indépendants.

Le *volumen* ainsi reconstitué contenait deux livres de l'édition alexandrine de Bacchylide : les *Épinicies* et les *Dithyrambes*. Le copiste a transcrit les odes à la suite dans chacun des deux livres, sans les pourvoir d'un titre, sans même laisser une ligne libre entre elles. Deux correcteurs, dont le travail sera décrit plus loin, ont pris le soin d'insérer un titre, à gauche des premiers *côla* de chaque œuvre, dans l'espace qui sépare les colonnes [21] ; seul le titre du premier *Dithyrambe*, dont le texte commence au haut d'une colonne, est tracé dans la marge supérieure. Pour les *Épinicies*, le titre ainsi ajouté fournit les indications suivantes : nom et patrie du vainqueur, épreuve remportée, jeux concernés. Pour les *Dithyrambes*, le titre mentionne le nom du héros principal du mythe qui y est traité ; il est parfois complété par un titre annexe ou un sous-titre [22], et, le plus souvent, indique pour quelle cité le poème a été composé [23].

partie D, celle qui contient les *Dithyrambes* (la rédaction de la revue avait jugé trop encombrants les schémas relatifs aux trois autres morceaux). Ce qui est décisif, c'est, comme il a été rappelé ci-dessus (p. XXIX), la diminution régulière des écarts, du début de A à la fin de D.

21. D'une écriture moins soignée que celle du texte, avec des tendances cursives plus ou moins nettes, les titres ne sont pas dus au copiste du livre. On attribue en général au premier réviseur (A²) les titres de l'*Épinicie* II et des *Dithyrambes* V et VI ; au second réviseur (A³), ceux des *Épinicies* III, IV, VI, VII, IX, XI, XII, XIV, et des *Dithyrambes* I, III, IV. Aucun titre n'est donné à l'*Épinicie* V. Ceux des *Épinicies* I, VIII, X et XIII, et du *Dithyrambe* II, s'ils ont été tracés, ont disparu dans les mutilations du papyrus. Le titre τῷ αὐτῷ, porté par A³ en face du début de l'*Épinicie* VII, a été substitué à trois lignes effacées qui devaient donner le titre complet, tracé sur trois lignes au début de l'*Épinicie* VI, dans la même colonne du papyrus (Λάχωνι | Κείῳ στα|διεῖ Ὀλύμπ(ια)).

22. Par exemple, pour le *Dithyrambe* III, Ἠίθεοι ἢ Θησεύς.

23. Soit, pour deux dithyrambes successifs (V et VI) : Ἰὼ Ἀθηναίοις et Ἴδας Λακεδαιμονίοις.

Des signes particuliers permettent au lecteur de reconnaître les éléments de la composition strophique. Dans les odes triadiques, un trait horizontal, la *paragraphos*, marque vers la gauche l'interligne qui sépare le dernier *côlon* de la strophe ou de l'antistrophe, du premier de l'élément suivant; à la fin de l'épode, et donc de la triade, un signe supplémentaire, la *corônis*, vient se lier à la *paragraphos*; à la fin de l'ode, la *corônis* est parfois amplifiée. A la fin des *Épinicies* VI et VIII, un *astérisque* est jumelé au groupe *corônis* plus *paragraphos*; comme l'*Épinicie* VI est monostrophique, on pourrait voir là une indication sur la composition de l'*Épinicie* VIII, incertaine en raison de la mutilation du papyrus, mais comme la fin de l'*Épinicie* IV, elle aussi monostrophique, est marquée par le groupe *corônis* plus *paragraphos*, il convient d'être prudent [24]. Il arrive souvent que le copiste omette la *paragraphos* (40 fois sur un total de 64), mais, à une exception près (1 sur 31 cas), il reproduit toujours le groupe *corônis* plus *paragraphos*.

La ponctuation, fréquente et correcte dans l'ensemble, est faite au moyen d'un point haut, qui marque aussi bien les pauses faibles que les pauses fortes, et même l'interrogation. Le point bas n'apparaît que deux fois, en *Épin.* IX côlon 83 (après τυχόν, où une pause est exclue) et en *Dith.* I côlon 47 (après δικαίων, où il a la valeur d'un point d'interrogation).

L'accentuation est d'une fréquence exceptionnelle pour un livre antique [25], mais elle est loin d'être généralisée. L'accent aigu est utilisé pour les paroxytons et les proparoxytons, et aussi comme accent d'enclise [26]; les

24. Héphestion, dans son *Manuel*, traite de l'emploi des signes (Περὶ σημείων, 2, p. 73-74 Consbruch). Mais pour lui l'*astérisque* marque la fin des odes triadiques, et la *corônis* celle des odes monostrophiques ainsi que la fin des triades dans les odes triadiques. Il y aurait comme une inversion du système, pour la finale des odes, dans le papyrus de Bacchylide.

25. Sur cette question, l'ouvrage de base reste celui de B. L. Laum, *Das alexandrinische Akzentuationssystem*, Paderborn, 1928.

26. *Épin.* VI 3 : ἀεισάν ποτ'.

mots oxytons portent des accents graves sur les syllabes
qui précèdent la finale [27]. Pour les périspomènes, on a soit
l'accent circonflexe sur la syllabe [28], soit un grave sur la
pénultième [29] ; les propérispomènes sont pourvus du cir-
conflexe que précèdent parfois des graves sur les syllabes
antérieures [30]. Parmi les erreurs d'accentuation, qui ne
sont pas très fréquentes, un petit nombre représente peut-
être une particularité dialectale [31]. L'usage des esprits, plus
rare, n'offre rien de notable.

Parmi les autres signes qui facilitent la lecture, il faut
mentionner l'*apostrophe*, quelquefois omise, pour marquer
une élision ; l'*hyphen*, placé sous les mots composés pour
indiquer leur unité ; le *tréma*, signe de la diérèse, placé sur
iota pour éviter une prononciation diphtonguée, ou
indiquant la valeur vocalique d'un *iota* ou d'un *upsilon*
initial. Aucun signe n'est employé pour la crase. La
diastolè, sorte de virgule, apparaît une fois pour éviter une
mécoupure (ἔδεισε, νη- en *Dith*. III 58).

Les deux signes prosodiques de la longue (–) et de la
brève (˘) sont d'un emploi assez fréquent. Le premier est
placé au-dessus des *alphas* longs, conventionnels dans la
langue de la lyrique chorale, et aussi au-dessus de voyelles
longues dont la quantité n'est pas évidente, comme *iota* et
upsilon. Le signe de la brève est placé au-dessus des
nominatifs pluriels en -αι, dont la quantité est longue,
pour les distinguer des datifs singuliers, dont la graphie,
sinon l'accentuation, est identique ; il est porté aussi au-
dessus des voyelles brèves *alpha*, *iota* et *upsilon*.

Le copiste à qui nous devons le papyrus de Londres a
commis dans son travail quantité de fautes [32]. Il en a

27. *Épin*. IX 13 : πολὺκράτες.
28. *Dith*. II 7 : πεδοιχνεῖν.
29. *Épin*. XI 43 : βλήχρας.
30. *Épin*. I 87 : τελευτάθεῖσα.
31. Par exemple, *Épin*. IX 20 : τριέτει, qui est peut-être un
atticisme, au lieu de τριετεῖ.
32. Les plus spectaculaires sont dues à des mélectures de lettres (p.
ex. *Épin*. XIII 35 : νεκρός au lieu de νεβρός) ou de groupes de lettres
(p. ex. *Épin*. IX 34 : μάθε au lieu de ἦλθε). Les plus graves sont des

corrigé lui-même un certain nombre. Un autre copiste, qui
était probablement le chef de l'atelier, a révisé à son tour le
travail en le collationnant avec le modèle utilisé par le
copiste[33]; il a transcrit trois titres. Un peu plus tard, et en
se fondant sur un autre modèle, un autre réviseur a
apporté de grandes améliorations[34], même s'il lui est
arrivé quelquefois de corriger à tort, d'après son modèle, le
texte satisfaisant du copiste; c'est à lui que sont dus la
plupart des titres. Il est possible que ce second réviseur
soit simplement l'acquéreur du rouleau, peut-être un
grammairien. Enfin, l'addition de deux *côla* omis[35] est
due à une quatrième main, dont on ne rencontre pas
d'autres interventions. Selon l'usage, les leçons du copiste
du papyrus A seront signalées par le sigle A; le copiste se
corrigeant lui-même, par le sigle A[1]; le chef d'atelier, par
le sigle A[2]; les deux réviseurs ultérieurs, par les sigles A[3]
et A[4].

Depuis la publication du papyrus de Londres, d'autres
livres antiques, beaucoup moins bien conservés, nous ont
restitué des parties de l'œuvre de Bacchylide. Ils sont
présentés ci-dessous dans un ordre qui respecte, en gros,
celui de notre édition.

Le papyrus O (177 Pack[2])

Le *P. Oxy.* 1091, du IIe siècle offre une partie du
Dithyrambe III (*côla* 47-78 et 91-92) avec l'étiquette de
parchemin (σίλλυβος) qui était attachée au rouleau et qui

omissions, de quelques mots (*Épin.* XI 15; *Épin.* XIII 34; *Dith.* IV
26) ou de *côla* entiers (*Épin.* XI 70 [*côlon* 106]; *Dith.* IV 9 [*côlon* 16],
29-30 [*côla* 55-57]; *Dith.* V 12 [*côlon* 22]).

33. Il est possible que les omissions signalées à la note précédente
remontent au modèle reproduit par le copiste, car le réviseur n'en a
suppléé aucune.

34. Il a notamment suppléé les omissions suivantes : *Épin.* XI 70;
Dith. IV 29-30; *Dith.* V 12.

35. En tout : *Dith.* IV 9, ou en partie : *Épin.* XI 15.

porte la mention Βαχχυλίδου Διθύραμβοι [36]. Il semble avoir
été copié sur un modèle très proche de celui qu'a utilisé,
pour les *Dithyrambes*, le copiste du papyrus de Londres :
c'est ainsi que le côlon 63 du *Dithyrambe* III, placé par
erreur entre 61 et 62 dans le papyrus de Londres, a été
omis par le copiste du papyrus O ; les différences que l'on
relève entre les deux papyrus ne portent que sur des
variantes de peu d'importance.

Le papyrus C (176, 185 et 223 Pack²)

La reconstitution de ce qui reste de ce volumen est due à
Lobel : en éditant le *P. Oxy.* 2364 [37], il y a ajouté le *P.
Ashmolean Mus.* inv. 20 [38] et le *P. Oxy.* 661 [39], puis, un
peu plus tard, deux nouveaux fragments édités dans le
tome XXXII des *P. Oxy.* [40] ; de son côté, Snell a replacé le
fr. 9 du *P. Oxy.* 2364 dans la marge supérieure. Ce rouleau
du IIe siècle de notre ère contient les restes d'au moins
cinq dithyrambes différents (IX à XIII).

Le papyrus D (1906 Pack²)

Conservés à Berlin (inv. 16139 et 21209), deux frag-
ments de ce rouleau du premier tiers du IIe siècle de notre
ère ont été édités, le premier par Bowra dans son *Pindare*
(fr. 342), en 1935, le second par Maehler dans son
Bacchylide de 1970. Ils se raccordent l'un à l'autre et

36. Publié par Grenfell et Hunt dans *The Oxyrhynchus Papyri*,
t. 8, London, 1911. — La mention sous-jacente, avec le titre du
Dithyrambe I, a été déchiffrée par J. M. Edmonds (*Class. Rev.* 36,
1922, p. 160).

37. Dans le tome 23 cité plus bas, à la note 42.

38. Publié pour la première fois par Br. Snell dans son édition de
Pindare (1953), sous le n° 343.

39. Édité par lui dans *The Oxyrhynchus Papyri*, t. 20, London,
1952, comme un fragment supplémentaire du *P. Oxy.* 661, publié lui-
même cinquante ans plus tôt (t. 4, 1904).

40. Aux pages 160-162 (« Addendum to 2364 ») de ce volume paru
en 1967.

donnent une partie du *Dithyrambe* IX conservée aussi
dans le *P. Oxy.* 2364 (C).

Le papyrus B (183 Pack²)

Les restes de ce rouleau du IIᵉ siècle de notre ère, édités
par Lobel comme *P. Oxy.* 2368 [41], nous font connaître des
fragments d'un commentaire des *Dithyrambes* ; la partie
conservée est relative aux *Dithyrambes* VII et VIII, dont
quelques mots sont attestés dans le commentaire. Selon
une observation de Lobel, le copiste de ce papyrus a
transcrit aussi le commentaire d'Alcée du *P. Oxy.* 2306.

Le papyrus L (176 Pack²)

Le *P. Oxy.* 2363, qui date des environs de l'an 200 de
notre ère, contient des restes de deux poèmes [42] ; comme le
second est attesté par deux fragments (fr. 22 et 11 K.) du
papyrus de Londres, E. Lobel les a, à juste titre, attribués
aux *Épinicies* de Bacchylide (XV [XIV A] et XVI [XIV
B]). Le papyrus L présente quelques notes marginales.

Le papyrus M (182 Pack²)

Dans les trente-trois fragments du *P. Oxy.* 2367, E.
Lobel a reconnu les restes d'un commentaire des *Épinicies*
de Bacchylide [43], transcrit au verso d'un document. On
pourrait penser à Didyme, dont on a vu plus haut qu'il
avait justement commenté ce livre. La date du papyrus —
le IIᵉ siècle — s'accorderait avec cette identification, mais
l'état pitoyable de ces fragments, relatifs aux *Épinicies* III
à V, ne permet pas d'en décider.

---

41. Dans le tome 23 de la série, paru en 1956.
42. Publiés par E. Lobel dans *The Oxyrhynchus Papyri*, t. 23,
London, 1956 ; l'édition princeps en avait été donnée par B. Snell
dans son *Bacchylides* de 1949 (6ᵉ éd.).
43. Publié par E. Lobel, *ibid.*

Le papyrus P (179 Pack²)

Grâce aux observations de Snell et de Lobel[44], le rapprochement des *P. Oxy.* 1361[45] et 2081 (e)[46] restitue dix colonnes d'un volumen du Iᵉʳ siècle de notre ère qui contenait le livre des *Éloges* de Bacchylide, avec quelques scholies. La reconstitution a été assurée et facilitée par le témoignage du papyrus Q.

Le papyrus Q (180 Pack²)

Une partie du texte du *P. Oxy.* 2362, un fragment de rouleau des alentours de l'an 200 de notre ère, édité par Lobel[47], se retrouve dans le papyrus P. Il est donc sûr qu'on a affaire au même livre de Bacchylide.

Le papyrus U (181 Pack²)

De la même main que le papyrus Q, selon Lobel qui les a édités comme *P. Oxy.* 2361[48], les restes de ce rouleau pourvu de scholies donnent quelques vers d'un poème cité par Héphestion (*De poemat.* 7, 3 [p. 72, 2-3 Consbruch]). Le refrain ainsi attesté ferait penser au livre des *Érôtica*, ou *Chansons d'amour*, mentionné par Athénée (15, 5, p. 667 C). L'identité d'écriture me porterait à croire que le papyrus U ne faisait qu'un, à l'origine, avec le papyrus Q, et que le livre intitulé *Érôtika* groupait, en raison de la production assez faible de Bacchylide, des poèmes qui, pour d'autres auteurs, seraient classés comme des *Scolies* ou des *Éloges*.

Le papyrus T (178 Pack²)

Le *P. Oxy.* 426, du IIIᵉ siècle de notre ère, copié au verso d'un document, contient une vingtaine de *côla* du

44. Voir plus bas, note 47.
45. Publié par Grenfell et Hunt dans *The Oxyrhynchus Papyri*, t. 11, London, 1915.
46. Publié par Hunt dans le tome 17 de la série, paru en 1927.
47. Dans le tome 23 de la série.
48. *Ibidem.*

livre des *Péans* [49]. Associés à une citation d'Athénée [50] et à
un extrait de Stobée [51], dont une partie est citée aussi par
Plutarque [52], ils offrent une partie notable du *Péan pour
Asiné*, dont la reconstitution doit beaucoup à Snell et à W.
S. Barrett [53].

Autres papyrus

Six autres papyrus contiennent des fragments lyriques
dont l'attribution à Bacchylide reste conjecturale. En voici
l'énumération dans l'ordre chronologique :

P. Berlin inv. 16140 (1907 Pack²) [54], du Ier-IIe siècle
(fr. douteux 11) ;

P. Oxy. 860 (1940 Pack²) [55], vers l'an 100 (fr. douteux 9) ;

P. Oxy. 2365 (1913 Pack²) [56] plus *PSI* inv. 2011, du
IIIe siècle (fr. douteux 12) ;

PSI 1181 (1908 Pack²) [57], du IIe-IIIe siècle, copié au verso
d'un document (fr. douteux 7 et 8) ;

P. Oxy. 2395 (1917 Pack²) [58], du début du IIIe siècle
(fr. douteux 13 ; édité aussi par Page, *Poetae melici
graeci*, parmi les *adespota*, sous le n° 924) ;

49. Édition de Grenfell et Hunt dans *The Oxyrhynchus Papyri*,
t. 3, London, 1902.
50. Athénée 5, 5, p. 178 b (t. I, p. 409 Kaibel).
51. *Flor.* 4, 14, 3 (t. IV, p. 371-372 Wachsmuth-Hense).
52. *Vie de Numa*, 20, 6 (Plutarque ne mentionne pas le nom du
poète).
53. *Bacchylides, Asine and Apollo Pythaieus*, dans *Hermes*, 82,
1954, p. 421-444.
54. Première édition par Bowra dans ses *Pindari carmina* de 1935
(fr. 341).
55. Édité par Grenfell et Hunt dans *The Oxyrhynchus Papyri*, t. 6,
London, 1908 ; ce papyrus est actuellement conservé à la Bodleian
Library d'Oxford, sous la cote : Gr. Cl. f. 88 (P).
56. Édité par Lobel dans le t. 23 de *The Oxyrhynchus Papyri*.
L'édition princeps du *PSI* inv. 2011 (dont l'identité de main avait été
reconnue par V. Bartoletti) a été donnée dans le *Bacchylide* de Snell-
Maehler (1970).
57. Publié dans *Papiri greci e latini*, t. 10, Firenze, 1932.
58. Publié par E. Lobel dans le t. 24 de *The Oxyrhynchus Papyri*.

P. Oxy. 673 (1939 Pack²) ⁵⁹, du IIIᵉ siècle (fr. dou-
teux 10).

Que leur attribution à Bacchylide soit sûre ou conjectu-
rale, tous ces papyrus se situent au cours d'une période
assez brève, qui va du Iᵉʳ au IIIᵉ siècle de notre ère. Ils sont
tous faits de papyrus utilisé sous la forme du rouleau. Le
livre en forme de codex, *a fortiori* le codex de parchemin,
ne sont pas représentés dans la tradition du poète de Kéos.
L'observation n'est pas négligeable : loin de voir là un effet
du hasard, il faut y reconnaître l'indication que l'œuvre de
Bacchylide est de celles dont l'époque romaine a accepté,
sinon voulu, l'effacement, puis la disparition. L'étude de la
tradition indirecte confirmera ce jugement.

LA TRADITION INDIRECTE

Ce qui a été dit plus haut du succès des poèmes de
Bacchylide au IVᵉ siècle, relativement à celui qu'ont alors
connu les odes de Simonide et de Pindare, annonce en
quelque sorte le silence qui va peser sur son œuvre chez les
auteurs hellénistiques, en dépit des travaux des grammai-
riens alexandrins. Une reprise s'esquisse à l'époque romai-
ne, confirmant dans une certaine mesure le témoignage des
papyrus : Plutarque le cite quatre fois, Athénée huit fois,
Clément d'Alexandrie sept fois ⁶⁰ ; grammairiens, métri-
ciens et lexicographes, de Denys d'Halicarnasse à Héphes-
tion et Hérodien, ne le négligent pas, mais leur apport
reste faible. Au Vᵉ siècle, dans son *Anthologie*, Jean

59. Édité par Grenfell et Hunt dans *The Oxyrhynchus Papyri*, t. 4,
London, 1904 ; le papyrus, qui était déposé à la Bibliothèque
Universitaire de Louvain, a disparu dans l'incendie de cette bibliothè-
que en 1914.

60. Comme on ne prête qu'aux riches, c'est sous le nom de Pindare
que le rhéteur arlésien Favorinus (*De exilio* 4, 49) et Synésius de
Cyrène (*Laudat. caluitii* 13) citent chacun un passage d'une épinicie
de Bacchylide.

Stobée cite quatorze passages, mais on sait que selon les cas il tire ses extraits soit des œuvres elles-mêmes, soit de recueils de morceaux choisis antérieurs au sien. Il reste que, selon Ammien Marcellin (25, 4, 3), Julien l'Apostat citait souvent un mot de Bacchylide, qu'il lisait avec plaisir. Après Julien, après Stobée, seuls quelques lexicographes byzantins mentionnent le poète qui avait tenu une place appréciable dans le canon des neuf lyriques.

ÉDITIONS IMPRIMÉES ET COMMENTAIRES

La première collection de fragments de Bacchylide a été publiée en 1560 par Henri Estienne, en complément à son édition de Pindare, dans la série des « caeterorum octo lyricorum carmina ». Le grand érudit l'a élargie jusqu'à la 3ᵉ édition de 1586. Il faut ensuite attendre le début du XIXᵉ siècle pour voir paraître une édition critique tenant compte des progrès de la philologie ; elle est l'œuvre de Christian Friedrich Neue (*Bacchylidis Cei fragmenta*, Berolini, 1822). La 4ᵉ édition des *Poetae lyrici graeci* de Theodor Bergk (t. III, paru en 1882 à Leipzig) offre le dernier état de ce qu'on pouvait connaître de l'œuvre de Bacchylide avant la publication du papyrus de Londres (p. 569-588) ; il vaut la peine de la consulter pour découvrir les fragments transmis par la tradition indirecte et désormais incorporés dans les deux livres des *Dithyrambes* et des *Épinicies*, où seules les indications des *testimonia* permettent de les déceler.

A la fin de 1897, comme on l'a dit plus haut [61], Frederic G. Kenyon publie à Londres l'édition princeps de Bacchylide, *The poems of Bacchylides from a papyrus in the British Museum*, en l'accompagnant d'un album reproduisant en fac-similé la totalité du papyrus. Il fournissait ainsi à tous les hellénistes intéressés une première édition, à laquelle certains d'entre eux avaient déjà collaboré, et le

61. Voir *supra*, p. XXVII et n. 10.

moyen de contrôler les rapprochements, compléments et conjectures auxquels ils penseraient. Le travail fait dans les mois qui suivirent fut considérable, les articles se multiplièrent et des restitutions ou corrections identiques furent avancées en même temps de sorte qu'il est assez souvent nécessaire, en toute justice, de citer dans l'apparat critique plusieurs noms de philologues pour une proposition. Dès l'année suivante, F. Blass donne dans la « Bibliotheca Teubneriana » une édition qui aura une longue postérité ; font de même à Vienne H. Jurenka, à Florence N. Festa, à Paris E. d'Eichthal et Th. Reinach (avec une traduction en vers, elle-même contemporaine de la traduction en prose d'A.-M. Desrousseaux qui fréquentait alors Jean Moréas et la Closerie des Lilas).

Après l'enthousiasme qui suivit immédiatement la découverte, l'activité se calma assez vite. L'édition commentée de R. C. Jebb (Cambridge, 1905), toujours utile, n'aura pas de rivale pendant trois quarts de siècle. Toutefois l'édition de Blass enregistre des progrès constants : dès 1899 en paraît une 2e édition, suivie d'une 3e en 1904 et d'une 4e, due aux soins de G. Suess, en 1912 ; les éditions ultérieures, confiées à Br. Snell, se situent dans la même ligne (5e en 1934, 6e en 1949, 7e en 1958, 8e en 1961), mais elles marquent un progrès considérable à tous égards ; la continuité est désormais assurée par H. Maehler, dont la 10e édition (il n'y en a pas eu de 9e, semble-t-il), parue en 1970, a suivi de peu sa traduction allemande (Berlin, 1967). De cette série d'éditions, je ne peux que répéter ce que j'ai écrit à propos de la 10e : « Tout ce qui nous est parvenu du poète de Céos est mis à la disposition du lecteur sous une forme qui, sans vain souci d'originalité, conserve l'acquis des devanciers tout en l'enrichissant de ce qu'apporte chaque génération » [62]. Depuis lors, les *Épinicies* ont fait l'objet de deux commentaires : celui de H. Maehler [63], avec édition critique du texte grec (un peu

62. Recension parue dans le *Bulletin de l'Association Guillaume Budé*, 1972, p. 225.
63. H. Maehler, *Die Lieder des Bakchylides*, Erster Teil : *Die*

plus hardie, ici et là, que la 10ᵉ édition) et traduction en allemand ; et celui de F. García Romero [64], où la plus grande attention est accordée aux questions de forme et aux problèmes de composition métrique.

PRINCIPES DE NOTRE ÉDITION

Plan Les vicissitudes qu'ont connues les œuvres antiques au cours de leur transmission ont souvent laissé des traces dans les premières éditions imprimées, traces qui, parfois, subsistent encore. La découverte du papyrus de Londres et son édition, les publications ultérieures de papyrus de moindre importance, sont des faits qui ont laissé des marques diverses — double numérotation de certaines odes, séries de numérotation successives — dans la plupart des éditions, notamment dans celle de la Bibliotheca Teubneriana, qui, de Blass à Maehler, en passant par Suess et Snell, a connu des progrès constants. Dans quelle mesure peut-on simplifier le système de signalisation sans gêner le lecteur soucieux de retrouver sans peine une référence aux éditions antérieures ? Tel est le problème que nous avons cherché à résoudre.

Il faut d'abord tenir compte du fait majeur que constitue l'existence du papyrus de Londres. Par son étendue comme par son contenu, il mérite un traitement particulier et doit venir en tête de l'édition. Suivant l'exemple des éditeurs alexandrins, on a respecté la prééminence des dieux en plaçant les *Dithyrambes* avant les *Épinicies* ; chaque livre a été pourvu d'une numérotation propre. Les autres fragments de ces deux livres qui nous sont parvenus par la voie des papyrus sont placés à la suite de chacun d'entre eux.

Siegeslieder, I. Edition des Textes mit Einleitung und Übersetzung, II. Kommentar. Leiden, 1982 (la seconde partie, avec les *Dithyrambes*, est en préparation).

64. F. García Romero, *Estructura de la oda baquilidea : estudio composicional y métrico*, Madrid, 1987, 2 vol. (1517 p.).

La division en livres de l'édition alexandrine sert aussi de cadre pour les autres fragments, quel que soit leur mode de transmission. Six livres groupent des poèmes composés en l'honneur des dieux, soit, avec les *Dithyrambes* déjà mentionnés, les *Hymnes*, les *Péans*, les *Prosodies*, les *Parthénées* et les *Hyporchèmes*. Deux ou trois livres rassemblent les odes écrites pour des hommes, soit, avec les *Épinicies* déjà citées, les *Chansons d'amour* (*Érôtica*) et les *Éloges* (ou *Scolies*?) qui ne faisaient peut-être qu'un seul livre. Viennent ensuite les fragments dont l'authenticité est assurée sans qu'on sache à quel livre ils appartenaient, et, enfin, les fragments douteux, qu'accompagnent les deux épigrammes attribuées à Bacchylide dans l'*Anthologie Palatine*. Les fragments de chaque livre ou groupe sont pourvus eux aussi d'une numérotation propre, avec mention du numéro qu'ils portent dans l'édition Snell-Maehler. Pour faciliter la consultation, des tables de concordance ont été placées à la fin du volume.

Présentation du texte Pour régulariser la mise en colonnes des œuvres lyriques et en faciliter la lecture, tout en mettant en relief leur composition métrique, les éditeurs alexandrins ont divisé le texte en *côla*, ainsi qu'il a été rappelé ci-dessus. Comme les autres éléments de la copie, la division en *côla*, ou colométrie, a été une occasion de faute pour les scribes antiques et médiévaux. Dans le cas de Bacchylide, la comparaison des papyrus A et O dans le *Dithyrambe* I, des papyrus C et D dans le *Dithyrambe* IX, fait apparaître des différences mineures. Il s'ensuit — et le témoignage des manuscrits médiévaux des *Épinicies* de Pindare le confirme — que la colométrie rigoureuse de l'édition alexandrine a subi quelques atteintes dans les papyrus qui nous sont parvenus et qu'il serait vain d'attribuer une quelconque authenticité, et donc une quelconque valeur, aux variations de colométrie qui se produisent à l'intérieur d'une même ode[65]. D'autre part, la colométrie alexandrine elle-même

65. Ce n'est pas l'avis de Snell-Maehler, qui reproduisent les

n'est pas exempte d'erreurs qui tiennent, pour une large part, aux conceptions métriques des grammairiens alexandrins. Depuis que Boeckh a montré la réalité du vers lyrique, dont l'existence avait été méconnue par les théoriciens antiques, on ne peut plus attribuer de valeur propre à la division en *côla* [66]. Ce qui a été fait de façon systématique pour Pindare doit être étendu à Bacchylide : le vers lyrique a la primauté, et la division en *côla* n'est qu'un moyen commode de présenter sur plusieurs lignes les vers trop longs, en mettant en évidence leur structure métrique. Dans notre édition, comme il est usuel dans celles de Pindare, les vers sont numérotés, en gras, dans la marge de gauche ; les *côla*, en maigre, dans celle de droite. Pour trouver une référence antérieure, on se reportera donc aux numéros des *côla*, mais il est souhaitable que l'habitude s'instaure, comme il est fait depuis longtemps pour Pindare, de renvoyer aux numéros des vers.

Établissement du texte   Avec un texte d'origine papyrologique, l'édition de type diplomatique s'impose pour la première publication et pour elle seule. On s'est donc contenté de donner ici, après une révision directe ou sur photographie, une image fidèle du texte des différents papyrus, sans prétendre entrer dans tous les détails. Les signes critiques utilisés, par exemple les crochets droits, ont la valeur qui leur est attribuée dans les publications papyrologiques [67], différente de celle qu'ils ont dans les éditions de textes transmis par les manuscrits médiévaux.

variations de colométrie — des fautes à mon sens — du papyrus, par exemple dans l'*Épinicie* I : « str. 1/2 post syll. octavam seiuncti sunt in pap. v. 9 (?). 55. 78, post syll. septimam v. 116. 124. 139. 147. 162. 170 » (p. 1, app. crit. ; cf. p. xxxi).

66. Il reste, et Snell-Maehler ont raison d'insister sur ce point (p. xxxv), que la connaissance de la colométrie adoptée par les éditeurs alexandrins peut nous aider à retrouver, sous les fautes de copie, le texte qu'ils avaient établi.

67. Ces emplois particuliers sont décrits dans les *Règles et recommandations pour les éditions critiques (Série grecque)*, Paris, 1972, p. 11.

Pour les passages où plusieurs syllabes ont disparu accidentellement du papyrus, on a préféré matérialiser ces syllabes par les signes métriques correspondants plutôt que par des points représentant chacun une lettre ; en revanche, on a usé des points lorsqu'un petit nombre de lettres manquait.

Pour les lacunes plus longues, portant sur plusieurs lignes entières, on a simplement indiqué le nombre des lignes disparues, c'est-à-dire le nombre des *côla* et non pas celui des vers, puisque la référence se fait à la présentation du texte sur le papyrus.

Un détail graphique : l'*iota* adscrit du papyrus est toujours composé souscrit, au prix d'une légère infidélité à l'original quand la lettre à laquelle il est souscrit a disparu dans une lacune, ou quand, au contraire, cette lettre est conservée alors que l'*iota* a disparu.

Pour les lettres dont la lecture est douteuse et qui, dans les éditions papyrologiques, sont ponctuées, on a adopté une double solution : si la lettre est isolée, au contact d'une lacune, elle est remplacée par un point ; si elle fait partie d'un mot dont la restitution est assurée, elle est imprimée telle quelle.

Pour les suppléments comme pour les conjectures, une grande prudence a été de règle ; plus d'une fois, on trouvera relégué dans l'apparat critique le supplément qui est admis pour la traduction. A la différence des éditeurs antérieurs, on a mentionné sous le nom de Kenyon (avec l'abréviation K.) toutes les corrections et restitutions qu'il avait données dans l'édition princeps et qui sont reprises ici ; son travail de pionnier méritait cet hommage.

Les signes (*paragraphos, corônis, astérisque*) qui séparent les éléments strophiques dans le papyrus [68] n'ont pas été reproduits. Des mentions abrégées, en latin, les remplacent, soit *str(opha), ant(istropha), ep(odus)* ; elles sont accompagnées du numéro de la triade ou, dans les odes monostrophiques, de celui de la strophe. Dans la traduction, les triades sont numérotées en chiffres ro-

68. Voir *supra*, p. XXXII.

mains ; les strophes des odes monostrophiques, en chiffres arabes.

Enfin, on a restitué dans la marge, à gauche du texte, les numéros des colonnes du papyrus de Londres dans son état originel. Il y a donc des décalages croissants avec le numérotage établi par Kenyon, soit 4 dans les fragments A et B (1-22 K. = 5-26 de notre édition), 5 dans le fragment C (23-29 K. = 28-34) et 7 dans le fragment D (30-39 K. = 37-46).

J. I.

*
* *

Si notre édition, qui cherche à respecter un certain parallélisme avec le *Pindare* d'A. Puech paru en 1922-1923 dans la Collection des Universités de France, présente quelque originalité dans le classement des livres et des fragments, si elle comporte pour la première fois un numérotage des vers, si le commentaire métrique des odes est plus développé, nous reconnaissons bien volontiers tout ce qu'elle doit aux éditions successives de Snell et Maehler, elles-mêmes tributaires des travaux qui les ont précédées.

D'une manière plus générale, nous avons une grande dette de reconnaissance envers le réviseur désigné, M. François Jouan, qui n'a pas ménagé sa peine ni sa science pour aider à la réalisation de ce volume. Qu'il soit assuré de notre gratitude ! Mlle S. Noïca a droit aussi à nos remerciements pour la part qu'elle a prise à l'élaboration de l'*index nominum*.

NOTE BIBLIOGRAPHIQUE

Il n'est pas d'usage, dans la Collection des Universités de France, de donner la bibliographie complète d'un auteur. Les éditions et commentaires de Bacchylide ont été présentés vers la fin de l'*Introduction* (p. XL-XLII). Dans l'édition Snell-Maehler (p. LV-LXI), on trouvera une bibliographie complète jusqu'en 1968 classée par noms d'auteur. Une autre, à classement en partie méthodique et étendue jusqu'à 1985, est donnée par F. García Romero dans sa thèse de Madrid de 1986, *Estructura de la oda baquilidea : estudio composicional y métrico*, aux pages 1475-1517 ; plus réduite, mais commodément classée, est celle que le même auteur a publiée en tête de sa traduction espagnole de Bacchylide (Baquílides, *Odas y fragmentos*, Madrid, 1988, p. 61-69).

Les ouvrages d'A. Severyns (*Bacchylide*. Essai biographique, Liège-Paris, 1933) et de Br. Gentili (*Bacchilide*. Studi, Urbino, 1958) ont déjà été cités plusieurs fois dans l'*Introduction*. Deux livres plus récents contiennent les commentaires de plusieurs odes, celui de M. Lefkowitz (*The Victory Ode*. An Introduction, Park Ridge, 1976), plus général, et celui d'A. P. Burnett centré sur Bacchylide (*The Art of Bacchylides*, Cambridge Mass.-London, 1985). Huit articles de dates diverses sont reproduits dans W. M. Calder III — J. Stern (éd.), *Pindaros und Bakchylides*, Darmstadt, 1970. Enfin un instrument de travail précieux est le *Lexicon in Bacchylidem* (Hildesheim-Zürich-New York, 1984) de D. E. Gerber.

PRINCIPALES ABRÉVIATIONS

Pour les sigles de papyrus utilisés dans l'apparat critique, on se reportera aux pages de l'*Introduction* où ces papyrus sont décrits, soit :

A (*Dithyrambes et Épinicies*) : p. XXVII-XXXIV.
O (*Dithyrambes*) : p. XXXIV-XXXV.
C (*Dithyrambes*) : p. XXXV.
D (*Dithyrambes*) : p. XXXV-XXXVI.
B (Commentaire des *Dithyrambes*) : p. XXXVI.
L (*Épinicies*) : p. XXXVI.
M (Commentaire des *Épinicies*) : p. XXXVI.
P (*Éloges*) : p. XXXVII.
Q (*Éloges*) : p. XXXVII.
U (*Chansons d'amour*) : p. XXXVII.
T (*Péans*) : p. XXXVII-XXXVIII.

Quelques noms d'érudits ont été abrégés :

Gr.-H. = Grenfell-Hunt.
K. = Kenyon.
Wil. = Wilamowitz.

APPENDICES

I

LA LANGUE DE BACCHYLIDE

Selon un usage normal dans la Grèce archaïque et classique, la langue de Bacchylide est celle du genre littéraire qu'il pratique : la lyrique chorale [1]. Ce genre, né en pays dorien, a subi l'influence de la poésie éolienne, ce qui a entraîné la création d'un dialecte artificiel, de caractère mixte et accueillant à des formes diverses ; sa caractéristique la plus nette est d'ordre négatif : elle consiste à éviter tout ce qui a une coloration ionienne plus ou moins marquée. Dans ses odes, Bacchylide utilise pratiquement la même langue que Pindare, alors que ce dernier était originaire de Béotie, une région de dialecte éolien, et que lui-même, né à Kéos, parlait l'ionien des îles.

Renvoyant aux études spécialisées pour le détail [2], on ne mentionnera ici que des faits de langue en relation étroite avec l'établissement du texte. Le principal est le traitement de l'alpha long ancien, que l'ionien ferme en éta (e long ouvert) alors que les autres dialectes le conservent avec son aperture maximale. Chez Pindare, l'alpha long est généra-

---

1. Voir A. Meillet, *Aperçu d'une histoire de la langue grecque*, 8ᵉ éd., Paris, 1976, p. 199-206 : « La lyrique chorale ».

2. L'étude de base reste celle de J. Schöne, *De dialecto Bacchylidea*, dans *Leipz. Stud. für kl. Philol.*, t. 19, 1899, p. 179-309, dont les principaux résultats sont rassemblés chez Snell-Maehler, p. XVIII-XX ; on consultera avec profit, à titre comparatif, B. Forssman, *Untersuchungen zur Sprache Pindars*, Wiesbaden, 1966.

lisé ; si, parfois, les manuscrits byzantins présentent à sa place un éta, les éditeurs le corrigent systématiquement. Pour Bacchylide, la situation paraît différente parce que les témoins de ses odes sont des papyrus d'époque romaine, antérieurs d'un millénaire aux plus anciens manuscrits de Pindare, et donc beaucoup plus proches de l'original. Aussi les philologues qui ont étudié sa langue et les éditeurs eux-mêmes ont été plus sensibles à la présence de quelques étas à la place des alphas longs attendus, dans les épinicies notamment. On a constaté, en particulier, que Bacchylide semble admettre un éta dans les mots qui contiennent un autre alpha long : Φήμᾱ en *Ép.* II, 1 et φήμᾱν en *Ép.* V, 110, alors qu'on trouve φᾱμί en *Ép.* I, 76 et XIII, 14 ; ἀδμήτᾱ en *Ép.* V, 96, mais ἄδμᾱτοι en *Ép.* XI, 56. Cette variation, qui permet d'éviter la répétition du même phonème vocalique long dans deux syllabes consécutives, joue comme une véritable dissimilation régressive : il porte donc toujours sur le radical du mot, jamais sur un suffixe. Si la valeur euphonique du procédé paraît indiscutable, à nos oreilles du moins, il faut cependant reconnaître que les exceptions ne manquent pas, avec des formes comme σελᾱ́νᾱ en *Ép.* IX, 23 ou αἰχμᾱτᾱ̀ν en *Ép.* XIII, 64. L'éditeur de Bacchylide pourrait donc être tenté de faire comme les éditeurs de Pindare, en rétablissant partout les formes à alpha long. Normaliser ainsi le texte serait risqué, comme le montrent les observations suivantes, faites sur l'*Épinicie* V. Le papyrus de Londres y présente sept formes avec éta au lieu d'alpha long. La voyelle « anormale » se situe six fois sur sept à la 4ᵉ syllabe des côla 2 (v. 1 : ἱπποδινήτων[3] ; v. 24 : ἐπισκήπτων), 7 (v. 27 : κυϐερνήταν ; v. 96 : ἀδμήτα) et 12 (v. 29 : ἐπιζήλῳ) de la strophe, et à la 4ᵉ syllabe du côlon 4

---

3. Chez Bacchylide comme chez Pindare, le verbe δινέω et les mots dérivés présentent des formes en -ᾱ- généralement qualifiées d'hyperdorismes ; ce sont en fait de véritables dorismes dus à l'influence de δίνα/δίνη (cf. P. Chantraine, *Dict. étym. langue grecque*, p. 285 s.v. δίνη, avec la bibliographie à laquelle on ajoutera B. Forssman, *op. cit.* [voir la note précédente], p. 59-61).

de l'épode (v. 110 : φήμαν) ; le septième exemple se trouve
à la 3ᵉ syllabe du côlon 12, déjà cité, de la strophe (v. 105 :
ἀληθείας). Trois des sept exemples présentent la sorte de
dissimilation régressive mentionnée plus haut, mais la
place occupée par ces syllabes en éta, la 4ᵉ d'un côlon six
fois sur sept, mérite de retenir l'attention. En effet, du
point de vue de la métrique, tous les côla cités sont du
même type, des dimètres trochaïques (avec catalexe pour
le côlon 12 de la strophe). C'est donc la syllabe finale, dite
indifférente, du premier mètre trochaïque qui comporte
six fois un éta d'allure ionienne au lieu de l'alpha long
attendu ; dans le dernier exemple, c'est la syllabe précéden-
te. Il est difficile de voir là un effet du hasard, d'autant
plus que, aux emplacements indiqués, le poète place
volontiers un alpha long, maintenu tel quel, ou un éta
ancien : 2ᵉ côlon de la strophe (v. 31 : ἀνίκ]ᾱτον ; v. 54 :
πλᾱξιππος) ; 7ᵉ côlon de la strophe (v. 11 : πτᾱσσοντι ;
v. 34 : ἀπλᾱτοἰ) ; 12ᵉ côlon de la strophe (4ᵉ syllabe,
v. 36 : ἀργηστὰς ; 3ᵉ syllabe [cf. ἀληθείας], v. 59 :
πλημύρων) ; 4ᵉ côlon de l'épode (v. 41 : χαλκεόκρᾱνον ; v.
87 : ἥβᾱν).

Ces correspondances, ces reprises de sons identiques ou
apparentés à la même place du vers, se trouvent assez
souvent renforcées par leur environnement. C'est ainsi
que, toujours dans l'*Épinicie* V, le début du v. 27 (strophe
2) :

ὃν κυβερνήταν φυλάσσων

a pour répondant, dans le même vers de la strophe 5
(v. 96) :

ἔστιν ἀδμήτα θυγάτρων

avec, de plus, la même disposition des accents. De tels
faits, présentés ici à titre d'exemple, ne semblent pas
étrangers à la liberté de composition du poète. Dans
l'ignorance où nous sommes de ses intentions, que nous
pouvons au mieux pressentir, la solution la plus prudente
et la plus raisonnable est de garder dans le texte les états
d'apparence ionienne attestés dans le papyrus de Londres,

y compris, au v. 105, cet ἀληθείας que, de Blass à Snell-Maehler, les éditeurs corrigent en ἀλᾱθείας parce que les quatre autres occurrences du mot dans le même papyrus présentent toutes l'alpha long attendu.

Une autre reprise de sons au même emplacement du vers confirme, dans l'*Épinicie* XIII, l'emploi de la forme homérique de couleur ionienne ἐν κλισίῃσιν au v. 65 (str. 4), annoncée en quelque sorte par le verbe ἐφίῃσι au v. 10 (ant. 1) [4].

En maintenant ces formes ioniennes, on a d'autant plus de probabilité de conserver le texte original que Bacchylide paraît, dans l'ensemble, s'attacher avec moins de fermeté que Pindare à la tradition éolo-dorienne de la langue de la lyrique chorale, par exemple dans les formes verbales actives de 3e personne du pluriel, où il adopte beaucoup plus souvent la désinence primaire en -ουσι(ν) que celle en -οντι. Cette disparate offre l'avantage de fournir au poète des doublets métriques grâce au jeu du nu euphonique ; il en est de même pour les deux désinences d'infinitif thématique actif, en -εν et en -ειν. Elle permet aussi d'éviter des séquences consonantiques peu agréables à l'oreille : Bacchylide utilise en général la désinence en -οντι lorsque la syllabe précédente comporte une sifflante (*Ép.* V, 11 : πτάσσοντι ; *Ép.* XIII, 126 : καρύξοντι), à moins que la métrique ne le contraigne à opter pour -ουσιν afin d'obtenir un allongement devant consonne initiale (*Ép.* X, 37 : αὔξουσῖν. Τὸ). L'emploi de la désinence -οντι lui permet aussi de faire appel à l'élision, exclue pour -ουσιν (*Dith.* IV, 5 : σεύοντ' ἀγέλας [5].

---

4. Un cas tout différent est celui des *Chansons d'amour* et de l'*Éloge* II (papyrus P), où Bacchylide ne se contente pas d'utiliser systématiquement l'éta ionien (*Ch.* I, 2 : τὴν ἀπ' ἀγκύλης, 3 : πῆχυν ; *Ch.* III, 2 et 9 : τὴν φίλην, leçon confirmée par le papyrus U ; *Éloge* II, 2 : κ]αθημένη, 9 : Μ]αρπήσσης, 10 : ἀνάγκη, 13 : κόρην, etc.), mais donne à sa langue une coloration homérique manifeste (*Ch.* II, 2 : μοῦνος ; *Ch.* III, 1 : μούνῳ confirmé par le papyrus U ; *Él.* II, 6 : μούνην), proche de celle des scolies attiques.

5. Supposer une forme moyenne (σεύονται) qui rendrait l'élision plus facile ne paraît pas nécessaire.

De ces quelques observations il ressort que Bacchylide paraît plus sensible que Pindare à l'euphonie, ce qui le pousse notamment à éviter, dans deux syllabes consécutives, la répétition de la même voyelle ou de la même consonne ; l'éditeur devra donc, par prudence, garder dans le texte des formes qui paraissent en discordance avec la couleur dialectale attendue.

II

LA MÉTRIQUE DE BACCHYLIDE

Les odes du poète de Kéos se divisent en deux groupes, selon que leur composition est triadique, avec strophe, antistrophe et épode, ou monostrophique, avec répétition d'une strophe.

La triade domine dans les épinicies, où il lui arrive d'être reprise huit fois (*Ép.* I) ; le type monostrophique n'y est employé sûrement que dans deux poèmes (*Ép.* IV et VI) [1]. La proportion est du même ordre pour les dithyrambes : I à III et V sont triadiques, IV est monostrophique. Parmi les autres odes, le *Péan* I est triadique, les *Éloges* II à V sont monostrophiques.

Le choix du mètre semble dépendre, dans les épinicies du moins, du type de composition adopté : les *Épinicies* IV et VI, monostrophiques, sont faites de vers choriambiques, alors que le poète emploie les vers qu'on qualifie traditionnellement de dactylo-épitrites, dans les nombreuses épinicies triadiques, à l'exception de la très courte *Épinicie* II, faite d'une seule triade, et de la strophe de l'*Épinicie* III (dont seule l'épode comporte des dactylo-épitrites). En revanche, dans les dithyrambes triadiques les

---

1. Sur la composition, jugée monostrophique par Snell-Maehler, des *Ép.* VII et VIII, voir mes *Prolégomènes*, p. 51-55, et les notices de ces deux odes.

mètres utilisés sont variés : dactylo-épitrites (*Dith.* I),
mélange de dactyles et de mètres choriambiques (*Dith.* II),
séries iambiques syncopées (*Dith.* III), séries dactylo-
iambiques (*Dith.* V) ; le seul dithyrambe monostrophique
(*Dith.* IV) est fait de mètres choriambiques, comme les
deux épinicies monostrophiques. Le *Péan* I, triadique, est
fait de dactylo-épitrites. Quant aux éloges, tous monostro-
phiques, ils sont faits en majorité (*Él.* III, IV et V) de
dactylo-épitrites ; dans un seul (*Él.* II), des mètres cho-
riambiques sont mêlés à des ioniques mineurs.

Les odes de Bacchylide montrent ainsi une nette
prédominance des dactylo-épitrites. A cette dénomina-
tion traditionnelle, on substituera dorénavant celle de
dactylo-trochaïques lorsque le mètre est de rythme des-
cendant, d'anapesto-iambiques s'il est de rythme ascen-
dant. Les éléments dactyliques ou anapestiques comp-
tent normalement trois temps marqués (soit respective-
ment $-\smile\smile-\smile\smile--$ et $--\smile\smile-\smile\smile-$), très rarement
deux (par ex. *Ép.* V, épode 1) ou quatre (par ex. *Ép.* I, str.
1 ; *Ép.* X, str. 6). Les éléments trochaïques ou iambiques
sont faits d'un ou plusieurs mètres (chacun avec deux
temps marqués) dans lesquels la syllabe dite indifférente
— finale dans les premiers, initiale dans les seconds — est
le plus souvent longue. Le choix de ces éléments métriques
se fait au gré du poète, qui compose sa strophe librement,
mais en respectant dans leur assemblage à l'intérieur du
vers des règles qui ont été découvertes progressivement
par Serruys (1903)[2], Maas (1904)[3], moi-même (1953)[4] et
W. S. Barrett (1956)[5]. Bacchylide paraît user de ce mode

2. D. Serruys, *Un système de métrique verbale appliqué à l'étude
des mètres lyriques*, dans *Comptes rendus Acad. Inscr.*, 1903, p. 138-
142 et 154.

3. P. Maas, *Kolometrie in den Daktyloepitriten des Bakchylides*,
dans *Philologus*, 63, 1904, p. 297-309 (reproduit dans *Pindaros und
Bakchylides*, p. 308-321).

4. J. Irigoin, *Recherches sur les mètres de la lyrique chorale
grecque : la structure du vers*, Paris, 1953, p. 17-33.

5. W. S. Barrett, *Dactylo-epitrites in Bacchylides*, dans *Hermes*,
84, 1956, p. 248-253.

d'expression, si étroitement lié à la musique, avec moins de variété et de souplesse que Pindare. Son goût le porte à toujours terminer l'élément strophique par un vers entièrement trochaïque ou iambique.

Les mètres choriambiques, souvent qualifiés d'éoliens, sont employés assez volontiers par Bacchylide : *Épinicies* II, III (strophe seulement), IV et VI, *Dithyrambes* II et IV, *Éloge* II. L'influence des poètes de Lesbos, dont les odes sont toujours monostrophiques, se perçoit dans l'usage que Bacchylide fait des mètres choriambiques [6]. Le glyconien, avec son choriambe central ($\stackrel{\smile}{-}\stackrel{\smile}{-}\bar{\cup} - \cup \cup - \cup -$), y joue un rôle important, ainsi que ses variations et ses développements. A l'occasion, le poète mêle aux mètres choriambiques d'autres mètres : dactyliques (*Ép.* IV et *Dith.* II), iambiques (*Ép.* II et strophe de l'*Ép.* III, *Él.* II) ou ioniques (*Ép.* VI et *Él.* II).

A côté de ces deux types principaux, fréquemment employés avec leurs variations et en mélange, d'autres mètres sont utilisés de manière limitée. Les mètres iambiques, complets ou syncopés, avec de nombreuses résolutions des syllabes longues, forment la strophe du *Dithyrambe* III, ode monostrophique ; la composition rappelle de près celle de la IIe *Olympique* de Pindare. D'autres mètres sont réservés à des genres lyriques particuliers ; c'est le cas des crétiques, utilisés dans les hyporchèmes, soit en séries de six par vers (*Hyp.* II), soit associés à des mètres iambiques complets ou syncopés (*Hyp.* IV).

Les métriciens antiques ont donné le nom de *bacchylideum* à un vers assez rare, le dimètre trochaïque hypermètre (cf. Servius, *De centum metris*, t. 4, p. 459, 19 Keil), soit $- \cup - \cup - \cup - -$, qui est utilisé dans l'épode du *Dithyrambe* III, au vers 8.

Dans notre édition, le texte de chaque ode est précédé d'un schéma métrique, et la notice comporte un commen-

---

6. Voir notamment la strophe de l'*Ép.* III et l'article que je lui ai consacré dans *Apophoreta Philologica* (Mélanges Fernández-Galiano), t. 2 = *Estudios Clásicos*, 26, 2, 1984, p. 85-91.

taire qui vise à montrer la facture des vers et à dégager
l'architecture d'ensemble de la strophe ou de la triade.

Le décompte des temps marqués met en évidence, à
l'intérieur des éléments strophiques, des périodes qui
doivent être en relation avec les évolutions du chœur. Les
phénomènes de rétrogradation rythmique peuvent aussi
apporter quelque lumière sur l'orchestique perdue.

J. I.

DITHYRAMBES

NOTICE GÉNÉRALE

Chant en l'honneur de Dionysos à l'origine, si l'on en croit Archiloque, le premier à mentionner ce genre [1], le dithyrambe (διθύραμϐος) porte un nom d'origine obscure en grec, mais dont la finale l'associe à d'autres mots du vocabulaire de la musique et de la danse comme ἴαμϐος et θρίαμϐος. Peut-être né à Lesbos, dont était originaire le poète Arion de Méthymne, le dithyrambe a été introduit par lui en pays dorien, à Corinthe, au temps du tyran Périandre, dans le tournant du VIIe au VIe siècle. Parmi les innovations dues à Arion figuraient, selon Hérodote [2], l'emploi du chœur au lieu d'un simple chanteur et l'usage d'un titre reprenant le nom du principal personnage du mythe célébré dans l'ode. Un Argien, le poète Lasos d'Hermionè, fit connaître à Athènes la nouvelle forme du dithyrambe, qui fut admis parmi les épreuves des fêtes dionysiaques avant la fin du VIe siècle [3].

Les plus grands poètes lyriques ont composé des dithyrambes, notamment pour Athènes [4]. Simonide, selon ses propres dires [5], y fut vainqueur cinquante-six fois. Pindare, pour avoir loué Athènes dans un dithyrambe fameux [6] auquel fait allusion Aristophane (*Cavaliers*,

---

1. Διωνύσου... καλὸν... μέλος... διθύραμϐος (fr. 96 Lasserre-Bonnard = 120 West).

2. Hdt. I, 23 : ... Ἀρίονα ... διθύραμϐον πρῶτον ἀνθρώπων τῶν ἡμεῖς ἴδμεν ποιήσαντά τε καὶ ὀνομάσαντα καὶ διδάξαντα ἐν Κορίνθῳ.

3. Les dithyrambes étaient chantés par des chœurs de cinquante hommes ou de cinquante garçons, à raison d'un par tribu, soit dix chœurs au total.

4. Les fragments de dithyrambes qui nous sont parvenus ont été rasemblés par D.F. Sutton (*Dithyrambographi graeci*, Hildesheim-München-Zürich, 1989) ; ceux de Bacchylide (n° 15, p. 28-33) comme ceux de Pindare n'y figurent que par leur titre et leurs références.

5. *Anthologie Palatine*, VI, 213.

6. *Dith.* 5 Puech = fr. 76 Snell-Maehler.

v. 1329), connut de graves difficultés avec les Thébains, ses compatriotes. Quant à Bacchylide, introduit par son oncle et soutenu par lui, il composa lui aussi plusieurs dithyrambes pour la grande cité.

Portant un titre, comme il était d'usage depuis Arion, les dithyrambes de Bacchylide étaient classés dans l'édition alexandrine selon l'ordre alphabétique (limité à la seule initiale) de ce titre, comme il a été dit dans l'*Introduction*[7]. Le papyrus de Londres donne à la suite, mais avec une lacune entre eux, le livre des *Épinicies* et celui des *Dithyrambes*. Comme ce dernier commence au haut d'une colonne avec le début des *Anténorides*, on pouvait présumer qu'on avait là le dithyrambe initial du livre; cette hypothèse a été confirmée par l'étiquette fixée au papyrus O (*P. Oxy.* 1091) : elle porte la mention Βακχυλί-δου Διθύραμβοι sous laquelle Edmonds a réussi à déchiffrer le libellé primitif Ἀντηνορίδαι ἢ Ἑλένης ἀπαίτησις[8]. La suite des titres dans le papyrus de Londres correspond aux initiales H H Θ I I; un complément est apporté par les papyrus O, C et D, ce qui permet de reconstituer une suite alphabétique K M Π et X.

Pourvus d'un titre en relation étroite avec le mythe traité, comportant parfois des éléments de dialogue (*Dithyrambe* III) ou même entièrement dialogués strophe par strophe (*Dithyrambe* IV), les dithyrambes de Bacchylide nous aident à comprendre pourquoi les Anciens associaient ce genre lyrique aux débuts de la tragédie[9].

J. I.

Remarque : Comme il a été dit plus haut[10], le numéro entre parenthèses qui suit le numéro des dithyrambes est celui qu'ils portent dans l'édition Snell-Maehler, où épinicies et dithyrambes sont numérotés à la suite.

7. Voir *supra*, p. xxv-xxvi.
8. Dans *Class. Rev.* 36, 1922, p. 160.
9. Pour plus de détails sur le dithyrambe et ses rapports avec la tragédie, consulter A. W. Pickard-Cambridge, *Dithyramb, Tragedy and Comedy*, 2e éd. rev., Oxford, 1962.
10. Voir l'*Introduction*, p. xliii.

DITHYRAMBE I (c. 15)

NOTICE

Circonstances   On ignore la date de ce dithyrambe.
Le fait que le rôle principal est attribué
à Ménélas, en tant que roi de Sparte et époux d'Hélène, le
ton religieux de son discours, tout cela paraît indiquer que
le poème était destiné à être exécuté à Sparte même, au
cours d'un cérémonie en l'honneur d'Hélène considérée
comme déesse [1], peut-être encore en l'honneur des deux
époux [2]. Ces considérations nous amènent à formuler
l'hypothèse que Bacchylide a reçu commande de ce
dithyrambe pendant son exil dans le Péloponnèse.

Analyse   Le poème comprend trois triades. De la
première, nous ne possédons que la strophe,
et de la deuxième, que l'épode. Dans l'intervalle s'étend
une vaste lacune que n'éclairent nullement quelques rares
débris. Nous sommes à Troie, pendant la fameuse guerre.
L'épouse d'Anténor, prêtresse d'Athéné, s'adresse à Ulysse
et à Ménélas. Puis les fils d'Anténor les conduisent devant
Priam et les princes. Anténor leur explique les proposi-
tions des deux parlementaires. Les hérauts convoquent
l'assemblée des guerriers troyens [3]. Avec la troisième

1. Avant d'être l'héroïne de la guerre de Troie, Hélène fut très
certainement une déesse, aux temps archaïques, à Sparte, à Rhodes,
sous l'épiclèse de *Dendritis*, et sans doute en d'autres lieux : voir F.
Chapouthier, Les *Dioscures au service d'une déesse*, Paris, 1935.
2. Ménélas lui-même, selon Pausanias (III, 19, 9) avait un temple à
Thérapnai, où il était, disait-on sur place, enterré avec Hélène.
3. Selon un usage que l'on voit pratiqué chez les Argiens, à la ville
comme à l'armée, et qui semble bien purement indo-européen. On le
retrouve, dans la période historique, à Rome.

triade, bien conservée, nous sommes sur l'agora. Les
Troyens prient les dieux de mettre fin à leurs maux.
Ménélas prend la parole et son discours occupe l'antistro-
phe et l'épode. C'est le discours d'un homme pieux,
exaltant la droite Justice, flétrissant l'avide et orgueilleuse
Insolence, qui causa la perte des Géants.

Interprétation   Tout le poème semble composé pour
                            amener le discours de Ménélas, dont
Bacchylide veut grandir le personnage aux dimensions
d'un héros qu'inspire la divine Sagesse : le poète a repris
un récit connu de l'*Iliade* et l'a adroitement adapté à son
dessein, mettant de côté Ulysse et Hélène elle-même, pour
détacher la haute figure du fils d'Atrée. Dans cette
perspective, on voit pourquoi l'accueil des parlementaires
est confié à la prêtresse d'Athéné : ce début prépare
l'auditeur à l'élévation de Ménélas. Mais on ne comprend
guère la raison pour laquelle Anténor et les siens occupent
tant de place dans le poème, au point de lui fournir son
premier titre. Nous croyons apporter une réponse à cette
difficulté en faisant remarquer qu'Anténor et ses fils
représentent une catégorie d'hommes qui s'efforcent de
conserver la paix entre les peuples, quelque injustes que
soient les torts que certains subissent, des fidèles assuré-
ment de la sainte Équité qu'exalte Ménélas. Ainsi le
groupe des Anténorides intervient dans le poème dans le
même sens que le personnage du fils d'Atrée, tel que le
veut Bacchylide. Ils concourent en définitive à l'amplifica-
tion de ce personnage, d'abord, du point de vue moral et
religieux, par leur comportement dans le récit, ensuite par
le prestige attaché à leur nom. On sait que de nombreuses
cités du pourtour méditerranéen s'enorgueillissaient de
mythes qui faisaient remonter leur fondation aux Anténo-
rides, les fils du sage Anténor, compagnon de Priam [4]. Le

4. Cf. J. Perret, *Origines de la légende troyenne de Rome*, Paris,
1942. On sait que d'autres cités tiraient leur origine de chefs achéens.
Ainsi la Ve *Pythique* évoque l'une des fondations légendaires de
Cyrène, où les Anténorides auraient établi leur γένος, tandis que le

discours de l'Achéen, trouvant correspondance et résonance chez les plus nombreux et les meilleurs des Troyens, mène, bien au delà des haines, des revendications même justifiées, vers une tentative de réconciliation universelle.

Sources et rapprochements littéraires   La source principale du poème de Bacchylide est le récit d'Anténor dans l'épisode de la *Teichoscopie* homérique (*Iliade*, III, 121-244). Du haut des remparts de Troie, les vieillards regardent les chefs des Achéens dans la plaine. Anténor rappelle alors l'ambassade d'Ulysse et de Ménélas venus à Troie, avant que l'assaut ne fût donné, pour réclamer Hélène. On sait que l'affaire faillit mal tourner pour les deux Achéens, certains Troyens voulant les tuer sur place, le peuple même leur lançant des pierres, mais qu'Anténor, aidé de son épouse Théanô, prêtresse d'Athéné [5], leur donna l'hospitalité, et que les fils d'Anténor assurèrent leur protection et les accompagnèrent devant le Conseil de Priam [6].

On sait aussi que Sophocle a porté au théâtre cet épisode sous le titre d'Ἑλένης ἀπαίτησις, dont nous ne possédons que quelques fragments (fr. 176-180a Radt). Il est fort probable que le drame comportait une scène d'ἀγών, soit au Conseil de Priam, soit à l'Assemblée des Troyens, soit même successivement dans les deux occasions [7]. Que

Péan IV *pour Asiné* de Bacchylide évoque la fondation par Nestor et les siens d'une autre Pylos.

5. Cf. *Iliade*, VI, 297 sqq. C'est Théanô qui ouvre le temple de la déesse, sur l'Acropole de Troie, aux Troyennes venues, autour d'Hécube, implorer Athéné. Cet épisode, raconté dans les *Chants Cypriens* (d'après Proclos, *Chrestomathie*, l. 152-153 Severyns), avait aussi été illustré par les peintres de vases : cf. M. I. Davies, *The Reclamation of Helena*, dans *Antike Kunst*, 20, 1977, p. 73-85 et pl. 17 ; voir aussi F. Jouan, *Le Cycle Épique, État des questions*, dans *Actes du Xe Congrès de l'Association Guillaume Budé*, Paris, 1980, p. 92-93.

6. Le scholiaste A de l'*Iliade* (III, 206) narre ces faits, que nous retrouvons dans les *Métamorphoses* d'Ovide (XIII, 200 sqq.).

7. J. Duchemin, *L'ἀγών dans la tragédie grecque*, Paris, 1945, p. 70-71.

Sophocle et Bacchylide aient ici développé un même
thème ne doit nullement nous surprendre. Cela leur est
arrivé fréquemment, comme le montre notamment le
Dithyrambe II.

Composition métrique Cette ode est composée de mètres ana-
pesto-iambiques et dactylo-trochaïques.
La strophe, qui compte sept vers, se
divise en deux périodes : la première (v. 1-4) commence
par une attaque de rythme ascendant et se termine avec
une finale iambique ; la seconde (v. 5-7) en est en quelque
sorte le reversement, avec une attaque de rythme descen-
dant et une finale trochaïque. Dans la première période, le
v. 1, anapestique (c'est un prosodiaque), s'oppose au v. 4,
iambique, alors que les éléments anapestiques et iambi-
ques se combinent, identiques mais dans un ordre diffé-
rent, pour former les v. 2 et 3. Le vers central (v. 6) de la
seconde période, dactylique de bout en bout, est fait de
deux hémiépès, l'un féminin, l'autre masculin ; ce vers est
encadré de deux vers identiques (v. 5 et 7), des trimètres
trochaïques. Le décompte des temps marqués est de 17 (3
+ 5 + 5 + 4) dans la première période, de 18 (6 + 6 +
6) dans la seconde, soit au total 35.

L'épode aussi se divise en deux périodes. A l'inverse de
ce qui se passe dans la strophe, la première (v. 1-3)
commence par un élément de rythme à trois temps et se
termine avec un élément de rythme à quatre temps, alors
que la seconde (v. 4-5) reprend le mouvement initial et
final de la première période de la strophe. Les v. 2 et 5 de
l'épode sont identiques ; le v. 1 est identique au v. 3 de la
strophe ; le v. 4 correspond exactement à la suite des v. 2
et 3 de la strophe. Les deux périodes de l'épode comptent
le même nombre de temps marqués, soit 15, selon le
détail : 1re période : 5 + 5 + 5 ; 2e période : 10 + 5.
Ainsi le total des temps marqués d'une triade est de 100 :
35 + 35 + 30.

SCHÉMA MÉTRIQUE

Strophe :   — — ᴗ ᴗ — ᴗ ᴗ —
           — — ᴗ ᴗ — ᴗ ᴗ — ⏒ — ᴗ —
           ⏒ — ᴗ — — — ᴗ ᴗ — ᴗ ᴗ
           — — ᴗ — — — ᴗ —
5   — ᴗ — — — ᴗ — — — ᴗ — —   5
           — ᴗ ᴗ — ᴗ ᴗ — — — ᴗ ᴗ — ᴗ ᴗ —
           — ᴗ — — — ᴗ — — — ᴗ — —

Épode :   — — ᴗ — — — ᴗ — ᴗ ᴗ —
           — — ᴗ — — — ᴗ — —
           — ᴗ — — — ᴗ ᴗ — ᴗ ᴗ —
           — — ᴗ ᴗ — ᴗ ᴗ —
             — — ᴗ — — — ᴗ —   5
             — — ᴗ ᴗ — ᴗ ᴗ —
5   — — ᴗ — — — ᴗ — —

DITHYRAMBE I

LES ANTÉNORIDES
OU REVENDICATION D'HÉLÈNE

I

D'Anténor égal aux dieux ...
... prêtresse de Pallas Athéna qui soulève les combats ...
... d'or ...
... des Argiens à Ulysse,
fils de Laerte, et au roi Ménélas l'Atride, ...
... Théanô à la ceinture profonde...

... adressa la parole
... bien bâtie ...
... ayant obtenu ...

ΒΑΚΧΥΛΙΔΟΥ ΔΙΘΥΡΑΜΒΟΙ

Α (c. 15)

ΑΝΤΗΝΟΡΙΔΑΙ
Η ΕΛΕΝΗΣ ΑΠΑΙΤΗΣΙΣ

col. 37

   Ἀντή]νορος ἀντιθέου   Str. 1

   ‒‒⏑]ρακοιτις Ἀθάνας πρόσπολος

   ⏓‒⏑‒‒] Παλλάδος ὀρσιμάχου

   ‒‒⏑‒‒χ]ρυσέας

5 ‒⏑‒‒‒‒⏑]ν Ἀργείων Ὀδυσσεῖ   5

   Λαρτιάδᾳ Μενελ]άῳ τ' Ἀτρείδᾳ βασιλεῖ

   ‒⏑‒‒‒βαθύ]ζωνος Θεανώ

   ‒‒⏑⏑‒⏑⏑]ον   Ant. 1

   ‒‒⏑⏑‒⏑⏑‒]ν προσήνεπεν·

10 ‒‒⏑‒‒‒⏑ἐ]ϋκτιμέναν   10

   ‒‒⏑‒‒‒⏑‒]

   ‒⏑‒‒‒⏑‒‒]δων τυχόντες

TEST. 12-34 (pars deperdita) Scholia T in Iliad. Ω 496 (t. 5, p. 602, 5-7 Erbse) : πιθανὸν μίαν τεκεῖν ἐννεακαίδεκα, οὐχ ὡς Βακχυλίδης πεντήκοντα τῆς Θεανοῦς ὑπογράφει παῖδας.

Libri titulum supra odae inscriptionem scriptum praebet sillybus papyro O adfixus ǁ Inscript. in mg. super. add. A³ ǁ 6 Λαρτιάδᾳ Μενελάῳ suppl. Nairn, Crusius, Wil. ǁ τ' add. s.l. A³ ǁ 7 βαθύζωνος suppl. K. ǁ 10 ἐ]ϋκτιμέναν A¹ : -μιν- A ǁ 12 τυχόντες A³ : -τας A.

... avec les dieux ...

...

II

... au milieu de la nuit, le cœur

...

... ils menèrent..., et leur père, un héros, homme de bon conseil, fit connaître au roi Priam et à ses fils [1] tout ce que disaient les Achéens. Alors, les hérauts se levèrent et, parcourant la vaste cité, rassemblèrent les phalanges troyennes

III

sur l'agora, le lieu qui recevait l'armée. De tous côtés courut une rumeur. Levant les mains vers les dieux immortels, ils les priaient de mettre fin à leur misère. Muse, qui, le premier, se mit à tenir un juste langage? Ce fut Ménélas, le fils de Plisthène [2]. En union avec les Charites au beau voile, d'une voix au mots enchanteurs, il proféra :

« Troyens chéris d'Arès, Zeus qui règne sur les hauteurs et qui voit tout n'est pas responsable des grandes

1. Il devait être question, dans la partie manquante, des cinquante enfants que Bacchylide, selon une scholie de l'*Iliade* (voir Test.), attribuait à Théanô et Anténor.
2. Chez certains auteurs, Plisthène est introduit dans la généalogie des Pélopides, tantôt comme frère d'Atrée et de Thyeste, tantôt comme fils d'Atrée et père d'Agamemnon et de Ménélas, cette version se rencontrant chez les Tragiques et figurant dans des scholies à Pindare, Sophocle, Euripide. Au début du dithyrambe, Bacchylide entend donc le terme d'Atride dans le sens de « descendant d'Atrée ».

‑ᴗᴗ‑‑ᴗᴗ‑‑‑‑‑ᴗᴗ‑]ϛ †σὺν θεοῖϛ†

14 ‑ᴗ‑‑‑‑ᴗ‑‑‑‑ᴗᴗ‑]δους   14

(deest epodus prima)

‑‑‑ᴗᴗ‑‑ᴗᴗ‑]   Str. 2

21 ‑‑‑ᴗᴗ‑μεσονύ]κτιος κέαρ   23

(desunt cola quinque strophae)

(deest antistropha)

‑‑‑ᴗ‑‑‑‑‑ᴗᴗ‑‑ᴗᴗ‑]   Ep. 2

ol. 38 35 ἆγον, πατὴρ δ' εὔϐουλος ἥρως   37

πάντα σάμαινεν Πριάμῳ βασιλεῖ

παίδεσσί τε μῦθον Ἀχαι‑

ῶν. Ἔνθα κάρυκες δι' εὐ‑   40

ρεῖαν πόλιν ὀρνύμενοι

Τρώων ἀόλλιζον φάλαγγας

δεξίστρατον εἰς ἀγοράν.   Str. 3

40 Πάντᾳ δὲ διέδραμεν αὐδάεις λόγος·

θεοῖσ⟨ιν⟩ δ' ἀνίσχοντες χέρας ἀθανάτοις   45

εὔχοντο παύσασθαι δυᾶν.

Μοῦσα, τίς πρῶτος λόγων ἆρχεν δικαίων;

Πλεισθενίδας Μενέλαος γάρυϊ θελξιεπεῖ

45 φθέγξατ', εὐπέπλοισι κοινώσας Χάρισσιν·

« Ὤ Τρῶες ἀρηΐφιλοι,   Ant. 3

Ζεὺς ὑψιμέδων ὃ͜ς ἅπαντα δέρκεται   51

TEST. 46‑52 CLEMENS ALEX., Strom. 5, 136, 5 (p. 418 Stählin) : Ὤ
Τρῶες ἀρηΐφιλοι, ὁ λυρικός φησι, Ζεὺς — σύνοικον.

13 σὺν θεοῖς [pro ᴗᴗ‑] A : γε uel δὲ ante θεοῖς add. Jebb]σὺν[
]⟨σι⟩ θεοῖς Snell‑Maehler dubitanter ‖ 21 fr. 9 hic colloc. Blass ‖ 35‑36
fr. 26 inser. Blass ‖ 41 θεοῖσιν [sc. ‑‑] coni. Barrett : θεοις A ‖ 42
δυᾶν A : λυᾶν coni. Pfeiffer ‖ 43 λόγων ἆρχεν Purser apud K. : ἆρχεν
λογων A.

afflictions qu'éprouvent les mortels. Mais il est à la portée de tous les hommes d'atteindre la droite Justice, la compagne de la sainte Eunomia et de la sage Thémis [3]. Ils sont fils d'hommes heureux, ceux qui choisissent de partager avec elle leur maison.

Mais l'autre, chez qui fleurissent les fourbes desseins et les excès d'où la raison est absente, la Démesure qui ignore l'effroi, qui promptement poursuit la richesse et la puissance d'autrui, à l'inverse, elle nous envoie au fond de notre ruine. C'est bien elle qui perdit les Géants superbes, les enfants de la Terre. »

3. On notera le groupement d'entités qui fait penser, dans la *Théogonie*, à celui des filles de Thémis : Eunomia, Dikè, enfin Eirénè, que Bacchylide ne nomme pas ici.

οὐκ αἴτιος θνατοῖς μεγάλων ἀχέων,
ἀλλ' ἐν ˌμέσˌῳ κεῖται κιχεῖν
50 πᾶσιν ἀνθρώποις Δίκαν ἰθεῖαν, ἁγνᾶς
Εὐνομίας ἀκόλουθον καὶ πινυτᾶς Θέμιτος·   55
ὀλβίων πˌαῖδέςˌ νιν αἰρεῦνται σύνοικον.

Ἁ δ' αἰόλοις κέρδεσσι καὶ ἀφροσύναις   Ep. 3
ἐξαισίοις θάλλουσ' ἀθαμβὴς
55 Ὕβρις, ἃ πλοῦτ[ο]ν δύναμίν τε θοῶς   60
ἀλλότριον ὤπασεν, αὖ-
τις δ' ἐς βαθὺν πέμπει φθόρον,
κε]ίνα καὶ ὑπερφιάλους
Γᾶς] παῖδας ὤλεσσεν Γίγαντας. »

50 ἀνθρώποις A : -ποισι CLEM. ‖ Δίκαν ἰθεῖαν A³ : δικαληθηαν A
δίκαν ὁσίαν CLEM. ‖ ἁγνᾶς A : ἁγνὰν CLEM. ‖ 51 ἀκόλουθον CLEM.
supra uersum add. A³ : om. A ‖ Θέμιτος A : -ιδος CLEM. ‖ 52 π[αῖδές]
νιν αἰρεῦνται A : παῖδες ὦσιν [ῶσιν cod. L] εὑρόντες CLEM. ‖ σύνοικον
A³ CLEM. : συνδικον A ‖ 57 ὤλεσσεν K. : -εσεν A.

DITHYRAMBE II (c. 16)

NOTICE

Date et circonstances

Sur la date, on ne sait rien. On a noté des analogies avec les *Trachiniennes* de Sophocle, tragédie dont la date n'est pas connue. P. Mazon y relève un cycle et une manière antérieurs à ceux des autres ouvrages du grand Tragique [1], mais ce n'est pas suffisant pour nous éclairer. D'autre part, aucun argument décisif ne permet de situer le *Dithyrambe* II dans l'œuvre de Bacchylide. Sans doute savons-nous que l'*Épinicie* V, qui relate le mythe de Méléagre, commencement de toute l'histoire, est de 476, mais nous ne disposons d'aucun élément qui nous permetrait de placer, même très vaguement, le *Dithyrambe d'Héraclès* avant ou après cette date. On trouve le thème de Nessos tué par Héraclès dans le fr. 11 (64) des *Adespota*, le thème d'Héraclès à Trachis dans le *Péan* IV, mais, dans l'un et l'autre cas, il est impossible de poser une date. Faut-il se hasarder à suggérer que, si Bacchylide s'est borné dans son poème à de brèves allusions, c'était parce que le public connaissait le mythe dans le détail, l'ayant vu récemment représenté par les soins de Sophocle ? Faut-il aller plus loin et penser que Bacchylide a voulu offrir en *cauda* ou σφραγίς, à la fin d'une séance, une sorte de brève improvisation, peut-être simplement chantée en *solo*, sur accompagnement de barbitos, comme à la fin des banquets d'Hiéron ou d'Alexandre le Philhellène [2] ?

1. Sophocle, éd. Dain-Mazon (C.U.F.), t. I, p. 9.
2. Voir le texte et les Notices des *Éloges* 3 à 6.

Analyse   Le texte ne comporte qu'une seule triade,
en bon état de conservation, mis à part un
petit nombre de manques dans la strophe. Celle-ci évoque
la Muse Uranie [3] et les hymnes delphiques qu'elle inspi-
re [4]. Avec l'antistrophe, le poète chante Héraclès : après la
destruction d'Oechalie, le héros offre un sacrifice à Zeus
sur le cap Kénée et se dispose à sacrifier également à
Poséidon et Athéna, cependant qu'une divinité met dans
l'âme de Déjanire un dessein qui va se révéler funeste.
L'épode montre Iole envoyée par Héraclès dans sa maison
pour y devenir son épouse, et une Déjanire en proie à la
jalousie, qui ignore le pouvoir du présent reçu de Nessos.
Une remarque s'impose, au vu de cette analyse :
Bacchylide traite son sujet en multipliant les ellipses. Son
développement serait une énigme pour qui ignorerait les
détails et l'ensemble de l'histoire de Déjanire, fille d'Oi-
neus et sœur de Méléagre : son mariage avec Héraclès, la
traversée du fleuve Lycormas grâce à l'aide du Centaure
Nessos, la mort de Nessos tué par la flèche empoisonnée
d'Héraclès, la ruse qu'ourdit le Centaure avant de mourir
pour assurer sa vengeance [5].

Bacchylide   Sophocle et Bacchylide étaient d'un
et Sophocle   âge voisin, le Tragique étant né vers 495,
ou peut-être un peu avant, selon une tra-
dition ancienne, le poète de Kéos en 508/507. Sophocle
faisait partie du cercle de Périclès. Nous avons développé
dans l'Introduction (p. XVII-XIX) les rapports de Bacchyli-
de avec les milieux littéraires d'Athènes et insisté sur les
rapprochements qui s'imposent souvent entre les œuvres

---

3. Voir les *Épinicies* IV, 5 ; V, 7 ; VI, 5.
4. Les expressions γέμουσαν ὕμνων et ἐπ' ἀνθεμόεντι Ἕβρῳ sont un
écho du poème d'Alcée (fr. 1 Reinach-Puech = 307 Lobel-Page) dont
le rhéteur Himérius a laissé une paraphrase (Him., *Disc.* XLVIII, 10
Colonna) ; il l'appelle *Péan*, tandis que Pausanias (X, 8, 10) le nomme
Prélude.
5. Sur cette légende, voir F. Jouan, *Déjanire, Héraclès et le
Centaure Nessos*, dans *Le Mythe, son langage et son message*
(« Homo Religiosus », 9), Louvain-la-Neuve, 1983, p. 225-243.

des deux écrivains, tout en soulignant que, quoi qu'on puisse dire, il faut admettre qu'il y avait tout simplement des thèmes poétiques « dans l'air » qui étaient à la disposition de tous. Du reste, il faut reconnaître, à côté des rapprochements, des différences tout aussi évidentes — et fort importantes — entre les conceptions des deux poètes et rappeler d'abord que, pour Sophocle, Héraclès a arraché Déjanire au fleuve Achéloos, tandis que, dans l'*Épinicie* V, Bacchylide montre le fils de Zeus obtenant Déjanire de Méléagre. D'autre part, il faut noter que, si Bacchylide se représente la jalousie de Déjanire, bouleversée par l'arrivée d'Iole, de la même façon que Sophocle, il est loin d'imaginer pour Héraclès ce sursaut héroïque, cette immolation volontaire qui terminent le drame de Sophocle.

Composition métrique

Dans ce dithyrambe, des suites de dactyles ou d'anapestes se mêlent à des éléments choriambiques et à des mètres iambiques. Comme l'ode ne compte qu'une triade, la rareté ou l'absence de correspondance strophique n'en facilite pas l'analyse.

Les suites de dactyles employées seules se terminent, comme les hémiépès, par deux longues ou par une seule longue : cinq dactyles avec – – final au v. 5 de la strophe ; six dactyles avec – – final au v. 1 de l'épode, quatre dactyles avec – final au v. 2 de la strophe.

Les mêmes suites de dactyles sont combinées avec des éléments iambiques ou choriambiques : télésillien et six dactyles avec – – final au v. 7 de l'épode, quatre dactyles avec – final et bacchée au v. 4 de la strophe. Au v. 3 de la strophe, une séquence de trois brèves à la suture des deux éléments fait qu'on peut hésiter entre diverses scansions : cinq dactyles (le dernier sous la forme – ⌣ ⌣) plus mètre iambique et bacchée, ou bien cinq dactyles avec – final et dimètre trochaïque avec résolution de la longue initiale ou crétique (avec initiale résolue) et mètre iambique hypermètre ; la première solution, adoptée dans le schéma métrique, semble s'accorder le mieux avec l'ensemble de l'ode.

Une suite d'anapestes est employée isolément, au v. 3 de
l'épode ; elle compte cinq anapestes. Les autres suites sont
combinées avec des éléments choriambiques ou iambi-
ques : cinq anapestes et dimètre choriambique au v. 6 de
la strophe, deux anapestes et crétique au v. 2 de l'épode,
trois anapestes et un iambe au v. 6 de l'épode.

Des éléments iambiques sont employés seuls : crétique
(toujours avec résolution d'une longue) et spondée aux v. 7
et 9 de la strophe et au v. 4 de l'épode. Il en va de même
pour les éléments choriambiques : télésillien, seul (v. 1 de
la strophe) ou suivi d'un basilique (v. 5 de l'épode) ;
adonique seul (v. 8 de la strophe) ; choriambe et adonique
à développement dactylique (v. 10 et final de la strophe),
choriambe et basilique à développement dactylique (v. 8 et
final de l'épode).

Certains détails de l'analyse restent incertains, comme
on l'a vu plus haut pour le v. 3 de la strophe. On pourrait
ainsi diviser en deux vers, un adonique d'une part, un
reizianum ou un télésillien de l'autre, le vers final de la
strophe comme celui de l'épode. Divers arguments contre-
disent cette analyse : le maintien des éléments dans un seul
côlon par les éditeurs alexandrins ; la présence d'une coupe
(et non d'une fin de vers) décalée d'une syllabe par rapport
à la suture des éléments ; le développement dactylique
dans deux vers qui se correspondent en fin d'élément
strophique, annoncé par la forme sans développement
deux ou trois vers plus haut, dans la strophe (adonique du
v. 8) et dans l'épode (basilique du v. 5).

Le décompte des temps marqués montre que la strophe
comporte deux périodes égales de 17 temps : v. 1-3 (4 + 4
+ 9) et v. 7-10 (4 + 3 + 4 + 6), séparées par une
période de 20 temps : v. 4-6 (6 + 5 + 9). Dans l'épode,
deux périodes ont aussi un total de 20 temps marqués :
v. 2-5 (4 + 5 + 4 + 7) et v. 6-8 (4 + 10 + 6) ; le vers
initial, avec 6 temps, fait à lui seul une période courte. Le
total des temps marqués est donc de 54 (17 + 20 + 17)
pour la strophe, de 46 (6 + 20 + 20) pour l'épode.

SCHÉMA MÉTRIQUE

Strophe :   — — ⏑ ⏑ — — —
         — ⏑ ⏑ — — ⏑ ⏑ —
         — ⏑ ⏑ — ⏑ ⏑ — ⏑ ⏑ — ⏑ ⏑ — ⏑
         ⏑ — ⏑ —   ⏑ — —
         — ⏑ ⏑ — ⏑ ⏑ — — ⏑ — —   5
    5 — ⏑ ⏑ — ⏑ ⏑ — — ⏑ — —
         ⏑ ⏑ — ⏑ ⏑ — ⏑ — — ⏑ ⏑ —
         — ⏑ ⏑ —   ⏑ — ⏑ —
         — ⏑ ⏑ — —
         — ⏑ ⏑ — —   10
         ⏑ ⏑ ⏑ — —
    10 — ⏑ ⏑ —   — ⏑ ⏑ — ⏑ ⏑ — —

Épode :   — ⏑ ⏑ — ⏑ ⏑ — ⏑ ⏑
         — ⏑ ⏑ — ⏑ ⏑ — —
         ⏑ — ⏑ ⏑ —   — ⏑ —
         ⏑ ⏑ ⏑ ⏑ — ⏑ ⏑ — ⏑ ⏑ —
         ⏑ ⏑ ⏑ — — —   5
    5 — — ⏑ ⏑ — ⏑ ⏑ —   — ⏑ ⏑ — ⏑ —
         ⏑ — ⏑ ⏑ — ⏑ ⏑ — ⏑ —
         ⏑ — ⏑ ⏑ — ⏑ ⏑
         — ⏑ ⏑ — ⏑ ⏑ — ⏑ ⏑
         — ⏑ ⏑ — ⏑ ⏑ — —   10
         — ⏑ ⏑ —   — ⏑ ⏑ — ⏑ ⏑ — ⏑ —

DITHYRAMBE II

‹HÉRACLÈS OU DÉJANIRE, ADRESSÉ AUX DELPHIENS›

... quand Uranie au beau trône m'eut envoyé de Piérie
un cargo doré, chargé d'hymnes aux cent voix ...
... sur l'Hèbre fleuri ...
... fait ses délices, ou du cygne au long col ...
... l'âme charmée ...
tu viens, Apollon Pythien, chercher les fleurs des péans,
autant que les chœurs des Delphiens en font retentir, près
de ton très glorieux temple;

certes, attendant que nous chantions comment quitta
Oechalie, par le feu dévorée, le fils d'Amphitryon, le
mortel aux audacieux desseins. Il vint au promontoire
qu'entourent les flots, et là, prenant sur son butin, il dut
sacrifier à Zeus Kénéen [1] aux vastes nuées neuf taureaux

1. Ce cap est situé à l'extrémité nord-ouest de l'Eubée. On trouve
un récit très circonstancié de ce voyage d'Héraklès chez Sophocle
(*Trach.*, v. 750 sqq.), dans la bouche d'Hyllos.

B (c. 16)

⟨ΗΡΑΚΛΗΣ Η ΔΗΙΑΝΕΙΡΑ
ΕΙΣ ΔΕΛΦΟΥΣ⟩

. . .]ιου . ιο[. . .]ἐπεὶ   Str.
ὁλκ]άδ' ἔπεμψεν ἐμοὶ χρυσέαν
Πιερ]ίαθεν ἐ[ὔθ]ρονος [Ο]ὐρανία, [πολυ-
φ]άτων γέμουσαν ὕμνων
– ‿ ‿]νειτις ἐπ' ἀνθεμόεντι Ἕβρῳ   5
5 – ‿ ἁ]γάλλεται ἢ δολιχαύχενι κύ[κνῳ
‿ ‿ – ‿]δεϊαν φρένα τερπόμενος [‿ ‿ –
– ‿]δ' ἵκῃ παιηόνων
ἄνθεα πεδοιχνεῖν,
Πύθι' Ἄπολλον,   10
τόσα χοροὶ Δελφῶν
10 σὸν κελάδησαν παρ' ἀγακλέα ναόν,

πρίν γε κλέομεν λιπεῖν   Ant.
Οἰχαλίαν πυρὶ δαπτομέναν
Ἀμφιτρυωνιάδαν θρασυμηδέα φῶθ', ἵκε-   15
το δ' ἀμφικύμον' ἀκτάν·
ἔνθ' ἀπὸ λαΐδος εὐρυνεφεῖ Κηναίῳ
15 Ζηνὶ θύεν βαρυαχέας ἐννέα ταύρους

col. 39 — marginal (line 8)

Inscript. rest. K. (Ἡρ.) et Snell (εἰς Δελφούς) ‖ 2 ὁλκάδ' suppl.
Sandys apud K. ‖ 3 Πιερίαθεν suppl. Blass ‖ εὔθρονος suppl. Blass et
Jebb ‖ πολυφάτων suppl. K. in notis ‖ 6]δεϊαν A³ :]δεϊᾶι A ‖ ἵκῃ A¹ :
ικη A ‖ 9 τόσα K. : τοσσα A ‖ 10 ἀγακλέα A³ : ακλεα A.

aux sourds grondements, deux au dieu qui soulève la mer
et soumet le sol, et, pour la vierge Athéna au puissant
regard, une génisse haut encornée ignorant le joug. Une
divinité invincible[2] contre Déjanire ourdit alors

une ruse réfléchie, cause de maintes larmes, après
qu'elle eut appris une nouvelle porteuse de peines : le fils
de Zeus, le combattant sans peur, ramenait à sa demeure
Iole aux bras blancs pour être sa radieuse épouse. Oh !
l'infortunée ! oh ! la malheureuse ! Quel dessein se mit-elle
en tête ! Une jalousie d'une grande violence la perdit, et les
ténèbres qui lui cachaient les événements à venir, du jour
où, aux bords du Lycormas plein de roses, elle reçut le
merveilleux prodige, le présent de Nessos.

2. Probablement Cypris, désignée sans ambiguïté chez Sophocle
par le chœur des Trachiniennes : Ἁ δ' ἀμφίπολος Κύπρις ἄναυδος
φανερὰ τῶνδ' ἐφάνη πράκτωρ (v. 860), tandis que Déjanire se donne
la mort. Pour Jebb, il s'agirait, dans le dithyrambe de Bacchylide, de
la Destinée ; pour Jurenka, de la Jalousie (cf. v. 25 φθόνος).

δύο τ' ὀρσιάλῳ δαμασίχθονι μέ[λ]λε κόρᾳ τ'
  ὀβριμοδερκεῖ ἄζυγα   20
παρθένῳ Ἀθάνᾳ
ὑψικέραν βοῦν.
Τότ' ἄμαχος δαίμων
20 Δαϊανείρᾳ πολύδακρυν ὕφα[νεν

μῆτιν ἐπίφρον' ἐπεὶ πύθετ'   Ep.
  ἀγγελίαν ταλαπενθέα,   26
Ἰόλαν ὅτι λευκώλενον
Διὸς υἱὸς ἀταρβομάχας ἄλοχον λιπαρὸ[ν
  ποτὶ δόμον πέμ[π]οι.
Ἀ δύσμορος, ἀ τάλ[αι]ν', οἷον ἐμήσατ[ο·   30
25 φθόνος εὐρυβίας νιν ἀπώλεσεν,
  δνόφεόν τε κάλυμμα τῶν
    ὕστερον ἐχομένων, ὅτ' ἐ-
  πὶ {ποταμῷ} ῥοδόεντι Λυκόρμᾳ
δέξατο Νέσσου πάρα δαιμόνιον τέρ[ας.   35

16 alt. τ' A³ s.l. : δ' A ‖ 20 Δαϊανείρᾳ A² : -νειρᾶ A ‖ 26 ποταμῷ ut
glossam del. Ludwich et Wil. ‖ 27 πάρα A³ : παρ A.

DITHYRAMBE III (c. 17)

NOTICE

Date et circonstances La date du *Dithyrambe* III ne nous est connue par aucun recoupement, par aucun témoignage. Mais, si l'on considère le contenu du poème, on s'aperçoit qu'il se rapporte à la partie la plus glorieuse de la légende du héros national d'Athènes, ce personnage historique et mythique auquel les Athéniens attribuaient le *synécisme* fondateur de leur cité. Au delà de Thémistocle, maître d'œuvre historique de la puissance maritime athénienne, Bacchylide se plaît à évoquer Thésée en tant que symbole prestigieux et lointain de cette thalassocratie qui faisait l'orgueil de la cité. Par ailleurs, il rattache dans une certaine mesure le nouvel empire de la mer à celui qui le précéda sur la mer Égée et met en scène le roi de Crète, dont Athènes même fut tributaire. De cette confrontation entre Minos [1] et Thésée, celui-ci sort encore plus glorieux. La plupart des commentateurs s'accordent à placer l'exécution de ce dithyrambe, offert officiellement par Kéos au dieu de Délos, et amicalement au peuple athénien, vainqueur des Perses avec ses alliés [2], aux tout premiers temps de la Confédération de Délos (477). Qui ne sent que l'allégresse des jeunes gens, à la fin de la dernière épode, se

1. La réputation de Minos, vue du côté athénien, n'entraînait pas une chaude sympathie ; Plutarque le précise clairement (*Vie de Thésée*, XVI-XVIII). Quant à Bacchylide, dans l'*Épinicie* I pour Argeios de Kéos, il célèbre sans restriction Minos, maître de la mer, s'unissant à Dexithéa, laquelle donna naissance à Euxantios.
2. La bataille de Salamine eut lieu en 480.

confond avec celle qui anime les Grecs présents à cette
exécution, dans cette Délos où Thésée fit escale, à son
retour de Crète, avec ses compagnons sains et saufs [3] ?

Analyse　　Le poème porte deux titres. Le second,
Thésée, fait double emploi avec celui du
poème suivant, lequel n'en a pas d'autre. Le titre du
Dithyrambe III, celui que son auteur lui donna, était
certainement *Les Jeunes Gens*. La voix populaire, sans
parler du consensus des lettrés, introduisit le nom du
héros athénien pour le substituer au titre original.

Le texte nous est parvenu en entier, et dans un état de
conservation exceptionnel. Il comprend deux triades très
largement développées. La première se situe sur un
vaisseau, en mer de Crète. Thésée et les quatorze jeunes
gens sont là. Minos également. Enflammé de désir, celui-ci
effleure de la main les joues de la jeune Éribée. Au cri de
la jeune fille, Thésée reproche sévèrement à Minos de ne
pas savoir se dominer (strophe). Il connaît le sort qui
l'attend, lui, comme ses compagnons ; mais, opposant au
titre de fils de Zeus, dont Minos peut s'enorgueillir, son
titre à lui de fils de Poséidon, il se déclare prêt à se battre
pour protéger Éribée (antistrophe). Stupéfaction générale.
Au comble de la colère, Minos demande à Zeus un signe
dans le ciel en sa faveur. Puis, lançant son anneau d'or
dans la mer, il met Thésée au défi de prouver la filiation
divine qu'il vient de revendiquer, en plongeant dans les
flots pour le lui rapporter. C'est donc à une sorte d'ordalie
que nous allons assister (épode). Dans la strophe de la
seconde triade, Zeus fait étinceler un éclair dans le ciel. Et
Minos de crier victoire et, non sans raillerie, de sommer
Thésée de se jeter dans la mer. Thésée plonge, tandis que
Minos ordonne de maintenir la vitesse de la nef. Avec
l'antistrophe et l'épode, on assiste au désespoir des jeunes
gens qui voient le héros sauter à l'eau et le vaisseau forcer

---

3. Il est vrai que certains ont pu trouver étonnant que les cités de
Kéos aillent saluer l'Apollon Délien en chantant l'exploit le plus
brillant de Thésée.

son allure. Mais les dauphins portent Thésée au palais de Poséidon. Il contemple les danses des Néréides et bientôt se trouve en présence d'Amphitrite, qui le revêt d'une parure vraiment royale. Et c'est ainsi qu'il apparaît à côté de la nef, à la stupéfaction de Minos, qui reste sans voix, tandis que s'élèvent les cris et les chants d'allégresse des jeunes Grecs.

Iconographie   La coupe conservée au Louvre, œuvre du potier Euphronios, que l'on peut dater du début du ve siècle, est ornée de peintures à figures rouges attribuées au peintre Panaitios[4] et représentant principalement Thésée, soutenu par un Triton, debout devant Amphitrite. La déesse, assise, lui tend une couronne étincelante. Au centre, on remarque une majestueuse Athéna.

Un important cratère de Bologne de la fin du ve siècle, décoré de figures rouges par le peintre de Cadmos, nous offre une représentation beaucoup plus complexe[5] figurant la même scène.

Le Vase François, cratère à volutes et à figures noires du Musée archéologique de Florence, exécuté à Athènes dans le second quart du vi^e siècle par le potier Ergotimos et le peintre Critias, montre le navire de l'expédition de Cnossos à l'arrêt. Les deux groupes des sept jeunes gens et des sept jeunes filles défilent, avec en tête Thésée, qui tient une lyre. Il s'agit visiblement d'une danse. Pour Ch. Dugas, cette danse est exécutée au moment où les Athéniens vont entrer dans le labyrinthe. A notre avis, la scène se passe à Délos, au cours de l'escale de retour, et la danse est la γέρανος, cette « danse de la grue », dont Plutarque fait la description (*Vie de Thésée*, XXI), ainsi appelée par allusion au vol des grues et à leurs évolutions

4. R. Flacelière et Ch. Dugas, *Thésée, Images et Récits*, Paris, 1958, pl. 9 (commentaire et notes de Ch. Dugas aux p. 63 et 85).
5. Cf. les pl. 17 et 18 du même ouvrage. Des trépieds évoquent, selon Ch. Dugas, les concours dithyrambiques dont ces objets figureraient les prix.

dans le ciel [6]. Les danseurs suivent Thésée, garçons et filles alternés, en se tenant par la main, selon la description précise de la scholie à l'*Iliade*, XVIII, 590, qui nous apprend en effet que Thésée, d'après la tradition, fut le premier à introduire cette alternance dans un chœur de danse [7].

Le thème de l'ordalie par plongeon est connu. Une remarquable peinture grecque, dans une tombe de Paestum découverte en 1968 par Mario Napoli, qui a aussitôt proposé la date de 480 — très proche de celle que nous suggérons pour notre poème —, doit être rapprochée du saut du *Dithyrambe* III [8].

Tous ces exemples nous font comprendre combien le mythe de Thésée fut populaire à Athènes et en Grèce [9].

Commentaire métrique   Comme la deuxième *Olympique* de Pindare, le *Dithyrambe* III de Bacchylide est fait de séries iambiques : le mètre iambique, entier, acéphale (crétique) ou syncopé (bacchée), souvent avec résolution d'une des longues en deux brèves, s'y trouve parfois associé à des tripodies iambiques syncopées, en d'autres termes des dochmies. En raison du polymorphisme des mètres qui y sont utilisés, ces deux odes ont donné lieu à des analyses diverses qui

6. Sur la γέρανος, telle que la décrit Plutarque dans la *Vie de Thésée*, et les questions que l'on peut poser à son propos, cf. notre article sur *Le thème du héros au labyrinthe dans la Vie de Thésée*, dans *Kôkalos*, 16, 1970, p. 30-52, en particulier p. 32 sqq.

7. Il suffit de noter la différence entre cette danse et le défilé représenté sur le skyphos Rayet du Louvre, ouvrage du deuxième quart du VIe siècle à figures noires : il porte deux files distinctes, l'une de jeunes gens, l'autre de jeunes filles, celles-ci blanches de visage. Voir Ch. Dugas, *op. cit.*, pl. 1 B et p. 59 et 83.

8. Voir la publication de M. Napoli, *La tomba del tuffatore*, Bari, 1970; les fresques sont au Musée archéologique de Paestum. Voir surtout les pl. 4, 44 sqq.; fig. p. 202-203.

9. Sur l'iconographie de l'épisode évoqué dans ce dithyrambe, mentionnons également : K. Friis Johansen, *Thésée et la danse à Délos*, Copenhague, 1945. Fr. Brommer, *Theseus*, Darmstadt, 1982 (notamment p. 83-85); *Materiali per servire alla storia del Vaso François*, dans *Bollettino d'Arte*, 62, 1977 [paru en 1981].

ont entraîné des corrections plus ou moins nombreuses au
texte transmis. Toutefois, depuis quelques années, la
tendance critique est à la modération [10] : pourquoi ne pas
admettre, d'une strophe à l'autre, des variations du mètre
iambique qui apparaissent à l'intérieur d'un même vers?
On a donc considéré ici qu'un mètre iambique entier
pouvait répondre à un crétique ou à un bacchée, et
inversement.

Pour qui n'est pas familier avec ce type de composition
lyrique, l'épode du dithyrambe offre moins de difficultés
que la strophe. Nous commencerons donc par son analyse.
Comme il apparaît à l'examen du schéma métrique, deux
faits sont notables dans ces associations, libres en appa-
rence, de mètres iambiques, de crétiques et de bacchées,
dont le lien est assuré par une synaphie verbale souvent
très nette. D'une part, l'alternance d'un crétique et d'un
mètre iambique en tête du v. 5 : dans la seconde épode,
θέλωσιν οὐ[δὲν (‿ – ‿ –) répond à μῆτιν εἴ[πεν (– ‿ –) de la
première épode. D'autre part, la présence de deux tripo-
dies iambiques sous forme de dochmies, l'un, de la forme
– ‿ – ‿ –, en tête du v. 8, l'autre, du type courant
‿ – – ‿ –, à la fin du v. 12. La présence du dochmie
semble être en relation avec la fin d'une période. En effet,
à en juger par le décompte des temps marqués, l'épode
comporte quatre périodes placées symétriquement de part
et d'autre du v. 9, très court (crétique et mètre iambique :
4 temps marqués) et comparable au v. 2 de la strophe. La

10. Les dernières études sur la composition métrique de l'ode sont
celles de B. Gentili, *Problemi di metrica, II : Il carme 17 Snell di
Bacchilide*, dans *Serta Turyniana*, Urbana-Chicago-London, 1974,
p. 86-100; de R. Führer, *Beiträge zur Metrik und Textkritik der
griechischen Lyriker, IIa. Text und Kolometrie von Bakchylides'
'Ηΐθεοι (c. 17), IIb. Zum Problem der Responsionsfreiheiten bei
Pindar und Bakchylides*, dans *Nachrichten der Akad. der Wissen-
schaften in Göttingen, Phil.-hist. Klasse*, 1976, Nr. 5; et de M. L.
West, *Iambics in Simonides, Bacchylides and Pindar*, dans *Zeitschr.
für Papyrol. und Epigr.* 37, 1980, p. 137-155 (en particulier p. 150-
152), avec la discussion de R. Pretagostini, *Considerazioni sui
cosidetti metra ex iambis orta in Simonide, Pindaro e Bacchilide*,
dans *Quaderni Urbinati di Cultura Classica* 35, 1980, p. 127-136.

période I (v. 1-3), avec 20 temps (8 + 4 + 8) a pour
répondant la période IV (v. 13-15) et ses 20 temps (6 + 8
+ 6) ; dans ces deux périodes, les vers extrêmes se
répondent de part et d'autre du vers médian. La période
III (v. 10-12), avec ses 27 temps (8 + 10 + 9), répond à la
période II (v. 4-8), elle aussi de 27 temps (4 + 6 + 6 + 6
+ 5). Diviser en deux le vers qui sert de pivot à
l'ensemble serait possible, mais cette solution paraît peu
satisfaisante tant pour la métrique (on aurait d'une part
⏑⏑⏑– –, de l'autre –⏑–) que pour le sens (dans la
première épode, l'éclair à la chevelure de feu, πυριέθειραν
ἀστραπάν, signe de sa filiation, est au centre de la prière
que Minos adresse à Zeus). Le total des temps marqués est
de 98 (20 + 27 + 4 + 27 + 20).

Sous des formes variées, le dochmie tient une place plus
importante dans la strophe : ⏑– –⏑– en deuxième posi-
tion au v. 1, –⏑–⏑– en position finale au v. 1,
–⏑⏑–⏑– au début du v. 6, etc. Le dochmie de Kaibel
(tripodie non syncopée) apparaît à la fin des v. 6 et 8. Et le
dernier vers de la strophe s'achève sur un dochmie. La
partie médiane du v. 6 fait difficulté avec ses deux suites
de deux brèves : elles ne peuvent être assimilées à celle du
dochmie initial, qui appartient à un type bien connu, et y
voir un prosodiaque manquerait de vraisemblance dans cet
ensemble iambique ; à défaut d'une identification certaine,
le décompte des temps marqués dans le v. 6 est sûr : 10 au
total. Comme l'indiquent les signes métriques placés entre
parenthèses, les mètres iambiques entiers répondent à des
crétiques ou à des bacchées plus souvent que dans l'épode ;
des difficultés subsistent au v. 1 de la deuxième antistro-
phe (v. 52 : ἀήτα), au v. 5 des première et seconde
strophes, où, en deuxième position, –⏑⏑ répond à
–⏑⏑⏑ des deux antistrophes, et au v. 7 des deux
antistrophes, plus court de ⏓ que dans les deux strophes.
Pour l'ensemble de la strophe, le décompte des temps
marqués s'organise en trois périodes dont les extrêmes
sont égales, avec 30 temps marqués : v. 1-3 (16 + 4 + 10)
et v. 9-12 (10 + 5 + 8 + 7) ; la période centrale, v. 4-8,
compte 44 temps (5 + 8 + 10 + 14 + 7) répartis de telle

manière que la somme des vers impairs (5 + 10 + 7) est
égale à celle des vers pairs (8 + 14), soit 22 de part et
d'autre. Le total des temps marqués de la strophe est de
104 (30 + 44 + 30).

SCHÉMA MÉTRIQUE

Strophe : 　　⏑⏑⏑– ⏑–––⏑
　　　　　⏑–– ⏑⏑⏑⏑– ⏑–(⏑)–
　　　　　⏑–⏒– –⏑⏑⏑–
　　　　–⏑– (–)⏑⏑⏑–
　　　　––⏑ ⏔ ––⏑⏑　　　　　　　　　　5
　　　　–⏑– (⏑)–⏑– ⏖⏑–
　　　　⏑–⏑⏑ –⏑⏑––
　　5 ⏒–⏑– –(⏑)⏑⏑
　　　　–⏑– ⏑–⏑–
　　　　–⏑–⏑– 　　　　　　　　　　　　10
　　　　⏑–⏑– ⏑–⏑–⏑–
　　　　⏒–⏑–⏑–
　　　　⏑––⏑ (⏑)–⏒–
　　　　⏑–⏑– ⏑⏑(⏔)–⏑–
　　　　(⏑)–⏑– –⏑– 　　　　　　　　　15
　　　　–⏖⏑– ⏑–(⏑)–
　　　　⏒–⏑–⏑–
　　　　⏖–⏑– ⏑–⏑–
　　　　⏑–– (⏑)⏔⏑– ⏑–(⏑)–
　　10 ⏖–⏑⏔ ⏖⏑–⏑– 　　　　　　　20
　　　　(⏒)⏔⏑– ⏑⏑⏑–
　　　　⏑–⏑– –⏑–
　　　　–⏑– ⏑⏑⏑– ⏑⏖–⏑–

Épode :   ⏑ – ⏑ ⏖   – ⏑ –
            – ⏑ –   ⏑ – ⏑ –
            – ⏑ ⏖   – ⏑ –
            – ⏑ ⏓   ⏑ – ⏑ –   – ⏑ –   ⏑ – –
            ⏑ – ⏑ ⏖   – ⏑ –   5
     5 (⏑) – ⏑ –   – ⏑ ⏖   – ⏑ –
            – ⏖ ⏑ –   ⏑ – –   ⏑ – –
            – – ⏑ –   – ⏑ –   – ⏑ –
            – ⏑ – ⏑   ⏑ – ⏑ –
            ⏖ ⏑ –   ⏑ – ⏑ –   10
   10 – ⏑ –   – ⏑ –
            ⏑ – ⏑ –   – ⏑ –
            – – ⏑ ⏖   – ⏑ –   – ⏑ –
            – ⏑ –   ⏑ – ⏑ –
            – ⏑ –   ⏖ ⏑ –   15
            ⏑ – ⏑ –   ⏑ – – – ⏑ –
            ⏑ – ⏑ –   – ⏑ ⏖   – ⏑ –
            – ⏑ ⏓   – ⏑ –
            ⏑ – ⏖   ⏑ – –
   15 ⏑ – ⏑ ⏓   – ⏑ –   20

DITHYRAMBE III

LES JEUNES GENS OU THÉSÉE
‹POUR LES KÉENS.
ADRESSÉ À DÉLOS›

I

La nef à la sombre proue, qui emmenait Thésée,
inébranlable dans le fracas des combats, et deux fois sept
beaux jeunes gens d'Ionie, fendait la mer de Crète. Dans la
voile au lointain éclat tombait le souffle du Borée, par la
grâce de la glorieuse Athéna qui brandit l'égide. Et les
dons sacrés de la déesse Cypris à l'aimable diadème
piquèrent le cœur de Minos. Il ne retint plus sa main
écartée d'une jeune fille et toucha ses joues blanches.
Ériboia dans un cri appela le rejeton de Pandion, de

ΗΙΘΕΟΙ Η ΘΗΣΕΥΣ
⟨ΚΗΙΟΙΣ ΕΙΣ ΔΗΛΟΝ⟩

Κυανόπρῳρα μὲν ναῦς μενέ-   Str. 1
  κτυ[πον] Θησέα δὶς ἑπτ[ά] τ' ἀγλαοὺς
  ἄγουσα κούρους Ἰαόνω[ν
Κρητικὸν τάμνε πέλαγος·
τηλαυγέϊ γὰρ [ἐν] φάρεϊ βο-   5
  ρῆϊαι πίτνο[ν] αὖραι κλυτᾶς
ἕκατι π[ε]λεμαίγιδος Ἀθάν[ας·
40 5 κνίσεν τε Μίνῳ κέαρ
  ἱμεράμπυκος θεᾶς
Κύπριδος [ἁ]γνὰ δῶ-   10
  ρα· χεῖρα δ' οὐ[κέτι] παρθενικᾶς
  ἄτερθ' ἐράτυεν,
θίγεν δὲ λευκᾶν παρη-
  ΐδων· βόασέ τ' Ἐρίβοια χαλκοθώ-
  ρα[κα Π]ανδίονος   15

Test. 1 Servivs in Verg. Aen. 6, 21 (t. 2, p. 9, 17-20 Thilo) :
*quidam septem pueros et septem puellas accipi uolunt, quod ... dicit
... Bacchylides in dithyrambis..., quos liberauit secum Theseus.*

Inscript. add. A³ in mg., suppl. Snell ‖ 1 Κυανόπρῳρα A³ :
-όπρωρα A ‖ 2 τάμνε K. : -νεν A ‖ 4 πελεμαίγιδος suppl.
Wackernagel, Housman et Headlam : πολεμ- K. ‖ 5 Μίνῳ scripsi
(coll. u. 44) : Μίνωϊ Jebb apud K. μίνω A ‖ ἱμεράμπυκος legit K. ‖ 6
ἁγνὰ suppl. Blass : αἰνὰ K. ‖ οὐκέτι suppl. K. ‖ 7 τ' Ἐρ. legit Blass.

bronze cuirassé. Thésée la vit. Sous ses sourcils il fit rouler
son œil noir. Une douleur cruelle lui déchira le cœur et il
dit : « Fils de Zeus souverain, tu ne gouvernes plus
pieusement ton ardeur au-dedans de ton âme. En héros
que tu es, contiens ton arrogante violence ! »

La mission que la Moire toute-puissante me consentit au
nom des dieux et qui fait vaciller la balance de Diké, je la
remplirai comme ma part du destin, quand elle sera venue.
Toi, maîtrise tes insupportables desseins. Tu peux bien
être l'enfant de la fille chérie au nom charmant de Phénix,
qui s'unit à Zeus sur sa couche, sous le sommet de l'Ida[1],
et l'emporter ainsi sur les mortels, moi, c'est la fille de
l'opulent Pitthée[2] qui m'a enfanté, pour s'être approchée
de Poséidon, le dieu de la mer, et les Néréides aux tresses
de violettes lui donnèrent un voile d'or. Aussi, chef de
l'armée de Cnossos, je t'invite à retenir ta démesure, cause

1. L'antre de l'Ida (sans autre précision) a souvent passé pour avoir
été le lieu de naissance de Zeus. Voir P. Faure, *Les fonctions des
cavernes crétoises*, Paris, 1964, et H. Verbruggen, *Le Zeus crétois*,
Paris, 1981.
2. Il s'agit d'Aithra, qui apparaît au chant VI de l'*Iliade* comme
suivante d'Hélène sur les remparts de Troie. Elle est un personnage
important des *Suppliantes* d'Euripide, en qualité de mère du roi
d'Athènes.

ἔκγ[ο]νον· ἴδεν δὲ Θησεύς,
μέλαν δ' ὐπ' ὀφρύων
δίνα[σ]εν ὄμμα, καρδίαν
τέ οἱ σχέτλιον ἄμυξεν ἄλγος,
10 εἰρέν τε· «Διὸς υἱὲ φερτάτου,   20
ὅσιον οὐκέτι τεᾶν
ἔσω κυβερνᾷς φρενῶν
θυμ[όν]· ἴσχε μεγάλαυχον ἥρως βίαν.

Ὅ τι μ[ὲ]ν ἐκ θεῶν Μοῖρα παγ-   Ant. 1
κρατὴς ἄμμι κατένευσε καὶ Δίκας   25
ῥέπει τάλαντον, πεπρωμέν[α]ν
αἶσαν [ἐ]κπλήσομεν, ὅτ[α]ν
15 ἔλθῃ· [σ]ὺ δὲ βαρεῖαν κάτεχε
μῆτιν. Εἰ καί σε κεδνὰ τέκεν
λέχει Διὸς ὑπὸ κρόταφον Ἴδας   30
μιγεῖσα Φοίνικος ἐρα-
τώνυμος κόρα βροτῶν
φέρτατον, ἀλλὰ κά-
μὲ Πιτθ[έ]ος θυγάτηρ ἀφνεοῦ
πλαθεῖσα ποντίῳ   35
τέκεν Ποσειδᾶνι, χρύ-
σεόν τέ οἱ δόσαν ἰόπλοκοι
κάλυμμα Νηρηΐδες.
20 Τῶ σε, πολέμαρχε Κνωσίων,
κέλομαι πολύστονον   40

TEST. 13-15 Scholia B* in Iliad. M 292 (t. 3, p. 506 Dindorf) :
... γενομένη δὲ ἔγκυος ἐκείνη (sc. Europa) τρεῖς ἐγέννησε παῖδας,
Μίνωα, Σαρπήδονα καὶ Ῥαδάμανθυν· ἱστορεῖ Ἡσίοδος ; scholia A in
Iliad. M 307 (t. 3, p. 362 Erbse) add. : ... (παρὰ Ἡσιόδῳ) καὶ
Βακχυλίδη.

11 κυβερνᾷς [ᾶις] A³ : -νας A ‖ 12 μεγάλαυχον K. in notis :
μεγαλουχον A ‖ 13 τάλαντον A¹ : τά|ταλαντον A ‖ 15 κεδνὰ A¹ :
κεκνα A ‖ 19 Ποσειδᾶνι K. : ποσιδ- A ‖ 20 Κνωσίων Herwerden :
κνωσσιων A.

de tant de gémissements. Car je ne saurais consentir à voir
l'aimable lumière de l'immortelle Aurore, quand toi, tu
aurais soumis à ton joug, contre son gré, l'un quelconque
des jeunes gens. Auparavant, je montrerai la force de mes
bras. La suite, le dieu en décidera. »

Le héros, valeureux porte-lance, n'en dit pas davantage,
et les passagers furent stupéfaits devant la suprême
assurance de l'homme. Le gendre d'Hélios en fut irrité
dans son cœur. Il se mit à tisser un dessein surprenant et
dit : « Zeus Père qu'emplit une grande force, écoute-moi.
S'il est vrai que la nymphe de Phénicie aux bras blancs
m'a pour toi enfanté, maintenant envoie du ciel le signe
parfaitement reconnaissable, l'éclair rapide à crinière de
feu. Et si, toi aussi, Aithra de Trézène t'a engendré pour
Poséidon ébranleur du sol, ce brillant bijou d'or qui orne
ma main, rapporte-le du fond de la mer. Jette hardiment
ton corps dans la demeure de ton père. Tu sauras s'il
entend ma prière, le fils de Kronos, le seigneur du
tonnerre qui règne sur toutes choses. ».

ἐρύκεν ὕβριν· οὐ γὰρ ἂν

l. 41   θέλοιμ' ἀμβρότοι' ἐραννὸν Ἀο[ῦς

ἰδεῖν φάος, ἐπεί τιν' ἠϊθέ[ων

σὺ δαμάσειας ἀέκον-

    τα· πρόσθε χειρῶν βίαν   45

δε[ί]ξομεν· τὰ δ' ἐπιόντα δα[ίμω]ν κρινεῖ. »

25 Τόσ' εἶπεν ἀρέταιχμος ἥ-   Ἐπ. 1

    ρως· [τ]άφον δὲ ναυβάται

φ]ωτὸς ὑπεράφανον

θ]άρσος· Ἁλίου τε γαμβρῷ χόλωσεν ἦτορ,   50

ὕφαινέ τε ποταινίαν

μῆτιν, εἶπέν τε· « Μεγαλοσθενὲς

30 Ζεῦ πάτερ, ἄκουσον· εἴ πέρ με νύμ[φα

Φοίνισσα λευκώλενος σοὶ τέκεν,

νῦν πρόπεμπ' ἀπ' οὐρανοῦ θοὰν   55

πυριέθειραν ἀστραπὰν

σᾶμ' ἀρίγνωτον· εἰ

    δὲ καὶ σὲ Τροιζηνία

35 σεισίχθονι φύτευσεν Αἴθρα Ποσει-

    δᾶνι τόνδε χρύσεον   60

χειρὸς ἀγλαὸν ἔνεγ-

    κε κόσμον ἐκ βαθείας ἁλός,

δικὼν θράσει σῶμα πατρὸς ἐς δόμους.

Εἴσεαι δ' αἴ κ' ἐμᾶς

    κλύῃ Κρόνιος εὐχᾶς   65

ἀναξιβρέντας ὁ πάντω[ν με]δ[έω]ν. »

22 ἐπεί Α : ἔτ', εἰ coni. Herwerden et Headlam ‖ 26 ὑπεράφανον Α³
Ο : υπεραφνον Α ‖ 28 ὕφαινέ Α Ο : ὕφανέ coni. Blass ‖ 32 πρόπεμπ' Α
Ο² : προπεμπουσ' Ο ‖ 34 εἰ δὲ Α² Ο : ει|ει δε Α ‖ 36 ἐκ Ο : om. Α ‖ 37
uersum huc traiecit Blass : inter ἀγλαὸν et ἔνεγκε [36] praebet Α om.
Ο ‖ θράσει Α³ : ιρασει Α ‖ 39 μεδέων suppl. K.

II

Zeus qu'emplit une grande force entendit l'irréprocha-
ble prière et fit paraître, en faveur de Minos, son fils chéri,
une marque d'honneur extraordinaire qu'il voulait rendre
visible à tous : il lança un éclair. Et lui, le héros
inébranlable à la guerre, voyant le signe qui répondait à
son désir, il étendit les mains vers le glorieux éther. « Tu
vois ici, Thésée, dit-il, le don manifeste que Zeus m'ac-
corde. A toi ! Lance-toi dans la mer aux sourds gronde-
ments ! Le seigneur Poséidon, fils de Kronos, ton père, te
procurera la gloire la plus haute, par la terre peuplée
d'arbres ! » Il dit. L'ardeur de Thésée ne fléchit ni
n'inversa sa route ; mais, s'étant dressé sur le gaillard bien
bâti, il se lança. L'aire sacrée de la mer volontiers
l'accueillit. Le fils de Zeus fut stupéfait au-dedans de son
cœur et ordonna de tenir la nef travaillée avec art au gré
du vent. Mais la Moire préparait une autre voie.

Le navire, prompt transporteur, s'élançait, que poussait,
soufflant par derrière, l'haleine du Borée. La troupe des
jeunes gens d'Athènes s'était mise à trembler, quand le

40 Κλύε δ' ἄμεμπτον εὐχὰν μεγα-   Str. 2
σθενὴ[ς] Ζεύς, ὑπέροχόν τε Μίνῳ
φύτευσε τιμὰν φίλῳ θέλων
παιδὶ πανδερκέα θέμεν,   70
ἄστραψέ θ'· ὁ δὲ θυμάρμενον ἰ-
δὼν τέρας χέρας πέτασσε κλυτὰν
ἐς αἰθέρα μενεπτόλεμος ἥρως
εἶρέν τε· « Θησεῦ, τάδε
μὲν βλέπεις σαφῆ Διὸς   75
45 δῶρα· σὺ δ' ὄρνυ' ἐς
βαρύβρομον πέλαγος· Κρονί[δας
ol. 42   δέ τοι πατὴρ ἄναξ
τελεῖ Ποσειδὰν ὑπέρ-
τατον κλέος χθόνα κατ' εὔδενδρον. » Ὣς   80
εἶπε· τῷ δ' οὐ πάλιν
θυμὸς ἀνεκάμπτετ', ἀλλ' εὐ-
πάκτων ἐπ' ἰκρίων
σταθεὶς ὄρουσε, πόντιόν
τέ νιν δέξατο θελημὸν ἄλσος.   85
Τάφεν δὲ Διὸς υἱὸς ἔνδοθεν
50 κέαρ, κέλευσέ τε κατ' οὖ-
ρον ἴσχεν εὐδαίδαλον
νᾶα· Μοῖρα δ' ἑτέραν ἐπόρσυν' ὁδόν.

Ἴετο δ' ὠκύπομπον δόρυ·   Ant. 2
σόει νιν βορεὰς ἐξόπιν πνέουσ'   91
ἀῆτα· τρέσσαν δ' Ἀθαναίων

40 ἄμεμπτον Ο : αμεμπτον Α ‖ Μίνῳ[-ωι] Α² : μίνω Α νιν[Ο μιν[Ο²
‖ θέλων Α Ο²? : σηρων Ο? ‖ 41 πανδερκέα Α : πάνταρκέα Ο ‖ 42 θ'
Α : τ' Ο ‖ χέρας Blass : χειρας Α Ο χειρα Ο¹ ‖ 44 βλέπεις Α : -πει Ο ‖
45 σὺ Α : συν Ο? ‖ ὄρνυ' ἐς Α : ορνυσ' οες Ο ορνυσ' ες Ο² ‖ 47
εὐπάκτων Κ. [legendo Α] : -πηκ- Α ‖ 50 ἴσχεν Κ. : -ειν Α ‖ 51
ἐπόρσυν' Α : πορσυν' Α² ‖ 52 ὠκύπομπον Α³ : ωκυποδον Α ‖ νιν
Housman, Desrousseaux, Wil. et alii : νειν Α ‖ βορεὰς Α³ : -εους Α ‖
ἐξόπιν Κ. : εξόπιθεν Α ‖ ἀῆτα Α : ἄητα Wil. metri causa, uix recte.

héros avait sauté dans la mer. De leurs yeux de lis ils
répandaient des larmes, attendant la lourde nécessité. Mais
les dauphins, habitants de la mer, rapidement portèrent le
grand Thésée à la demeure du dieu au cheval, son père. Il
arriva dans le palais des dieux. Là, il fut pris de crainte à la
vue des glorieuses filles de l'heureux Nérée. De leurs
membres splendides, comme d'un feu, brillait une éclatan-
te lumière. Ceignant leurs cheveux, tournoyaient les
rubans tressés d'or, et avec leurs pieds humides elles
rassasiaient de danse leur cœur. Il vit, dans l'aimable
demeure, l'épouse chérie de son père, l'auguste Amphitrite
aux larges yeux. Elle l'enveloppa d'un manteau [3] de
pourpre ;

sur ses cheveux bouclés elle posa la tresse sans défaut
que jadis, à ses noces, la trompeuse Aphrodite lui avait
donnée : un nuage de roses [4] ! Rien n'est incroyable de ce
que veulent les dieux, pour les mortels qui ont l'esprit bien
fait. Près de la nef à fine poupe, il parut. Oh ! dans quels

---

3. Le terme employé ici est un ἅπαξ. D'après Latte (cf. Hésychius,
s. u. ἔλυμα, avec la bibliographie), il s'agirait d'un vêtement égyptien
de lin très fin, semblable à ceux que présentent les fresques des
tombeaux.
4. Une tradition veut qu'une couronne lumineuse — selon
certains, don de Dionysos — ait guidé Thésée dans le Labyrinthe.
Bacchylide peut du reste s'inspirer ici de la couronne de Pandore,
décrite par Hésiode (*Théog.* 577-584) et souvent représentée sur les
vases peints d'époque archaïque ou classique.

ἠϊθέων γένος, ἐπεὶ
ἥρως θόρεν πόντονδε, κατὰ
   λειρίων τ' ὀμμάτων δάκρυ χέον,   95
55 βαρεῖαν ἐπιδέγμενοι ἀνάγκαν.
Φέρον δὲ δελφῖνες {ἐν} ἁλι-
   ναιέται μέγαν θοῶς
Θησέα πατρὸς ἱπ-
   πίου δόμον· ἔμολέν τε θεῶν   100
μέγαρον. Τόθι κλυτὰς
ἰδὼν ἔδεισε Νηρέος ὀλ-
   βίου κόρας· ἀπὸ γὰρ ἀγλαῶν
λάμπε γυίων σέλας
ὧτε πυρός, ἀμφὶ χαίταις   105
   δὲ χρυσεόπλοκοι
60 δίνηντο ταινίαι· χορῷ
   δ' ἔτερπον κέαρ ὑγροῖσιν ἐν ποσίν.
Εἶδέν τε πατρὸς ἄλοχον φίλαν
σεμνὰν βοῶπιν ἐρατοῖ-   110
   σιν Ἀμφιτρίταν δόμοις·
ἅ νιν ἀμφέβαλεν ἀϊόνα πορφυρέαν,

κόμαισί τ' ἐπέθηκεν οὔ-   Ép. 2
43   λαις ἀμεμφέα πλόκον,
65 τόν ποτέ οἱ ἐν γάμῳ   115
δῶκε δόλιος Ἀφροδίτα ῥόδοις ἐρεμνόν.
Ἄπιστον ὅ τι δαίμονες
θέλωσιν οὐδὲν φρενοάραις βροτοῖς·
νᾶα πάρα λεπτόπρυμνον φάνη· φεῦ,

54 θόρεν A : ἔθορε coni. Purser apud K. ‖ 56 ἁλιναιέται Palmer
apud K. : ἐνᾶλὶ|ναιέτᾶι A ‖ 59 ὧτε Blass : ωιτε A ‖ 60 δίνηντο Blass :
δεινῆντο A διν- A² ‖ 61 εἶδεν A³ : ιδ. ν A ‖ 62 βοῶπιν A³ : βοωπι A ‖
63 ἀμφέβαλεν K. : -βαλλεν A ‖ 66 δόλιος A² : δόλις A ‖ ῥόδοις K. :
ῥὸδ- A ‖ 69 νᾶα A²? : λαα A.

soucis il arrêta le chef de l'armée de Cnossos, quand il
sortit de la mer, sans être mouillé : pour tous un sujet
d'étonnement ! Autour de ses membres brillaient les dons
des dieux. Les filles aux sièges splendides poussèrent des
cris aigus, avec une allégresse renouvelée. La mer en
résonna. Les jeunes garçons de leurs aimables voix tout
auprès entonnèrent un péan. Dieu de Délos, tu as réjoui
ton âme aux chœurs de Kéos, fais que les accompagne
l'heureux sort, envoyé par les dieux, des hommes de bien.

70 οἴαισιν ἐν φροντίσι Κνώσιον   120
ἔσχασεν στραταγέταν, ἐπεὶ
μόλ' ἀδίαντος ἐξ ἁλὸς
θαῦμα πάντεσσι, λάμ-
πε δ' ἀμφὶ γυίοις θεῶν
δῶρ', ἀγλαόθρονοί τε κοῦραι σὺν εὐ-   125
θυμίᾳ νεοκτίτῳ
75 ὠλόλυξαν, ἔκλαγεν
δὲ πόντος· ἤίθεοι δ' ἐγγύθεν
νέοι παιάνιξαν ἐρατᾷ ὀπί.
Δάλιε, χοροῖσι Κη-   130
ΐων φρένα ἰανθεὶς
ὄπαζε θεόπομπον ἐσθλῶν τύχαν.

70 φροντίσι A¹? : φροντισσι A ‖ 73 γυίοις K. : γυοις A ‖ 74
ἀγλαόθρονοί K. : αγλοθρ- A.

DITHYRAMBE IV (c. 18)

NOTICE

Date et circonstances   Nous avons proposé de mettre le *Dithyrambe* III en rapport avec le glorieux prestige dont bénéficiaient les vainqueurs des Perses, après Salamine (480) et au moment de la fondation de la Confédération de Délos (477). Écrit pour les Athéniens, commandé par eux ou présenté au concours par le poète, le *Dithyrambe* IV paraît porté par le même enthousiasme. Les commentateurs ont pensé que Bacchylide composa ce poème à l'occasion de la translation des ossements de Thésée, opportunément « retrouvés » à Skyros par Cimon, le futur vainqueur de l'Eurymédon [1], dans le τέμενος où était le temple du héros (474) [2]. Le culte de Thésée s'était étendu à tous les lieux relevant d'Athènes. Ainsi la légende lui attribuait la capture du taureau monstrueux dans la plaine de Marathon, où, de surcroît, les soldats athéniens le virent combattre en personne à leurs côtés, au cours de la fameuse bataille de 490 qui concourut déjà tant au prestige d'Athènes.

Analyse   Le dithyrambe se présente sous la forme de quatre couplets, correspondant aux répliques alternées de deux interlocuteurs que l'on identifie

---

1. Voir Plutarque, *Vie de Thésée*, XXXVI et *Vie de Cimon*, VIII. Le combat de l'Eurymédon eut lieu en 468.
2. C'est dans ce Théséion que le peintre Micon avait peint les fresques illustrant la vie de Thésée que nous décrit Pausanias, I, 17, 3.

ainsi : les couplets 1 et 3 appartiennent à un Chœur auquel
Égée répond dans les deux autres couplets. Le Chœur est
inquiet ; il questionne le roi d'Athènes : que signifient ces
sonneries de trompette ? des ennemis menacent-il les
Athéniens ? ou les brigands ? En tout cas, le roi dispose de
jeunes troupes. — Un héraut est arrivé de l'Isthme,
répond Égée, qui raconte les exploits d'un homme
extraordinaire : il a tué le géant Sinis, la laie de Krem-
myon, les brigands Skiron, Kerkyon et Procruste[3]. De tels
faits ont de quoi inquiéter. — Nouvelles questions du
Chœur : qui est cet homme ? d'où vient-il ? est-il seul ? est-
ce un dieu qui l'envoie affronter des dangers où il risque
de périr ? — La réplique d'Égée est un portrait magnifique
du jeune guerrier qui s'avance avec deux compagnons vers
Athènes.

Thèmes mythiques   Bacchylide n'a tiré aucun parti
                           du thème mythique d'Égée. Le
nom même de ce personnage est absent du texte. Bien
plus, le roi ignore totalement que le jeune héros qui
s'approche est son fils. Il est vrai que, pour les auditeurs
du dithyrambe, le mythe d'Égée, père de Thésée, était
chose tellement familière qu'il était inutile de préciser des
points qui eussent alourdi le développement. En tout cas,
il semble bien qu'il ne soit plus question de la filiation
établie dans le *Dithyrambe* III entre Thésée et Poséidon.
Si l'on ne conteste pas que le roi à qui s'adresse
l'apostrophe du premier couplet soit Égée, on a parfois
pensé que l'interlocuteur du roi est Médée, qui, dans la
tragédie d'Euripide du même nom[4], a obtenu d'Égée, de
passage à Corinthe où elle se trouve, la promesse qu'il
l'accueillera dans son palais. Plutarque (*Vie de Thésée*,
XII, 3-6) ne montre-t-il pas la magicienne reconnaissant le
jeune homme, lorsqu'il se présente chez son père, et
tentant aussitôt de l'empoisonner ? Toutefois, l'opinion

---

3. Sur tous ces exploits, voir Plutarque, *Thésée*, VIII-XI.
4. La *Médée* d'Euripide date de 431.

générale veut que le roi dialogue avec un Chœur, ou avec son coryphée.

Chantre de la gloire athénienne la plus antique et la plus pure, celle de Thésée, Bacchylide utilise le thème mythique des exploits du héros contre les brigands et les monstres, thème populaire, s'il en fut. Ce thème se modèle avec évidence sur celui des exploits d'Héraclès. La geste du héros dorien a été de très longue date familière non seulement aux Grecs du continent, mais aux populations du pourtour méditerranéen, jusqu'à l'Occident le plus lointain. Il fallait aux Ioniens, et spécifiquement aux Athéniens, un personnage de même stature à mettre en regard d'Héraclès. Aussi le mythe et la tragédie se sont employés à présenter les deux héros comme amis, comme parents, cousins par leurs mères, selon les échos que Plutarque a recueillis. Le même Plutarque donne des détails sur l'admiration, sur l'émulation avouée de Thésée envers le fils de Zeus et d'Alcmène. Bacchylide a sagement réduit le champ d'action de son héros et s'est borné à évoquer ce qu'on pourrait appeler la geste des *Enfances Thésée*, qui se déroule sur le parcours suivi par le fils d'Égée pour aller de Trézène, où il était né d'Aethra, petite-fille de Pélops, jusque dans Athènes, où régnait Égée, son père, lequel descendait, selon la tradition athénienne, d'Érichthonios. Et il a conçu ce voyage comme une sorte de parcours initiatique, une succession d'épreuves, dont le récit devait servir à exalter l'œuvre de haute civilisation accomplie par Thésée et à faire naître chez les jeunes gens le goût des vertus héroïques.

On a remarqué que le parcours de Thésée suit la route de l'Isthme. Or le héros athénien passait dans sa patrie pour être le fondateur des Jeux Isthmiques, et Bacchylide a certainement pensé [6] à cette sorte de rameau du thème mythique précédent. Le scholiaste de Pindare a placé en tête du livre des *Isthmiques*, dans l'ὑπόθεσις, le récit de la fondation de ces Jeux, selon la version qui se réfère au saut

5. Voir Plutarque, *Thésée*, VII, 1 et VI, 9.
6. Que de couronnes gagnées par les Kéens aux Jeux Isthmiques !

dans la mer d'Inô-Leucothée et Mélicerte-Palémon, et celui
qui attribue cette fondation à Thésée [7]. Ce dernier aurait
institué un ἀγὼν ἐπιτάφιος pour se purifier de la mort de
Sinis, fils de Poséidon, ou peut-être de celle de Skiron.
Plutarque (*Vie de Thésée*, XXV, 4 sqq.) précise davanta-
ge, en indiquant que le héros, par émulation envers
Héraclès, fondateur des Jeux Olympiques, a transféré les
Jeux de l'Isthme à Poséidon et substitué à la fête nocturne
pour Palémon l'ἀγὼν dont nous venons de parler.

Forme dialoguée   Fait unique chez Bacchylide, du
moins à notre connaissance, et peut-
être dans l'ensemble du lyrisme choral archaïque et
classique, le *Dithyrambe* IV est un poème dialogué [8]. On a
parfois prétendu que nous avions là un témoin, ou une
survivance, d'une forme théâtrale primitive, celle-ci pou-
vant se placer à l'origine de la tragédie. Mais il ne peut en
être ainsi. Sans doute, il est tout à fait vraisemblable,
d'après les indications d'Aristote, dans sa *Poétique* [9], que
la tragédie est issue, au moins partiellement, du dithyram-
be, mais il n'est pas question d'imaginer que le *Dithyram-
be* IV soit une œuvre antérieure aux premières tragédies
jouées ou susceptible d'avoir exercé une influence sur leur
développement. Tout au plus pourrait-on supposer qu'il
est un témoin attardé d'une forme lyrique antérieure aux
tragédies les plus anciennes, et reprise par archaïsme ou
pour toute autre raison [10]. Nous penserions plus volontiers

7. *Scholia vetera in Pindari carmina*, t. III, p. 92-93 Drachmann.
8. Le poème ne manque pas d'analogies avec une exposition
dramatique.
9. Aristote, *Poétique*, 1449 a. Sur l'interprétation, cf. A. W.
Pickard-Cambridge, *Dithyramb, Tragedy and Comedy*, 2ᵉ éd., Ox-
ford, 1962; et Gerald F. Else, *Aristotle's Poetics : the Argument*,
Leiden, 1957. Voir aussi nos articles sur la tragédie et le dithyrambe,
l'un dans les *Serta Turyniana*, University of Illinois Press, 1974,
p. 122-142, sous le titre *Du lyrisme à la tragédie*, l'autre intitulé *La
tragédie grecque est-elle issue du dithyrambe?* dans *Dioniso*, 45,
1971, p. 261-288.
10. Jebb aborde la question dans l'introduction à ce poème, § 4
(p. 233-234). Le poète serait ici non l'héritier du vieux dithyrambe,

que, le genre tragique ayant pris racine dans Athènes où il connut son plein épanouissement, la pratique du dialogue, due assurément aux innovations d'Eschyle [11], fit parfois intrusion, par une sorte de choc en retour, dans des formes auparavant plus proches du récit. Nous avons peut-être quelques indications en ce sens, au moins du côté de Bacchylide, dont certaines pièces attestent le goût pour le dialogue, si nous considérons l'échange de répliques introduites à la manière homérique dans le *Dithyrambe* III, les *Jeunes Gens*, ou encore, si l'on veut, les discours insérés dans le *Dithyrambe* I, les *Anténorides*, celui de Théanô d'une part, celui de Ménélas de l'autre.

Iconographie   Une coupe du British Museum présente, autour d'une scène centrale figurant le combat avec le Minotaure, la série traditionnelle sur Skiron, Sinis, Kerkyon, Procruste, etc. [12]. Ce sont les mêmes, ou à peu près, que l'on retrouve sur la partie extérieure de la coupe d'Euphronios, déjà citée à propos de l'ordalie du *Dithyrambe* III.

Citons aussi, bien qu'elle soit un peu marginale, une coupe du premier quart du ve siècle, conservée au Musée de l'Ermitage, à Saint-Pétersbourg. On y voit Aethra équipant son fils au moment où il quitte Trézène pour se rendre dans Athènes afin de se faire reconnaître d'Égée :

---

mais le promoteur d'une forme plus récente, avec laquelle Jebb mettrait en rapport le nom de Philoxène (435-380). En fait, nous devinons à travers Aristote que le dithyrambe connut, en tant que tel, une évolution longue et diverse. Mais en appeler à Philoxène ne nous met-il pas trop bas dans le ve siècle et donc trop loin de Bacchylide ?

11. Voir notre communication au Congrès du Drame antique, Syracuse, 1979, sur *Les origines populaires et paysannes de l'ἀγών tragique* (*Actes*, p. 247-276). Les innovations d'Eschyle dont nous parlons s'appliquent au dialogue dont, à lire la *Poétique*, on comprend l'importance dans la genèse des formes classiques de la tragédie. C'est dans les chants alternés de la poésie orale — nous entendons les improvisations des bergers — qu'il faut en chercher les origines.

12. R. Flacelière et L. Dugas, *Thésée*, pl. 16, et p. 68 et 86.

Thésée tient l'épée de son père et la tire du fourreau pour l'admirer ; sa mère s'apprête à lui remettre les javelots [13].

Composition métrique Cette ode monostrophique est faite d'éléments choriambiques, dimètres (glyconiens) ou trimètres catalectiques (hendécasyllabe phalécien). Dans les vers qui comportent deux éléments choriambiques (v. 1, 2, 3, 5 et 6), une coupe fréquente ou absolue, décalée d'une syllabe en avant, assure la synaphie entre ces éléments. Dans les trois premiers vers, le début du glyconien initial a des formes variées : ⏑ ⏑ − (v. 1), ⏑ ⏑ ⏑ (v. 2), ⏑̆ ⏑̆ ⏑̆ (v. 3), alors que partout ailleurs la première syllabe des éléments choriambiques est longue. Les v. 3 et 7 s'achèvent par un crétique (avec une licence au v.3) suivi d'un mètre iambique ; le v. 6, par un mètre iambique.

Les v. 1-3 forment une période de 32 temps marqués (10 + 10 + 12), égale à celle des v. 5-8 (8 + 10 + 8 + 6). Le v. 4, le plus court, est fait d'un glyconien ; avec ses 4 temps marqués, il sert d'axe de symétrie à l'ensemble, tout comme dans l'épode du *Dithyrambe* III. Le total des temps marqués de la strophe est de 68 (32 + 4 + 32).

13. *Ibid.*, pl. 10, et p. 64 et 85.

SCHÉMA MÉTRIQUE

Strophe :

⏑⏑ – – ⏑ ⏑ – ⏑ –
– | ⏓ – ⏑ ⏑ – ⏑ – ⏑ – –
⏑⏑ ⏑ – ⏑ ⏑ – ⏑ –
– – – ⏑ ⏑ – ⏑ – ⏑ – –
⏖ ⏓ – ⏑ ⏑ – ⏑ –
– ⏓ – ⏑ ⏑ – ⏑ –
– | ⏓ –   ⏑ – ⏑ –
– – – ⏑ ⏑ – ⏑ –
5 – ⏑ – ⏑ ⏑ – ⏑ –
– | – – ⏑ ⏑ – ⏑ –
– ⏓ – ⏑ ⏑ – ⏑ –
– | ⏓ – ⏑ ⏑ – ⏑ –   ⏑ – ⏑ –
– ⏓ – ⏑ ⏑ – ⏑ –
– ⏑ –   ⏑ – ⏑ –
– – – ⏑ ⏑ – ⏑ – ⏑ – –

DITHYRAMBE IV

THÉSÉE
‹POUR LES ATHÉNIENS›

1

Le chœur « Roi de la sainte Athènes, seigneur des Ioniens délicats [1], pourquoi la trompette au pavillon de bronze vient-elle de faire éclater son chant guerrier ? Est-ce qu'un chef d'armée ennemi de toutes parts assaille les frontières de notre sol ? des brigands aux méchantes ruses poussent-ils de force, en dépit des pâtres, nos troupeaux de moutons ? ou quel souci te déchire le cœur ? Parle. Je crois que, plus qu'aucun des mortels, toi, fils de Pandion et de Créuse [2], tu disposes du secours d'une valeureuse jeunesse.

---

1. Pour le luxe et le raffinement des Ioniens, voir surtout Thuc. 1, 6, 3, où l'on trouve le mot ἀβροδίαιτος, ainsi que l'allusion aux cigales d'or avec lesquelles les vieillards d'Athènes, jusqu'à une date encore proche, relevaient leurs cheveux.

2. Deux Pandion figurent parmi les rois mythiques d'Athènes ; il s'agit ici du second, arrière-petit-fils du premier, lui-même fils d'Érichthonios. Bacchylide est le seul à faire de Créuse l'épouse de Pandion et la mère d'Égée.

Δ (c. 18)

ΘΗΣΕΥΣ
⟨ΑΘΗΝΑΙΟΙΣ⟩

Str. 1

Βασιλεῦ τᾶν ἱερᾶν Ἀθα-
  νᾶν, τῶν ἁβροβίων ἄναξ Ἰώνων,
τί νέον ἔκλαγε χαλκοκώ-
  δων σάλπιγξ πολεμηΐαν ἀοιδάν;
Ἠ τις ἀμετέρας χθονὸς   5
  δυσμενὴς ὅρι' ἀμφιβάλ-
λει στραταγέτας ἀνήρ;
ἢ λησταὶ κακομάχανοι
5 ποιμένων ἀέκατι μή-
λων σεύοντ' ἀγέλας βίᾳ;   10
ἢ τί τοι κραδίαν ἀμύσ-
  σει; Φθέγγευ· δοκέω γὰρ εἴ τινι βροτῶν
ἀλκίμων ἐπικουρίαν
  καὶ τὶν ἔμμεναι νέων,
ὦ Πανδίονος υἱὲ καὶ Κρεούσας.   15

TEST. 1 SYRIANVS 1, 47 Rabe : ἁβρότεροι ἐξ ἀρχαίου οἱ Ἴωνες, ὡς Βακχυλίδης τε ὁ λυρικός φησι ὁ Σιμωνίδου τοῦ μελοποιοῦ ἀδελφιδοῦς « τῶν ἁβροβίων Ἰώνων ἄναξ »; cf. Iohannem Sicel. 6, 241 Walz.

Inscript. add. A³ in mg., suppl. Snell ‖ 1 ἁβροβίων A³ : αβροβικων A ‖ Ἰώνων A³ : ιερωνων A ‖ 2 τί A : τις A³? ‖ χαλκοκώδων A³ : χαλκοδωδων A ‖ 3 ὅρι' A¹? : ορει A ‖ 4 λησταὶ K. : λησται A³ λειται A ‖ 5 ἀέκατι Palmer et van Branteghem apud K. : δ' ἕκατι A ‖ σεύοντ' A¹ : σεύοντι A ‖ 6 φθέγγευ Blass et Wackernagel : -ου A ‖ 7 ἀλκίμων A³ : -μου A.

DITHYRAMBE IV

45 DITHYRAMBE IV

2

Égée — Un héraut vient d'arriver, qui a franchi à pied le long chemin de l'Isthme[3]. Il dit les exploits inexprimables d'un homme puissant : il a tué l'arrogant Sinis[4], pour la vigueur le plus fort des mortels, le rejeton de Lytaios le Kronide ébranleur du sol[5] ; il a massacré la laie tueuse d'hommes, aux vallons de Kremmyon[6], ainsi que Skiron fou d'orgueil[7] ; il s'est emparé de la palestre de Kerkyon[8] ; et Procoptas[9], trouvant un homme qui valait mieux que lui, a laissé échapper le puissant marteau de Polypémon[10]. J'ai peur et me demande comment cela finira.

3

Le chœur — Mais dit-il qui est cet homme et d'où il vient, comment il est équipé, s'il mène une troupe nombreuse, avec des armes de guerre ? Ou dit-il qu'il marche seul, avec sa suite, tel le voyageur vagabondant en terre étrangère, à ce point robuste, vaillant

3. Petit-fils de Pitthée, roi de Trézène, Thésée vient se faire reconnaître par son père, Égée, lequel avait laissé à Aithra, entre autres objets, son épée, celle dont il est question à la 4ᵉ strophe. Thésée suit le pourtour du golfe Saronique.
4. Le géant Sinis écartelait les voyageurs entre deux pins.
5. Le titre thessalien de Λυταῖος donné à Poséidon est peut-être en rapport avec celui de Πετραῖος ; voir *Épinicie* XIV, n. 1.
6. La laie de Kremmyon ou, plus souvent, Krommyon, sur le golfe Saronique, provoquait des ravages comparables à ceux du sanglier d'Érymanthe.
7. Skiron rançonnait les voyageurs, près d'Alcathoé, ville des Lélèges. Thésée dispersa ses os qui devinrent des rochers.
8. Brigand d'Éleusis qui défiait les voyageurs à la palestre ; cf. Diod. 4, 59 et Pausanias, 1, 39, 3.
9. Procoptas ou Procruste, dont le lit servait de mesure à ses victimes ; cf. Ovide, *Ibis*, 409 et *Hér.* 2, 69 sqq., etc.
10. Polypémon a passé tantôt pour le père, tantôt pour le frère du précédent. En tout cas, le marteau de Polypémon devait être célèbre. Paus. 1, 38, 5, voit dans le nom de Polypémon un simple surnom de Procruste.

Νέον ἦλθε⟨ν⟩ δολιχὰν ἀμεί-   Str. 2
ol. 44   ψας κᾶρυξ ποσὶν Ἰσθμίαν κέλευθον·
10 ἄφατα δ' ἔργα λέγει κραται-
      οῦ φωτός· τὸν ὑπέρβιόν τ' ἔπεφνεν
Σίνιν, ὃς ἰσχύϊ φέρτατος   20
      θνατῶν ἦν, Κρονίδα Λυταί-
      ου σεισίχθονος τέκος·
σῦν τ' ἀνδροκτόνον ἐν νάπαις
Κρεμμυῶνος ἀτάσθαλόν
      τε Σκίρωνα κατέκτανεν·   25
τάν τε Κερκυόνος παλαίσ-
      τραν ἔσχεν, Πολυπήμονός τε καρτερὰν
15 σφῦραν ἐξέβαλεν Προκόπ-
      τας, ἀρείονος τυχὼν
φωτός. Ταῦτα δέδοιχ' ὅπᾳ τελεῖται.   30

Τίνα δ' ἔμμεν πόθεν ἄνδρα τοῦ-   Str. 3
      τον λέγει, τίνα τε στολὰν ἔχοντα;
πότερα σὺν πολεμηΐοις
      ὅπλοισι στρατιὰν ἄγοντα πολλάν;
ἢ μοῦνον σὺν ὀπάοσιν   35
      στείχειν ἔμπορον οἷ' ἀλά-
      ταν ἐπ' ἀλλοδαμίαν,
20 ἰσχυρόν τε καὶ ἄλκιμον
      ὧδε καὶ θρασύν, ὃς τ⟨οσ⟩ού-
      των ἀνδρῶν κρατερὸν σθένος   40
ἔσχεν; ἢ θεὸς αὐτὸν ὀρ-

9 Νέον — ἀμείψας in mg. infer. add. A⁴ : om. A ‖ ἦλθεν K. : -θε A
‖ 10 λέγει A² : -γειν A ‖ 13 Κρεμμυῶνος K. : κρεμυῶνος A ‖ 14
Κερκυόνος A³ : κερκυνος A ‖ 15 ἐξέβαλεν K. : -βαλλεν A ‖ 18 στρατιὰν
A³ : στραταν A ‖ 19 ὀπάοσιν Weil, Festa, Desrousseaux, Goligher et
alii : οπλοισιν A ‖ στείχειν K. : στιχ- A ‖ 21 ὃς τοσούτων Platt :
οστουτων A ὃς τοιούτων K. in notis ὅστε τούτων Palmer apud K. ‖
κρατερὸν K. : καρτ- A ‖ 22 ἔσχεν A³ : εχεν A.

et hardi qu'il a contenu la puissante vigueur de tant
d'hommes ? Ah ! c'est un dieu qui lui donne l'élan, pour
qu'il s'occupe d'administrer la justice aux injustes. Car
dans l'action [11] ininterrompue, il n'est pas aisé d'éviter le
mal. Que s'allonge le temps, et tout finira.

4

Égée   — Deux hommes seulement, dit-il [12], lui font
escorte [13]. Autour de ses épaules luisantes, il
porte une épée ‹à poignée d'ivoire› ; dans ses mains, deux
javelots polis ; ceignant sa tête aux cheveux de feu, un
casque laconien bien fait ; enveloppant sa poitrine, une
tunique pourpre et une épaisse casaque thessalienne. De
ses yeux sort, resplendissante, la flamme rouge de Lemnos.
Le garçon est dans la prime jeunesse. Il ne songe qu'aux
jeux guerriers, à la bataille, au combat où retentit le
bronze. Ce qu'il recherche, c'est Athènes, l'amie des
splendeurs. »

11. Il faut entendre ἔρδοντα de qui supprime les brigands. Certains
l'entendent des brigands eux-mêmes.

12. Pour qu'il n'y ait pas de doute sur le sujet de λέγει, ici comme
à la strophe précédente, ce verbe se trouve les deux fois à la même
place du v. 1, tout comme κᾶρυξ dans la 2ᵉ strophe [J. I.].

13. Le verbe ἁμαρτεῖν « accompagner » est une forme ancienne
correspondant à l'homérique ὁμαρτεῖν (généralement considéré
comme un atticisme de la vulgate) [J. I.].

μᾷ δίκας ἀδίκοισιν ὄφρα μήσεται·
οὐ γὰρ ῥᾴδιον αἰὲν ἔρ-
δοντα μὴ 'ντυχεῖν κακῷ.
Πάντ' ἐν τῷ δολιχῷ χρόνῳ τελεῖται.   45

25 Δύο οἱ φῶτε μόνους ἁμαρ-   Str. 4
τεῖν λέγει, περὶ φαιδίμοισι δ' ὤμοις
ξίφος ἔχειν ⟨ἐλεφαντόκω-
πον⟩, ξεστοὺς δὲ δύ' ἐν χέρεσσ' ἄκοντας
ol. 45 κηΰτυκτον κυνέαν Λάκαι-   50
ναν κρατὸς πέρι πυρσοχαί-
του· χιτῶνα πορφύρεον
στέρνοις τ' ἀμφί, καὶ οὔλιον
Θεσσαλὰν χλαμύδ'· ὀμμάτων
δὲ στίλβειν ἄπο Λαμνίαν   55
30 φοίνισσαν φλόγα· παῖδα δ' ἔμ-
μεν πρώθηβον, ἀρηΐων δ' ἀθυρμάτων
μεμνᾶσθαι πολέμου τε καὶ
χαλκεοκτύπου μάχας·
δίζησθαι δὲ φιλαγλάους Ἀθάνας.   60

26 ἐλεφαντόκωπον add. Desrousseaux ‖ 27 πέρι K. in notis et Blass : ὑπερ A ‖ 28 στέρνοις A : -οισι A¹ ‖ 29-30 στίλβειν — ἀθυρμάτων in mg. super. add. A³ : om. A ‖ 30 ἔμμεν K. : εμεν A³ ‖ 31 χαλκεοκτύπου A³ : χαλκενκτ- A ‖ 32 δ]ίζησθαι δὲ [θ ex α factum] add. A³ : δ et lacuna A.

DITHYRAMBE V (c. 19)

NOTICE

Datation   On a prétendu parfois que ce poème, des-
tiné à l'un des concours dithyrambiques
d'Athènes (v. 4), se plaçait assez tôt dans la carrière de
Bacchylide. Severyns notamment a cru y déceler des signes
de maladresse et s'en prend principalement à l'importante
introduction personnelle qui, selon lui, déséquilibre l'en-
semble [1]. En fait, cette introduction comprend moins du
tiers de ce court poème, et la place qu'elle occupe nous
semble correspondre à l'état d'esprit d'un poète confirmé,
sûr de son art et de sa renommée. Si, comme nous nous
proposons de l'établir plus loin, Bacchylide s'est inspiré
d'Eschyle et n'a pu composer son poème qu'après les
Suppliantes et le *Prométhée*, la date à retenir pour le
Dithyrambe V doit être voisine de 456, à peine un peu
postérieure, donc avant l'exil du poète, ou peut-être dans
les années qui l'ont immédiatement suivi.

Analyse   Le poème est constitué par une seule
triade amplement développée. Après un pré-
lude, dans lequel il célèbre son art personnel de poète
lyrique, Bacchylide évoque d'emblée la génisse fuyant
l'Argolide, cette Iô que Zeus entraîne, mais qu'Héra fait
surveiller par Argos aux yeux infatigables. La fin de
l'antistrophe est assez mutilée. Il semble que le poète se

1. A. Severyns (*Bacchylide*, p. 64-66) pense qu'il s'agit de la
première commande athénienne à Bacchylide ; d'où la fierté du poète,
gonflant sa renommée. Wilamowitz, cité par Severyns, proposait de
placer le dithyrambe en 476.

demande si Hermès a tué Argos, ou si celui-ci s'est endormi, ou encore si les chants des Piérides ont détourné son attention. En tout cas, Iô lui échappe, et l'épode nous transporte brusquement en Égypte, où elle met au monde Épaphos, l'ancêtre des rois d'Égypte, l'ancêtre aussi, par Cadmos, de la dynastie de Thèbes, et, par Sémélé, issue de celui-ci, l'ancêtre de Dionysos lui-même.

Sources iconographiques R. Engelmann, dans les premières années de ce siècle, avait étudié l'iconographie du mythe d'Iô. L. Depannemaecker a mené, de son côté, en particulier sur les vases peints, une enquête dans les musées et collections de France et de l'étranger[2]. Le double épisode de la génisse, prisonnière d'Héra, et du meurtre d'Argos y est amplement représenté.

Les peintures de vases les plus anciennes relatives au mythe d'Iô peuvent être datées du dernier tiers du VIe siècle. Ce sont des peintures de facture archaïque, à figures noires. On y voit Hermès se préparant à tuer Argos de son épée, ou à lui trancher la tête avec une *harpé*. Sur une amphore tyrrhénienne à figures noires des années 530/520[3], le dieu essaie d'atteindre Argos avec une pierre, comme ferait un paysan[4], parce qu'il n'arrive pas à saisir la longe de la génisse. Iô est en effet le plus souvent représentée sous l'aspect animal que Zeus lui a donné. Ainsi la montrent encore les vases à figures rouges, dès le début du Ve siècle, mais Argos s'y voit sous un semis d'yeux étendu sur toute sa personne.

Un stamnos de Caeré à figures rouges, conservé à

2. R. Engelmann, *Die Io-Saga*, dans *Jahrbuch d. deut. arch. Inst.* 18, 1903, p. 37-53 ; L. Depannemaecker, *Le Mythe d'Iô* (Catalogue des sources littéraires et iconographiques), thèse de Doctorat de 3e cycle, Paris X-Nanterre, 1978 (dactyl.).

3. Cf. Engelmann, 9. La pièce est décrite par L. Depannemaecker, *op. cit.*, p. 184, et pl. XI et XI a.

4. Ainsi la conjecture de Deubner proposant de lire λ[ίθῳ, au v. 14, trouve une justification irréfutable, antérieure même à Bacchylide.

Vienne, attribué par Beazley au peintre d'Argos [5], montre
Zeus, debout devant la génisse qui se tient dans une
attitude presque humaine. Reconnaissable à son long
sceptre, Zeus s'apprête à la toucher au front d'un geste
majestueux, qui n'est autre que le fameux « toucher de
Zeus », lequel délivre Iô de l'enfant qu'elle porte (cf.
Eschyle, *Pr.* 849 et *Suppl.* 535).

Un autre vase à figures rouges, un peu plus tardif [6],
présente la génisse avec une tête humaine, seul cas connu
d'une représentation de la double nature d'Iô, alors que
par la suite les figures d'une Iô humaine vont se multiplier,
mais assorties de petites cornes émergeant de la chevelure,
ainsi que de petites oreilles bovines [7]. Si l'influence
eschyléenne nous paraît extrêmement probable dans l'ima-
ge d'une Iô partie génisse, partie femme (cf. *Suppl.* 569-
570), la dernière représentation peut sembler plus générale-
le, encore que la présence des seules cornes puisse être
l'illustration précise du v. 588 du *Prométhée enchaîné.*

**Sources
littéraires**
Il s'agit des deux tragédies d'Eschyle
dont nous venons de parler : la plus an-
cienne, les *Suppliantes*, de la trilogie dite
la *Danaïde* [8], œuvre qui semble appartenir à la maturité
d'Eschyle ; la seconde, le *Prométhée enchaîné*, appartenant
vraisemblablement à la fin de la vie du poète [9]. Une vingtaine

5. Conservé au Kunsthistorisches Museum de Vienne, ce
stamnos, de style sévère, date du début du Ve siècle ; il est donc
antérieur aux drames d'Eschyle auxquels il ferait penser. Cf.
Engelmann, 11 et L. Depannemaecker, *op. cit.*, p. 186-187, et
pl. XIII et XIII a.

6. Oenochoé de Boston, Fine Arts Museum, du milieu du
Ve siècle. Cf. Engelmann, 15 et L. Depannemaecker, *op. cit.*,
p. 193-194 et pl. XVII. Le peintre a pu être influencé par
l'apparition d'Iô, dans le *Prométhée*, sous les traits d'un acteur.

7. Voir L. Depannemaecker, *op. cit.*, pl. XIX sqq. et descrip-
tions correspondantes.

8. La découverte du *P. Oxy.* 2256 (fr. 3) oblige à reculer la
Danaïde après 468. Voir A. F. Garvie, *Aeschylus' Supplices.
Play and trilogy*, Cambridge, 1969.

9. Nous considérons les *Prométhées*, trilogie peut-être inache-
vée, comme la dernière œuvre d'Eschyle, juste avant sa mort à
Géla en 456.

d'années peut séparer les deux œuvres, Cette chronologie
est parallèle à celle que présentent les vases peints, et
l'étude de ces vases nous fait deviner que le mythe d'Iô
était bien connu du public athénien. Wilamowitz et
Severyns pensent que le *Dithyrambe* V est antérieur aux
deux drames d'Eschyle. On peut admettre cette hypothèse,
mais on ne peut guère concevoir qu'un poème aussi court,
dont l'exécution dut passer assez rapidement parmi les
pièces diverses présentées aux concours athéniens [10], pro-
duisit assez d'impression sur Eschyle pour qu'il en tirât
parti dans deux trilogies que vingt années séparent.
Combien plus vraisemblable d'imaginer le retentissement
de deux trilogies entières et l'effet causé par la reprise du
même thème d'Iô! Ajoutons que l'affabulation bacchyli-
déenne résume celle d'Eschyle et semble en supposer la
connaissance globale. L'idée que l'attention d'Argos a pu
être détournée par le chant des Piérides renvoie au v.
576 sqq. du *Prométhée* : on se souvient du κηρόπλαστος
δόναξ, « le roseau sonore à la gaine de cire » (trad. P.
Mazon). Enfin Bacchylide prend à son compte l'épisode
final, narré par Eschyle, de l'heureuse délivrance « sur les
bords du Nil aux fleurs odorantes ». Les termes mêmes de
l'épode nous rappellent exactement le décor d'hiérogamie
esquissé aux v. 538 sqq. des *Suppliantes* par le poète
athénien [11].

**Composition
métrique**
La combinaison d'éléments iambiques
et anapestiques que présente ce dithy-
rambe n'a pas d'équivalent en dehors de
l'œuvre de Bacchylide, qui en est peut-être l'inventeur [12].

10. Il y avait chaque année deux concours, l'un aux Dionysies
(dix dithyrambes), l'autre aux Thargélies (cinq dithyrambes).
11. Ce décor rappelle en même temps l'une des sources
orientales d'Eschyle, le *Poème de Baal et la Génisse*, traduit par
A. Caquot dans ses *Textes ougaritiques*, t. 1, *Mythes et
Légendes*. Voir notre article sur *La Justice de Zeus et le destin
d'Iô*, dans *Rev. Ét. Gr.* 92, 1979, p. 1-54.
12. Comme le laisse entendre le premier vers du dithyrambe :
Πάρεστι μυρία κέλευθος ἀμβροσίων μελέων; cf. *Épin.* V, 15 (vers
initial de la 1ʳᵉ épode) : καὶ ἐμοὶ μυρία παντᾷ κέλευθος, reprise de la
même expression chez Pindare, au vers initial de la IVᵉ *Isthmique*.

Les éléments anapestiques ont toujours la forme du prosodiaque — avec une brève ou une longue initiale — dont le rythme ascendant s'accorde avec celui des éléments iambiques. Ceux-ci, à la différence de ce qui se passe dans les mètres anapesto-iambiques, ont la forme pure et non celle du prétendu épitrite troisième. Dans les v. 4, 5, 9 et 10 de la strophe, un glissement s'opère en direction des mètres choriambiques : l'élément central du v. 4 est un dimètre choriambique, le v. 5 d'allure anapesto-iambique, peut être analysé comme un télésillien suivi d'un bacchée (on aurait alors un hendécasyllabe phalécien acéphale), l'élément initial du v. 9 est aussi bien une dipodie anapestique qu'un reizianum catalectique, le v. 10 est fait d'un mécénatéen suivi d'un mètre iambique (en le rapprochant du v. 5, on le qualifierait d'hendécasyllabe phalécien catalectique). En revanche, le v. 8, avec une variation de l'initiale entre la strophe et l'antistrophe, a peu de chances de commencer par un mécénatéen identique à celui du v. 10.

Le décompte des temps marqués donne une division en quatre périodes se regroupant en deux ensembles égaux. Les v. 1-3, avec 24 temps (7 + 7 + 10), correspondent aux v. 5-8 (5 + 4 + 7 + 8), et le v. 4, avec 11 temps, correspond aux v. 9-10 (6 + 5). Les deux ensembles ont chacun 35 temps (24 + 11).

Ce qui subsiste de l'épode est insuffisant pour qu'on puisse en commenter la composition. On note un mètre iambique détaché, qui forme le *côlon* 1, et la présence d'éléments étrangers à ceux de la strophe, avec les séquences initiales de trois brèves des *côla* 6 et 8.

SCHÉMA MÉTRIQUE

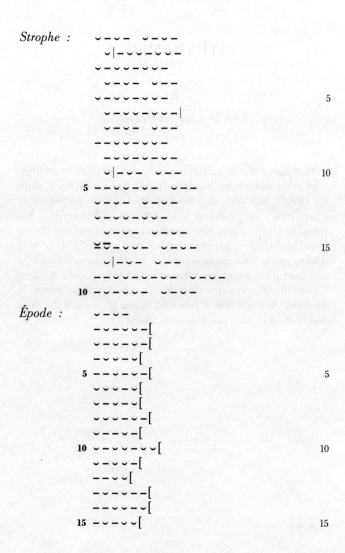

DITHYRAMBE V

IO

POUR LES ATHÉNIENS

Il dispose d'une route innombrable de chants immortels, celui qui a reçu les dons des Muses de Piérie et dont les vierges aux yeux de violettes, les Charites porteuses de couronnes, ont couvert les hymnes d'honneurs. Aujourd'hui, esprit tant vanté de Kéos, pour l'opulente et très aimable Athènes, tisse quelque œuvre nouvelle. Il te sied d'aller par la voie la meilleure, celle qui a reçu de Calliope une part d'honneur incomparable.... au temps où, quittant l'Argolide, le pays des chevaux, fuyait la génisse dorée, la fille aux doigts roses d'Inachos, selon le dessein de Zeus tout-puissant qui sur tous l'emporte.

Ε (c. 19)

ΙΩ
ΑΘΗΝΑΙΟΙΣ

Πάρεστι μυρία κέλευ-　　　　　　　　　　　　　　Str.
　θος ἀμβροσίων μελέων,
ὃς ἂν παρὰ Πιερίδων
　λάχησι δῶρα Μουσᾶν,
ἰοβλέφαροί τε κ⟨όρ⟩αι　　　　　　　　　　　　　　5
φερεστέφανοι Χάριτες
βάλωσιν ἀμφὶ τιμὰν
ὕμνοισιν· ὕφαινέ νυν ἐν
　ταῖς πολυηράτοις τι και-
　νὸν ὀλβίαις ᾿Αθάναις,　　　　　　　　　　　　10
5 εὐαίνετε Κηΐα μέριμνα.
Πρέπει σε φερτάταν ἴμεν
ὁδὸν παρὰ Καλλιόπας
　λαχοῖσαν ἔξοχον γέρας.
†Τιην† ῎Αργος ὅθ᾿ ἵππιον λιποῦ-　　　　　　　15
　σα φεῦγε χρυσέα βοῦς,
εὐρυσθενέος φραδαῖσι φερτάτου Διός,
10 ᾿Ινάχου ῥοδοδάκτυλος κόρα.

TEST. 8 Scholia in Pindari Olymp. 13, 27 d (t. 1, p. 363, 14-15
Drachmann) : τὸ δὲ ῎Αργος ἵππειον λέγουσιν οἱ ποιηταί...

Inscript. add. Α² in mg. ‖ 2 Πιερίδων Κ. : πειερ- Α ‖ λάχησι Blass :
-χησι Α ‖ 3 χόραι Erbse : και Α καλαὶ coni. Schadewaldt ‖ 4 καινὸν
Α : κλεινὸν Α³ ‖ 8 τιην Α : τί ἦν ualde suspectum ἦεν coni. Headlam
ἦν ποτ᾿ Κ. in notis alii alia ‖ ὅθ᾿ Α³ : οτ Α ‖ ἵππιον Α¹ ? : ιππειον Α et
sch. Pind.

Au temps où Argos, partout regardant de ses yeux infatigables, reçut de la très grande reine, Héra au voile d'or, l'ordre de surveiller, sans se coucher ni dormir, la taure aux belles cornes, où le fils de Maia non plus ne put lui échapper, ni pendant le bel éclat du jour, ni pendant la nuit sainte. Soit donc qu'il advînt ...
le messager aux pieds prompts de Zeus alors tua ...
de la Terre ... aux semences puissantes ...
Argos. Est-ce donc aussi ...
d'indicibles soucis ? ou les Piérides furent-elles cause ...
un répit des chagrins ...

Le plus sûr pour moi ...
quand fut arrivée aux bords fleuris du Nil ...
Iô, portant son enfant ...
Épaphos. C'est là qu'elle le ...
pour être le chef des hommes vêtus de lin ...
foisonnant de ... extraordinaire ...
et la plus grande ...

Ὅτ' Ἄργον ὄμμασι βλέπον-   Ant.

τα πάντοθεν ἀκαμάτοις   20

μεγιστοάνασσα κέλευ-

σε χρυσόπεπλος Ἥρα

ἄκοιτον ἄϋπνον ἐόν-

  τα καλλικέραν δάμαλιν

  φυλάσσεν, οὐδὲ Μαίας   25

υἱὸς δύνατ' οὔτε κατ' εὐ-

φεγγέας ἀμέρας λαθεῖν

46   νιν οὔτε νύκτας ἀγν[άς.

15 Εἴτ' οὖν γένετ' ε[‿‿‿‿‒‒

ποδαρκέ' ἄγγελο[ν Διὸς   30

κτανεῖν τότε [Γᾶς ‿‿‒

  ‿] ὀβριμοσπόρου λ[‿‒

Ἄργον· ἦ ῥα καὶ [‿‿‿‿‒

  ‿]ἄσπετοι μέριμν[αι·

ἢ Πιερίδες φύτευ[σαν ‒‒‿‿‒   35

20 καδέων ἀνάπαυσ[ιν ‒‿᷆

Ἐμοὶ μὲν οὖν   Ἐπ.

ἀσφαλέστατον ἁ προ[

ἐπεὶ παρ' ἀνθεμώ[δεα

Νεῖλον ἀφίκετ' ο[ἶστρο. . .   40

25 Ἰὼ φέρουσα παῖδ[α. . .

Ἔπαφον· ἔνθα νι[ν. . .

λινοστόλων πρύτ[ανιν. . .

ὑπερόχῳ βρύοντ[α. . .

μεγίσταν τε θνα[τ. . .   45

11 ὅτ' A : τότ' coni. K. in notis ‖ 12 κέλευσε Platt : -σεν A ‖
χρυσόπεπλος Ἥρα in mg. infer. add. A³ : om. A ‖ 14 alt. οὔτε A³ :
οὐδε A ‖ ἀγνάς suppl. Jebb, Sandys apud K. ‖ 16 Διὸς suppl. Jebb
apud K. ‖ 17 Γᾶς suppl. Jebb apud K. in notis ‖ ὀβριμοσπόρου A :
ομβρ- A³ ‖ 19 Πιερίδες K. : πειερ- A ‖ 26 ἔνθα νι[ν A³ : ενθενι[A.

d'où justement Cadmos l'Agénoride, dans Thèbes aux sept portes, engendra Sémélé, laquelle enfanta Dionysos qui fait lever les bacchantes, ...
et le maître des chœurs porteurs de couronnes.

30 ὅθεν καὶ ᾿Αγανορί[δας
   ἐν ἑπταπύλοισ[ι Θήβαις
   Κάδμος Σεμέλ[αν φύτευσεν,
   ἃ τὸν ὀρσιβάκχα[ν
   τίκτεν Διόνυσον [....   50
35 καὶ χορῶν στεφαν[αφόρων ἄνακτα.

30 ᾿Αγανορίδας suppl. Blass. et alii ‖ 31 Θήβαις suppl. Jebb apud
K. in notis ‖ 32 Κάδμος Α³ : καλος Α ‖ Σεμέλαν φύτευσεν suppl.
Jebb : σε — μελ[Α (spatium linea transuersa expletum) ‖ 34 τίκτεν
Jurenka : -τε Α ‖ 35 στεφαναφόρων ἄνακτα suppl. Wil.

DITHYRAMBE VI (c. 20)

NOTICE

Datation   Écrit pour les Lacédémoniens, ce dithy-
rambe date, selon nous, de la période de
l'exil de Bacchylide, c'est-à-dire de la maturité avancée du
poète [1], peut-être même de sa dernière période.

Nous n'avons là que le début d'un poème, qui se
présente du reste en mauvais état et n'appelle donc aucune
analyse. Nous remarquerons simplement que ce dithyram-
be commence comme un épithalame [2]. Il n'est pas possible
d'en déterminer avec précision le type métrique.

Le mythe,   Idas est un héros de Messénie, fils
ses sources,   du roi Apharès d'Aréné. Les Apharé-
sa géographie   tides, dès avant le Vᵉ siècle, étaient
annexés par les mythes de Sparte [3].
Cette annexion d'un héros messénien — sorte de complé-
ment ou d'enrichissement apporté à la conquête —
trouvait une manière de précédent dans la Xᵉ *Néméenne* [4],
où Pindare avait narré le combat des Dioscures et des deux
Apharétides, Idas et Lyncée, dans lequel ceux-ci furent

1. Voir l'*Introduction*, p. xv-xvi.
2. Visiblement imité par Théocrite dans son *Épithalame d'Hélène*.
Voir la Notice de Ph.-E. Legrand, p. 158 du t. I de son édition des
Bucoliques grecs (C.U.F.). Voir aussi l'éd. A. S. F. Gow, Cambridge,
1952, t. II, p. 348 sqq., notamment p. 349.
3. La scholie CE³BT à l'*Iliade* IX, 557, qui allègue le témoignage
de Simonide, l'oncle de Bacchylide, qualifie Idas de Lacédémonien.
4. On peut admettre que cette ode date de la jeunesse du poète, en
tenant compte d'une composition relativement peu élaborée.

tués. La présence des Dioscures [5] avalisait le caractère
lacédémonien des quatre combattants. Si Idas est Messé-
niens, Marpessa est la fille du roi Événos d'Étolie, et nous
pourrons entrevoir, dans le fr. 2 (20 A) des *Éloges* de
Bacchylide, l'histoire de cette jeune fille, séquestrée par un
père qui tuait tous ses prétendants, et finalement enlevée
par Idas. Nous avons donc, de ce côté-là, un mythe étolien,
qui constitue un véritable cycle épique, évoqué par Phénix
au chant IX de l'*Iliade*, épisode dont nous parlerons à
propos de l'*Épinicie* V à Hiéron [6]. Quant à l'intervention
de Poséidon dans le *Dithyrambe* VI, elle peut avoir été
suggérée à Bacchylide par la Ire *Olympique*, très vraisem-
blablement antérieure à son poème, selon notre hypothèse
de datation. Il ressort de ces remarques que le poète de
Kéos a été touché par le pathétique et la mélancolie de
toutes ces légendes et s'est plu à y revenir.

**Composition
métrique**

De ce dithyrambe gravement mutilé il
ne subsiste dans le papyrus de Londres
que le début des onze premiers *côla*,
huit pour la strophe initiale et les trois premiers de
l'antistrophe suivante. Mais ces restes sont suffisants pour
qu'on y reconnaisse un ensemble de type anapesto-
iambique.

5. Tous deux patrons de Sparte, comme fils, l'un de Zeus, l'autre
de Tyndare. Leur tombeau passait pour se trouver à Thérapnai (la Xe
Néméenne, v. 56, ne manque pas de le noter), tout près de
Lacédémone.
6. La fille d'Idas et de Marpessa devint l'épouse de Méléagre,
personnage dont le récit remplit l'essentiel de l'*Épinicie* V.

SCHÉMA MÉTRIQUE

‒ ‒ ◡ ◡ ‒ ◡ [◡ ‒ ‒
‒ ‒ ◡ ◡ ‒ [◡ ◡ ‒
‒ ‒ ◡ ◡ ‒ [◡ ‒ ‒
◡ ◡ ◡ ◡ ‒ ◡ ◡ [‒ ‒
5   ◡ ‒ ◡ ◡ ‒ [◡ ◡ ◡ ‒
‒ ‒ ◡ ◡ ‒ [
◡ ‒ ◡ ◡ ‒ [
◡ ‒ ◡ ◡ ‒ ‒ ‒ [‒

DITHYRAMBE VI

IDAS
POUR LES LACÉDÉMONIENS

Un jour, dans Sparte aux larges places, les blondes ... un semblable chant, lorsqu'Idas au cœur audacieux emmenait avec lui la vierge Marpessa aux belles joues ... fuyant ... de la mort ... Poséidon, le seigneur de la mer [1] ...

et pour lui des chevaux pareils au vent, vers Pleurôn bien bâtie, le fils d'Arès au bouclier d'or [2] ...

1. Idas enleva Marpessa grâce à l'aide de Poséidon.
2. Événos, fils et père de Marpessa, régnant à Pleurôn. Cette ville est nommée, avec Calydon et d'autres, dans *Il.*, II, 638 sqq., comme formant l'apanage de Thoas d'Étolie, petit-fils d'Événos et neveu de Méléagre.

S (c. 20)

ΙΔΑΣ
ΛΑΚΕΔΑΙΜΟΝΙΟΙΣ

Σπάρτᾳ ποτ' ἐν ε[ὐρυχόρῳ   Str.
ξανθαὶ Λακεδα[ιμονι. . .
τοιόνδε μέλος κ[. . .
ὅτ' ἄγετο καλλιπά[ρᾳον
5 κόραν θρασυκάρ[διος Ἴδας   5
Μάρπησσαν ἰοτ[. . .
φυγὼν θανάτου τ[. . .
ἀναξίαλος Ποσει[δὰν. . .

ἵππους τέ οἱ ἴσαν[έμους   Ant.
10 Πλευρῶν' ἐς ἐϋκτ[ιμέναν   10
χρυσάσπιδος υἱὸ[ν Ἄρηος
(desunt reliqua)

TEST. Scholia in Pindari Isthm. 4, 92 (t. 3, p. 236, 5-9 Drachmann) [ad hanc odam potiusquam ad encomium 2 referendum hoc scholium] : ἰδίως τὸν Ἀνταῖόν φησι (sc. Pindarus) τῶν ξένων τῶν ἡττωμένων τοῖς κρανίοις ἐρέφειν τὸν τοῦ Ποσειδῶνος ναόν · τοῦτο γὰρ ἱστοροῦσι Διομήδην τὸν Θρᾷκα ποιεῖν, Βακχυλίδης δὲ Εὔηνον ἐπὶ τῶν Μαρπέσσης μνηστήρων, οἱ δὲ Οἰνόμαον, ὡς Σοφοκλῆς.

Inscript. in mg. add. A² ‖ 1 εὐρυχόρῳ suppl. Rossbach apud Ludwich et alii ‖ 2 Λακεδαιμονι... suppl. plures (-δαιμον... K.) ‖ 4 καλλιπάρᾳον suppl. Platt et Blass (-πάρηον K. in notis) : -ίπαχυν K. ‖ 5 θρασυκάρδιος Ἴδας suppl. K. in notis ‖ 8 Ποσειδὰν suppl. Blass (-σιδᾶν K.) : ποσι[A² πασι[A ‖ 9 ἰσανέμους suppl. K. in notis ‖ 10 ἐϋκτιμέναν suppl. K. ‖ 11 υἱὸν Ἄρηος suppl. Reinach et alii.

FRAGMENTS DE DITHYRAMBES

1 (c. 22) et 2 (c. 23)

Le *P. Oxy.* 2368 contient les restes d'un commentaire des *Dithyrambes* de Bacchylide, probablement dû à Didyme dont on sait qu'il avait composé un commentaire des *Épinicies*. Le fragment conservé est relatif à la fin d'un poème et au début du suivant. Des lemmes de ce commentaire on peut extraire quelques lettres du premier dithyrambe glosées par la suite (fr. 1), et des morceaux plus importants du second (fr. 2), dont l'*incipit* mutilé. Des remarques faites sur le fr. 2, il ressort que le poème célébrait Cassandre et était probablement destiné à Athènes. Selon Aristarque, c'était un dithyrambe ; Callimaque, par erreur, l'avait classé dans les *Péans*, en raison du cri rituel ἰή, mais celui-ci se rencontre aussi dans les *Dithyrambes* (cf. *Dith.* III, v. 68 : παιάνιξαν) [1].

C'est à ce poème que Porphyrion fait allusion dans son commentaire de l'*Ode* I, 15 d'Horace :

> « Il imite Bacchylide dans cette ode, car, de même que celui-ci fait prédire par Cassandre l'issue de la guerre de Troie, il le fait faire par Protée [en réalité Nérée, cf. v. 5] ».

2 (c. 23)

Le chant de gloire ‹ami des hommes› de la sainte Athènes

... l'enclos

---

1. Le classement du fr. 2 a encore donné lieu ces dernières années à une discussion entre W. Luppe, partisan du Péan (*Zeitschr. für Papyrol. u. Epigr.*, t. 69, 1987, p. 9-12), et L. Kaeppel-R. Kannicht (*ibid.*, t. 73, 1988, p. 19-24), qui mettent en lumière les critères de classification adoptés respectivement par l'un et l'autre des deux érudits alexandrins.

ΕΚ ΤΩΝ ΔΙΘΥΡΑΜΒΩΝ

1 (c. 22)

] . θα συν[

Schol. in Bacchyl. dithyrambos (P. Oxy. 23, 2368 = pap. B), fr. 1,
5 (p. 128 Snell-Maehler).
1 finem odae esse censuit Snell.

2 (c. 23)

'Αθ[ανᾶν (.). . αν]δρον ἱερᾶν ἄωτο[ν]

]ειον τέμενος

Porphyrio ad Horatii carmina, 1, 15 (p. 23, 8-10 Holder) : *Hac ode
Bacchylidem imitatur; nam ut ille Cassandram facit uaticinari
futura belli Troiani, ita hic Proteum.* — Schol. in Bacchyl.
dithyrambos (pap. B), fr, 1, 7-40, passim (p. 128-129 Snell-Maehler).
1 initium odae, suppl. Lobel ‖ φίλανδρον prop. Snell εὔανδρον
Lobel.

... et l'écho retentit, que produit le souffle ‹aigu› des flûtes

...

... et lorsque...

... la grâce sied ...

...

... à la pointe effilée ...

... iê ! ...

3 (c. 24)

Les fragments 3 à 8 sont attestés dans un rouleau de papyrus dont les morceaux ont été rapprochés par Lobel (*P. Oxy.* 2364 + 661 + addendum à 2364 + *P. Ashm.* inv. 20). Le fragment 4 se retrouve aussi dans le *P. Berlin* 16139, qui avait d'abord été attribué à Pindare.

Le passage qui précède immédiatement le côlon 13 (ταῦτ' εἶπε) est un discours qui s'adresse à un personnage confronté au malheur : on lui rappelle qu'en présence des Moires « il n'est pas d'échappatoire ». Le texte est trop mutilé pour qu'on puisse identifier le personnage (on pourrait par exemple penser à Érechthée, roi d'Athènes, et au sacrifice volontaire de sa fille, célébré dans l'*Érechthée* d'Euripide ; voir aussi l'hypothèse de W. S. Barrett exposée ci-dessous à propos du fr. 7).

...

... qu'il saisisse le cœur ...

non, pour l'être humain que les droites Justicières, les Moires, debout près de ...

déclarent...,

il n'est aucune échappatoire, pas même si, avec des murs

]α δ' ἀχὼ κτυπεῖ

λι[γ..αι σὺν] αὐλῶν πνοᾷ

]ελικτον   5

ἐπεὶ δὲ [

χ]άρις πρέπει

] . ιονων νοο[

τανυ[άκης]

ἰή   10

4 λιγείᾳ prop. Lobel λιγυρᾷ Snell ‖ σὺν suppl. Lobel ‖ 9 τανυάκης
suppl. Lobel.

3 (c. 24)

. . . .

. . .]αρα[

. . . .]δαλον χα[

. . . .]μα φαινω[

. . .] . φρονος λ[

. . . .]ηι γυναι[   ]τεκνος   5

θυμὸν αἱρείτω[

οὐ γάρ τις ἀνθρώπ[ῳ, τὸν ἂν εὐθύ]δικοι

Μοῖραι παρὰ χρυσ[

στᾶσαι φατίξωσιν[

φύξις, οὐδ' εἰ χαλκέο[ις   10

τείχε]σιν μίμνη{ση}ι κε τάδε βρο[τὸς - -

P. Oxy. 23, 2364 (pap. C), fr. 2 : 1-19; P. Berlin inv. 16139 +
21209 (pap. D) : 5-17.

7 τὸν ἂν εὐθύδικοι suppl. Snell apud Lobel ‖ 9 φατίξωσιν C :
-ζωσιν D ‖ 10 οὐδ' εἰ χαλκ[C : ουδιχαλκε.[D (ου del. D¹) ‖ 11
τείχεσιν suppl. Lobel ‖ μίμνη Snell : μίμ[C]μνησηικε D ‖

de bronze, le mortel s'en souvient ...
l'opulence et la gloire...
Ce furent ses paroles ...
et il bondit ...
...

4 (c. 25)

La restitution proposée par B. Snell au côlon 6, « enclos d'Arté-
mis », évoque la chasse au sanglier de Calydon et oriente donc vers
Méléagre, ce qui s'accorderait bien avec le classement alphabétique
des *Dithyrambes*. L'expression du côlon 11, « hardi pourfendeur de
fauves », conviendrait mieux à Héraclès qu'à Méléagre : Héraclès,
« fils de Zeus » (côlon 19), tient assurément une place importante dans
le dithyrambe, d'autant que l' « Amphitryonide » du côlon 25 doit
être Iolaos ou Iphiclès. Au côlon 29, Clytios et Procaon seraient les
oncles de Méléagre [2]. L'association de Méléagre et Héraclès fait penser
à leur rencontre aux Enfers, mythe développé dans l'*Épinicie* V [3].

... armée levée par les dieux ...
... bigarrés ...
... péan ...
...
... ‹l'enclos d'Artémis› ...
...
... des blancs ...
... voix ...
... hardi pourfendeur de fauves
...
... au sombre bandeau bleu ...

2. Procaon n'est pas connu par ailleurs. Clytios figure deux fois
dans l'*Iliade* (III, 147 et XX, 238), comme fils de Laomédon, frère et
conseiller de Priam. On pourrait alors penser à la prise de la Troie de
Laomédon par Héraclès (cf. côlon 1 « armée levée par les dieux »),
avec une interprétation toute différente du poème. Une autre
orientation serait possible, si ce Clytios était l'un des fils d'Eurytos
tués par Héraclès au cours de la prise d'Oechalie.
3. Voir *infra*, p. 117-121.

ὄλβος τε καὶ δόξα[
ταῦτ' ε[ἶ]πε φιλαγλαο[
παντ[.]ς· ἄιξεν δ' ἀπ[
.[. . .]πινας ανο[15
σ[(.) . . .]ων δ'ἐκ δε[
(.) . . . .]. ποδ' επιδ[
. . . . .] . υσεν κ[
         ] . . . [

13 εἶπε suppl. Lobel ‖ 16]ων δ'· εκδ[C :]ντεκδε[D.

4 (c. 25)

θ]έορτον στρατόν[
]ποικίλων
]ον παιήονα
] . λωι·
] . ιᾶν   5
] . μιδος τεμ[
]
]
–]ἀπὸ λευκῶν
]ισα γᾶρυν   10
◡◡θ]αρσέα θηροδα[ΐκταν
]ξίμβροτος
]νθεϊ
]
κ]υανάμπυκα νυ[15

P. Ashmolean Mus. inv. 20 (pap. C).

1 θέορτον suppl. Lobel ‖ 6 'Αρτέμιδος τέμεν(ος) suppl. Snell ‖ 9 uersum omissum minoribus litteris add. C² ‖ 11 πολυθαρσέα suppl. Snell ‖ θηροδαΐκταν suppl. Lobel : θηρο̣δ̣ᾱ̣[C.

légères pour les habitants de la terre ...

...

le fils de Zeus

... soumis au joug ...

... les dieux

... subtile

... des hommes

l'Amphitryonide ...

...

... des remparts

... l'éther

Clytios et Procaon ...

...

... nourricier

...

ἐπι]χθονίοισι δὲ κουφαι

  ][[ε]]λέ

  ]

  ]Διὸς υἱὸν

  ]. ι δαμέ[ν]τα πολύλλισ[το   20

  ]. θεοις

  ]. πυκινὰν

  ]ρον ἀνδρῶν

  ]κρατὴς

'Α]μφιτρυωνιάδας   25

  ]

  ]νθ' ἀπὸ τειχέων

  ]γξεν αἰθήρ·

Κλ]ύ[τι]ον Προκάωνά τε θε[

 –]λέας   30

–◡].′

  ]

◡◡]υτ[ρ]οφος αινα.[

 –◡◡–◡◡]όφροι·

  ]   35

  ]

  ]

16 ἐπιχθονίοισι suppl. Lobel ‖ 29 Κλύτιον suppl. Lobel ‖ θείους
suppl. Snell.

5 (c. 28)

Fragments du papyrus C, où le patronymique Οἰαγρίδαν (côlon 8) ne peut désigner qu'Orphée, avec mention de la Muse (côlon 9), sa mère, et d'Apollon (côlon 11), son père. Avec le titre d'*Orphée*, le dithyrambe devait prendre place entre *Méléagre* (fr. 4) et *Pasiphaé* (fr. 6).

(b)

...
... la part d'honneur
... les arbres aussi ...
... et la houle sacrée
... le fils d'Oiagros
... les Muses ‹aux tresses aimables›
... le dompteur à l'arc,
Apollon qui œuvre à son gré.
Il rencontre les dieux ...
... derniers nés
... la source faite de miel
... persuader...
... le voile ...
se dirigeant tout droit ...

5 (c. 28)

(b)

```
                    ].[ ]λευ[
                    ]χαρ[
                    ].ἐπ' ἀη[
                    ]ον σοφ.[].
                    ;]ωσι γέρας ·                    5
(a)                 ]οι καὶ δένδρα κ[
]πον[               ]ον τ' [ε]ὐαγὲς οἶδ[μα
]κλε[               ]νετον Οἰαγρίδα[ν
]..[                ]ι Μούσας ἐρασιπ[λοκ...
                    ]ν ὁ τοξοδάμας                  10
                    ἐ]κάεργος Ἀπόλλ[ων·
                    ὁ] μὲν κυρεῖ θεῶν[
                    ] ὀψιγόνων
                    ]μελιτευχέα παγ[άν
                    ]αι πιθεῖν εοθε[                 15
                    ] καὶ ἐμ' ἀμ[β]ρ[ο...
                    ]ι κατασπειρ.[
                    ]τοριας
                    ]σι καλυμμα[
                    ἱ]θύσας φρ...[                   25
                    ]αιω κλ.[.].φ[
                    ]θεᾳ καὶ γ[.].[
```

Noua fragmenta papyri C (ed. in P. Oxy. 32, p. 160-162) : fr. 1 a et
b ; fragmenta minora 2 et 3 non attuli.

7 εὐαγὲς οἶδμα suppl. Lobel ‖ 9 ἐρασιπλοκάμου suppl. Lobel ‖ 11-12
ἑκάεργος Ἀπόλλων· ὁ suppl. Lobel.

6 (c. 26)

Une série de noms propres, de Pasiphaé (côlon 2) à Minos (côlon 12) en passant par Dédale (côlon 7), a permis à B. Snell de proposer le titre de *Pasiphaé*, en accord avec le classement alphabétique.

Pasiphaé, fille du Soleil, épouse de Minos, fut la mère d'Ariane et de Phèdre. Euripide a traité de son sort, une fois découverte son aventure avec le taureau, dans la tragédie des *Crétois*, où il la montre prononçant son propre plaidoyer.

Pour Dédale, Bacchylide suit la tradition attique qui faisait de lui, par son père Eupalamos — l'homme « aux mains habiles » — l'arrière-petit-fils de Cécrops; il s'ensuit que le dithyrambe a probablement été composé pour les Athéniens.

Dans le passage conservé, le poète rapporte l'aide demandée à Dédale par Pasiphaé, désireuse de s'unir au taureau, à l'insu de Minos. On connaît les suites de cette aventure, désastreuses pour l'architecte du labyrinthe et pour son fils Icare.

... Pasiphaé
... Cypris
le désir...
au fils d'Eupalamos

au plus habile des ouvriers,
à Dédale elle expliqua ...
sa maladie. Des serments...
... elle ordonna de fabriquer
... unir ... de taureau ...
à l'insu de son époux,
Minos, le vainqueur à l'arc,

le chef de l'armée de Cnossos.
Ayant appris ses intentions,
il devint la proie du souci ...
... de son épouse ...

6 (c. 26)

Str.
‒ ᴗ ‒ ᴗ ‒ ᴗ ‒
ᴗ ‒ ‒ ᴗ ‒ ‒
ᴗ ᴗ ‒ ᴗ ‒ [
ᴗ ‒ ‒ ᴗ ‒ [
‒ ‒ ᴗ ‒ ‒ [
‒ ‒ ᴗ ‒ ᴗ [
‒ ‒ ᴗ ‒ ᴗ ᴗ ‒ [

φρα.[(Ép.)
Πασι[φ]ά[α
εν Κύπ[ρις
πόθον [
Εὐπαλά[μοι'] υἱε[ῖ   5

τεκτόν[ω]ν σοφῷ[τάτῳ   Str.
φράσε Δαιδάλῳ ἁ.[
νόσον· ὅρκια πισ[τ
    τ]ε τεύχειν κέλευ[σε
μείξειε ταυρείῳ σ[10
κρύπτουσα σύννο[μον
Μίνωα [τ]οξοδάμαν[τα

Κνωσσίων στρατα[γέταν·   Ant.
ὁ δ' ἐπεὶ μάθε μῦθο[ν
σχέτο φροντίδι· δε[15
    ]ἀλόχου[

P. Oxy. 23, 2364 (pap. C), fr. 1.
2 Πασιφάα suppl. Lobel ‖ 3 Κύπρις suppl. Snell ‖ 4 πόθον C¹ :
νόθον C ‖ 5 Εὐπαλάμοι' υἱεῖ suppl. Snell : -μου υἱεῖ Lobel ‖ 6
σοφωτάτῳ suppl. Lobel ‖ 9 τε et κέλευσε suppl. Lobel ‖ 11 σύννομον
suppl. Lobel ‖ 12 τοξοδάμαντα suppl. Lobel ‖ 13 στραταγέταν suppl.
Lobel ‖ 14 μῦθον suppl. Lobel.

7 (c. 27)

Le titre de *Chiron* a été proposé pour ce dithyrambe en raison du nom Φιλλυρίδας au côlon 34 : le centaure Chiron était en effet fils de Cronos et de Phyllire, elle-même fille d'Océan. La suite (côla 36-38) comporte un discours prophétique où il est certainement question de l'avenir d'Achille, dont Chiron, le centaure inspiré, avait été l'éducateur. Ingénieusement, W. S. Barrett propose de faire rapporter ce discours par le père, Pélée, ou la mère, Thétis, d'Achille, ce qui lui permet de rattacher à ce dithyrambe le fr. 4, où il est question des Moires aux décisions desquelles nul ne peut échapper ; mais, selon Lobel, les fibres du papyrus ne permettent pas le raccord.

...

le fils de Phillyre aux nobles desseins lui disait souvent, touchant sa tête blonde : « Il rougira, dit-on, les tourbillons du Scamandre, tuant les Troyens amis des combats ...

7 (c. 27)

‒ ‿ ‿ ‒   ‒ ‒ ‿ ‿ ‒ ‿ ‿ ‒   34
‒ ‒ ‿ ‿ ‒ ‿ ‿ ‒
‒ ‿ ‿ ‒   ‒ ‿ ‿ ‒ ‒   ‒ ‿ ‒ ‒
‒ ‒ ‿ ‿ ‒ ‿ ‿ ‒   37

col. 1   ]ζομέ[ν
    ]ο̣ν
    ] . [ ]ρον φ[   ]αν ·
    ]ω
    ]ᾱον δῖα[   ]   5
    ]στε
    ]ων ἐφοϐ[   ]
    ]ητας ὀμ[   ]ς
    ]ν
    ]αν.φό . [   ]   10
        ]κα[   ]μαρ
        ]αρ.[   ]
        ]υσ[
        ] . εκ[
        ] [15

(desunt cola non minus 18)

col. 2 ξανθᾶς νιν εὔϐ[ο]υ̣λ[ο]ς̣ θαμ[ὰ Φ]ιλλυρί[δας
    ψαύω̣ν̣ κεφ[αλ]ᾶς ἐνέπει ·   35
    φατί νιν [δινᾶ]ντα φοινίξειν Σκά[μανδρον
    κτείνον[τα φιλ]οπτολέμους

P. Oxy. 23, 2364 (pap. C), fr. 3, col. 1 : 1-15 ; id., fr. 3 (b), col. 2 +
fr. 9 + fr. 4 + P. Oxy. 4, 661, fr. 2 (cf. P. Oxy. 20, p. 168) : 34-45.
34 εὔϐουλος suppl. Snell ‖ θαμὰ Φιλλυρίδας suppl. Lobel ‖ 35
κεφαλᾶς suppl. Lobel ‖ 36 δινᾶντα... Σκάμανδρον suppl. Lobel ‖ 37
κτείνοντα φιλοπτ. suppl. Lobel.

et à l'étrangère...

... et des Mysiens ...
cela ...
le cœur ...

aux amies ...

8 (c. 29)

Malgré la mention de Delphes au côlon 1 du fr. *c*, ces restes doivent appartenir à un dithyrambe, comme les autres odes de ce rouleau.

(*a*)

...

... tisse...

... infortuné...

(*b*)

...

(*c*)

A Pythô, à foison ...
... splendide
... aux hospitalières ...
...

Τρῶας · π.[. . . .].΄ . . . .΄ · ΄ι . . ạ[ ]ματ[
ξείνạ τε.[   ]   [
ἀλκίμουσ[   ]τ' ἐπ[40
Μυσῶν τ' ạ[   ]   [
ταῦτ' ἐνέπ[
καρδίαν π[

φίλα[ι]ς δεχ[
     δ' εὐφυλλ[45

39 ξείνạ τε C² : ξεῖναί τε C ‖ 44 paragraphus ante uersum add. C² ‖
45 paragraphus ante uersum C : del. C².

8 (c. 29)

(a)   ]αι θεότ[
       ]ωνετι.εα[
       ]υφαινεσο[   ]κụα[
       ].΄ [.]ρυβρον[τ   ].ει · κ[
         σχέ]τλιος ·[   ]ωνκ[5
                         ] . [

(b)   ][
      ] . [ ] . φε . . [
      ] . ι
      ]εκρον
      ]   5
      ]αρσει ·[

(c)   Π]υθοῖ βρύει[
      ]ἀγλαΐα
      ]ον ξενίαισ[
      ]νο[
      ] . τω[5

P. Oxy. 23, 2364 (pap. C), fr. 5 a et b : (a); fr. 8 : (b); fr. 12 : (c);
fragmenta minora 6, 7, 10, 11, 13 non attuli.
(a) 5 σχέτλιος suppl. Lobel.
(c) 1 Πυθοῖ suppl. Lobel :]υθοϊ C]υθοῖ C².

9 (fr. 7)

PHILOCTÈTE (?)

La 1re *Pythique* de Pindare, après une discrète allusion à la maladie dont était atteint Hiéron, évoque Philoctète souffrant à Lemnos et la visite des chefs grecs venus le chercher. La scholie à ces vers (52 sqq.) s'explique ainsi :

> « [Bacchylide aussi, dans ses *Dithyrambes*, est d'accord avec ce récit] : les Grecs firent venir Philoctète de Lemnos à la suite d'un oracle d'Hélénos ; sans l'arc et les flèches d'Héraclès, le Destin ne voulait pas qu'Ilion fût mise à sac ».

10 (fr. 8)

Servius, dans son commentaire de l'*Énéide*, commente en ces termes l'expression *uersis Arcades armis* (XI, 93) :

> « Dans les deuils, ils avaient coutume de tenir contre le sol non pas la hampe, mais la pointe de la lance. En effet nos Anciens, au cours des obsèques, portaient tout à l'envers, retournant même leurs boucliers à cause des divinités qui s'y trouvaient représentées, pour éviter que leurs images ne fussent souillées à la vue du cadavre. Ainsi les portèrent les Arcadiens, au dire de Bacchylide dans ses *Dithyrambes* ».

11 (fr. 9)

Commentant le fameux passage de l'*Énéide* où des serpents, venus de Ténédos, attaquent Laocoon et ses fils, Servius déclare :

> « Il est assuré que Bacchylide parle de Laocoon et de son épouse, ou des serpents qui venaient de l'île de Calydna et avaient été transformés en êtres humains »

D'après Quintus de Smyrne (*Posthom.*, XII, 452 sqq.), qui donne à Ténédos son ancien nom de Calydna, les serpents sortirent d'un antre peuplé de monstres descendant de Typhon. La fable 135 d'Hygin, *Laocoon*, donne brièvement le détail du mythe ; selon cette version, Laocoon, prêtre d'Apollon à Troie, aurait offensé le dieu en se mariant contre sa volonté, ce qui peut éclairer la mention de l'épouse faite par Bacchylide, d'après Servius. Rien ne précise la nature et le contenu de l'œuvre du poète de Kéos, que certains ont voulu rapprocher du *Laocoon* de Sophocle ; ce ne serait pas le seul point de

9 (fr. 7)

Οἱ Ἕλληνες ἐκ Λήμνου μετεστείλαντο τὸν Φιλοκτήτην Ἑλένου μαντευσαμένου· εἵμαρτο γὰρ ἄνευ τῶν Ἡρακλείων τόξων μὴ πορθηθῆναι τὴν Ἴλιον.

Schol. vet. in Pindari Pyth. 1, 100 (p. 18-19 Drachm.) : τῇ ἱστορίᾳ καὶ Βακχυλίδης συμφωνεῖ ἐν τοῖς διθυράμβοις, ὅτι οἱ Ἕλληνες — τὴν Ἴλιον.

10 (fr. 8)

Serv. in Verg. Aen. 11, 93 : *(Versis Arcades armis) Lugentum more mucronem hastae, non cuspidem contra terram tenentes, quoniam antiqui nostri omnia contraria in funere faciebant, scuta etiam inuertentes propter numina illic depicta, ne eorum simulacra cadaueris polluerentur aspectu, sicut habuisse Arcades Bacchylides in dithyrambis dicit.*

Servivs in Verg. Aenead. XI, 93 (t. 2, p. 488, 1-5 Thilo).

11 (fr. 9)

Serv. in Verg. Aen. 2, 201 : *Sane Bacchylides de Laocoonte et uxore eius uel de serpentibus a Calydnis insulis uenientibus atque in homines conuersis dicit.*

Id., ibid. II, 201 (t. 1, p. 253-254 Thilo).

contact entre les poèmes de Bacchylide et des affabulations sopho-
cléennes [1].

12 (fr. 10)

Les scholies A à l'*Iliade* racontent en XII 307 l'histoire des amours
de Zeus et d'Europe, d'après Hésiode et Bacchylide :

> « Zeus, contemplant Europe, la fille de Phoinix, en train de
> cueillir des fleurs dans une prairie en compagnie des Nymphes,
> fut pris d'amour. Il descendit et se changea en un taureau qui
> soufflait de sa bouche un parfum de safran. Trompant ainsi
> Europe, il l'enleva et la transporta en Crète, où il s'unit à elle. A
> la suite de quoi, il la maria au roi de Crète, Astérion. Devenue
> enceinte, elle mit au monde trois fils, Minos, Sarpédon et
> Rhadamanthe. Le récit se trouve chez Hésiode (fr. 140 Merkel-
> bach-West) et chez Bacchylide [2]».

1. Le fameux groupe de marbre, qui paraît avoir inspiré Virgile,
est l'œuvre d'un sculpteur hellénistique; il est donc exclu que
Bacchylide et Sophocle aient pu le connaître.
2. Certains détails sont repris dans l'*Europè* de Moschos, sans
qu'on sache s'il faut les attribuer à une imitation de l'un ou l'autre
poète.

12 (fr. 10)

Schol. Iliad. M 307 : Εὐρώπην τὴν Φοίνικος Ζεὺς θεασάμενος ἔν τινι λειμῶνι μετὰ Νυμφῶν ἄνθη ἀναλέγουσαν ἠράσθη, καὶ κατελθὼν ἤλλαξεν ἑαυτὸν εἰς ταῦρον καὶ ἀπὸ τοῦ στόματος κρόκον ἔπνει. Οὕτω δὲ τὴν Εὐρώπην ἀπατήσας ἐβάστασε καὶ διαπορθμεύσας εἰς Κρήτην ἐμίγη αὐτῇ· εἶθ' οὕτω συνῴκισεν αὐτὴν 'Αστερίωνι τῷ Κρητῶν βασιλεῖ· γενομένη δὲ ἔγκυος ἐκείνη τρεῖς παῖδας ἐγέννησε, Μίνωα, Σαρπηδόνα καὶ 'Ραδάμανθυν. Ἡ ἱστορία παρὰ Ἡσιόδῳ καὶ Βακχυλίδη.

Schol. A in Iliad. M 307 (t. 3, p. 362 Erbse) ; uide supra, dithyr. III, ad 13-15.

ÉPINICIES

NOTICE GÉNÉRALE

Parmi les variétés d'odes relevant de la lyrique chorale, les épinicies, chants célébrant la victoire d'un athlète aux Jeux panhelléniques ou, à l'occasion, à des épreuves locales, ont une place privilégiée. En effet la tradition byzantine nous a transmis les quatre livres des *Épinicies* de Pindare (*Olympiques, Pythiques, Isthmiques, Néméennes*) alors que tout le reste d'une production qui fut très abondante à la fin du VIe siècle et dans la première moitié du Ve, y compris les treize autres livres de Pindare, n'était connu que par des fragments peu nombreux et souvent fort modestes. Avec la publication du papyrus de Londres, qui contient les *Épinicies* et les *Dithyrambes* de Bacchylide, notre connaissance de la lyrique chorale s'est élargie et d'utiles confrontations ont été rendues possibles.

Si la 1re Olympiade remonte à l'an 776, c'est seulement dans la première moitié du VIe siècle que d'autres jeux ont fait leur apparition, toujours auprès d'un sanctuaire et à l'occasion de fêtes religieuses : à Delphes en 588, à l'Isthme en 582, à Némée en 573. Ce développement, qui manifeste le succès obtenu par de telles rencontres, va de pair avec l'importance croissante accordée aux victoires remportées dans ces épreuves. La gloire du vainqueur rejaillit sur la cité entière qui tient à en assurer le souvenir ; c'est ainsi qu'à Kéos, patrie de Bacchylide, on a pu retrouver, gravée dans le temple d'Apollon, à Ioulis, une liste de vainqueurs kéens aux Jeux Isthmiques et aux Jeux Néméens, qui a été signalée dans notre *Introduction* [1] et sera mise à profit dans les *Notices* de plusieurs épinicies. Mais la gloire du vainqueur exige aussi une célébration

1. *Introduction*, p. xv note 19.

immédiate pour laquelle on fait appel à un poète qui composera le texte et la mélodie d'une cantate accompagnée de danses et en organisera la représentation. Le premier à s'être imposé dans ce genre de production et à lui avoir donné sa forme, est Simonide de Kéos, l'oncle de Bacchylide : c'est ainsi qu'en 520, il composa une épinicie pour Glaucos de Carystos, un garçon qui venait de remporter à Olympie l'épreuve du pugilat et eut ensuite, comme homme fait, une carrière glorieuse. Les épinicies de Simonide étaient si nombreuses que les éditeurs alexandrins durent les classer d'après l'épreuve des jeux à laquelle elles se rapportaient, remplissant ainsi au moins sept livres. La production de Bacchylide, beaucoup plus modeste, tenait en un seul livre.

La célébration poétique de l'athlète vainqueur se faisait souvent en deux temps : dans le sanctuaire même, dès la proclamation des résultats, avec une ode improvisée et donc brève ; puis dans sa patrie, avec plus de pompe. Dans les *Épinicies* de Bacchylide, la deuxième, très courte, annonce sur place, dans l'Isthme, la victoire du jeune pugiliste Argeios de Kéos, qui sera célébrée un peu plus tard dans son île, avec beaucoup plus d'ampleur et d'éclat, par l'*Épinicie* I. Il en est de même pour les *Épinicies* VI et VII, brèves l'une et l'autre, composées en l'honneur d'un autre garçon de Kéos, Lachon, vainqueur à la course du stade. C'est aussi au genre de l'improvisation qu'appartient l'*Épinicie* IV qui célèbre la victoire pythique d'Hiéron de Syracuse remportée en 470 ; mais cette fois c'est à Pindare qu'a été commandée l'ode majeure, la 1re *Pythique*.

Sur les éléments mis en œuvre dans les épinicies, sur leur assemblage et sur l'unité de l'ode, les études ont été nombreuses au cours des dernières décennies [2]. La plupart

---

2. Une excellente revue critique des travaux parus dans le dernier quart de siècle et centrée nécessairement sur Pindare a été faite par F. Jouan sous le titre *Lecture actuelle des* Épinicies *de Pindare* (dans *L'information littéraire*, t. 36, 1, 1984, p. 28-34). Il suffira de mentionner ici l'essai de synthèse portant sur les quatre livres des *Épinicies* qu'E. Thummer donne aux p. 19-158 du premier volume (Heidelberg, 1968) de son édition commentée des *Isthmiques*, le livre

portent sur les odes de Pindare, mais une partie de leurs observations peut être étendue à celles de Bacchylide. La victoire, toujours spécifiée, l'éloge du vainqueur à qui sont associées sa famille et sa patrie, un mythe plus ou moins développé et en relation plus ou moins étroite avec l'un des éléments précédents, des souhaits pour l'avenir, telle est la matière avec laquelle travaille le poète et au milieu de laquelle il lui arrive de se manifester personnellement pour vanter son art. Les *Notices* fourniront à cet égard les indications et précisions nécessaires.

J. I.

d'A. Köhnken sur le mythe chez Pindare (*Die Funktion des Mythos bei Pindar*, Berlin, 1971) et les essais de codification de C. O. Pavese (*Gli Epinici di Bacchilide*, dans *Atti del Istituto Veneto*, t. 132, 1974, p. 299-328, et du même *La lirica corale greca*, Roma, 1979) et de R. Hamilton (*Epinikion*. General Form in the Odes of Pindar, The Hague-Paris, 1974, avec un chapitre « Comparison with Bacchylides », p. 79-84). On pourra aussi consulter certains des ouvrages cités dans la Note bibliographique qui suit l'*Introduction*, notamment ceux de H. Maehler, M. Lefkowitz, A. P. Burnett et F. García Romero.

ÉPINICIE I

NOTICE

Circonstances Les *Épinicies* I et II concernent un
même événement des Jeux Isthmiques :
la victoire au pugilat, ou au pancrace, d'un enfant, le jeune
Argeios de Kéos. Il était le fils du médecin Panthéidès [1],
en rapports d'amitié, semble-t-il, avec le poète. Bacchylide
écrivit d'abord l'*Épinicie* II, très courte, lors de la
proclamation, ensuite la grande *Épinicie* I qui fut exécutée
plus tard à Kéos. On lit dans celle-ci que Panthéidès était
mort, laissant « cinq enfants dont on dit force éloges ».
Comme l'*Épinicie* II ne laisse supposer rien de tel, qu'au
contraire elle évoque la Muse appelant « le doux bruit des
flûtes, honorant de chants de victoire le fils chéri de
Panthéidès », il faut comprendre que le jeune Argeios
perdit son père entre le moment de sa victoire et celui de
la célébration solennelle, un certain temps ayant pu
d'ailleurs s'écouler entre les deux.

Datation L'inscription d'Ioulis [2] cite deux fois le
nom d'Argeios comme vainqueur aux Jeux
Isthmiques dans la catégorie des enfants (c'est la victoire
célébrée par les *Épinicies* I et II) et comme vainqueur aux
Jeux Néméens dans la catégorie des jeunes gens imberbes.
Dans cette partie finale de la liste, son nom est suivi
immédiatement de celui de Lachon, vainqueur dans la
catégorie des enfants à Némée. La victoire olympique du

1. Voir l'*Introduction*, p. xxi note 34.
2. *Ibid.*, p. xv note 19.

même athlète, dans la même catégorie, célébrée dans les *Épinicies* VI et VII, a été remportée en 452. Il s'ensuit que la victoire d'Argeios à l'Isthme doit se situer, à cause de son âge et en raison de la fréquence des divers Jeux et de leur alternance, dans une année paire entre 460 et 452, limites extrêmes. Nous avons montré plus haut[3] pourquoi l'*Épinicie* I nous paraît antérieure au *Péan* IV de Pindare, lui aussi non daté.

Essai d'analyse et de reconstitution L'*Épinicie* I est un long poème de huit triades, l'ensemble — à l'exception des deux dernières triades — étant fort mutilé. La 1re triade comporte des invocations aux déesses de l'inspiration, les Piérides, suivies de la louange de Poséidon, le dieu de l'Isthme où Argeios a remporté la victoire. La 2e triade ne présente plus que des débris. Mais la 3e et la 4e introduisent chacune un personnage de jeune fille, des princesses apparemment, filles du roi impie dont nous aurons à parler. La première, Lysagora (?), à son réveil ou peut-être sous l'effet d'un songe, souhaite qu'elles puissent un jour fuir de leur cité « vers les demeures, sur les bords de la mer », évoquant ainsi la future Koressia[4] dont le nom, croyait-on, signifiait « la cité des jeunes filles ». Puis voici Makélô faisant, malgré son extrême pauvreté, les honneurs de leur demeure à des personnages non désignés dans les parties subsistantes, mais qui sont évidemment des dieux sous l'apparence de voyageurs demandant l'hospitalité. L'épode de la 4e triade manque, ainsi que la strophe et l'antistrophe de la 5e. La fin du poème (l'épode de la 5[e]

3. *Ibid.*, p. xxi et note 37.
4. Sur laquelle les fouilles américaines ont apporté des renseignements importants, qu'il s'agisse des relations entre la Crète et Kéos au milieu du IIe millénaire ou de la destruction, par un tremblement de terre, d'un grand temple de l'âge du bronze. Voir notamment J. L. Caskey, *Excavations in Keos*, dans *Hesperia* 33, 1964, p. 314-335; J. L. Caskey et M. Eliot, *Excavations at Ayia Irini in Keos*, dans *Amer. Journal of Archaeol.* 74, 1970, p. 190-191; J. L. Caskey, *Investigations in Keos, II*, dans *Hesperia* 41, 1972, p. 357-406.

triade, la triade 6, et surtout les triades 7 et 8, toutes deux
complètes) raconte la venue triomphale de Minos, ses
amours avec Dexithéa et la naissance d'Euxantios, promis,
ainsi que ses descendants, dont Argeios, à de très hautes
destinées. Le poème s'achève sur l'éloge de l'ἀρετά,
apanage évident du vainqueur, dont la récompense est la
gloire.

On est loin de voir clairement dans le détail chacun des
épisodes, mais on saisit quelques points essentiels[5]. Le
thème des jeunes filles donnant l'hospitalité à des divinités
est classique. Elles sont ici au nombre de trois, Lysago-
ra (?), Makélô et Dexithéa. La seconde est connue par un
vers de l'*Ibis* d'Ovide (475 : *Ut Macelo rapidis icta est
cum coniuge flammis*) et par une scholie à ce vers[6] qui se
réfère au poète Nicandre (fr. 116 Schneider) et résume
l'histoire du roi des Telchines, Damon, qui régna sur Kéos
après que les Telchines rhodiens, craignant certains signes
avant-coureurs du Déluge, se furent dispersés en différents
pays. Le roi fut puni de son impiété par Poséidon ; ses
filles furent épargnées. Strabon nous enseigne[7] que les
Telchines, primitivement venus de Crète, où ils avaient
assisté Rhéa pour l'éducation de Zeus, avaient occupé
Rhodes (alors connue sous le nom de Telchinis) où ils
s'étaient signalés par leurs méfaits, arrosant notamment les
terres avec l'eau du Styx pour les rendre infertiles ; d'où le
châtiment de ces malfaisants magiciens, que l'on représen-
tait comme des êtres mi-partis, terrestres et marins.

D'un autre côté, Nonnos[8] nous apprend que Makelô
donna l'hospitalité à Zeus et à Apollon ; quelques vers plus
loin, il décrit le cataclysme — tremblement de terre et raz
de marée conjugués, semble-t-il — qui manifeste la colère
des dieux, situant l'événement chez les Φλέγυες, alors que

5. Voir notamment Jebb (p. 435-449) et Maehler (I 2, p. 4-8).
6. Nous avons deux scholies au vers d'Ovide (éd. R. Ellis, Oxford,
1881, p. 81 et 83). L'une d'elles précise que la jeune femme fut tuée
avec son époux impie.
7. Strabon, XIV, 2 (654 C.) et X, 3, 19 (472 C.).
8. *Dionysiaques*, XVIII, 35-38 et la Notice de J. Gerbeau à ce
chant (C.U.F., t. VII, p. 10-13).

les autres auteurs nous orientent vers les Telchines de
Rhodes.

Enfin Callimaque, dans le 3ᵉ livre des Αἴτια (fr. 75,
Pfeiffer, v. 54 sqq.), raconte que Makélô et sa fille Dexi-
théa échappèrent au châtiment qui frappa les Telchines :
un cataclysme déclanché par la foudre de Zeus ; sa source,
qu'indique le poète, était Xénomède de Kéos, auteur d'une
chronique de cette île, composée vers le milieu du
Vᵉ siècle.

Pindare, nous l'avons dit [9], a pris pour mythe dans le
Péan IV l'histoire d'Euxantios. Il rapporte les paroles du
jeune prince refusant de dédaigner le don qu'il a jadis reçu
des dieux, le don de sa patrie. « Je tremble, s'écrie
Euxantios, devant un combat mené par Zeus, devant
l'Ébranleur aux sourds gondements ». Et de raconter
comment Zeus et Poséidon ont jadis précipité son pays
dans les profondeurs du Tartare. En faisant disparaître
l'île, les deux dieux ont épargné Dexithéa et sa demeure,
c'est-à-dire ce petit reste de terre qui est devenu Kéos. De
la jeune fille est issue la nouvelle race de l'île, cette chaîne
dont son fils Euxantios fut le premier maillon. L'histoire
d'Euxantios ne semble vraiment pas être connue ailleurs
qu'à Kéos. La vraisemblance veut que Bacchylide en
connut le déroulement, abondamment renseigné, comme
indigène et comme poète de mémoire orale, et que
Pindare, plus tard, lut et médita les épinicies à Argeios
avant de composer le *Péan* IV.

Composition métrique La première ode du livre des *Épini-
cies* est composée d'éléments dactylo-tro-
chaïques (rythme descendant) et anapesto-
iambiques (rythme ascendant). Comme la plupart des
œuvres de Bacchylide appartiennent à ce genre, une
analyse détaillée de celle-ci permettra au lecteur de mieux
comprendre les principes de composition adoptés par le
poète et le mode de description utilisé pour en rendre
compte.

9. Voir l'*Introduction*, p. XXI.

Le vers initial de la strophe commence par un anapeste
— élément inhabituel, justifié ici par sa place en tête de la
strophe — suivi d'une tripodie anapestique (dite aussi
prosodiaque) et d'un mètre iambique qui confirment le
rythme ascendant du vers. Un renversement de ce rythme
est produit par les v. 2 et 3, qui sont de type dactylo-
trochaïque : une tripodie dactylique (hémiépès féminin)
est redoublée dans le v. 2, associée à deux mètres
trochaïques (le dernier catalectique, c'est-à-dire amputé de
sa syllabe finale) dans le v. 3. Le v. 4, fait de quatre mètres
iambiques, revient au rythme ascendant du vers initial,
avec un accident, la disparition de la syllabe initiale du
mètre, dans son troisième élément. Le décompte des temps
marqués, fait à raison d'un par « pied », donne le résultat
suivant :

> v. 1 : 6 (1 + 3 + 2);
> v. 2 : 6 (3 + 3);
> v. 3 : 7 (3 + 2 + 2);
> v. 4 : 8 (2 + 2 + 2 + 2).

Le total est donc de 27.

A la différence de la strophe, l'épode ne présente pas de
renversement rythmique : elle est faite uniquement
d'éléments dactylo-trochaïques, de rythme descendant. Le
v. 1 est identique au v. 2 de la strophe. Dans le v. 2, les
deux éléments dactyliques, des tripodies, sont précédés
d'un mètre trochaïque et suivis de deux mètres trochaï-
ques. Le v. 3 répète la seconde partie du vers précédent, à
partir de la deuxième tripodie dactylique, et y ajoute un
troisième mètre trochaïque. Le nombre des temps marqués
est de :

> v. 1 : 6 (3 + 3);
> v. 2 : 12 (2 + 3 + 3 + 2 + 2);
> v. 3 : 9 (3 + 2 + 2 + 2).

Le total des temps marqués, 27, est égal à celui de la
strophe, avec une répartition qui fait correspondre le vers
central de l'épode (12) aux deux premiers vers de la
strophe (6 + 6, soit 12), les vers extrêmes de l'épode (6 +
9, soit 15) aux deux derniers de la strophe (7 + 8, soit 15).

SCHÉMA MÉTRIQUE

Strophe : ⏑⏑– ⏓–⏑⏑–|⏑⏑– ––⏑–[1]
             –⏑⏑–⏑⏑––
             –⏑⏑–⏑⏑––
             –⏑⏑–⏑⏑––
             –⏑–⏓ –⏑–   5
         4 ––⏑– ––⏑–
             –⏑– ––⏑–

Épode :   –⏑⏑–⏑⏑––
             –⏑⏑–⏑⏑––
            –⏑–– –⏑⏑–⏑⏑––
             –⏑⏑–⏑⏑––
             –⏑–– –⏑––   5
         3 –⏑⏑–⏑⏑––
             –⏑–– –⏑–– –⏑––

1. En raison de la longueur de ce vers, il a fallu le disposer sur deux lignes dans l'édition, sans pouvoir fixer la séparation entre deux éléments métriques, comme on l'a fait ailleurs. La tripodie anapestique centrale se trouve donc divisée en deux parties comme dans la colométrie du papyrus qui vise à assurer aux lignes une longueur à peu près égale.

ÉPINICIE I

I

Vierges à la lyre fameuse, nées de Zeus qui règne sur les
hauteurs, Piérides, ...
‹et tissez des hymnes›, afin que ...
du sol de l'Isthme ...
le gendre de Nérée [1] ... aux nobles desseins,

---

1. Poséidon, époux d'Amphitrite, qui était une Néréide.

ΒΑΚΧΥΛΙΔΟΥ ΕΠΙΝΙΚΟΙ

Α (c. 1)

⟨ΑΡΓΕΙΩΙ ΚΕΙΩΙ
ΠΑΙΔΙ ΠΥΚΤΗΙ ΙΣΘΜΙΑ⟩

⌊Κλ]υτοφόρμιγγες Δ[ιὸς ὑ-]   Str. 1
ψιμέδοντος πα[ρθέ]νοι,⌋
– ‿ ‿ Πι]ερίδες [–
–]ενυφαι[‿ ‿ – –
– ‿ ‿]ους, ἵνα κ[– –   5
– ‿]γαίας Ἰσθμί[ας
– – ‿]ν, εὐβούλου γ[‿ –
– ‿ γαμ]βρὸν Νηρέ[ος

TEST. 1 Scholia in Callimachi Aetia, fr. 2 a (t. 2, p. 103 Pfeiffer) :
[παρθένο]ς · θυγάτηρ ὡς [ ] Βακχυλίδης · [κλ]υτοφόρμιγγες
Δ[ιὸς ὑ]ψιμέδοντος πα[ρθέ]νοι. — 4 DIDYMVS (p. 300 Schmidt) apud
Herennium Philonem (Eustathius, Odyss. 1954, 5 ; Ammonius, de
adfinium uocabulorum differentia, § 333 Nickau) : Νηρεΐδες Νηρέως
θυγατέρων διαφέρει. Δίδυμος ὁμοίως ἐν ὑπομνήματι Βακχυλίδου
Ἐπινίκων · φησὶ γὰρ κατὰ λέξιν · « εἰσὶ τοίνυν οἵ φασι διαφέρειν τὰς
Νηρεΐδας τῶν Νηρέως θυγατέρων, καὶ τὰς μὲν ἐκ Δωρίδος γνησίας
αὐτοῦ θυγατέρας νομίζεσθαι, τὰς δὲ ἐξ ἄλλων ἤδη κοινότερον
Νηρεΐδας καλεῖσθαι.

Inscript. suppl. Blass ‖ 1 Κλυτοφόρμιγγες — παρθένοι e schol. in
Callimachi Aetia suppl. Lobel et hic colloc. Maas ‖ 2-53 e multis
papyri fragmentis rest. Blass, sed omnia ualde dubia uel incerta ‖ 2
Πιερίδες suppl. Blass ‖ 4 γαμβρὸν Νηρέος suppl. Blass.

... et de l'île..., où ...
ô portes, bâties par les dieux, de l'île opulente de Pélops [2] ...

... les chevaux aux chars ; et ils volaient ...
...
... autres ...

II

...

...

...

2. Les portes de l'île de Pélops : périphrase qui désigne Corinthe.

ΕΠΙΝΙΚΩΝ Α   85

5 ⌣⌣–] νάσοιό τ' ἐϋ-   Ant. 1
  ⌣ ⌣]αν, ἔνθ[–⌣–   10
–⌣⌣–⌣⌣––

–⌣⌣–⌣⌣––

⌊ὦ Πέλοπος λιπαρᾶς
νάσου θεόδματοι πύλαι⌋   14
(desunt cola duo antistrophae)

(desunt cola duo epodi)   Ep. 1
10 –⌣––––⌣ ὑφ' ἅρ]μασιν ἵππους·
   οἱ δὲ π]έτοντο.[⌣––   20
   –⌣––]εσσιν ἀν[–
   –⌣⌣–⌣]τον αὐτ[–
   –⌣–]ἄλλαισιν [–––⌣––

⌣⌣–––]ν̣ δ' ετε[–   Str. 2
⌣⌣–]γονώτ[⌣–   25
    ]πλ[
(desunt cola quinque strophae)

(desunt cola tria antistrophae)   Ant. 2
col. 2⟩ –⌣⌣–⌣⌣–]τᾳ   35
18 –⌣⌣–⌣⌣––
   –⌣––]εμεν, ὅταν
   ––⌣––]τει συνευ-
   –⌣–––⌣]ας   39

(desunt cola sex epodi)   Ep. 2
   –⌣–––]εοσ[––⌣––

TEST. 7 Scholia uet. in Pindari Olymp. 13, 4 (t. 1, 358, 1-3
Drachmann) : πρόθυρον καὶ θύρας εἰώθασι καλεῖν τὸν Κόρινθον διὰ τὸ
ἀρχὴν ἢ τέλος εἶναι τῆς Πελοποννήσου. Βακχυλίδης· ὦ — πύλαι.

7 ὦ — πύλαι e schol. Pindari hic inseruit Blass ‖ 10 ὑφ' ἅρμασιν
suppl. Blass ‖ οἱ δὲ suppl. K.

III

... les jeunes filles ...
‹Lysagora› ... du sommeil, miel de l'âme,
... : « ‹Puissions-nous fuir› ... notre antique cité ...
vers les demeures, sur les bords de la mer,

sous les rayons du soleil ...

...

IV

... ‹à Lysagora› ...
et Makélô, ... l'amie de la quenouille, ...
et jusqu'au lit du fleuve au beau cours ...
et leur dit d'une voix caressante :

   « Je suis privée ...
par le double tranchant du malheur ...

∪∪–––]ν πυκ[ιν–   Str. 3
  ∪∪––]γοὶ κόρ[αι
–∪∪–]αγορα [–
  –]ο μελίφρονος ὕπ[νου   50
25 –∪∪ ἀμετ]έραν [–
  –∪ ἀρ]χαίαν πόλιν
––∪––]γοιμεν οἴ-
  κους ἐπ'] ἀνδήροις ἁλὸς

ὑπό τ' α]ὐγαῖς ἀελίου   Ant. 3
              ]ιδ[56
(desunt cola sex antistrophae)

(deest epodus tertia)   Ep. 3

3› ∪∪–⁓–]ελεων   Str. 4
            ]των   71
35 –∪∪–]σαγόρᾳ [–
  – Μα]κελὼ δὲ τ[∪––
––∪ φιλ]αλάκατος, [–
  –] δ' ἐπ' εὐναῇ [πόρον   75
––]α· προσφώνε∟ι˩ τέ ν∟ιν
  –∪–] σαίνουσ' ὀπί·

∪∪–– μ]ὲν στέρομαι   Ant. 4
  ∪∪ ἀμ]φάκει δύᾳ

TEST. 37 APOLLONIVS DYSC., de pronominibus 368 A (p. 84
Schneider) : ἔτι καὶ ἡ « νιν » τάσσεται ἐπὶ πλήθους ... προσφωνεῖτέ νιν
ἐπινίκοις (ἐπὶ νίκαις cod.) Βακχυλίδης.

24 ὕπνου suppl. Blass ‖ 25 ἀμετέραν et ἀρχαίαν suppl. Blass ‖ 26
οἴκους ἐπ' suppl. Blass ‖ 27 ὑπό τ' suppl. Blass ‖ 34 fragm. 16 a hic
collocaui suad. Führer ‖ 35 Μακελὼ suppl. K. :]κὲλωι A]κὲλω A¹ ‖
36 φιλαλάκατος et πόρον suppl. Blass ‖ 37 προσφώνει τέ νιν ex
Apollon. de pronom. suppl. K. ‖ 38 μ]ὲν στέρομαι A¹? :]εντερ- A ‖
ἀμφάκει suppl. Blass.

par la pauvreté ... entièrement ...

...

V

...

...

... le troisième jour...,
vint le guerrier Minos, avec cinquante nefs aux poupes
luisantes, accompagné d'une troupe de Crétois.

VI

Par la volonté de Zeus Glorieux, il soumit à son joug
Dexithéa, la jeune fille à la ceinture profonde. Il lui laissa
la moitié de ses gens, des hommes amis d'Arès, à qui il
distribua les raides pentes du pays. Puis, reprenant la mer,
il partit pour l'aimable cité de Cnossos,

```
–◡◡– π]ενίᾳ [–                                         80
    –◡◡–].' γετ[.] πάμπα[ν
40 –◡◡–◡◡]ᾳς [–
    –◡–––]ομοι                                         83
```

(desunt cola duo antistrophae)

(desunt epodus quarta, quinta stropha et quattuor cola
antistrophae quintae)

```
4> 51 τοῖον[ ◡–◡◡––                                    105
      καλ[ ◡–≍–◡–
```

(desunt cola duo antistrophae)

(desunt cola duo epodi)   Ep. 5
```
54 –◡]αφθε[–◡◡–◡◡––                                   111
    –]ς· τριτάτᾳ μετ[◡––
    ἁμ]έρᾳ Μίνως ἀρ[ῇ]ος
    ἦλ]υθεν αἰολοπρύμνοις
    ναυσὶ πεντήκοντα σὺν Κρητῶν ὁμίλῳ·                 115
```

```
    Διὸς Εὐκλείου δὲ ἕκα-                             Str. 6
    τι βαθύζωνον κόραν
    Δεξιθέαν δάμασεν· [κα]ί
    οἱ λίπεν ἥμισυ λ[α]ῶν,
    ἄ]νδρας ἀρηϊφίλους, [το]ῖ-                          120
    σιν πολύκρημνον χθόνα
    νείμας ἀποπλέων ᾤ[χε]τ' ἐς
    Κνωσὸν ἱμερτὰν [πό]λιν
```

51 fragm. 16 b hic collocaui suad. Führer ‖ 54 τριτάτᾳ A¹ ? : -τατα
A ‖ ἀρῆος suppl. Blass ‖ 57 Δεξιθέαν δάμασεν A¹ ? : -θεαδιδαμ- A ‖ 59
ᾤχετ' suppl. K. ‖ Κνωσὸν Blass : κνωσσον A.

le roi fils d'Europe. Le dixième mois, la jeune femme aux belles tresses, sur l'île auréolée de gloire, enfanta Euxantios ... un chef...

... ses filles ...

VII

... la cité plongée dans la lumière. Il eut de lui son origine, Argeios au bras fort, avec un cœur de lion, quand ... du combat, les pieds légers ... des exploits ancestraux.

Autant de dons fit à Panthéidès l'illustre archer Apollon, dans l'art de guérir et dans celui d'honorer aimablement les hôtes. Il eut la faveur des Charites, beaucoup l'admirèrent parmi les mortels, et il se sépara de la vie en laissant cinq enfants dont on dit force éloges.

60 β]ασιλεὺς Εὐρωπιά[δας] ·   Ant. 6
   δεκάτῳ δ' Εὐξ[άντι]ον   125
   μηνὶ τέ]κ' εὐπλόκ[αμος νύμ-
   φα φερ]εκυδέϊ [νάσῳ
   - ᴗ ᴗ -] πρύτα[νιν -
   - ᴗ -κ]εδν[- ᴗ -
   (desunt cola duo antistrophae)

   (desunt cola sex epodi)   Ep. 6
   - ᴗ - - - - ᴗ - -]ξαν θύγατρες

ꞁ. 5 67 πόλ[ιν - - -]ν βαθυδεί-   Str. 7
   ελον · [ἐκ το]ῦ μὲν γένος   140
   ἔπλε[το καρτε]ρόχειρ Ἀρ-
   γεῖο[ς ᴗ - ᴗ] λέοντος
   θυμὸ[ν ἔχων], ὁπότε χρει-
   - ᴗ -]βολοῖ μάχας
70 ποσσί[ν τ' ἐλα]φρό[ς, π]ατρίων   145
   τ' οὐκ [ᴗ - - - κ]αλῶν,

   τόσα Παν[θείδᾳ κλυτό]το-   Ant. 7
   ξος Ἀπό[λλων ὤπασε]ν,
   ἀμφί τ' ἰατο[ρίᾳ] ξεί-
   νων τε [φι]λάνορι τ[ι]μᾷ ·   150
   ε]ὖ δὲ λαχὼν [Χ]αρίτων πολ-
   λοῖς τε θ[αυ]μασθεὶς βροτῶν,
   αἰῶν' ἔλυσεν [π]έντε παῖ-
   δας μεγαινή[το]υς λιπών.   154

60 Εὐρωπιά[δας Α¹ : -ωπιδ[Α || δεκάτῳ Α¹ : -κατω Α || Εὐξάντιον
suppl. K. || 61 μηνὶ τέκ' εὐπλόκαμος suppl. K. || νύμφα φερεκυδέϊ
νάσῳ suppl. Blass || 67 βαθυδείελον [-οι] Α³ : -διελ- Α || ἐκ τοῦ suppl.
Edmonds || 68 ἔπλετο καρτερόχειρ suppl. K. || 69 θυμὸν ἔχων suppl.
Blass, Nairn, Crusius et alii || χρέι[Α¹ : αχρέι[Α || 70 ποσσίν τ'
ἐλαφρός Nairn, Housman (-φροῖς K.) || καλῶν suppl. Blass, Housman
et alii || 71 Πανθείδᾳ suppl. Blass. (Πανθοί- K.) || κλυτότοξος et Ἀπ.
ὤπ. suppl. K. || 72 ἀμφί τ' ἰατορίᾳ suppl. K. : αμφιτιατο[Α¹ -φιτατο[
Α.

C'est pour lui, en récompense de ses bonnes actions, que le Kronide au siège sublime fit triompher l'un d'eux à l'Isthme et lui mit dans son lot d'autres brillantes couronnes. Je le dis, je le dirai : la gloire la plus grande appartient à la vertu. La richesse s'assemble même avec des hommes vils ;

VIII

elle a coutume de mettre l'ambition au cœur de l'homme. Mais qui bien agit envers les dieux sent une plus glorieuse espérance caresser son cœur. Si, tout mortel qu'il est, il a reçu la santé et peut vivre de son patrimoine, il rivalise avec les premiers citoyens. Le plaisir, en vérité, accompagne toute vie humaine

qui reste à l'écart des maladies et de la pauvreté impuissante. Le désir des grandeurs chez le riche, le désir de peu chez le petit s'équivalent. La facilité de tout avoir, les mortels n'y trouvent nulle douceur. Mais c'est toujours ce qui leur échappe qu'ils cherchent à atteindre.

75 Τ]ῶν ἕνα οἱ Κ[ρο]νίδας ὑ-   Ep. 7
ψίζυγος Ἰσ[θ]μιόνικον
θῆκεν ἀντ' [εὐέ]ργεσιᾶν, λιπαρῶν τ' ἄλ-
λων στεφάν[ων] ἐπίμοιρον.
Φαμὶ καὶ φάσω ˌμέˌγιστον
κῦδος ἔχειν ἀρετάν· πλοῦ-   160
τος δὲ καὶ δειλοῖσιν ἀνθρώπων ὁμιλεῖ,

ἐθέλει δ' αὔξειν φρένας ἀν-   Str. 8
δρός· ὁ δ' εὖ ἔρδων θεοὺς
ἐλπίδι κυδροτέρᾳ σαί-
νει κέαρ. Εἰ δ' ὑγιείας   165
80 θνατὸς ἐὼν ἔλαχεν ζώ-
ειν τ' ἀπ' οἰκείων ἔχει,
πρώτοις ἐρίζει· παντί τοι
τέρψις ἀνθρώπων βίῳ

ἕπεται νόσφιν γε νόσων   Ant. 8
πενίας τ' ἀμαχάνου.   171
Ἴσον ὅ τ' ἀφνεὸς ἱμεί-
ρει μεγάλων ὅ τε μείων
col. 6 παυροτέρων· τὸ δὲ πάντων
εὐμαρεῖν οὐδὲν γλυκὺ   175
85 θνατοῖσιν, ἀλλ' αἰεὶ τὰ φεύ-
γοντα δίζηνται κιχεῖν.

TEST. 76-77 PLVTARCHVS, de audiendis poetis 14, p. 36 C : τὸ δὲ
« φάσω — ὁμιλεῖ » λεγόμενον ὑπὸ τοῦ Βακχυλίδου. — 80 SYNESIVS,
laudatio calv. 13, p. 77 A : ἂν μὲν γὰρ ᾖ τῆς Πινδάρου (sic) τυγχάνειν
εὐχῆς καὶ « ζῆν ἔχωμεν ἀπὸ τῶν οἰκείων ».

76 ἐπίμοιρον Α³ : επιμοιρων Α ‖ 77 ἀνθρώπων Α¹ : -ποις Α? ‖ 79
ὑγιείας Α² : υγειᾶς Α ‖ 80 ἔλαχεν Α¹ : ελακεν Α ‖ ἔχει Α³ : εχειν Α ‖
81 πρώτοις Α¹? : πρωτος Α ‖ τοι in fine uersus add. Α² : om. Α ‖ 82
νόσων Blass, Housman, Platt et alii : νου | . . ν Α ‖ 84 εὐμαρεῖν Α² :
-μαρεῖ Α.

Le cœur qu'agitent les plus légers soucis, tant que dure sa vie, il en reçoit le prix. La vertu est chose pénible. Une fois parfaite, il est juste qu'elle laisse à l'homme, même quand il est mort, la parure si enviée de la gloire.

Ὅντινα κουφόταται θυ-   Ep. 8
μὸν δονέουσι μέριμναι,
ὅσσον ἂν ζώῃ † χρόνον, τόνδ᾽ ἔλαχαν † τι-   180
μάν. ᾽Αρετὰ δ᾽ ἐπίμοχθος
μέν, τ]ελευταθεῖσα δ᾽ ὀρθῶς
88 ἀνδρὶ κ]αὶ εὖτε θάνῃ λεί-
π[ει πολυ]ζήλωτον εὐκλείας ἄ[γαλ]μα.

87 χρόνον — ἔλαχαν locus corruptus necdum sanatus ‖ τιμάν Jebb
apud K. : τι|μαν A · τι|μαν · (= τί μάν) A² ‖ μέν, τελευτ. suppl.
Blass, apud K. ‖ 88 ἀνδρὶ καὶ suppl. Blass ‖ λείπει suppl. K. : λει in
fine uersus add. A² |π[ει A ‖ πολυζήλωτον et ἄγαλμα suppl. K.

ÉPINICIE II

Analyse L'*Épinicie* II se compose d'une seule triade, 8 vers en tout[1]. Deux motifs sont à retenir, indiqués dans l'antistrophe et dans l'épode. Ils expriment les deux sujets de gloire des Kéens : d'une part, la multitude des couronnes remportées à l'Isthme ; d'autre part, en donnant à l'adjectif αὐθιγενής le sens que nous dégageons dans notre traduction, l'éclat de la poésie à Kéos. Pour ce dernier point, il faut comprendre une allusion à Simonide et à l'auteur de la célébration du moment, c'est-à-dire Bacchylide lui-même, lequel affectionne ces rappels de son art personnel[2].

Composition métrique L'ode est composée d'éléments iambo-choriambiques.

Le premier vers de la strophe est un trimètre fait d'un mètre iambique, d'un choriambe et d'un bacchée, forme catalectique du mètre iambique. Le v. 2 est fait de quatre dimètres : les deux premiers sont constitués l'un par deux choriambes, l'autre par un mètre iambique et un choriambe ; les deux autres sont un glyconien et un phérécratien (forme catalectique du glyconien), dont l'association forme un priapéen. Ainsi, la fin de chaque vers est soulignée par une clausule métrique. Le nombre des

---

1. Pour les circonstances, voir le début de la notice de l'*Épinicie* I.
2. Il en met volontiers en fin de poème ; cf. les derniers vers de l'*Épinicie* III sur « la parole de miel du rossignol de Kéos ». En termes très différents, citons l'*Épinicie* XIII où il termine en parlant de ses « chants aux paroles délectables ». Voir aussi le *Dithyrambe* V, qui commence par vanter la variété des chants immortels du poète.

temps marqués est de 6 (2 + 2 + 2) pour le v. 1, de 16 (4 + 4 + 4 + 4) pour le v. 2, soit 22 au total.

L'épode est faite de quatre dimètres qui forment chacun un vers. Les deux premiers, identiques entre eux, sont aussi identiques aux deux premiers mètres du v. 1 de la strophe ainsi qu'au deuxième dimètre du v. 2. Les deux derniers, un glyconien et un phérécratien, correspondent aux deux derniers dimètres du v. 2 de la strophe, mais chacun d'eux forme un vers. En d'autres termes, l'épode reprend, dans l'ordre, en les détachant, les différents éléments de la strophe, à l'exception du mètre final du v. 1 (un bacchée) et du dimètre initial du v. 2 (deux choriambes). Seul le vers final de l'épode est catalectique. Le nombre des temps marqués est de 4 pour chacun des vers, tous des dimètres, soit un total de 16, correspondant exactement à celui du v. 2 de la strophe.

SCHÉMA MÉTRIQUE

Strophe :   ⏒ – ⏑ – – ⏑ ⏑ – ⏑ – –

      2 – ⏑ ⏑ – – ⏑ ⏑ –

          ⏑ – ⏑ – – ⏑ ⏑ –

          ⏖ ⏑ – ⏑ –

          – ⏑ – ⏑ ⏑ –   5

Épode :   ⏑ – ⏑ – – ⏑ ⏑ –

          ⏑ – ⏑ – – ⏑ ⏑ –

          ⏑ – – ⏑ ⏑ –

      4 – – – ⏑ ⏑ –   4

ÉPINICIE II

POUR LE MÊME

Bondis, ô Renommée, dispensatrice de grandeur, vers la sainte Kéos, emportant un message de joie : au combat des bras intrépides, Argeios a enlevé la victoire,

et ranimé le souvenir des exploits que, quittant l'île toute divine d'Euxantios, sur le cou fameux de l'Isthme, nous avons offerts aux regards, avec nos soixante-dix couronnes [1].

Et la Muse indigène [2] appelle le doux bruit des flûtes, honorant de chants de victoire le fils chéri de Panthéidès.

1. Il s'agit de victoires aux Jeux antérieures à celle d'Argeios.
2. Selon Wilamowitz et Maehler, l'adjectif αὐθιγενής, littéralement « né sur place », souligne le fait que l'épinicie est improvisée et exécutée au moment de la proclamation des noms des vainqueurs aux Jeux : « sur place » c'est-à-dire « à l'Isthme ». C'est aussi l'avis de Th. Gelzer (*Μοῦσα αὐθιγενής*, dans *Museum Helvet.* 42, 1985, p. 95-120). Nous comprendrions plutôt « sur place » dans le sens de « né à Kéos », Bacchylide rappelant ainsi que c'est lui, poète de Kéos, qui chante la victoire d'Argeios. Cf. *Notice* et n. 2.

B (c. 2)

ΤΩΙ ΑΥΤΩΙ

Ἄ[ἴξον, ὦ] σεμνοδότειρα Φήμα,   Str.
ἐς Κ[έον ἱ]εράν, χαριτώ-
  νυμ[ον] φέρουσ' ἀγγελίαν,
ὅτι μ[ά]χας θρασύχειρ⟨ος⟩ Ἀρ-
  γεῖο[ς ἄ]ρατο νίκαν,   5

καλῶν δ' ἀνέμνασεν ὅσ' ἐν κλε[εν]νῷ   Ant.
αὐχένι Ἰσθμοῦ ζαθέαν
λιπόντες Εὐξαντίδα νᾶ-
σον ἐπεδείξαμεν ἑβδομή-
κοντα [σὺ]ν στεφάνοισιν.   10

5 Καλεῖ δὲ Μοῦσ' αὐθιγενὴς   Ep.
γλυκεῖαν αὐλῶν καναχάν,
γεραίρουσ' ἐπινικίοις
Πανθείδα φίλον υἱόν.   14

Inscript. in mg. add. A² ‖ 1 ἄιξον, ὦ suppl. K. : ἄιξεν ἁ Levi et alii ‖ 2 Κέον ἱεράν suppl. K. ‖ μάχας suppl. Festa et alii ‖ θρασύχειρος Jebb apud K. (casu genetiuo Wil.) : θρασύχειρ A ‖ καλεῖ K. : κάλει Pingel (unde αὐθιγενὲς corr.) ‖ 7 ἐπινικίοις A¹ : -νῖκιος A ‖ 8 Πανθείδα A¹ : -θείδαι A.

ÉPINICIE III

NOTICE

Date et circonstances On aborde ici le groupe des odes pour Hiéron, constitué par les *Épinicies* III, IV et V. Rappelons que l'usage des éditeurs alexandrins était non seulement de présenter les *Odes triomphales* selon l'ordre de préséance des Jeux (Olympiques, Pythiques, Isthmiques, Néméens, pour les quatre Grands Jeux), mais encore, à l'intérieur des recueils, de faire intervenir l'ordre de préséance des destinataires et celui des épreuves. C'est ainsi qu'un triomphe royal au quadrige olympique vient avant les autres succès d'Hiéron. Un tel classement ne tient donc pas compte de l'ordre chronologique. Pour Hiéron, le hasard a fait que cet ordre est exactement inversé :

Épinicie III, victoire au quadrige à Olympie   468
Épinicie IV, victoire au quadrige à Delphes   470
Épinicie V, victoire au cheval monté à Olympie   476

L'*Épinicie* III se situe peu avant la mort d'Hiéron (466) : elle célèbre la victoire assurément la plus désirée du roi de Syracuse.

Analyse Rien de plus classique, en principe, que le déroulement de ce poème, même s'il cultive quelque peu l'inattendu. Le texte comprend sept triades. Dans la 1re, le poète, s'adressant à Clio, la Muse de son inspiration, évoque Déméter, protectrice de la Sicile avec sa fille, puis Niké et Aglaé : il suggère en outre les acclamations de la foule louant l'opulent Hiéron favorisé de Zeus. A cette foule en liesse est substituée sans transition, dans la 2ᵉ triade, celle qui se répand autour du sanctuaire de Delphes, où étincelle l'or des trépieds « haut ciselés » offerts à Apollon. Cette évocation ne peut laisser aucun doute : on sait que Gélon, après Himère, avait fait au dieu de Delphes l'offrande d'un trépied magnifique et qu'il y avait associé ses frères, cependant qu'un second trépied était inscrit au nom d'Hiéron, lequel avait non seulement participé à la victoire de 480 sur les Carthaginois, mais encore remporté personnellement, après Gélon, la victoire de Cumes, en 474, sur la flotte étrusque [1]. La mention des trépieds suffit à introduire, abruptement, le personnage d'un prestigieux dévôt du dieu, le roi de Lydie dont Cyrus écrasa la puissance à Sardes. On notera le nom du dieu, Apollon, en rejet au début de la 3ᵉ triade : c'est par ce seul procédé que la cohésion du développement est assurée. Les 3ᵉ et 4ᵉ triades, avec le début de la 5ᵉ, retracent dans un raccourci saisissant la scène au cours de laquelle Crésus vaincu, debout sur le bûcher élevé par son ordre, entouré de son épouse et de ses filles qui doivent périr en même temps que lui, adresse sa prière au fils de Létô ; alors, au moment où les flammes commencent à gronder, Zeus envoie une pluie qui éteint le feu, et Apollon transporte Crésus et les siens au pays des Hyperboréens, en remerciement des dons offerts au sanctuaire de Delphes. La 5ᵉ triade s'achève par un retour à Hiéron, dont la dévotion au même Apollon a entraîné les faveurs divines. Les triades 6 et 7, d'allure gnomique, rappellent que l'homme est une créature éphémère, qu'il peut posséder la richesse, mais ne peut revoir les jours de

---

1. Les archéologues ont, comme on sait, retrouvé les bases de deux grands trépieds, ceux des deux vainqueurs en titre, et de deux autres plus petits, qui semblent honorer les deux autres fils de Deinoménès, Polyzalos et Thrasybule. A vrai dire, on a beaucoup discuté sur ces vestiges, d'autant que certains textes (une épigramme attribuée à Simonide, un distique de la *Souda* indiquant une fabuleuse quantité d'or, une scholie de Pindare, etc.) ont pu faire planer un doute sur le nombre de ces trépieds. Voir sur ce point Br. Gentili, *Bacchilide*, dans le chap. concernant l'*Épinicie* III (p. 72-84).

sa jeunesse, qu'enfin seul l'éclat de la vertu demeure. La conclusion proclame que l'avenir célébrera en même temps les exploits d'Hiéron et la gloire « du rossignol de Kéos, dont la parole est de miel ».

Interprétation — Le choix de l'épisode de Crésus, sauvé au dernier moment par l'intervention des dieux, est probablement destiné à rassurer Hiéron, malade depuis plusieurs années et qui mourra l'année suivante ; mais ce réconfort est tempéré par les sentences des deux dernières triades, qui ne laissent guère d'illusion au souverain de Syracuse.

Le récit consacré à Crésus, à son point de départ, n'est pas un mythe. La conquête de la Lydie par Cyrus, ainsi que le sort malheureux de Crésus, étaient les éléments notoires d'une histoire réelle. Mais Hérodote en a conté le détail, tel qu'il avait pu en avoir connaissance, dans un développement composite et non dépourvu de contradictions. Victime de son propre aveuglement, prisonnier de ses richesses immenses et de la vaniteuse ostentation qu'elles lui inspiraient, dépourvu de tout esprit critique devant les réponses obscures des oracles, Crésus n'en est pas moins chez Hérodote (I, 86 et suiv.) l'objet d'un récit édifiant à la gloire d'Apollon, sans doute forgé en grande partie par le clergé delphique[2]. Il faut même admettre qu'Hérodote a réalisé une synthèse des sources qu'il a consultées et des enquêtes qu'il a menées, principalement au sanctuaire de Delphes, dont les matériaux englobent tout ce qu'ont pu lui offrir la Grèce et le reste du monde méditerranéen, et que c'est ainsi qu'il a abouti à une conclusion qui devait heurter quelque peu ses tendances rationalistes. En tout cas, le récit d'Hérodote, tel que son auteur l'a conduit, s'oriente vers une sorte d'épisode, sinon mythique, du moins nettement épique.

Cette tendance fut conduite à son point extrême par

---

2. Consulter J. Defradas, *Les thèmes de la propagande delphique*, Paris, 1954.

Bacchylide[3]. Considérons en effet l'épisode du bûcher en lui-même. Hérodote nous le dit, ce fut Cyrus qui, fidèle à la tradition des anciens souverains mèdes et babyloniens, fit dresser le bûcher destiné à Crésus ; ce fut Cyrus qui fit éteindre les flammes, en entendant Crésus se remémorer à haute voix la conversation que l'on sait avec Solon ; Cyrus enfin qui, à la prière de Crésus, envoya ses chaînes, qu'il venait de lui enlever, à Delphes, le roi de Lydie voulant montrer au dieu son ingratitude. On connaît la réponse de la Pythie et comment le Lydien fut convaincu d'avoir été trop léger[4]. Qu'en est-il de tout cela dans le poème de Bacchylide ? C'est Crésus qui fait élever le bûcher ; victime volontaire, il y monte avec son épouse et ses filles ; sur un ton pathétique il adresse sa prière à Apollon ; la pluie de Zeus éteint les flammes et le roi est transporté avec les siens chez les Hyperboréens[5]. L'épisode du bûcher, habilement modifié, a permis à Bacchylide de passer d'un récit historique à un mythe qui ressortit visiblement à l'hagiographie delphique.

Une remarque s'impose aussitôt. Célébrant un triomphe olympique, Bacchylide a donné toute la place à Apollon, et Zeus n'intervient qu'une fois, de façon presque épisodique. On en vient à se demander si le poète n'a pas utilisé pour écrire l'*Épinicie* III un poème précédemment prévu

3. Une bonne comparaison des récits d'Hérodote et de Bacchylide est faite par C. Segal, *Croesus on the pyre*, dans *Wiener Studien* 84, 1971, p. 39-51.

4. On sait par ailleurs que des historiens, notamment G. Radet (*La Lydie et le monde grec au temps des Mermnades*, Paris, 1893, p. 254), ont mis en doute que Cyrus eût pu prendre la décision de brûler le roi vaincu sur un bûcher, car c'eût été un sacrilège à l'égard du Feu divin adoré par les Perses comme créateur et non comme destructeur de la vie. Par ailleurs, Radet appelle l'attention sur le caractère spécifiquement lydien du sacrifice volontaire (*ibid.*, p. 258).

5. Nous n'insisterons pas sur la place tenue, dans les croyances concernant les *apodémies* d'Apollon, par ses déplacements au pays des Hyperboréens, ses fidèles serviteurs. Que l'on se souvienne du fameux *Péan* d'Alcée dont nous trouvons une paraphrase chez le rhéteur Himérios (*Oratio* XIV, 10-11 = XLVIII 10-11 Colonna) ; cf. Alcée, fr. 1 Reinach-Puech = fr. 307 Lobel-Page.

soit comme un *Hymne*, soit comme un *Péan*, en l'honneur
du dieu de Delphes, ou encore comme une future
Pythique. L'adaptation à Olympie serait simplement réalis-
ée, dans la 1re triade, qui sert de προοίμιον, par la mention
de l'Alphée et par celle du nom de Zeus parmi les
acclamations de la foule ; ensuite, dans le corps du poème,
par l'allusion à « Zeus exécutant le jugement fatal » (épode
de la 2e triade) et par les deux vers qui évoquent
brièvement Zeus éteignant les flammes du bûcher. Tout
cela n'irait pas sans quelques maladresses assez visibles.
Ainsi on reste dans le doute sur le lieu de la célébration du
triomphe d'Hiéron : Syracuse ? Olympie ?... mais, fait
surprenant, le texte semble indiquer Delphes, puisque
c'est bien là, et non ailleurs, que flamboient les trépieds
des Deinoménides. D'autre part, l'intervention de Zeus
semble fort hésitante et l'on dirait qu'elle a été introduite
en un vers unique au milieu d'un développement apolli-
nien. N'est-ce pas la nuée qui éteint la flamme, tandis
qu'Apollon agit directement ? Au reste, que nous raconte
Hérodote ? Citons la traduction de Ph.-E. Legrand : « Et
comme Crésus invoquait le dieu (Apollon) avec des larmes,
tout à coup, succédant au ciel pur et au calme des airs, une
masse de nuages accourut, une tempête s'abattit, il tomba
une pluie très violente, et le bûcher fut éteint ». Il n'est
nullement question de Zeus. Tout laisse donc à penser que
Bacchylide a puisé, comme Hérodote, aux sources delphi-
ques, à moins qu'il n'ait utilisé directement le récit de
l'historien inspiré par les prêtres ou *herméneutes* du
célèbre sanctuaire, et qu'il a attribué la seule action de la
nuée à Zeus, parce qu'il ne pouvait se dispenser d'introdui-
re, fût-ce à propos d'un détail, le nom du dieu d'Olympie.

Il faut croire que la version du sacrifice volontaire dans
l'histoire des malheurs de Crésus était déjà répandue dans
le monde grec, en particulier par la tragédie, lorsque
Bacchylide écrivait. Le Musée du Louvre conserve une
amphore, œuvre de Myson, que l'on date de la 2e décennie
du ve siècle [6], un peu avant le moment où le poète de Kéos

6. Voir Beazley, *Attic red fig. vases*, Oxford, 2e éd. 1963, p. 238.

composait son ode. On y voit Crésus assis en majesté au sommet de son bûcher, sceptre en main, en vêtements d'apparat grecs, versant une libation probablement à l'Apollon delphique.

Enfin il est intéressant de rapprocher de l'*Épinicie* III la fin de la Ire *Pythique* où Pindare, dans un rappel, dont il est coutumier, du pouvoir des écrivains et des poètes, dispensateurs des longues renommées, propose à Hiéron une vérité à méditer : οὐ φθίνει Κροίσου φιλόφρων ἀρετά (v. 94). Nous apprenons là que sans doute, au moment où Pindare écrivait ces mots, l'histoire de Crésus, qu'il avait sûrement, lui aussi, entendue à Delphes, et peut-être également dans Athènes, était à la mode parmi les lettrés. Mais nous apprenons peut-être aussi que Bacchylide, à l'occasion, pouvait emprunter à Pindare l'idée d'un sujet à traiter, inédit ou non. Et la description du pays des Hyperboréens ne figure-t-elle pas magnifiquement dans la Xe *Pythique*, la plus ancienne des œuvres conservées de Pindare, puisqu'elle date de 498 ? Bacchylide, à cette époque, n'était peut-être qu'un enfant ; mais l'inspiration pindarique, dans cette veine mystique où s'insère le thème des Pays Bienheureux, avait plus récemment trouvé des sources nouvelles dans cette Sicile où justement Bacchylide le rencontra, là où fut écrit la IIe *Olympique*, sans parler de tant d'autres poèmes qui évoquaient les demeures des dieux et le sort des héros dans l'au-delà, là aussi où certaines croyances aimaient à donner à l'ésotérisme une couleur apollinienne.

Composition métrique   L'ode est d'un type hybride, fort rare. La strophe est faite de vers qu'on qualifie d'iambo-choriambiques parce que

---

L'amphore de Myson est reproduite à la page 84 (pl. h. t.) dans l'ouvrage déjà cité de Br. Gentili. Il est possible qu'une hydrie attique du second quart du ve siècle représente, comme Beazley l'avait supposé, Crésus (en costume oriental) sur son bûcher (*op. cit.*, p. 571-574) ; Br. Snell a confirmé cette interprétation en admettant qu'une tragédie de Crésus a été représentée à Athènes avant 450 (*Zeitschr. für Papyrol. und Epigr.* 12, 1973, p. 204).

des mètres iambiques y sont associés, dans des conditions
qui seront précisées plus bas, au mètre choriambique
($-\smile\smile-$), forme « anaclastique » du mètre iambique.
L'épode, en revanche, est composée d'éléments iambo-
anapestiques et dactylo-trochaïques, selon un type déjà
décrit à propos de l'*Épinicie* I.

Le v. 1 de la strophe est un trimètre iambique
catalectique, fait de trois mètres iambiques dont le dernier
se présente sous la forme d'un bacchée ($\smile--$); les
syllabes longues sont assez souvent résolues en deux
brèves. Le v. 2, qui pourrait être décrit comme un
paraglyconien à développement dactylique, présente exac-
tement la même alternance de brèves et de longues que la
seconde partie du troisième vers de la strophe alcaïque,
celle qui fait suite à un dimètre iambique [7]. Dans le v. 3, le
même élément reparaît, avec une syllabe finale toujours
brève, suivi d'un mètre trochaïque, d'un choriambe et
d'un mètre iambique catalectique sous forme de bacchée,
séquence qui correspond exactement à l'hendécasyllabe
sapphique (dont sont faits les v. 1 et 2 de la strophe
sapphique). On ne peut s'étendre ici sur l'habileté avec
laquelle Bacchylide a réussi à composer, en empruntant
des éléments aux poètes de Lesbos, une strophe originale
qui mériterait de porter son nom si elle avait été utilisée
par d'autres après lui [8].

En choisissant pour l'épode un type métrique différent,
qui pourrait n'apparaître que comme la juxtaposition
d'une seconde forme poétique, Bacchylide manifeste de
nouveau son art. En effet, les paraglyconiens à développe-
ment dactylique de la strophe présentent une alternance de
brèves et de longues qui annonce, en quelque sorte, les

---

7. Pour l'analyse du troisième vers de la strophe alcaïque, voir *La
structure des vers éoliens*, dans *L'Antiquité Classique* 25, 1956, p. 5-
19, en particulier p. 8-9.

8. On trouvera un commentaire métrique plus détaillé de cette ode
dans *La composition métrique de la 3ᵉ épinicie de Bacchylide*
(*Apophoreta philologica Emmanueli Fernández-Galiano a sodalibus
oblata*, Pars altera [*Estudios Clásicos* 26, 2], Madrid, 1984, p. 85-91).

éléments dont est fait le v. 1 de l'épode : les douze premières syllabes du v. 3 de la strophe correspondent exactement (avec l'alternance licite d'une brève et d'une longue en tête du mètre iambique) aux douze premières syllabes du v. 1 de l'épode, soit :

str., v. 3 : $\bar{\smile} - \smile\smile - \smile\smile - \smile - \smile -$

ép., v. 1 : $\bar{\smile} - \smile\smile - \smile\smile - - - - \smile -$

Par une remarquable modulation rythmique, Bacchylide passe, en charmant l'oreille de ses auditeurs, des mètres éoliens au type le plus courant dans la grande lyrique. Le v. 1 est fait d'une tripodie anapestique (le plus souvent acéphale : $\smile -$) suivie de deux mètres iambiques qui en soutiennent le rythme ascendant. A partir du v. 2, le rythme se renverse : il devient descendant avec les quatre mètres trochaïques, le dernier catalectique, du v. 2 et les cinq mètres trochaïques, avec la catalexe finale et en sus la syncope du troisième mètre du v. 3.

Dans la strophe, le décompte des temps marqués montre un équilibre entre les deux premiers vers (6 + 5) et le troisième (11), soit 22 au total. Dans l'épode, les trois vers sont en progression croissante, soit 7, 8 et 10, avec un total de 25. Et dans les deux éléments strophiques, la somme des vers initiaux et finaux est identique (6 + 11 et 7 + 10).

SCHÉMA MÉTRIQUE

Strophe :   ⏓ – ‿ ‿ ⏓   ⏓ ⏓ ‿ ‿   ‿ – – –
                ⏓ – ‿ ‿ – ‿ ‿ – ‿ – – –
          3 ⏓ – ‿ ‿ – ‿ ‿ – ‿ – – ‿
                – ‿ – ⏓ – ‿ ‿ – ‿ – – –   4

Épode :   ⏓ – ‿ ‿ – ‿ ‿ –
              – – ‿ –   ⏓ – ‿ –
              – ‿ – ⏓   – – ‿ –
              – ‿ ⏓ – ‿ –   – ‿ –
          3 ⏓ ⏓ ‿ – ⏓   – ‿ – ⏓   – ‿ –   5
              – ‿ – ⏓   – – ‿ –

ÉPINICIE III

POUR HIÉRON DE SYRACUSE
VAINQUEUR À LA COURSE DE CHARS
AUX JEUX OLYMPIQUES

I

La souveraine de la Sicile, porteuse des meilleurs fruits, Déméter, et Koré couronnée de violettes, chante-les, Clio, déesse aux doux présents, et les juments rapides d'Hiéron de la course olympique.

Car elles s'élancèrent avec Victoire qui tient le rang suprême, et avec Aglaé, le long de l'Alphée aux larges tourbillons, et furent cause que le rejeton fortuné de Deinoménès y obtint ses couronnes.

Et la foule de s'écrier ... : « Oh ! trois fois heureux l'homme qui, ayant reçu de Zeus le privilège d'un si grand pouvoir sur les Hellènes, connaît l'art de ne pas cacher sa richesse derrière le rempart d'un noir voile de ténèbres.

Γ (c. 3)

ΙΕΡΩΝΙ ΣΥΡΑΚΟΣΙΩΙ
ΙΠΠΟΙΣ [ΟΛΥ]ΜΠΙΑ

Ἀριστο[κ]άρπου Σικελίας κρέουσαν   Str. 1
Δ[ά]ματρα ἰοστέφανόν τε Κούραν
ὕμνει, γλυκύδωρε Κλεοῖ, θοάς τ' Ὀ-
λυμ]πιοδρόμονς Ἱέρωνος ἵππ[ο]υς.   4

Σεύον]το γὰρ σὺν ὑπερόχῳ τε Νίκᾳ   Ant. 1
5 σὺν Ἀγ]λαΐᾳ τε παρ' εὐρυδίναν
Ἀλφεόν, τόθι] Δεινομένεος ἔθηκαν
ὄλβιον τ[έκος στεφάνω]ν κυρῆσαι·

θρόησε δὲ λ[αὸς ⏑ −   Ep. 1
−] ἆ τρισευδαίμ[ων ἀνὴρ   10
7 ὃς παρὰ Ζηνὸς λαχὼν πλείστ-
αρχον Ἑλλάνων γέρας
οἶδε πυργωθέντα πλοῦτον μὴ μελαμ-
φαρέϊ κρύπτειν σκότῳ.   14

Inscript. in mg. add. A³ ‖ 3 Κλεοῖ Blass : κλειοι A ‖ 4 σεύοντο
suppl. K. : ὄρνυντο K. in notis ‖ 6 Ἀλφεόν suppl. K. ‖ τόθι suppl.
Palmer apud K. ‖ τέκος suppl. Edmonds ‖ στεφάνων suppl. K. ‖ 7
λαὸς suppl. K. ‖ in lacuna Ἀχαιῶν prop. K., ἀπείρων Blass, ἀγασθείς
Jebb ‖ ἀνὴρ suppl. K. ‖ 8 γέρας A¹ : γενος A ‖ 9 μελαμφαρέϊ A² :
μελλη ‖ φαρειν A.

II

Les sanctuaires débordent de fêtes où les bœufs sont immolés. Les rues débordent des manifestations de l'hospitalité. Sous les scintillements l'or brille : on a dressé les trépieds haut ciselés

devant le temple, où les Delphiens, près des eaux courantes de Castalie, gèrent la vaste enceinte de Phoibos. C'est le dieu, oui, le dieu qu'une prospérité parfaite doit glorifier [1].

Car, un jour justement, le souverain de la Lydie dompteuse de chevaux, Crésus, quand, Zeus exécutant le jugement fatal, Sardes fut prise par l'armée des Perses, dans le dieu à l'épée d'or,

III

dans Apollon trouva sa sauvegarde. Parvenu au jour plein de larmes qu'il n'avait pensé voir, il n'allait pas attendre encore l'esclavage. En avant des murs de bronze de la cour, il fit édifier un bûcher.

Il y monta avec sa chère épouse, avec ses filles aux belles tresses, qui gémissaient interminablement. Puis, levant ses

---

1. O. Crusius (*Aus den Dichtungen des Bakchylides*, dans *Philologus* 57, 1898, p. 150-183, ici p. 153) a expliqué l'étonnante forme ἀγλαΐζέθω (en apparence un impératif moyen dorien) du papyrus de Londres, et rendu compte de la place de γάρ, en proposant de lire, avec crase, ἀγλαΐζέτω, ὁ γάρ... ; nous l'avons suivi, avec Snell-Maehler.

10 Βρύει μὲν ἱερὰ βουθύτοις ἑορταῖς,   Str. 2
βρύουσι φιλοξενίας ἀγυιαί·
λάμπει δ' ὑπὸ μαρμαρυγαῖς ὁ χρυσός,
ὑψιδαιδάλτων τριπόδων σταθέντων

πάροιθε ναοῦ, τόθι μέγι[στ]ον ἄλσος   Ant. 2
Φοίβου παρὰ Κασταλίας [ῥ]εέθροις   20
15 Δελφοὶ διέπουσι. Θεόν, θ[εό]ν τις
ἀγλαϊζέθω γὰρ ἄριστος [ὅ]λβων·

ἐπεί ποτε καὶ δαμασίπ-   Ep. 2
[π]ου Λυδίας ἀρχαγέταν,
εὖτε τὰν πεπ[ρωμέναν] Ζη-   25
νὸς τελέ[σσαντος κρί]σιν
Σάρδιες Περσᾶ[ν ἁλίσκοντο στρ]ατῷ,
Κροῖσον ὁ χρυσά[ορος

φύλαξ' Ἀπόλλων. ['Ο δ' ἐς] ἄελπτον ἆμαρ   Str. 3
20 μ[ο]λὼν πολυδ[άκρυο]ν οὐκ ἔμελλε   30
μίμνειν ἔτι δ[ουλοσύ]ναν, πυρὰν δὲ
χαλκ[ο]τειχέος π[ροπάροι]θεν αὐ[λᾶς

ναήσατ', ἔνθα σὺ[ν ἀλόχῳ] τε κεδ[νᾷ   Ant. 3
σὺν εὐπλοκάμοι[ς τ'] ἐπέβαιν' ἄλα[στον

_____

10 ἱερὰ Α³ : ερα Α ‖ ἑορταῖς Α¹ : εοτταις Α ‖ 11 φιλοξενίας Α :
-νίαις coni. Richards, Reinach ‖ 12 ὑψιδαιδάλτων Α : -δαιδάλων coni.
Blass ‖ 15 alt. θεόν suppl. Palmer apud K. ‖ ἄριστος [ὅ]λβων Α³ :
αριστον .λβον Α ‖ 16 ποτε Α : κοτε Α³? ‖ 17 πεπρωμέναν suppl.
Palmer apud K. ‖ τελέσσαντος suppl. Wackernagel ‖ κρίσιν suppl.
Desrousseaux et Weil ‖ 18 ἁλίσκοντο suppl. Wackernagel ‖ στρατῷ et
χρυσάορος suppl. Palmer apud K. ‖ 19 ὁ δ' ἐς suppl. Jebb apud K. ‖
20 μολὼν Jebb apud K. : -ῶν Α ‖ 21 δουλοσύναν suppl. Jebb apud K.
‖ προπάροιθεν et αὐλᾶς suppl. K. ‖ 22 ναήσατ' legit Blass : ποιήσατ'
K. ‖ ἀλόχῳ et κεδνᾷ suppl. K. ‖ 23 τ' suppl. Platt ‖ ἄλαστον suppl. K.

mains vers les hauteurs de l'éther,

il proféra : « Où se trouve, invincible Destin[2], la gratitude des dieux ? Où est le seigneur fils de Létô ? C'en est fait de la maison d'Alyattès ... innombrables ...

IV

... la ville. Le Pactole où l'or tournoie devient *rouge de sang. Les femmes sont emmenées indignement du manoir bien bâti.*

Ce qui fut autrefois haïssable est aimable, et la mort est chose très douce. » Il n'en dit pas davantage et commanda à un Lydien au marcher délicat d'allumer l'édifice de bois. Les jeunes filles, poussant des cris, jetant les mains, se pendaient à leur mère ;

car pour les mortels le trépas le plus haïssable, c'est celui que l'on a, visible, devant soi. Mais, lorsque s'élança la vigueur éclatante d'un feu terrifiant, Zeus, arrêtant sur eux la noire enveloppe d'un nuage, éteignit la flamme jaune.

---

2. Le terme s'emploie déjà dans la langue homérique pour désigner parfois le Destin. Le mot ici semble bien reprendre l'expression πεπρωμέναν ... κρίσιν de l'épode de la triade précédente. Crésus eût souhaité qu'Apollon intervînt pour annuler l'arrêt du Destin.

θ]υ[γ]ατράσι δυρομέναις· χέρας δ' [ἐς   35
αἰ]πὺν αἰθέρα σ[φ]ετέρας ἀείρας

25 γέ]γ[ω]νεν· « Ὑπέρ[βι]ε δαῖ-   Ep. 3
μον, [πο]ῦ θεῶν ἐστι[ν] χάρις;
πο]ῦ δὲ Λατοίδ[ας] ἄναξ; [ἔρ-
ρουσ]ιν Ἀλυά[τ]τα δόμοι   40
_ ᴗ _ ᴗ _ ᴗ _ ᴗ] μυρίων
_ ᴗ _ ᴗ _ ᴗ _]ν.

ᴗ _ ᴗ ᴗ ᴗ ᴗ _ ᴗ _ ᴗ]ν ἄστυ,   Str. 4
29 ἐρεύθεται αἵματι χρυσο]δίνας
ol. 8   Πακτωλός, ἀ[ε]ικελίως γυνα[ῖ]κες   45
ἐξ ἐϋκτίτων μεγάρων ἄγονται·

τὰ πρόσθεν [ἐχ]θρὰ φίλα· θανεῖν γλύκιστον. »   Ant. 4
Τόσ' εἶπε, καὶ ἁβ[ρο]βάταν κ[έλε]υσεν
ἅπτειν ξύλινον δόμον. Ἔκ[λα]γον δὲ
παρθένοι, φίλας τ' ἀνὰ ματρὶ χεῖρας   50

ἔβαλλον· ὁ γὰρ προφανὴς   Ep. 4
θνατοῖσιν ἔχθιστος φόνων·
35 ἀλλ' ἐπεὶ δεινο[ῦ π]υρὸς λαμ-
πρὸν διάϊ[σσεν μέ]νος,
Ζεὺς ἐπιστάσας [μελαγκευ]θὲς νέφος   55
σβέννυεν ξανθὰ[ν φλόγα.

Test. 29 Fortasse ad hunc locum spectat Hesychii glossa (ε 5756 Latte) ἐρεύθεται· πίμπλαται.

24 ἐς αἰπὺν suppl. K. || 25 γέγωνεν suppl. K. || ὑπέρβιε suppl. Blass apud K. || 26 ἔρρουσιν suppl. Frick || 27 μυρίων A³ :]σμυριων A || 29 ἐρεύθεται αἵματι χρυσοδίνας suppl. K. (ἐ. αἵ. in adnot.) || 31 πρόσθεν Fraccaroli : πρόσθεν δ' A || ἐχθρὰ suppl. Palmer apud K. || νῦν supra -ὰ φίλα add. A³ || 32 ἁβροβάταν A¹ : -βαωταν A || κέλευσεν suppl. K. || 33 ἔκλαγον suppl. K. || 34 ἔβαλλον A¹ : -εν A || θνατοῖσιν A¹ : θιατ-uel θεατ- A || 35 διάϊσσεν μένος suppl. K. || 36 μελαγκευθὲς suppl. K. || φλόγα suppl. Palmer apud K.

V

Rien n'est incroyable qui se fait par la sollicitude des dieux. A ce moment, le Dieu né à Délos, Apollon, emportant le vieillard au pays des Hyperboréens, l'y établit avec ses filles aux fines chevilles.

Ce fut pour sa piété, car il avait envoyé les dons les plus considérables du monde à la toute divine Pythô. De tous ceux du moins qui habitent l'Hellade, très louable Hiéron, aucun ne voudra

affirmer qu'il a envoyé à Loxias plus d'or que toi, parmi les mortels. On peut parler en bien de qui ne s'engraisse pas avec l'envie, ... un homme ami des chevaux, un guerrier, qui tient le sceptre de Zeus.

VI

et l'héritage des Muses aux tresses de violettes ... un jour ... éphémère ... tu regardes. Courte est la vie.

Ἄπιστον οὐδὲν ὅ τι θ[εῶν μέ]ριμνα   Str. 5

τεύχει· τότε Δαλογενὴ[ς Ἀπό]λλων

φέρων ἐς Ὑπερβορέο[υς γ]έροντα

   σὺν τανισφύροις κατ[έν]ασσε κούραις   60

40 δι' εὐσέβειαν, ὅτι μέ[γιστα] θνατῶν   Ant. 5

ἐς ἀγαθέαν ⟨ἀν⟩έπεμψε Π[υθ]ώ.

Ὅσο[ι] ⟨γε⟩ μὲν Ἑλλάδ' ἔχουσιν, [ο]ὔτι[ς,

   ὦ μεγαίνητε Ἱέρων, θελήσει   64

φάμ]εν σέο πλείονα χρυ-   Ep. 5

σὸν [Λοξί]ᾳ πέμψαι βροτῶν.

Εὖ λέ‿γειν πάρεστιν ὅσ[τις

   μ]ὴ φθόνῳ πιαίνεται,

45 ⁓‿]λη φίλιππον ἄνδρ' ἀ[ρ]ήϊ-

ον [–]ίου σκᾶπτρ[ο]ν Διὸ[ς]   70

ἰοπλό]κων τε μέρο[ς ἔχοντ]α Μουσᾶν·   Str. 6

‿ –]μαλέαι ποτ[ὲ – ‿] .´ ιων

⌣ –]νος ἐφάμερον α[‿ – ‿]·

– ‿]α σκοπεῖς· βραχ[ύς ἐστιν αἰών·   74

Tᴇsᴛ. 44 Scholia in Bacchylidis epinicia pap. M, fr. 2, 3-5 (p. 122
Snell-Maehler) : εὖ λέ]γειν [πάρεστιν ὅστις μὴ φθ]όνῳ π[ιαίνεται· δεῖ
τὸν ἄν]θρωπ(ον) εὖ λέγ(ειν). — 48-49 Ibid., fr. 3, 4-10 : δυ]νατὰ
ἐρεύνα [...] ὅτι ὀλιγοχρό[νιος ὁ βίος...] ἡ πτερ[όεσσα ἐλπὶς δι]αφθείρει
τὸ [τῶν ἀνθρώπων ν]όημα.

37 θεῶν μέριμνα suppl. K. ‖ 39 κατένασσε Palmer apud K. ‖ 40
μέγιστα suppl. K. ‖ 41 ἀνέπεμψε Blass, Housman, Platt, Wil. :
επεμψε A ‖ 42 γε add. Blass, Housman, Platt, Wil. ‖ 43 φάμεν suppl.
Blass ‖ σέο legit Palmer apud K. ‖ Λοξίᾳ suppl. Blass, Crusius, Platt ‖
44 εὖ λέγειν suppl. Blass, Platt, Housman ‖ ὅστις μὴ suppl. Palmer
apud K. ‖ πιαίνεται A³ : ϊαινεται A ‖ 45 εὐθα]λῆ prop. Sandys,
θεοφι]λῆ Herwerden (longius spatio) ‖ ἄνδρ' ἀρήϊον legit Blass, recte :
ἄνδρα Κηΐων (uel Κήϊον) K. ‖ τεθμ]ίου uel δαμ]ίου prop. Blass,
ξειν]ίου Nairn ‖ 46 ἰοπλόκων et μέρος ἔχοντα suppl. Bláss ‖ 47 ποτ[ὲ
A : κοτ[ὲ A³ ? ‖ 48 post σκοπεῖς litt. (ι, φ, σ ?) deleta ab A³ ? ‖ βραχύς
ἐστιν αἰών suppl. Blass.

L'espoir empenné ... la pensée des créatures d'un jour.
Le seigneur Apollon ... dit au fils de Phérès : « Tu es
mortel ; il faut que croissent en toi deux

opinions : que tu n'as plus que demain pour voir la
lumière du soleil, et que tu as cinquante ans pour achever
une vie plongée dans la richesse. Accomplissant tes devoirs
de piété, apporte la joie à ton cœur. Là se trouve le plus
haut avantage.

VII

Au sage je fais entendre des paroles qu'il peut compren-
dre. L'éther profond reste pur ; l'eau de la mer ne se
corrompt ; l'or apporte de joyeux pensers. Mais quand
l'homme a laissé passer la vieillesse chenue, il ne lui est pas
permis

de ramener la verdoyante jeunesse. L'éclat du moins de
la vertu chez les mortels ne connaît pas, en même temps
que le corps, le dépérissement : c'est la Muse qui le
nourrit. Pour toi, Hiéron,

tu as montré au monde les plus belles fleurs de la
prospérité. La réussite ne reçoit pas sa parure du silence.
Mais sera dans la vérité quiconque chantera la gloire des
beaux exploits, et celle du rossignol de Kéos, dont la
parole est de miel.

πτε‿ρ]όεσσα δ' ἐλπὶς ὑπ[‿ ‿ ‿ ν]όημα‿   Ant. 6
50 ἐφαμ]ερίων· ὁ δ' ἄναξ ['Απόλλων
ᵜ-].' λος εἶπε Φέρη[τος υἷι·
l. 9   «Θνατὸν εὖντα χρὴ διδύμους ἀέξειν

γνώμας, ὅτι τ' αὔριον ὄ-   Ep. 6
ψεαι μοῦνον ἁλίου φάος,   80
χὤτι πεντήκοντ' ἔτεα ζω-
ὰν βαθύπλουτον τελεῖς.
Ὅσια δρῶν εὔφραινε θυμόν· τοῦτο γὰρ
κερδέων ὑπέρτατον.»   84

55 Φρονέοντι συνετὰ γαρύω· βαθὺς μὲν   Str. 7
αἰθὴρ ἀμίαντος· ὕδωρ δὲ πόντου
οὐ σάπεται· εὐφροσύνα δ' ὁ χρυσός·
ἀνδρὶ δ' οὐ θέμις, πολιὸν π[αρ]έντα

γῆρας, θάλ[εια]ν αὖτις ἀγκομί⟨σ⟩σαι   Ant. 7
ἥβαν. 'Αρετᾶ[ς γε μ]ὲν οὐ μινύθει   90
60 βροτῶν ἅμα σ[ώμ]ατι φέγγος, ἀλλὰ
Μοῦσά νιν τρ[έφει.] 'Ιέρων, σὺ δ' ὄλβου

κάλλιστ' ἐπεδ[είξ]αο θνα-   Ep. 7
τοῖς ἄνθεα· πράξα[ντι] δ' εὖ
οὐ φέρει κόσμ[ον σι]ωπά·   95
σὺν δ' ἀλαθ[είᾳ] καλῶν
καὶ μελιγλώσσου τις ὑμνήσει χάριν
Κηΐας ἀηδόνος.

49 πτερόεσσα suppl. H. Fränkel (confirm. schol. M) ‖ νόημα e
schol. M rest. Snell ‖ 50 ἐφαμερίων suppl. Blass ‖ 'Απόλλων suppl. K.
‖ 51 ἑκαβόλος prop. Jebb apud K., alii alia ‖ υἷι suppl. Platt,
Wackernagel ‖ 52 εὖντα χρὴ A²? : ευτανχρη A ‖ 57 παρέντα suppl.
Jebb apud K. ‖ 58 θάλειαν suppl. K. ‖ ἀγκομίσσαι K. metri causa :
-μισαι A ‖ 59 ἀρετᾶς γε μὲν suppl. K. ‖ 60 σώματι suppl. Ingram
apud K. ‖ τρέφει suppl. K. ‖ 61 ἐπεδείξαο et πράξαντι suppl. K. ‖ 62
κόσμον σιωπά et ἀλαθείᾳ suppl. K. ‖ 63 ἀηδόνος ex αηοονος corr. A¹.

ÉPINICIE IV

NOTICE

Date et circonstances

Cette épinicie célèbre la victoire remportée par le quadrige royal à Delphes en 470. L'usage voulait, on le sait, qu'un court poème « improvisé » et exécuté sur place marquât d'abord la victoire, en attendant le retour du vainqueur parmi les siens et la cérémonie au cours de laquelle était donnée la grande ode triomphale, que le poète pouvait donc composer à loisir. On a vu plus haut que les *Épinicies* I et II pour Argeios de Kéos ont été écrites dans de telles conditions par Bacchylide. Mais il n'en était pas toujours ainsi. En effet, dans la circonstance qui nous occupe, si Bacchylide fut invité à composer le poème le plus court, Pindare eut le privilège de présenter la grande ode, la Ire *Pythique*. On peut supposer que le roi de Syracuse aura voulu établir un équilibre entre deux poètes rivaux, le plus âgé se voyant confier la tâche la plus glorieuse, le plus jeune recevant la charge la moins importante, augmentée, il est vrai, du soin de composer l'*Éloge* 5, à l'occasion de l'un des festins que le roi offrit dans la ville d'Etna à ses invités de marque. L'épinicie et l'éloge font du reste tous deux honneur au talent, encore juvénile et primesautier, de Bacchylide.

Analyse

Le poème comprend deux couplets identiques. Le premier célèbre la faveur d'Apollon et la gloire que vaut à Hiéron cette troisième victoire pythique, après celles de 482 et 478, au cheval monté. Le second atteste que nul homme au monde n'a connu ni ne

connaîtra autant de succès insignes que le roi de Syracuse,
qui aurait pu remporter à Delphes une quatrième victoire
(dans des conditions peu claires en raison de la mutilation
du papyrus) et qui a triomphé deux fois à Olympie, au
cheval monté, en 476 (*Épinicie* V ; Pindare, Ire *Olympi-
que*) et 472.

Composition métrique

Dans cette ode monostrophique, des
séries dactyliques se mêlent aux mètres
choriambiques.

Le vers initial est fait d'un glyconien suivi d'un
hipponactéen, forme hypermètre du glyconien. Les vers 2
et 4 comportent une série de dactyles purs, quatre avec
catalexe *in dissyllabum* pour le premier, six avec catalexe
in syllabam et un bacchée final pour le second [1]. En
alternance avec ces deux suites dactyliques, les vers 3 et 5
présentent des variations sur le thème de l'hendécasyllabe
sapphique, avec attaque ascendante (⌣ –) dans les deux
cas ; le vers 3 est prolongé d'un iambe, alors qu'au vers 5
un glyconien précède l'hendécasyllabe. Les vers 6 et 7
correspondent respectivement aux deux éléments du
vers 1, avec une variation dans le premier : un dimètre
épichoriambique est substitué au glyconien.

Le nombre des temps marqués est le suivant : v. 1 : 9 (4
+ 5) ; v. 2 : 4 ; v. 3 : 7 ; v. 4 : 8 ; v. 5 : 10 (4 + 6) ; v. 6 :
4 ; v. 7 : 5. Diverses divisions en périodes sont possibles,
par exemple I v. 1 : 9 ; II v. 2-4 : 19 (4 + 7 + 8) ; III v. 5-
7 : 19 (10 + 4 + 5). La plus satisfaisante du point de vue
métrique est celle qui associe les séries dactyliques et les
vers à hendécasyllabe sapphique dans une longue période
centrale de 29 temps marqués (v. 2-5 : 4 + 7 + 8 + 10,
de durée croissante), qu'encadrent deux courtes périodes
égales (v. 1 : 9, et v. 6-7 : 9 [4 + 5]) qui se font écho avec
une légère variation, le dimètre épichoriambique du v. 6
répondant au glyconien du v. 1 *a*.

---

1. Pour des nécessités pratiques qui s'imposaient déjà aux éditeurs
alexandrins, la longue série dactylique du v. 4 est disposée sur deux
lignes ou deux *côla*.

SCHÉMA MÉTRIQUE

Strophe : ⏑⏑‒⏑‒⏑‒⏑‒
         ⏑⏑‒⏑‒⏑‒‒‒
         ‒⏑⏑‒⏑‒⏑‒⏑‒‒
         ⏑‒⏑‒⏑‒⏑‒⏑‒⏑‒
         ‒⏑⏑‒⏑‒⏑⏑   5
         ‒⏑⏑‒⏑‒⏑‒‒
    5 ⏑⏑‒⏑‒⏑⏑‒‒
         ⏑‒⏑‒⏑⏑‒⏑‒‒‒
         ⏑⏑‒⏑‒⏑‒⏑‒
         ‒⏑‒⏑⏑‒⏑‒‒   10

ÉPINICIE IV

POUR LE MÊME
VAINQUEUR ‹À LA COURSE DE CHARS›
AUX JEUX PYTHIQUES

1

Apollon à la chevelure d'or aime encore Syracuse et il honore Hiéron, le justicier des villes. Pour la troisième fois, près de l'*Omphalos* du sol aux hautes crêtes, on le célèbre comme vainqueur Pythique, en même temps que la qualité de ses chevaux aux pieds prompts [1]. ... Le coq au doux parler [2] d'Uranie, la reine de la lyre ... Mais d'un cœur consentant ... donna le branle aux hymnes.

2

Si quelqu'un, pour la quatrième fois, entraînait la balance de Diké, nous honorerions encore le fils de

---

1. Bacchylide ne semble pas compter ici les victoires d'Hiéron au cheval monté.
2. Rappelons la poétique expression de Simonide ἱμερόφων' ἀλέκτωρ (fr. 583 Page = 47D²), conservée par une citation d'Athénée (IX, 374D), à laquelle Bacchylide a pu penser ici. Notons d'autre part que Pindare emploie ἀλέκτωρ, forme poétique d'ἀλεκτρύων, dans la XIIᵉ *Olympique* (v. 14), qui est dédiée à un habitant d'Himère, et que l'on a remarqué l'effigie d'un coq sur certaines monnaies d'Himère (cf. A. Puech, éd. des *Olympiques*, note *ad loc.*). Il est possible qu'il y ait ici une allusion de Bacchylide à la victoire remportée par Hiéron sur les Carthaginois, l'année même de Salamine (480).

Δ (c. 4)

ΤΩΙ ΑΥΤΩΙ
⟨ΙΠΠΟΙΣ⟩ ΠΥΘΙΑ

Ἔτι Συρακοσίαν φιλεῖ   Str. 1
    πόλιν ὁ χρυσοκόμας Ἀπόλλων,
ἀστύθεμίν θ' Ἱέ[ρω]να γεραίρει·
τρίτον γὰρ π[αρ' ὀμφα]λὸν ὑψιδείρου χθονὸς
Πυ[θ]ιόνικος ἀ[είδε]ται   5
    ὠ[κυ]πόδων ἀρ[ετᾷ] σὺν ἵππων.
5 Ἐ[‿ ‿] ἁδυεπὴς ἀ[να-
    ξιφόρ]μιγγος Οὐρ[αν]ίας ἀλέκτωρ
‿ ‿]εν· ἀλλ' ἐκ[όν]τι νόῳ   10
– ‿ ο]υς ἐπέσεισ‿εν‿ ὕμνους.

Ἔτι δὲ τέ]τρατον εἴ τις ορ-   Str. 2
    ‿ ‿ ‿] εἷλκε Δίκας τάλαν[τον,
1. 10   Δεινομένεός κ' ἐγερα[ίρ]ομεν υἱὸν

TEST. 7 Scholia in Bacchylidis Epinicia pap. M, fr. 5, 2 (p. 124
Snell-Maehler) : ὕ]μνους ἐπέ[σεισεν.

Inscript. in mg. add. A³ || ἵπποις add. K. || 2 Ἱέρωνα suppl. K. || 3
παρ' ὀμφαλὸν Blass : ἀμφ' ὀμφ. Jebb apud K. || 4 ἀείδεται suppl. K. ||
ἀρετᾷ suppl. Blass, Campbell, Crusius et alii || 5-8 in PSI XII 1278 A
|| 5 ἀναξιφόρμιγγος suppl. Maas || Οὐρανίας suppl. Norsa || 6 ἑκόντι
suppl. Blass || 7 ἐπέσεισεν e schol. rest. Lobel || 8 ἔτι δὲ suppl. Pfeiffer
|| τέτρατον suppl. Gallavotti || ὀρθόνομον prop. Norsa, ὀρθὰ θεὸς Snell,
ὀρθότερον Pfeiffer || τάλαντον rest. Blass : τάλαντα prop. Snell.

Deinoménès : près du Foyer, dans les fonds de Kirrha
voisins de la mer, seul de ceux qui sont sur la terre, il a
trouvé moyen de couvrir ainsi de couronnes et de chanter
deux victoires olympiques [3]. Qu'y a-t-il de meilleur que
d'obtenir du sort, étant aimé des dieux, sa part des
honneurs de tous les pays ?

3. Hiéron a triomphé trois fois aux Jeux Pythiques et deux fois aux
Jeux Olympiques. A considérer cet ensemble de victoires, il l'empor-
terait encore sur un champion qui enlèverait quatre victoires
Pythiques.

† παρ' ἑστίαν † ἀγχιάλοις τ[ε Κί]ρρας μυχοῖς
μοῦνον ἐπιχθονίων τάδε   15
  μησάμενον στεφάνοις ἐρέπτειν
δύο τ' ὀλυμπιονικ⟨ί⟩ας
  ἀείδειν. Τί φέρτερον ἢ θεοῖσιν
φίλον ἐόντα παντο[δ]απῶν
λαγχάνειν ἄπο μοῖρα[ν] ἐσθλῶν;   20

10 παρ' ἑστίαν A : πάρεστίν νιν coni. Blass πάρεστι μὰν Wil. alii
alia; locus corruptus necdum sanatus ‖ ἀγχιάλοις τε legit Snell :
ἀγχιάλοισι(ν) K. ‖ Κίρρας suppl. Blass ‖ 12 ὀλυμπιονικίας Maas :
-νικας A ‖ 14 ἐσθλῶν leg. Blass et Wil. : ἀέθλων K.

ÉPINICIE V

NOTICE

Date et circonstances

L'occasion de cette ode fut la victoire d'Hiéron au cheval monté, remportée en 476 à Olympie par Phérénikos, le fameux alezan doré, que l'on peut dire le champion attitré du roi de Syracuse, puisqu'il remporta au moins quatre victoires olympiques et pythiques. Ce qui fait difficulté, c'est que le roi reçut deux odes pour la célébration solennelle de son triomphe : l'*Épinicie V* de Bacchylide et la Iʳᵉ *Olympique* de Pindare. Pour certains [1], Hiéron aurait commandé une ode à chacun des deux poètes. Il paraît difficile de l'admettre, surtout sans aucune preuve. Nous pensons plutôt que le roi avait confié au Thébain le soin de glorifier son triomphe, mais que Bacchylide, s'autorisant du titre d'hôte d'Hiéron qu'il croit pouvoir se décerner dans le texte même du poème, et peut-être conseillé par Simonide, prit le risque d'envoyer de son propre chef cette belle ode comme cadeau à Hiéron, dans le but de se pousser dans la faveur du roi [2]. De toute manière, on peut se représenter quelle dut être la réaction de Pindare quand il vit la tentative de ce rival. Hiéron ne serait-il pas enclin à préférer à son ode, pour l'exécution publique, ce poème inattendu qu'il n'avait pas commandé? La fin de la IIe *Olympique* en dit long sur ce que dut éprouver le Thébain, et par le κῶλον de l'Aigle et

1. Tel A. Severyns, p. 87, n. 5.
2. Sur la question de Bacchylide hôte d'Hiéron (ξένος au v. 7) et sur la place tenue à Syracuse par Simonide, voir *Introduction*, p. xiv.

des Choucas [3], en forme de fable ou presque, et par les remerciements exprimés à Théron, dont nous pensons qu'il avait dû arranger les choses en cette occasion [4]. Le ressentiment de Pindare trouva-t-il une forme de κάθαρσις, six ans plus tard, dans la Ire *Pythique*, pour se sentir apaisé? Quoi qu'il en soit, Simonide et Hiéron étant morts tous les deux en 466, les deux poètes rivaux ont pu reprendre, chacun pour son compte, une route sur laquelle ils devaient par la suite souvent se croiser.

Analyse

La 1re triade, après l'offrande à Hiéron de l'ode qui lui est envoyée de Kéos, développe l'image splendide de l'aigle appliquée au poète [5]. Comme l'oiseau, il plane au-dessus de la terre et des mers pour célébrer les fils de Deinoménès et vanter les exploits de Phérénikos. Un rejet, d'aspect très pindarique, sur la 2e triade fait allusion à la gloire acquise par l'alezan à Pythô. Cette triade débute par l'évocation de la rapidité et de la sûreté de Phérénikos; puis, après une réflexion de portée générale sur la fragilité du bonheur de l'homme, le poète aborde le mythe qui ne se termine qu'après la 1re strophe de la 5e et dernière triade. Il s'agit de la rencontre d'Héraclès, descendu dans l'Hadès pour en ramener Cerbère, avec l'ombre de Méléagre. Celui-ci, dans un récit dont le ton rappelle, surtout dans la dernière partie, la mélancolie virgilienne, apprend au fils de Zeus les détails de sa navrante histoire : la chasse du sanglier de

3. Voir notre communication faite en 1971 à l'Université d'été de Padova-Bressanone, *Il simbolo dell'aquila nella poesia pindarica*, dans *Conoscenza religiosa*, La Nuova Italia, 1972, 4, p. 402-413.

4. Voir la fin de notre article des *Hommages à Marie Delcourt* (Collection Latomus, 114) sur *Pindare et la Sicile*, Bruxelles, 1970, p. 90-91.

5. La magnifique comparaison de l'aigle a pu être inspirée par Pindare : καὶ πέραν πόντοιο πάλλοντ' αἰετοί (Ve *Néméenne*, v. 21, que Gaspar et Puech datent de 489, pour Pythéas d'Égine, dont Bacchylide a chanté la même victoire), à moins que ce ne soit par Simonide. — Une comparaison littéraire entre l'épinicie de Bacchylide et la IIIe *Pythique* a été donnée par M. Lefkowitz, *The Victory Ode*, p. 43-76.

Calydon, la guerre entre les Courètes et les Étoliens, la
vengeance de sa mère Althée, le faisant périr, lui, son fils,
en remettant au feu le tison auquel les Moires avaient
attaché sa vie. Héraclès, s'étant apitoyé sur le sort de
Méléagre et sur celui des mortels humains, demande à
Méléagre s'il n'a pas laissé au palais de son père une sœur
non mariée ; et le héros de nommer Déjanire. Une
invocation à Calliope, puis des éloges renouvelés d'Hiéron,
achèvent le poème, assurément l'un des grands chefs-
d'œuvre du lyrisme choral en Grèce.

**Les sources
du mythe
de Méléagre**
Le premier texte grec, à notre con-
naissance, racontant les exploits et indi-
quant la mort de Méléagre, est l'impor-
tant récit de Phénix au chant IX de
l'*Iliade* (v. 524-605). Destiné à persuader Achille de
renoncer à sa colère, le récit, qui se borne à laisser prévoir
la mort du héros [6], constitue une *Colère de Méléagre*,
sorte de court chant épique, du genre de ceux que
certaines théories du siècle dernier voulaient mettre à
l'origine des grands poèmes tels que l'*Iliade* et l'*Odyssée*.
Si l'œuvre conservée d'Hésiode risque de ne nous
fournir qu'un maigre butin, on peut deviner qu'il en serait
tout autrement dans d'autres poèmes du Cycle hésiodique,
dans ces *Pseudo-Hesiodeia*, dans ces œuvres perdues dont
nous avons pourtant connaissance, soit par des fragments,
soit par des allusions dispersées çà et là, *Catalogue des
Femmes, Éhées* ou *Grandes Éhées*, qu'a étudiées notam-
ment J. Schwartz [7]. Par chance, d'importantes précisions
nous sont apportées par Pausanias, dans les chapitres de
son livre X où il décrit la Lesché de Delphes, peinte par
Polygnote (chap. 28 à 31). Il nous apprend que l'artiste a
représenté la descente d'Ulysse aux Enfers en l'entourant

6. Il rapporte les invocations d'Althée à Perséphone et Hadès, et
ajoute que l'Érinys l'entendit (ἔκλυεν), ce qui implique qu'elle
l'exauça. Cf. Pausanias en X, 31, 3, qui voit bien là la cause de la mort
du héros.
7. Voir *Pseudo-Hesiodeia*, Leyde, 1960, p. 27-29.

d'un grand nombre de personnages que les œuvres
littéraires n'ont pas toujours représentés en sa compagnie,
Méléagre entre autres, au côté d'Héraclès. Donnant les
sources d'inspiration du peintre, il mentionne des épisodes
épiques connus, ou plus souvent inconnus de nous. Ainsi
surgissent à nos yeux des épisodes des *Éhées* ou de la
Minyade. Le point le plus important du mythe de
l'*Épinicie* V de Bacchylide étant la présence de Méléagre
aux Enfers en même temps qu'Héraclès venu chercher
Cerbère, nous trouvons chez Pausanias, se référant à la
Minyade, avec laquelle il précise que les *Éhées* sont
d'accord, la mention d'une conversation de Méléagre avec
Thésée et Pirithoos, tous deux sous la protection
d'Héraclès, ce qui rend évidente la rencontre de Méléagre
avec le fils de Zeus. J. Schwartz verse également au dossier
deux papyrus [8], qui parlent de la rencontre d'Héraclès avec
Méléagre, le second papyrus étant seul à mentionner le
récit que fait Méléagre de sa propre mort. On ne peut
guère tenir compte du texte où Apollodore raconte
l'arrivée d'Héraclès dans l'Hadès, ajoutant « Quand les
âmes le virent, elles s'échappèrent, excepté Méléagre... » [9],
parce qu'on ne peut savoir si le mythographe se réfère à un
passage de la *Minyade* ou à un poème postérieur. Mais ce
que nous révèlent Pausanias et les deux papyrus nous
suffit pour connaître avec certitude l'antériorité de la
rencontre d'Héraclès avec Méléagre aux Enfers par rapport
à Bacchylide. L'indication du second papyrus est d'autant
plus précieuse qu'elle nous prouve que le récit de Méléagre
n'est pas une invention de Bacchylide, comme certains ont
pu le croire [10].

En ce qui concerne les modalités de la mort de

---

8. Il s'agit des fragments 25 et 280 de l'édition Merkelbach-West.
9. Apollodore, *Bibl.*, II, 12.
10. M. Croiset, qui n'avait pu, vu les dates, connaître les nouveaux
papyrus, était du nombre. Cf. son article *Sur les origines du récit
relatif à Méléagre dans l'Ode V de Bacchylide*, in *Mélanges H.
Weil*, Paris, 1898, p. 73-80 (repris dans *Pindaros und Bakchylides*,
Darmstadt, 1970, p. 405-412). Voir aussi L. H. Gallart, *Beiträge zur
Mythologie bei Bakchylides*, Freiburg (Schweiz), 1910, p. 13-61.

Méléagre, l'*Iliade* déclare seulement que cette mort fut le résultat des imprécations d'Althée lancées vers Hadès et Perséphone, et nous ne possédons aucun des récits qu'ont dû développer sur ce sujet les épopées post-homériques. Pausanias, quant à lui, nous apprend que les *Grandes Éhées* et la *Minyade* s'accordent sur une autre version : Apollon, venu secourir les Courètes contre les Étoliens, tue lui-même Méléagre dans la bataille. Faut-il voir dans cette seconde version une sorte de contamination entre la forme très simple du mythe héritée d'Homère et un épisode, d'origine toute différente, attestant la façon dont le dieu poursuivait la descendance d'Idas et de cette Marpessa qui le lui avait préféré, tout dieu qu'il était [11] ? Mais Pausanias nous expose une troisième version, que nous appellerons « la version du tison ». Sa première apparition, nous déclare le Périégète, se produit dans une œuvre de Phrynichos, les *Pleuroniennes*, un δρᾶμα, précise-t-il, dont il cite un fragment choriambique, ajoutant que le thème n'a pas été inventé par Phrynichos, qui en parle en passant comme d'une tradition répandue dans tout le monde grec [12]. Pausanias semble ignorer d'où elle est issue. Entre l'épopée et les formes les plus anciennes du théâtre, on songe tout naturellement au lyrisme. C'est à la suite d'une semblable déduction que, dès la découverte du papyrus de Londres, M. Croiset put suggérer qu'un poète d'une très grande renommée et d'une très forte autorité, Stésichore d'Himère, qui vécut, selon la *Souda*, de la 36ᵉ à la 56ᵉ Olympiade, aurait imaginé la version du tison. L. H. Gallart qualifia cette conjecture d'invraisemblable [13]. Par contre, les pages consacrées par C. M. Bowra

---

11. Cf. le *Dithyrambe* VI (Idas) et l'*Éloge* 2 (Marpessa), notices et notes.

12. Il n'est évidemment pas question que Bacchylide ait reçu d'Eschyle le thème mythique du tison (*Choéphores*, v. 602-612) ; les dates l'interdisent absolument, car presque vingt ans séparent les deux œuvres, l'épinicie de 476 et l'*Orestie* jouée en 458.

13. Cf. n. 10 les références aux travaux de M. Croiset et de L. H. Gallart.

au poète d'Himère [14] montrent en lui un génie capable
d'effectuer une synthèse de la matière épique antérieure et
de la retravailler en d'importants poèmes lyriques, se
révélant le véritable promoteur du genre qui devait donner
au monde grec un Simonide, un Pindare, un Bacchylide,
passant auprès de ses disciples et successeurs comme un
créateur de mythes, remodelant les thèmes anciens, en
proposant de nouveaux. Il en résulterait que Stésichore
aurait pu embellir aussi l'histoire de Méléagre. Mais il faut
avouer que rien ne le prouve. A notre avis, le thème du
tison présente tout à fait le caractère d'un de ces motifs de
conte populaire où l'on voir une fée, à moins que ce ne soit
une sorcière, lancer une malédiction ou une menace
conditionnelle sur un nouveau-né princier. Les Moires ici
remplissent ce rôle. Par ailleurs, laissant de côté l'hypothè-
se de M. Croiset et nous attachant à ce qui est indiscutable,
nous pensons que, dans l'état actuel de nos connaissances,
Phrynichos possède l'antériorité de la mise en œuvre
littéraire du thème folklorique du tison, que Bacchylide l'a
certainement rencontré dans Athènes et a même pu
assister à la représentation des *Pleuroniennes* [15], quelle
qu'en fût la date précise, que nous ignorons, date assez
proche de l'*Épinicie* V. Cette hypothèse d'une influence
directe de la pièce de Phrynichos sur l'ode de Bacchylide a
déjà été proposée par C. Robert [16]. Rappelons aussi que les
trois grands tragiques ont par la suite traité le thème de la
mort de Méléagre : Eschyle peut-être dans son *Atalante* [17],

14. Voir *Greek Lyric Poetry from Alcman to Simonides*, 2ᵉ éd.,
Oxford, 1961, p. 74-129.
15. Nous ne connaissons pas les dates extrêmes de la vie de
Phrynichos d'Athènes. On admet qu'il était plus âgé qu'Eschyle, que
ses *Phéniciennes* auraient précédé les *Perses* de quatre ans, et qu'il
serait mort vers 470. Bacchylide, selon nous, serait né aux environs de
508/507.
16. Voir sa *Griechische Heldensage*, p. 88 et 91, citée par L.
Séchan, *Études sur la tragédie grecque dans ses rapports avec la
céramique*, Paris, 1925, dans son chapitre sur le *Méléagre* d'Euripide,
p. 425, n. 3.
17. Cf. A. Wartelle, *Histoire du texte d'Eschyle*, Paris, 1971, p. 25
et 262.

dont nous ignorons, il est vrai, le sujet ; le même Eschyle accessoirement, une vingtaine d'années après l'*Épinicie* V, dans les vers 602-612 d'un chœur des *Choéphores* ; Sophocle dans son *Méléagre*[18] ; Euripide avec sa tragédie de *Méléagre*. Ainsi nous semble-t-il prouvé que le sujet de l'*Épinicie* V de Bacchylide était à la mode vers la fin du premier quart du ve siècle et dans la période suivante.

L'originalité de Bacchylide   A l'époque classique, l'originalité d'un poète grec consiste non pas à créer le sujet de son poème, mais à introduire dans un sujet connu des détails nouveaux, ou à imaginer des combinaisons nouvelles d'éléments préexistants. Dans une littérature dont des parties notables sont perdues, il est bien difficile d'être juge en la matière. Mais il existe une autre façon d'envisager l'originalité d'une œuvre poétique. L'essentiel réside, selon nous, dans le choix que fait un poète parmi les divers éléments ou thèmes du « trésor » constitué au cours des temps et légué par ses devanciers, ainsi que, plus encore peut-être, dans la façon dont ils sont traités et mis en valeur. Dans l'ordre technique, une heureuse synthèse, un ingénieux arrangement risquent beaucoup moins de s'évanouir sous les yeux du critique ou du lecteur. En réalité, tout réside dans la personnalité du poète telle qu'elle se manifeste à nous à travers son chant. Le style, au sens le plus large, voilà ce qui fait dans le cas qui nous occupe ici l'originalité véritable.

Sous quels traits distinctifs apparaît donc Bacchylide dans l'*Épinicie* V ? Le προοίμιον nous semble, dans sa splendeur, inspiré d'un vers de Pindare (*Ném.* V, 21) ; mais au bond magnifique des aigles Bacchylide a ajouté un apport personnel[19], c'est-à-dire l'accompagnement poéti-

18. Fr. 401-406 Radt.
19. D'aucuns ont coulu voir, dans la description du vol de l'aigle, une allusion, non dépourvue d'intention polémique, à Pindare lui-même. B. Gentili, qui développe ce point de vue, rapporte — sans du reste la partager — l'opinion de B. Snell que ce début a pu être écrit

que et musical qui décrit le voyage du roi des oiseaux par-
dessus « les sommets de la vaste terre » et « les vagues
hérissées de la mer infatigable », cependant que se blottis-
sent « les oiseaux au chant clair... effrayés ». Aristophane, à
ses heures épris d'une vraie poésie, ne s'y est pas trompé,
lui qui, plus d'un demi-siècle après l'*Épinicie* V, peignait
en écho, dans les *Oiseaux* (v. 769 sqq.), le cygne apollinien
traversant les airs et son chant pacifiant l'univers. Et l'on
ne saurait oublier la belle comparaison, inspirée d'Homère
(*Iliade* VI, v. 146-149), des « feuilles qu'agite le vent par
les blancs promontoires de l'Ida » (v. 35-36) avec la foule
des trépassés peuplant de leur souffle sans vie les rives du
Cocyte. Feuilles vivantes encore, âmes des défunts, tristes-
se de l'au-delà et joie de la lumière s'unissent dans ce
mélange harmonieux et mélancolique dont la sensibilité de
Bacchylide conserve le secret.

Ce n'est pas celui de Pindare [20]. En effet, le trait
dominant du poète Bacchylide, éprouvé à l'occasion d'une
ode aussi réussie, aussi caractéristique que l'*Épinicie* V,
c'est une sensibilité qui nous pousse à évoquer plusieurs
siècles à l'avance celle de Virgile, si remarquable encore
aujourd'hui [21]. Certains traits de la rencontre d'Héraclès
avec Méléagre nous font penser à ce passage de la Descente

après le corps du poème, ou être l'objet d'une seconde rédaction (voir
son *Bacchilide*, p. 18-21, et la 2e éd. [1949] de Snell, p.37*). Nous
savons d'ailleurs, par le fr. 97 Page de Simonide, que celui-ci, dans
ses vers, n'épargnait pas, de son côté, le poète thébain.

20. Un scholiaste d'Homère (*Iliade*, XXI, 194) nous informe de
l'existence d'un poème de Pindare qui raconte la rencontre de
Méléagre et d'Héraclès dans l'Hadès, mais Méléagre proposait à
Héraclès d'épouser sa sœur. M. Croiset oppose cette version à celle
qu'a choisie Bacchylide, dans laquelle Déjanire, terrorisée par la
recherche d'Achéloos, est sauvée par l'intervention du fils de Zeus. Il
n'a pas de mal à nous convaincre que Bacchylide a fait le meilleur
choix.

21. Pour les rapprochements avec Virgile, consulter un article d'E.
Paratore, *Bacchilide e Virgilio*, dans *Wiener Studien* 69 [*Festschrift
Lesky*], 1956, p. 289-296, cité par B. Gentili, *op. cit.*, p. 32, n. 1. Nous
sommes personnellement en train de préparer quelques pages sur
« Virgile héritier de Bacchylide » pour la *Revue des Études Ancien-
nes*. [Ce projet ne semble pas avoir été réalisé.]

aux Enfers, au chant VI de l'*Énéide*, que nous citons dans la traduction de J. Perret : « Aussi nombreux que dans les bois, au premier froid de l'automne, les feuilles se détachent et tombent, ou que, volant du large vers la terre, se serrent nombreux les oiseaux lorsque la saison froide les chasse au-delà de la mer... » (v. 309 sqq.). Et Héraclès cherchant dans son carquois la flèche à décocher sur l'ombre de Méléagre appelle en nous, au même chant VI de l'*Énéide*, les vers consacrés aux armes d'Énée. S'il est vrai que le poète de Kéos n'a pas inventé le thème de Méléagre racontant sa mort, mais l'a vraiment fait sien, quand, aux vains embrassements d'Achille ou d'Ulysse, il a substitué la vaine recherche de la flèche d'Héraclès, Virgile, de son côté, a trouvé dans certaines formes de la mélancolie bacchylidéenne les sources de l'expression de sa propre mélancolie. Mais chacun d'eux a su garder son génie particulier. Ainsi dans Bacchylide, imitateur de tel ou tel de ses grands devanciers, on reconnaîtra un maître qui, sur un plan bien distinct de celui de Pindare, est, lui aussi, en vérité, irremplaçable.

Composition métrique — L'ode est faite d'éléments anapesto-iambiques et dactylo-trochaïques. Les syncopes, assez nombreuses à l'intérieur du vers, sont presque toujours soulignées par une coupe fréquente, par exemple aux v. 6 et 7 de la strophe. Mais, dans la première triade — phénomène exceptionnel qui confirme la nature iambique du second élément — ces syncopes sont évitées aux deux vers en question, aussi bien dans la strophe que dans l'antistrophe, comme il apparaît dans le schéma métrique où les syllabes correspondantes sont placées entre parenthèses[22].

Le v. 1 de l'épode est identique au v. 1 de la strophe, à la réserve de l'élément anapestique initial, une tripodie dans la strophe, une dipodie dans l'épode ; la syncope qui

---

22. La relation entre syncope et coupe fréquente permet d'envisager que les v. 8 et 9 de l'épode n'en fassent qu'un, avec une coupe généralisée.

se produit entre l'élément anapestique initial et le dimètre iambique acéphale et hypermètre est soulignée par une coupe neuf fois sur dix dans la strophe, trois fois sur cinq dans l'épode[23].

Les six premiers vers de la strophe paraissent se grouper par deux pour former trois périodes, la première (v. 1 et 2) et la troisième (v. 5 et 6) d'attaque ascendante, la deuxième (v. 3 et 4) d'attaque descendante. Le dernier vers, le plus long, constitue à lui seul une quatrième période. d'attaque ascendante. Le total des temps marqués de chaque période est respectivement de 16 (8 + 8), 14 (6 + 8), 15 (8 + 7) et 10, soit 55 pour la strophe entière ; pour les deux premières périodes, la variation est d'une unité (16 et 14) de part et d'autre de la moyenne rétablie dans la troisième. Le plan de l'épode est comme le renversement de celui de la strophe. Après le vers initial, isolé, d'attaque ascendante, avec 7 temps marqués, les huit autres vers se groupent par deux ou par trois pour constituer trois périodes d'attaque descendante, comptant chacune 13 temps marqués (soit 3 + 6 + 4, 9 + 4, 4 + 3 + 6). Le total, pour l'épode, est donc de 46 temps marqués, soit 156 pour la triade.

---

23. On peut se demander s'il convient de sauvegarder, comme on l'a fait, le parallélisme entre les vers initiaux de la strophe et de l'épode, ou si, au contraire, le v. 1 de la strophe ne doit pas être divisé en deux par la suppression, dans l'antistrophe 1 (v. 8), de la particule élidée δ' placée devant un alpha (dédoublement d'une lettre triangulaire ?), seule exception à la coupe généralisée en ce point dans le reste de l'ode.

SCHÉMA MÉTRIQUE

Strophe :   – – ◡ ◡ – ◡ ◡ –
           – ◡ – – – ◡ – –
           – – ◡ ◡ – ◡ ◡ –
           – – ◡ ◡ – ◡ ◡ – ≍ – ◡ –
           – ◡ ◡ – ◡ – –   5
           – ◡ ◡ – ◡ –
           – ◡ – – – ◡ –
           – ◡ – ≍ – ◡ –
    5 – – ◡ ◡ – ◡ ◡ – – – ◡ –
           – – ◡ ◡ – ◡ ◡ –   10
           – – ◡ ◡ – ◡ ◡ –
           (–) ◡ – – – – ◡ –
           – – ◡ ◡ – ◡ ◡ –
           – – ◡ ◡ – ◡ ◡ –
           (≍) ◡ – – – – ◡ –   15

Épode :   – – ◡ ◡ – – ◡ – – – ◡ – –
           – ◡ ◡ – ◡ ◡ –
           – – ◡ ◡ – ◡ ◡ – ≍ – ◡ – –
           – ◡ – – – ◡ – –
    5 – ◡ ◡ – ◡ – –   5
           – ◡ – – – ◡ – ≍ – ◡ –
           – – ◡ ◡ – ◡ ◡ –
           – ◡ – ≍ – ◡ – –
           – – ◡ ◡ – ◡ –
           – ◡ – – – ◡ – ≍ – ◡ – –   10

ÉPINICIE V

‹POUR LE MÊME
VAINQUEUR AU CHEVAL MONTÉ
AUX JEUX OLYMPIQUES›

I

Général heureux des Syracusains dont tournoient les attelages, tu vas connaître, s'il en est un au monde des hommes d'aujourd'hui, en doux présent, l'offrande précieuse des Muses couronnées de violettes, et ce sera justice. Ayant dans le calme reposé des soucis ton âme équitable, ici fixe en esprit tes yeux. Oui, avec l'aide des Charites à la ceinture profonde, ton hôte a tissé l'hymne que, de son île toute divine, nouveau serviteur d'Uranie au bandeau d'or, il envoie vers votre glorieuse cité. Il veut, de sa poitrine répandant sa voix,

dire les louanges d'Hiéron. Fendant l'éther profond de ses rapides ailes fauves, dans les hauteurs du ciel, l'aigle,

E (c. 5)

⟨ΤΩΙ ΑΥΤΩΙ
ΚΕΛΗΤΙ ΟΛΥΜΠΙΑ⟩

Εὔμοιρε [Σ]υρακ[οσίω]ν   Str. 1
  ἱπποδινήτων στρατα[γ]έ,
γνώσῃ μὲν [ἰ]οστεφάνων
  Μοισᾶν γλυκ[ύ]δωρον ἄγαλμα, τῶν γε νῦν
αἴ τις ἐπιχθονίων, ὀρ-   5
  θῶς· φρένα δ' εὐθύδικ[ο]ν
ἀτρέμ' ἀμπαύσας μεριμνᾶν
  δεῦρ' ⟨ἄγ'⟩ ἄθρησον νόῳ·
5 ἢ σὺν Χαρίτεσσι βαθυζώνοις ὑφά-
  νας ὕμνον ἀπὸ ζαθέας   10
νάσου ξένος ὑμετέραν
  πέμπει κλεένναν ἐς πόλιν,
χρυσάμπυκος Οὐρανίας
  καινὸς θεράπων· ἐθέλει
δὲ γᾶρυν ἐκ στηθέων χέων   15

αἰνεῖν Ἱέρωνα. Βαθὺν   Ant. 1
  δ' αἰθέρα ξουθαῖσι τάμνων

Inscript. suppl. K. : deest in A ‖ 1 Συρακοσίων suppl. K. ‖
ἱπποδινήτων A¹ ? : -τωι A ‖ 4 ἄγ' metri causa suppl. Maehler : alii alia
‖ 5 ἢ Platt, Jurenka : η A ἢ Blass ἦ K. ‖ 7 καινὸς Housman : κλινος A
κλεινος A³ ‖ 8 αἰνεῖν A¹ : -νει A.

messager de Zeus, le tout-puissant seigneur au grand
fracas, hardiment se fie à sa force robuste. Et les oiseaux
au chant clair de se blottir, effrayés. Les sommets de la
vaste terre ne l'arrêtent pas, ni les vagues hérissées de la
mer infatigable. Dans le gouffre inépuisable il fait mou-
voir, avec les souffles du Zéphyr, son pennage aux fines
plumes, pour les hommes, à le voir, facile à reconnaître.

C'est de cette façon qu'aujourd'hui, pour moi aussi,
partout se multiplie le chemin où chanter votre valeur, par
la grâce de la Victoire aux boucles sombres et par celle
d'Arès de bronze cuirassé, fiers enfants de Deinoménès [1].
Puisse le dieu ne pas se lasser de vous dispenser ses
bienfaits ! Phérénikos, en vérité, l'alezan doré, le poulain

1. Voir la Notice de l'*Épinicie* III.

ὑψοῦ πτερύγεσσι ταχεί-
αις αἰετὸς εὐρυάνακτος ἄγγελος
10 Ζηνὸς ἐρισφαράγου θαρ-   20
σεῖ κρατερᾷ πίσυνος
ἰσχύϊ, πτάσσοντι δ' ὄρνι-
χες λιγύφθογγοι φόβῳ ·
οὔ νιν κορυφαὶ μεγάλας ἴσχουσι γαί-
ας, οὐδ' ἁλὸς ἀκαμάτας   25
11 δυσπαίπαλα κύματα · νω-
μᾶται δ' ἐν ἀτρύτῳ χάει
λεπτότριχα σὺν Ζεφύρου
πνοιαῖσιν ἔθειραν ἀρί-
γνωτος μετ' ἀνθρώποις ἰδεῖν ·   30

15 τὼς νῦν καὶ ⟨ἐ⟩μοὶ μυρία πάντᾳ κέλευθος   Ep. 1
ὑμετέραν ἀρετὰν
ὑμνεῖν, κυανοπλοκάμου θ' ἕκατι Νίκας
χαλκεοστέρνου τ' Ἄρηος,
Δεινομένευς ἀγέρωχοι   35
παῖδες · εὖ ἔρδων δὲ μὴ κάμοι θεός.
20 Ξανθότριχα μὲν Φερένικον
Ἀλφεὸν παρ' εὐρυδίναν

TEST. 13 Scholia in Hesiodi Theogoniam 116 c 1 (p. 24, 9-11 Di
Gregorio) : Βακχυλίδης δὲ χάος τὸν ἀέρα ὠνόμαζε, λέγων περὶ τοῦ
ἀετοῦ · νωμᾶται δὲ ἐν ἀτρυγέτῳ χάει (cf. scholia in Aristophanis Aues
192 [p. 215 a, 14-15 Dübner] : χάος ἀντὶ τοῦ ἀέρος νῦν, ὡς Ἴβυκος ·
ποτᾶται δὲ ἐν ἀλλοτρίῳ χάει, quod fragmentum Ibyco haud uindicat
Page). — 20-23 Scholia uet. in Pindari Olymp. 1, inscr. a (t. 1, p. 16,
3-5 Drachmann) : μέμνηται δὲ αὐτοῦ (sc. Pherenici) Βακχυλίδης
γράφων οὕτως · ξανθότριχα — νικάσαντα.

11 πτάσσοντι A² : πασσ- A ‖ φόβῳ K. : φοιδωι A ‖ 12 μεγάλας A² :
-λαις A ‖ 13 νωμᾶται A¹ schol. Theog. : νωμαι|ται A νωμᾷ coni.
Walker ‖ ἀτρύτῳ A : ἀτρυγέτῳ sch. Hes. ‖ 14 πνοιαῖσιν Weil,
Ludwich et alii : πνοαι- A ‖ 15 ἐμοὶ Blass apud K. : μοι A ‖ 17 ὑμνεῖν
Palmer apud K. : -νει A.

qui court en tempête, près de l'Alphée aux larges
tourbillons, l'Aurore aux bras d'or a vu sa victoire,

II

comme à Pythô toute divine. Je le proclame — et je
prends appui sur la terre [2] : il ne s'est pas encore trouvé de
chevaux devant lui, dans un Jeu, pour le souiller de
poussière, tandis qu'il s'élance vers le but. L'égal du Borée
qui se rue, attentif à son guide, il se jette en avant, salué
d'applaudissements nouveaux, ménageant la victoire à
Hiéron, l'ami de l'étranger. Heureux l'homme à qui le dieu
a donné d'avoir son lot d'exploits et, avec une chance
enviable, de passer sa vie dans la prospérité ! Car personne
au monde n'est par nature complètement heureux.

On dit qu'un jour, le héros invincible, le renverseur de
portes, le rejeton de Zeus dont la foudre étincelle, pénétra
dans la demeure de Perséphone aux fines chevilles, pour

---

2. L'*Épinicie* VIII contient la même formule de serment par la
Terre, mais plus complète.

πῶλον ἀελλοδρόμαν
εἶδε νικάσαντα χρυσόπαχυς Ἀώς, 40

Πυθῶνί τ' ἐν ἀγαθέᾳ· Str. 2
γᾷ δ' ἐπισκήπτων πιφαύσκω·
25 οὔπω νιν ὑπὸ προτέ[ρω]ν
ἵππων ἐν ἀγῶνι κατέχρανεν κόνις
πρὸς τέλος ὀρνύμενον· ῥι- 45
πᾷ γὰρ ἴσος Βορέα
ὃν κυβερνήταν φυλάσσων
ἵεται νεόκροτον
νίκαν Ἱέρωνι φιλοξείνῳ τιτύσ-
κων. Ὄλβιος ᾧτινι θεὸς 50
μοῖράν τε καλῶν ἔπορεν
σύν τ' ἐπιζήλῳ τύχᾳ
30 ἀφνεὸν βιοτὰν διάγειν·
οὐ γά ͺρ τις ͺ ἐπιχθονίων
π ͺάντ ͺα γ' εὐδαίμων ἔφυ. 55

Δῦναί π]οτ' ἐρειψιπύλαν Ant. 2
ἄνδρ' ἀνίκ]ατον λέγουσιν
ἔρνος Διὸς] ἀργικεραύ-
12 νου δώματα Φερσεφόνας τανισφύρου,

TEST. 28-30 STOBAEVS, Flor. 4, 39, 2 (t. 5, p. 902 Wachsm.-
Hense) : Βακχυλίδου Ἐπινίκων· ὄλβιος — ἔφυ; APOSTOLIVS, 12,
65 e : ὄλβιος — διάγειν. — 30 STOBAEVS, Flor. 4, 34, 25 (t. 5, p. 833
Wachsm.-Hense) : τοῦ αὐτοῦ (sc. Bacchylidis) ἐπινίκων· οὐ — ἔφυ.

25 προτέρων suppl. K. ‖ 26 Βορέα A¹ : -ρεαι A ‖ 28 φιλοξείνῳ K. :
-ξεν- A ‖ 30 ἀφνεὸν K. : αφνειον A STOB., APOST. ‖ πάντα γ' restitut.
e STOB. Fl. 4, 34, 25 : παντ' uel πανγ' Fl. 4, 39, 2| ‖ 31 δῦναί suppl.
Weil et Wil. (cf. u. 32) : τοιγάρ Maehler ‖ ποτ' suppl. K. ‖
ἐρειψιπύλαν A : ἐριψ- A¹ ‖ ἄνδρ' suppl. Siegmann ‖ ἀνίκατον suppl.
K. ‖ 32 ἔρνος suppl. Siegmann : δῦναι Palmer apud K. ‖ Διὸς suppl.
K.

tirer de l'Hadès le fils d'Échidna[3] qu'on ne peut appro-
cher, le chien aux dents pointues, et l'amener à la lumière.
Il a connu, auprès du cours du Cocyte, des âmes
d'infortunés mortels, telles les feuilles qu'agite le vent, par
les blancs promontoires de l'Ida où paissent les brebis.
Entre elles se distinguait le fantôme de l'intrépide lanceur
de javelines, le descendant de Porthaon[4].

L'ayant vu, resplendissant dans son armure, le fils
d'Alcmène, le héros admirable, monta la corde au cri aigu
sur le bec de son arc, puis, repliant le couvercle de son
carquois, il retira un trait à bout de bronze. L'âme de
Méléagre se montra alors lui faisant face et, le connaissant
bien, lui dit : « Fils du grand Zeus, arrête-toi sur place, et,
réconfortant ton cœur,

III

ne laisse pas vainement partir de tes mains ta flèche
hérissée sur les âmes des morts. Tu n'as pas à avoir peur ! »
Ainsi parla-t-il. Le seigneur fils d'Amphitryon fut stupéfait
et lui dit : « Qui des Immortels ou des mortels a élevé un

---

3. Fille de Phorkys et de Kétô, Échidna était moitié femme, moitié
serpent. Unie à Typhon, elle enfanta, entre autres monstres, Cerbère.
Voir Hésiode, *Théog.* 295 sqq..

4. Oinée, père de Méléagre, était fils de Porthaon, roi des Étoliens
de Calydon. La mère de Méléagre était Althaia, épouse d'Oinée et fille
du roi des Courètes, Thestios. L'épisode de l'εἴδωλον, rencontré ici
par Héraklès, fait penser à la Νεκυῖα d'Homère ; voir d'autre part le
fragment d'origine incertaine 6.

καρχαρόδοντα κύν' ἄξον-   60
   τ' ἐς φάος ἐξ Ἀΐδα,
υἱὸν ἀπλάτοι' Ἐχίδνας ·
   ἔνθα δυστάνων βροτῶν
35 ψυχὰς ἐδάη παρὰ Κωκυτοῦ ῥεέ-
   θροις, οἷά τε φύλλ' ἄνεμος   65
Ἴδας ἀνὰ μηλοβότους
   πρῶνας ἀργηστὰς δονεῖ.
Ταῖσιν δὲ μετέπρεπεν εἴ-
   δωλον θρασυμέμνονος ἐγ-
χεσπάλου Πορθανίδα ·   70

τὸν δ' ὡς ἴδεν Ἀλκμή⟨ν⟩ιος θαυμαστὸς ἥρως   Ep. 2
   τ[ε]ύχεσι λαμπόμενον,
40 νευρὰν ἐπέβασε λιγυκλαγγῆ κορώνας,
   χαλκεόκρανον δ' ἔπειτ' ἔξ
εἵλετο ἰὸν ἀναπτύ-   75
   ξας φαρέτρας πῶμα · τῷ δ' ἐναντία
ψυχὰ προφάνη Μελεάγρου,
   καί νιν εὖ εἰδὼς προσεῖπεν ·
45 « Υἱὲ Διὸς μεγάλου,
   στᾶθί τ' ἐν χώρᾳ, γελανώσας τε θυμὸν   80

μὴ ταΰσιον προΐει   Str. 3
   τραχὺν ἐκ χειρῶν ὀϊστὸν
ψυχαῖσιν ἔπι φθιμένων ·
   οὔ τοι δέος. » Ὣς φάτο · θάμβησεν δ' ἄναξ
Ἀμφιτρυωνιάδας, εἶ-   85
   πέν τε · « Τίς ἀθανάτων
50 ἢ βροτῶν τοιοῦτον ἔρνος

37 ἐγχεσπάλου Α³ : ἐνχ- Α ‖ Πορθανίδα Α : -θαονιδα Α²? ‖ 38
Ἀλκμήνιος Κ. : αλκμηιος Α ‖ 44 προσεῖπεν Κ. : προσεειπεν Α ‖ 46
γελανώσας τε Α¹ : -ωσασαε Α.

rejeton de cette sorte ? et dans quel pays ? Qui l'a tué ? Oui,
Héra à la belle ceinture va peut-être l'envoyer, celui-là,
s'en prendre à ma vie. Mais, je suppose, la blonde Pallas
s'en occupe ! [5] » Et Méléagre lui dit, tout en larmes : « Il
est difficile de détourner le cours de la pensée divine,

quand on est un homme vivant sur terre. Sinon, Oinée,
le toucheur de chevaux, aurait fait cesser la colère de
l'auguste Artémis aux bras blancs, que couronnent des
boutons de roses ! Il la priait, mon père, et lui sacrifiait
nombre de chèvres et de bœufs au dos roux. La déesse
garda sa colère. Il n'en put triompher. La Vierge poussa un
sanglier de grande violence, un lutteur qui ne respecte
rien, vers Calydon aux belles places. Là, débordant de
force, de la dent il rasa les plantations, égorgea les
moutons et ceux des mortels qui lui venaient en face.

Mais, nous, les plus braves des Grecs, nous dressâmes
contre lui un horrible combat sans relâche, pendant six
jours, tout d'un tenant. Lorsque le dieu eut accordé aux
Étoliens d'en être maîtres, nous donnâmes la sépulture à

5. On peut noter ici le ton dégagé, qui fait penser à un trait de
drame satyrique.

θρέψεν ἐν ποίᾳ χθονί;
Τίς δ' ἔκτανεν; Ἢ τάχα καλλίζωνος Ἥ-
ρα κεῖνον ἐφ' ἁμετέρᾳ   90
πέμψει κεφαλᾷ· τὰ δέ που
13 Παλλάδι ξανθᾷ μέλει.»
Τὸν δὲ προσέφα Μελέα-
γρος δακρυόεις· «Χαλεπὸν
θεῶν παρατρέψαι νόον   95

ἄνδρεσσιν ἐπιχθονίοις.   Ant. 3
Καὶ γὰρ ἂν πλάξιππος Οἰνεὺς
55 παῦσεν καλυκοστεφάνου
σεμνᾶς χόλον Ἀρτέμιδος λευκωλένου
λισσόμενος πολέων τ' αἰ-   100
γῶν θυσίαισι πατὴρ
καὶ βοῶν φοινικονώτων·
ἀλλ' ἀνίκατον θεὰ
ἔσχεν χόλον· εὐρυβίαν δ' ἔσσευε κού-
ρα κάπρον ἀναιδομάχαν   105
ἐς καλλίχορον Καλυδῶν',
ἔνθα πλημύρων σθένει
60 ὄρχους ἐπέκειρεν ὀδόν-
τι, σφάζε τε μῆλα, βροτῶν
θ' ὅστις εἰσάνταν μόλοι.   110

Τῷ δὲ στυγερὰν δῆριν Ἑλλάνων ἄριστοι   Ep. 3
στασάμεθ' ἐνδυκέως
ἓξ ἄματα συνεχέως· ἐπεὶ δὲ δαίμων
κάρτος Αἰτωλοῖς ὄρεξεν,
65 θάπτομεν οὓς κατέπεφνε⟨ν⟩   115

ceux que, dans la violence de ses bonds, le porc aux
grondements puissants avait massacrés, Ankaios et Agé-
laos, le meilleur de mes frères aimés, qu'avait enfantés
Althaia, au manoir... fameux entre tous d'Oinée[6].

IV

... Une funeste destinée causa la perte ... Elle n'avait pas
encore mis un terme à sa colère, la valeureuse chasseresse,
la fille de Létô. Autour de la dépouille couleur de flamme,
sans relâche nous luttâmes avec les Courètes inébranlables
à la guerre. Ce fut alors que, parmi beaucoup d'autres, je
tuai Iphiklos et le noble Apharès, des hommes rapides,
mes oncles du côté maternel. Arès au cœur puissant dans
la guerre ne distingue pas l'ami. Aveugles, les traits sans
cesse partent des mains contre la vie d'hommes ennemis et
leur apportent la mort, selon la volonté du dieu.

Ces réflexions, elle ne les fit pas, la valeureuse fille de
Thestios, ma mère au destin malheureux. En femme que
rien n'effraie, elle décida ma perte, et, le retirant du coffre

6. Ankaios est un héros de Tégée. Il fit partie des Argonautes
(Apoll. Rh., I, 531). Nommé dans l'*Iliade* (II, 609), il avait été, dit
Pausanias (VIII, 45, 6), représenté par Scopas dans le temple
d'Athéna Aléa, à Tégée. Agélaos est mentionné par Antoninus
Liberalis comme tué par les Courètes (*Mét.* II, I et 6).

σῦς ἐριβρύχας ἐπαΐσσων βίᾳ,
Ἀ[γκ]αῖον ἐμῶν τ' Ἀγέλαον
φ[έρτ]ατον κεδνῶν ἀδελφεῶν
οὓς τέ]κεν ἐν μεγάροις
- ⌣]ς Ἀλθαία περικλειτοῖσιν Οἰνέος ·   120

70 – ὤ]λεσε μοῖρ' ὀλοά   Str. 4
- ⌣]ς · οὐ γάρ πω δαΐφρων
παῦσεν] χόλον ἀγροτέρα
14   Λατοῦς θυγάτηρ · περὶ δ' αἴθωνος δορᾶς
μαρνάμεθ' ἐνδυκέως Κου-   125
ρῆσι μενεπτολέμοις ·
ἔνθ' ἐγὼ πολλοῖς σὺν ἄλλοις
Ἴφικλον κατέκτανον
ἐσθλόν τ' Ἀφάρητα, θοοὺς μάτρωας · οὐ
γὰρ καρτερόθυμος Ἄρης   130
75 κρίνει φίλον ἐν πολέμῳ,
τυφλὰ δ' ἐκ χειρῶν βέλη
ψυχαῖς ἔπι δυσμενέων
φοιτᾷ θάνατόν τε φέρει
τοῖσιν ἂν δαίμων θέλῃ.   135

Ταῦτ' οὐκ ἐπιλεξαμένα   Ant. 4
Θεστίου κούρα δαΐφρων
μάτηρ κακόποτμος ἐμοὶ
βούλευσεν ὄλεθρον ἀτάρβακτος γυνά,
καῖέ τε δαιδαλέας ἐκ   140
λάρνακος ὠκύμορον

---

66 Ἀγκαῖον suppl. K. ‖ Ἀγέλαον K. : αγγελον A ‖ 67 φέρτατον
suppl. K. ‖ 68 οὓς τέκεν suppl. K. ‖ 70 ὤλεσε suppl. K. :]λεσεν A
]λεσε A³ ? ‖ 71 παῦσεν suppl. K. ‖ 72 Κουρῆσι [accent. add. A³] A¹ :
-ρῃσι A ‖ 74 Ἀφάρητα A¹ : αφαρηατα (lectio duplex : Ἀφάρης et
Ἀφαρεύς) A ‖ οὐ γὰρ add. A³ in fine coli : om. A ‖ 76 θάνατόν A¹ :
αθανατον A ‖ 77 κούρα K. : κορα A.

ouvragé, elle brûla le tison[7] de prompte mort auquel la Fileuse fatale avait jadis attaché le terme de ma vie. Par rencontre, j'étais à dépouiller le vaillant fils de Daipylos, Clyménos au corps irréprochable, que j'avais atteint en avant du rempart, tandis que les autres fuyaient vers l'antique cité bien bâtie

de Pleurôn. Je sentis décroître ma douce haleine. Oh ! je compris que je défaillais ! En exhalant mon dernier souffle, je pleurai comme un malheureux, derrière moi laissant ma splendide jeunesse. » Ce fut la seule fois, dit-on, que le fils d'Amphitryon, qui ignorait la peur du cri de guerre, mouilla sa paupière, par pitié pour le sort d'un être porteur de douleur ; et voici ce qu'en réponse il lui dit : « Le mieux pour les mortels, c'est de n'être pas né

V

et de n'avoir pas regardé la clarté du soleil. Mais verser des pleurs là-dessus n'est pas une manière d'agir : il faut parler de ce qui a chance justement d'arriver à son terme.

7. Lorsque Méléagre eut sept jours, les Moires apparurent à sa mère et lui prédirent que la vie de l'enfant allait se consumer avec le tison qui brûlait au foyer. Aussitôt Althaia, s'emparant du tison, l'éteignit et le garda caché dans un coffre (voir Apollod. I, 15. 2 sqq. ; Diod. Sic. IV, 34 ; Ovide, *Mét.* VIII, 270 sqq. ; Paus. X, 31, 4 ; Hygin, *Fables*, CLXXI, CLXXII, CLXXIII et CLXXIIIA, CLXXIV, CCXXXIX).

80 φιτρὸν ἐξαύσασα· τὸν δὴ
    Μοῖρ' ἐπέκλωσεν τότε
    ζωᾶς ὅρον ἀμετέρας ἔμμεν. Τύχον
        μὲν Δαϊπύλου Κλύμενον   145
    παῖδ' ἄλκιμον ἐξεναρί-
    ζων ἀμώμητον δέμας,
    πύργων προπάροιθε κιχή-
    σας· τοὶ δὲ πρὸς εὐκτιμέναν
    φεῦγον ἀρχαίαν πόλιν   150

    Πλευρῶνα· μίνυθεν δέ μοι ψυχὰ γλυκεῖα·   Ep. 4
85 γνῶν δ' ὀλιγοσθενέων,
    αἰαῖ· πύματον δὲ πνέων δάκρυσα τλά[μων,
    ἀγλαὰν ἥβαν προλείπων. »
    Φασὶν ἀδεισιβόαν 'Αμ-   155
15 φιτρύωνος παῖδα μοῦνον δὴ τότε
    τέγξαι βλέφαρον, ταλαπενθέος
90 πότμον οἰκτίροντα φωτός·
    καί νιν ἀμειβόμενος
    τάδ' ἔφα· « Θνατοῖσι μὴ φῦναι φέριστον   160

    μηδ' ἀελίου προσιδεῖν   Str. 5
    φέγγος· ἀλλ' οὐ γάρ τίς ἐστιν
    πρᾶξις τάδε μυρομένοις,
    χρὴ κεῖνο λέγειν ὅ τι καὶ μέλλει τελεῖν.

TEST. 92-93 STOBAEVS, Flor. 4, 34, 26 (t. 5, p. 833 Wachsm.-
Hense) : 'Εν ταὐτῷ (sc. epinicio) · θνατοῖσι — φέγγος (subsequitur
fragm. dubium 2); PTOLEMAEVS HEPHAESTIO in Photii Bibliotheca
153 a 5 : Τί ἐστι παρὰ Βακχυλίδη ὡς ἀπὸ Σειληνοῦ εἰρημένον καὶ πρὸς
τίνα εἶπε τὸ ἔπος; (cf. inter alia Plutarchi consol. ad Apollonium 27,
115 E).

    80 ἐξαύσασα Wackernagel : εγκλαυσασα A || 82 ἐξεναρίζων K. in
notis : εξαναρ- A || 84 μίνυθεν Wil. : μινυνθα A || 87 προλείπων K. :
-λιπων A || 90 οἰκτίροντα Blass : οικτειρ- A || 92 τάδ' [ταδ'] A³ : τοιδ'
A || 93 μηδ' STOB. : μητ' A || 94 χρὴ A² : κρη A.

Est-il au manoir d'Oinée, aimé d'Arès, quelqu'une de ses
filles encore vierge, de la même venue que toi ? J'en ferais
volontiers ma radieuse épouse ! » Et l'âme de Méléagre
inébranlable à la guerre lui dit : « Dans notre demeure, j'ai
laissé Déjanire au cou pâle ; elle ne connaît pas encore la
déesse dorée, Cypris, qui fait le charme des mortels. »

Calliope aux bras blancs, arrête ton char bien fait à cette
place. Chante un hymne à Zeus, fils de Kronos, l'Olympien
qui règne sur les dieux, et à l'Alphée au cours infatigable,
à Pélops et à sa force, à Pisa où vainquit à la course
Phérénikos aux pieds fameux, avant de revenir à Syracuse
bien remparée, apportant à Hiéron le feuillage qui témoi-
gne de son heureux sort. Pour l'amour de la vérité, il faut,
repoussant des deux mains l'envie, louer ceux des mortels
à qui il arrive de connaître le succès.

95 Ἡρά τις ἐν μεγάροις Οἰ-   165
νῆος ἀρηϊφίλου
ἔστιν ἀδμήτα θυγάτρων,
σοὶ φυὰν ἀλιγκία;
Τάν κεν λιπαρὰν ⟨ἐ⟩θέλων θείμαν ἄκοι-
τιν.» Τὸν δὲ μενεπτολέμου   170
ψυχὰ προσέφα Μελεά-
γρου· «Λίπον χλωραύχενα
ἐν δώμασι Δαϊάνει-
ραν, νῆϊν ἔτι χρυσέας
Κύπριδος θελξιμβρότου.»   175

100 Λευκώλενε Καλλιόπα,   Ant. 5
στᾶσον εὐποίητον ἅρμα
αὐτοῦ· Δία τε Κρονίδαν
ὕμνησον Ὀλύμπιον ἀρχαγὸν θεῶν,
τόν τ᾿ ἀκαμαντορόαν Ἀλ-   180
φεόν, Πέλοπός τε βίαν,
καὶ Πίσαν ἔνθ᾿ ὁ κλεεννὸς
πο]σσὶ νικάσας δρόμῳ
ἦλθ]εν Φερένικος ⟨ἐς⟩ εὐπύργους Συρα-
κόσσας Ἱέρωνι φέρων   185
105 εὐδ]αιμονίας πέταλον.
Χρὴ] δ᾿ ἀληθείας χάριν
. 16 αἰνεῖν, φθόνον ἀμφ[οτέραι-
σιν] χερσὶν ἀπωσάμενον,
εἴ τις εὖ πράσσοι βροτῶ[ν.   190

97 ἐθέλων K. : θελων A ‖ ἄκοιτιν A² : ακοιταν A ‖ τὸν δὲ A² : τονκε
A ‖ 101 Ὀλύμπιον A : -πιων A³ ‖ 103 ποσσὶ suppl. K. ‖ 104 ἦλθεν ...
ἐς suppl. Blass et Housman ‖ Φερένικος K. : -νεικος A ‖ Συρακόσσας
Blass : -κουσσας A ‖ 105 εὐδαιμονίας et χρὴ suppl. K. ‖ ἀληθείας A :
ἀλαθ- K. in notis ‖ 106 ἀμφοτέραισιν suppl. K.

Voici le mot d'un homme de Béotie, Hésiode, le
serviteur des douces Muses : « Celui qu'honorent les
Immortels, que le suive aussi la rumeur des mortels ».
J'obéis aisément et envoie à Hiéron ... sur sa route, de
glorieuses paroles. Car c'est là que trouve à croître le tronc
du bonheur, que veuille Zeus, le père très grand, protéger,
immuable, dans la paix !

ΕΠΙΝΙΚΩΝ Ε
134

Βοιωτὸς ἀνὴρ τᾶδε φών[ησεν, γλυκειᾶν   Ep. 5
Ἡσίοδος πρόπολος
Μουσᾶν, ὃν ⟨ἂν⟩ ἀθάνατοι τι[μῶσι, τούτῳ
110 καὶ βροτῶν φήμαν ἔπ[εσθαι.
Πείθομαι εὐμαρέως εὐ-   195
    κλέα κελεύθου γλῶσσαν οὐ[− − ◡ −
πέμπειν Ἱέρωνι· τόθεν γὰ[ρ
πυθμένες θάλλουσιν ἐσθλ[ῶν,
τοὺς ὁ μεγιστοπάτωρ
115 Ζεὺς ἀκινήτους ἐν εἰρήν[ᾳ φυλάσσοι.   200

107 φώνησεν suppl. Blass (iam φώνασεν K.) ‖ γλυκειᾶν suppl.
Bruhn ‖ 109 ὃν ἂν Housman, Wil. et Blass : ὂν A ‖ τιμῶσι suppl.
Blass ‖ τούτῳ suppl. Housman ‖ 110 ἔπεσθαι suppl. Housman, Wil. et
Blass ‖ 113 ἐσθλῶν suppl. Blass, Jurenka et Wil. ‖ 115 φυλάσσοι [e
φυλάσσει Palmer apud K.] suppl. Blass, Desrousseaux et alii.

ÉPINICIES VI ET VII

NOTICE

Date et circonstances   Bacchylide célèbre ici la victoire à la course du stade d'un enfant, Lachon, fils d'Aristoménès de Kéos, aux Jeux Olympiques de 542, selon l'indication indiscutable du papyrus dont nous avons parlé dans l'Introduction [1]. Selon un usage, déjà mentionné plus haut à propos des *Épinicies* I et II, deux odes sont consacrées au vainqueur. Mais, au lieu de l'ode courte et de la grande ode que l'on attendait, on se trouve en présence de deux poèmes courts. Bien qu'elle soit placée la seconde depuis l'édition alexandrine, c'est l'*Épinicie* VII qui fut donnée à Olympie après la proclamation, comme le prouvent l'apostrophe liminaire à la « Seizième journée » [2] et le ton de cette première strophe. L'*Épinicie* VI, qui tient donc le rôle de la grande ode triomphale, a été exécutée à Kéos, lors du retour de Lachon dans sa patrie, comme le fait suffisamment comprendre l'expression « devant ta maison » de la deuxième strophe. On peut supposer que ce poème fut chanté dans une assemblée privée, mais devant la porte de la

1. Voir l'*Introduction*, p. x-xi et n. 7. Rappelons que cette épinicie est la seule, après celles qui avaient célébré les victoires d'Hiéron, à être datée de façon certaine par un document authentique. Aussi est-elle sans cesse invoquée comme repère. Quant aux deux victoires de Lachon aux Jeux Néméens, mentionnées sur l'inscription d'Ioulis, voir l'*Introduction*, p. xv, note 19, et la tentative de Maehler pour en préciser la date (I 2, p. 125-127).

2. La dernière journée des Jeux, celle où les vainqueurs sont proclamés et couronnés.

maison familiale, ou peut-être dans une simple aggloméra-
tion rurale, parmi les vignobles, Aristoménès ayant voulu
faire participer tout le voisinage à la joie de sa famille.
Ajoutons que l'on est quelque peu dérouté de constater
que l'*Épinicie* VI est non seulement très courte, mais
encore plus courte que l'*Épinicie* VII de la proclamation.

**Analyse
des deux épinicies**

L'*Épinicie* VI comprend deux
strophes fort brèves, bien conser-
vées. Elle exalte la victoire de La-
chon en l'associant aux succès passés des Kéens. A peine
entrevoit-on le vignoble de l'île dans l'expression ἀμπε-
λοτρόφον Κέον, « Kéos, la nourrice des vignes », et
aperçoit-on une certaine jovialité dans le jeu de mots
Λάχων — λάχε, car le ton de l'ensemble reste grave.

Mais c'est l'*Épinicie* VII qui est la plus solennelle, la
plus pompeuse. Des souvenirs de la *Théogonie* (v. 123-
125) amplifient magnifiquement le style du début. La suite
est gravement mutilée, au point que la composition de
l'ode reste incertaine.

ÉPINICIE VI

**Composition
métrique**

L'analyse de cette ode, qui ne com-
porte que deux strophes, est compliquée
par le découpage colométrique des édi-
teurs alexandrins, mais la nature choriambique de la
composition est manifeste [1].

En tête du premier vers, un mètre iambique se détache
de la suite, où l'on reconnaît un hendécasyllabe phalécien
(glyconien plus bacchée) ; y voir une tripodie iambique
suivie d'un ennéasyllabe choriambique paraît peu vraisem-
blable. Dans le v. 2, un dimètre épichoriambique est
encadré de deux choriambes d'une part, de deux mètres

---

1. Comme l'a bien vu R. Führer, *Metrische Analyse von Bacch.
c. 6*, dans *Zeitschr. für Papyrol. und Epigr.* 49, 1982, p. 6.

iambiques de l'autre. Le v. 3 est formé de deux glyconiens suivis d'un dimètre choriambique catalectique. Le nombre des temps marqués est de 8 pour le v. 1 (2 + 6), de 12 pour chacun des deux vers suivants (4 + 4 + 4), soit 32 au total.

La colométrie alexandrine, fondée sur le respect de fins de mots peu significatives pour deux strophes, a défiguré la composition de l'ode. C'est ainsi que le v. 1 est divisé sur le papyrus en deux *côla* : un dimètre iambique catalectique (mètre iambique plus bacchée) d'une part, un anaclomène (dimètre ionique mineur avec interversion des 4e et 5e syllabes) d'autre part ; de même, avec une coupe décalée d'une syllabe, le dimètre iambique par lequel s'achève le v. 2 devient un lécythium (*côlon* 5).

SCHÉMA MÉTRIQUE

Strophe :   ⏑ – ⏑ –
             ⏑ – – ⏑ – ⏑ – ⏑ – –
             – ⏑ ⏑ – – ⏑ ⏑ –
             ⏑ – – ⏑ – ⏑ –
             ⏑ – ⏑ – ⏑ – ⏑ –   5
         3 ⏑ – – ⏑ ⏑ – –
             – ⏑ – ⏑ ⏑ – ⏑ –
             – ⏑ – ⏑ – ⏑ –

ÉPINICIE VI

POUR LACHON DE KÉOS
‹ENFANT› VAINQUEUR À LA COURSE DU STADE
AUX JEUX OLYMPIQUES

1

Les pieds de Lachon du très grand Zeus l'acquirent[1],
aux bords où se répand l'Alphée, la gloire suprême, par un
de ces exploits[2] qui firent, avant ce temps, chanter Kéos,
la nourrice des vignes, à Olympie, pour sa maîtrise au
pugilat et à la course du stade, par les jeunes gens, leurs
cheveux

2

à foison de couronnes couverts. Mais aujourd'hui, c'est
toi, rejeton d'Aristoménès au pied vite comme le vent,
qu'avec l'aide de la Victoire, l'hymne de la reine des
chœurs, Uranie, honore de ses chants, devant ta maison,
parce que, par ta maîtrise à la course du stade, tu as donné
une belle renommée à Kéos.

1. On trouve ici une tentative pour rendre le jeu de mot Λάχων —
λάχε.
2. Déjà mentionnés et dénombrés dans l'*Épinicie* II.

S (c. 6)

ΛΑΧΩΝΙ ΚΕΙΩΙ
⟨ΠΑΙΔΙ⟩ ΣΤΑΔΙΕΙ ΟΛΥΜΠΙΑ

Λάχων Διὸς   Str. 1
  μεγίστου λάχε φέρτατον πόδεσσι
κῦδος ἐπ' Ἀλφεοῦ προχοαῖσ[ι κα-
λῶν] δι' ὅσσα πάροι-
θεν ἀμπελοτρόφον Κέον   5
ἄεισάν ποτ' Ὀλυμπίᾳ
  πύξ τε καὶ στάδιον κρατεῦ-
σαν] στεφάνοις ἐθείρας

νεανίαι   Str. 2
βρύοντες. Σὲ δὲ νῦν ἀναξιμόλπου   10
5 Οὐρανίας ὕμνος ἕκατι Νί-
κ[ας,] Ἀριστομένει-
ον ὦ ποδάνεμον τέκος,
γεραίρει προδόμοις ἀοι-
δαῖς ὅτι στάδιον κρατή-   15
σας Κέον εὐκλέϊξας.

Inscript. in mg. add. A³ ‖ παιδὶ add. Blass ‖ 2 Ἀλφεοῦ K. : αλφειου
A³ λαφειου A ‖ κᾱλῶν suppl. Irigoin (coll. Epin. 13, 110 : κᾱλῶς) ‖ 3
κρατεῦσαν suppl. K. ‖ 4 νεανίαι A² : -νια A ‖ βρύοντες A² : -τε A ‖ 5
ποδάνεμον A³ : ποδαον- A.

Composition métrique   L'état du papyrus, gravement mutilé dans la colonne 17, laisse une incertitude sur la composition de l'ode. S'il ne fait plus de doute que Kenyon avait raison de distinguer deux poèmes dans cette colonne [1], voir dans le premier une ode monostrophique faite de deux strophes, comme l'estiment Snell-Maehler en se fondant sur les démonstrations de Maas et de Koerte, est au moins discutable. L'*Épinicie* VII semble plutôt avoir été triadique. Les *côla* 8 et 9 sont identiques aux *côla* 1 et 2, ce qui donnerait une strophe et une antistrophe de sept *côla* dont le dernier (7 du moins, car de 14 ne subsistent que quelques lettres) présente une série iambique, attendue à la fin d'un élément strophique. De plus, la correspondance des phonèmes entre les *côla* 1 et 2 d'une part, 8 et 9 de l'autre, est remarquable, comme le montre l'extrait ci-dessous :

ō	u at e ai	n k s ep nt
ōi	u at e a	n k s ep nth
ὤ ... θύγατ ... τε καὶ		νυκτός, σὲ πεντ-
ᾦ ... 6ύτατ ... γέρας		νίκας, ἐπ' ἀνθ-

Certes, la *responsio* des *côla* 3 et 10, l'un incomplet, l'autre mutilé au milieu et vers la fin, fait quelque difficulté. De plus, le niveau auquel doit se placer le fr. 12 K., avec les restes des six derniers *côla* conservés, est incertain [2]. Si

1. Sur l'état de la colonne 17 et sur la reconstitution de son contenu, voir l'*Introduction*, p. XXIX, avec les références données aux notes 17 et 18.

2. Snell, contre Edmonds, suppose un *côlon* perdu entre le reste de la colonne 17 et le fr. 12 K., mais cette position se fonde sur les

l'on admet la reconstitution triadique, l'épode comptait de
six à neuf *côla* selon le nombre total des lignes attribuées à
la colonne 17. Par prudence, le schéma métrique reproduit
la suite des *côla* de l'ode. On y reconnaît une composition
de type dactylo-trochaïque et anapesto-iambique.

SCHÉMA MÉTRIQUE

Strophe :

```
            – ◡ ◡ – ◡ ◡ – ◡   – ◡ – –
            – ◡ – –   – ◡ – ◡   – ◡ – –
            – ◡ ◡ – ◡ ◡ – [
            . . . . . . . . . . . . . . ] ◡ – ◡
            . . . . . . . . . . . . . .                    5
            – – ◡ ◡ – ◡ ◡ –   – – ◡ –
            – – ◡ –   – – ◡ –   – – ◡ –
```

Antistrophe (?) :

```
            – ◡ ◡ – ◡ ◡ – –   – ◡ – –
            – ◡ – –   – ◡ – –   – ◡ – –
            – ◡ – – [                                       10
            – ] ◡ – –   – ◡ ◡ – [ ◡ ◡ – ] ◡
            . . . . . . . . . . . . . .
            . . . . . . . . . . . . . .
            . . . . . . . . . . . . . . ] ◡ –              14
```

Épode (?) :   6 à 9 *côla.*

calculs de Maas et non sur l'examen des fibres du papyrus. Le seul fait
indiscutable est que le côlon 14, plus long que les précédents, se
terminait par les lettres]ομωι conservées *à gauche* de la colonne 18.

ÉPINICIE VII

POUR LE MÊME

Fille radieuse du Temps et de la Nuit, toi, la seizième journée des cinquante [1] mois, à Olympie ... avec l'aide de ... juger la vitesse des pieds agiles chez les Hellènes et la force éminemment puissante des membres.

Celui à qui tu attribues le très considérable honneur de la victoire, on l'appelle parmi le monde un homme de noble renom et très digne d'envie. Tu as paré de couronnes Lachon, le fils d'Aristoménès ... Chairolas [2] ...

... de la patrie ...
... pourvu d'une distinction nouvelle ...
... sans enfant ...

1. La fête olympique, étant une *pentaétéride*, se célébrait après quatre ans révolus; le cycle étant de 99 mois, elle tombait alternativement le 50e et le 49e mois, à la pleine lune du mois *Parthénios* ou du mois *Apollonios* (cf. schol. Ol. III, 35 [t. 1, p. 116, 8-10 Drachmann]), variant donc, pour nous, de la fin de juillet au début de septembre. Les épreuves duraient cinq jours, du 11e au 16e du mois, la remise des prix ayant lieu le 16e. D'où l'invocation de Bacchylide à cette journée personnifiée.

2. On a supposé, sans preuve, que tel était le nom d'un grand-père de Lachon.

Z (c. 7)

ΤΩΙ ΑΥΤΩΙ

Ὦ λιπαρὰ θύγατερ Χρόνου τε κ[αὶ] Νυκ-   Str.
τός, σὲ πεντήκοντα μ˪ηνῶν ἀμέραν⌐ ἐκ-
καιδεκάταν ἐν Ὀλυμπ[ίᾳ ‿ –

17 . . .]βαρυβρ[   ] ἕκατι   5
. . .]ιτοσαιμα[
κρίνειν τα[χυτᾶτά τε] λαιψηρῶν ποδῶν
5 Ἕλλασι καὶ γυ[ίων ἀ]ρισταλκὲς σθένος ·

ᾧ δὲ σὺ πρεσβύ[τατο]ν νείμῃς γέρας νί-   Ant.
κας, ἐπ' ἀνθρ[ώπ]οισιν εὔδοξος κέκληται
καὶ πολυζή[λωτ]ος. Ἀρι[στομ]έν[ει]ον   10
. . .]' ἐκόσμη[σας στε]φάν[οισι Λάχω]να
]χε Χαιρόλαν[
]ενον εὐσεβ[
10   ]τῳ θαν[   ] δ[   ]ομῳ   14

]ι πατρίδος ·[Ep.
]νεοκρίτου[
]ν ἄτεκνον[
(desunt ultima cola epodi)

TEST. 2 FAVORINVS, de exilio, col. 4, 49 .... ἰδοὺ τοίνυν πάρεστιν ἡ
κυρία προθεσμία, οὐ πεντήκοντα μηνῶν κατὰ τὸν Πίνδαρον (sic) ἀμέρα
ἐκκαιδεκάτα, Πέλοπος ἤ τινος Ἰδαίου Δακτύλου νόμῳ πρὸς παν[

Inscript. in mg. supra ras. add. A³ ‖ 1 λιπαρὰ A³ : -παρο A ‖ μηνῶν
ἀμέραν e Favorino suppl. Blass et Edmonds ‖ 4 ταχυτᾶτά τε suppl.
Wackernagel et Platt ‖ 5 γυίων suppl. K. ‖ ἀ]ρισταλκὲς A³ :
-κεες A ‖ 6 ᾧ A¹ : ω A ‖ πρεσβύτατον A¹ : προσβ- A ‖ νείμῃς γέρας
A³ : νειμηιδιεραο A ‖ πολυζήλωτος suppl. K. ‖ Ἀριστομένειον suppl.
Blass ‖ 7 ἐκόσμησας στεφάνοισι suppl. Housman, Bruhn, Wil. et alii ‖
Λάχωνα suppl. Blass.

ÉPINICIE VIII

NOTICE

Existence de l'épinicie La colonne 17 du papyrus de Londres est gravement détériorée [1]. La présence d'une ode entre l'*Épinicie* VII, qui commence au bas de la colonne 16, et le poème composé pour Automédès, dont le titre se trouve vers le milieu de la colonne 18, a été admise par Kenyon et contestée par Blass, d'où, dans les éditions qui ont suivi, une double numérotation à partir de l'*Épinicie* IX (VIII pour Blass). Körte [2] a eu le mérite de montrer la faiblesse de l'argumentation de Blass, dont les conclusions avaient déjà été adoptées par Jebb et seront reprises par Edmonds. Maehler (I, 2, p. 137-138) a apporté de nouveaux motifs en faveur d'une ode intermédiaire. Encore faut-il en identifier le bénéficiaire.

Date et circonstances On s'est étonné qu'aucune épinicie de Bacchylide, dans le papyrus de Londres, ne fût destinée à célébrer l'illustre athlète Liparion de Kéos. Sur l'inscription d'Ioulis, il figure pour trois victoires successives aux Jeux Isthmiques, dans la catégorie des hommes, et pour une aux Jeux Néméens, dans la même catégorie. Pourquoi un tel champion n'aurait-il pas aussi triomphé aux Jeux Pythi-

1. Elle se trouve entre les morceaux A et B décrits dans l'*Introduction*, p. xxix.
2. A. Körte, *Bacchylidea*, dans *Hermes* 53, 1918, p. 113-147, en particulier p. 121.

142   ÉPINICIE VIII

ques? Il faut l'admettre, en raison des *côla* 17-18 qui
mentionnent des victoires à ces trois Jeux, si l'on veut
soutenir l'attribution à Liparion. Körte [3] a bien vu que les
deux adjectifs πο]λυάμπελ[ος au c. 12, ἄνιπ[πος au c. 15,
sont comme des « indicatifs » de Kéos dans le lyrisme
choral, et que le vainqueur célébré était un homme fait
(c. 24 : παῖς ἐὼν ἀνήρ τε), deux conditions nécessaires
pour l'identification de Liparion, que vient confirmer, au
c. 9 un λιπα [– – où Maas [4] propose de lire Λιπά[ρου παῖς,
nom qui s'accorderait avec celui que fournit l'inscription :
Λιπαρίων Λιπάρου ἀνδρῶν.

Analyse Les présomptions sont assez fortes pour
que l'on attribue avec une grande vraisem-
blance l'*Épinicie* VIII à l'athlète Liparion. Ceci admis, il
n'est guère possible de présenter une analyse de l'ode dont
la première moitié est très lacuneuse. A partir du c. 17, le
texte est en bon état, à quelques détails près. Le
mouvement du passage est d'une magnifique envolée : au
rappel rapide des victoires antérieures du dédicataire,
énumérées dans un ordre différent du classement tradi-
tionnel des Jeux, succède une invocation à Zeus deman-
dant de lui accorder le triomphe olympique qui ferait de
lui un périodonique, c'est-à-dire un athlète ayant remporté
successivement la palme aux quatre grands Jeux de la
Grèce (à condition de lire aux c. 26 et 27, avec Maas,
τελέσαις et ὁ]πά[σσαι]ς, formes d'optatif aoriste).

**Composition
métrique** Les difficultés rencontrées avec l'*Épi-
nicie* VII se retrouvent pour cette ode
dont le début appartient aussi à la co-
lonne 17 du papyrus. Une fois admise l'existence de deux

3. *Ibid.*, p. 122.
4. Qui a eu le mérite, en se fondant sur des critères métriques, de
confirmer l'attribution du fr. 7 à la colonne 17, déjà proposée par
Kenyon en raison de la couleur et de l'état du papyrus, et d'assurer
son appartenance à l'*Épinicie* VIII (*Kolometrie in den Daktyloepitri-
ten des Bakchylides*, dans *Philologus* 63, 1904, à la p. 309; article
reproduit dans *Pindaros und Bakchylides*, voir p. 320-321).

poèmes distincts, il reste à rétablir la composition du
second. Pour Snell-Maehler, qui suivent Maas et Koerte,
l'ode est monostrophique : elle est faite de deux strophes
de seize *côla* chacune. Toutefois, les *côla* 6 et 7 de la
colonne 18, formés de quatre mètres trochaïques, le
dernier catalectique, ont des chances de former la clausule
métrique d'un élément qui ne peut être alors qu'une
antistrophe ; on aurait donc sur cette colonne les sept
derniers *côla* de l'antistrophe et l'épode entière, formée de
neuf *côla*. Le fr. 7 Kenyon, qui semble avoir appartenu au
bas de la colonne 17, contiendrait les cinq derniers *côla* de
la strophe et les quatre premiers de l'antistrophe, fort
mutilés.

Le mètre de l'ode est de type dactylo-trochaïque. Après
quatre *côla* disparus, la strophe (ou plutôt l'antistrophe)
compte deux vers de rythme ascendant, puis deux vers de
rythme descendant, le dernier entièrement trochaïque, soit
pour cette partie 3, 7, 7 et 8 temps marqués. L'épode
commence par trois vers hypermètres identiques de
rythme ascendant, suivis du même vers, acéphale cette
fois, ce qui assure le renversement du rythme ; après un
court vers trochaïque syncopé, elle s'achève avec un vers
hypermètre de rythme ascendant, de longueur égale à celle
du vers final de la strophe. Le décompte des temps
marqués, 6-6-6-5-4-8, soit 35 au total, pourrait laisser croire
à une division en trois périodes dont les extrêmes seraient
égales : 12, 11, 12.

SCHÉMA MÉTRIQUE

Strophe :   (4 *côla* perdus)

       ⏑⏑‒‒⏑‒⏑‒⏑‒   (16)

Épode :   (23-24)

   5   5

ÉPINICIE VIII

‹POUR LIPARION DE KÉOS›

... les enfants des Hellènes ... riche en vignes ...

... à Kéos ... sans chevaux ... en même temps que Pythô où l'on immole les brebis, chantant Némée et l'Isthme. Mais je le dirai fièrement — et je prends appui sur la terre [1] ; il n'est pas de sujet qui brille sans le secours de la vérité : personne au monde, homme ou enfant, parmi les Hellènes, n'a reçu, en un temps de même durée,

un plus grand nombre de victoires. Ô Zeus à la javeline

1. Même formule de serment dans l'*Épinicie* V, v. 24.

H (c. 8)

⟨ΛΙΠΑΡΙΩΝΙ ΚΕΙΩΙ⟩

(desunt cola six)   Str.

...]ιοι' ἀγων[

....]ταν λιπα[ρ

...]ναισεπα[

. π]αῖδας Ἑλλά[νων   10

ὁ πο]λυαμπελ[

...]τον ὑμν[Ant.

..]ηνος ἐν Κ[έῳ

..]ιπερ ἄνιπ[πος ◡ –

...]π[15

8 Πυθῶνά τε μηλοθύταν

ὑμνέων Νεμέαν τε καὶ Ἰσθ[μ]όν·

γᾷ δ' ἐπισκήπτων χέρα

κομπάσομαι· σὺν ἀλα-

θείᾳ δὲ πᾶν λάμπει χρέος·   20

οὔτις ἀνθρώπων κ[αθ' Ἕλλα-

νας σὺν ἅλικι χρόνῳ [

παῖς ἐὼν ἀνήρ τε π[λεῦ-   Ep.

νας ἐδέξατο νίκας.

[Numeri ad cola referunt] 18 γᾷ A¹ : γα A ‖ 21-22 καθ' Ἕλλανας
suppl. Blass : κλεενvὰς Jebb apud K. ‖ 22 σὺν Headlam : εν A ‖ 23-24
πλεῦνας [πλέονας Jebb apud K.] suppl. Blass :]νας A³?]νος A.

fulgurante, sur les bords de l'Alphée aux tourbillons argentés, puisses-tu lui faire encore le don divin de glorieusement réaliser ses vœux, et lui octroyer autour de sa tête le glauque diadème d'olivier d'Étolie, dans les joutes fameuses de Pélops le Phrygien!

᾿Ω Ζεῦ κ[ε]ραυνεγχές, κα[ὶ ἐπ' ἀργυ]ροδίνα   25
ὄχθαισιν 'Αλφειοῦ τελέσ[αις μεγ]αλοκλέας
θεοδότους εὐχάς, περὶ κ[ρατί τ' ὁ]πά[σσαι]ς
γλαυκὸν Αἰτωλίδος
ἄνδημ' ἐλαίας
ἐν Πέλοπος Φρυγίου   30
κλεινοῖς ἀέθλοις.

25 ἀργυροδίνα suppl. Blass ‖ 26 'Αλφειοῦ A³ : -φιου A ‖ τελέσαις
suppl. Maas : τελεσσ[A ‖ μεγαλοκλέας suppl. Blass ‖ 27 κρατί suppl.
Blass : κρᾶτά Desrousseaux ‖ τ' ὁπάσσαις [τ' ὅπασσας Blass] suppl.
Maas ‖ 29 ἄνδημ' A³ : ανδη A.

ÉPINICIE IX

NOTICE

Date et circonstances

Nous ignorons la date de cette épinicie qui, à notre avis, appartient à la période de l'exil de Bacchylide. Le vainqueur, Automédès, fils de Timoxénos, est un athlète de Phlionte, cité toute voisine de Némée, et c'est à Némée même qu'il a triomphé au pentathle en remportant trois des cinq épreuves.

Analyse

Le poème, très mutilé dans sa deuxième partie, comporte quatre triades. La 1re triade magnifie la cité de Phlionte par le voisinage de Némée, dont le nom évoque Héraclès et le lion, la fondation des Jeux, l'expédition des Sept contre Thèbes. La 2e triade commence par le rappel des succès d'Automédès au disque, au javelot et à la lutte. Puis le poète exalte l'Asôpos, dont les eaux arrosent Phlionte, et ses filles : Thébé, fondatrice de Thèbes en Béotie, et Égine, éponyme de la grande île. L'éloge des Nymphes se développait sans doute dans la première moitié de la 3e triade, très mutilée, et on discerne ensuite, à partir du milieu de la 3e antistrophe, une allusion à l'hymne de victoire chanté à Phlionte et une évocation de la Mère des Amours, qui peut correspondre à l'annonce d'un mariage heureux. La 4e triade, pour autant qu'on puisse la suivre, présente les aphorismes habituels dans une épinicie et se termine sur le rappel des exemples d'Héraclès et de Dionysos, et sur la joie que soulèvera la célébration du succès d'Automédès.

L'*Épinicie* IX, avec son mythe central, suit donc le

schéma auquel Pindare nous a accoutumés. Mais Pindare
possède un souffle épique inimitable pour développer des
mythes grandioses, tandis que Bacchylide, dans une ode
comme celle-ci, chante avec un charme élégant les manifes-
tations spontanées d'une joie juvénile ou populaire, avec
les cortèges, les danses, les chœurs, la chaude ambiance de
de fête de toute une cité.

Composition métrique   Dans cette ode, de type dactylo-tro-
chaïque, l'examen de la structure pério-
dologique fait apparaître des correspon-
dances entre l'épode et la strophe. Dans celle-ci, les deux
premiers vers comptent le même nombre de temps
marqués (9 + 6 [en raison de l'énoplios]) que les trois
derniers (4 + 5 + 6), soit 15 de part et d'autre, alors que
les trois vers médians (v. 3-5) en comptent 13 (5 + 4 + 4
[un énoplios]). Dans l'épode, le v. 1 constitue à lui seul une
courte période de 5 temps marqués. Les quatre autres vers
se correspondent deux à deux : les v. 2 et 4, avec 7 temps
marqués, les v. 3 et 5 avec 8 temps marqués ; pris par
couple, ils forment deux périodes de 15 temps marqués,
égales entre elles et égales aux périodes extrêmes de la
strophe. Le total des temps marqués est de 43 pour la
strophe, de 35 pour l'épode.

Alors que l'épode présente, en fin de vers (v. 1, 3 et 4),
plusieurs syncopes qui subsistent quelle que soit la
périodologie adoptée, la situation est différente dans la
strophe : les vers à syncope finale (v. 1, 4 et 6) comme les
vers hypermètres (v. 2, 5 et 7) se régularisent si on les
prend dans un mouvement d'ensemble qui ignore les fins
de vers, même renforcées par un hiatus ou une syllabe
indifférente. Le cas est assez exceptionnel pour mériter
d'être signalé même si, dans l'état de nos connaissances, il
n'est pas possible de déterminer le mode d'exécution qu'il
entraînait.

Cette particularité doit nous rendre attentifs à d'autres
finesses de composition. La correspondance qui s'établit
entre l'épode et la strophe, grâce à la longueur égale des
périodes de 15 temps marqués, donne lieu à des variations

plus ou moins subtiles. Le v. 1 de l'épode reprend, en
rythme ascendant, les deux premiers éléments du v. 1 et le
v. 3 entier de la strophe, de rythme descendant. Le v. 2 de
l'épode reproduit le v. 1 de la strophe, à l'exception du
mètre trochaïque pénultième. Le v. 3 de l'épode, entière-
ment iambique, est le renversement des vers 6 et 7 de la
strophe. Le v. 4 de l'épode reproduit le v. 1 de la strophe
moins le mètre trochaïque initial. Enfin, le v. 5 et dernier
de l'épode est identique à la suite des v. 6 et 7 de la
strophe, et reprend donc, avec renversement, le v. 3 de
l'épode.

SCHÉMA MÉTRIQUE

Strophe :   — ˘ — —   — ˘ ˘ — ˘ ˘ — —
              — ˘ — —   — ˘ —
              — — ˘ — ˘ ˘ — —   — ˘ — —
              — ˘ — —   — ˘ ˘ — ˘ ˘ — —
              — ˘ — —   — ˘ —   5
          5   — — ˘ ˘ — ˘ ˘ — —
              — ˘ — —   — ˘ —
              — ˘ — ˘ — — —
              — ˘ — ˘ — — —   — ˘ — —

Épode :   — — ˘ —   — — ˘ ˘ — ˘ ˘ —
              — ˘ — —   — ˘ ˘ — ˘ ˘ — —   — ˘ —
              — — ˘ —   — — ˘
              — — ˘ —   — — ˘ —
              — ˘ ˘ — ˘ ˘ — —   5
              — ˘ — —   — ˘ —
          5   — ˘ — —   — ˘ — —
              — ˘ — —   — ˘ — —

ÉPINICIE IX

POUR AUTOMÉDÈS DE PHLIONTE
VAINQUEUR AU PENTATHLE
AUX JEUX NÉMÉENS

I

Ah! donnez-lui la renommée qui persuade les hommes,
Charites à la quenouille d'or, car il est prêt, l'interprète
divin des Muses aux yeux de violette, à chanter en un
hymne Phlionte et le pays florissant de Zeus Néméen, où
Héra aux bras blancs a nourri le massacreur des troupeaux,
le lion à grave voix, qui fut le premier des travaux si
fameux d'Héraklès.

Là, pour la toute première fois, les demi-dieux aux
rouges boucliers, l'élite des Argiens, concoururent en
l'honneur d'Archémoros, qu'avait tué pendant son som-
meil un arrogant serpent aux yeux jaunes, signifiant la
mort imminente. Ô destin tout-puissant! le fils d'Oiclès [1]

1. Le devin Amphiaraos, fils d'Oïclès et d'Hypermestre, et époux
d'Ériphyle.

Θ (c. 9)

ΑΥΤΟΜΗΔΕΙ ΦΛΕΙΑΣΙΩΙ
ΠΕΝΤΑΘΛΩΙ ΝΕΜΕΑ

Δόξαν, ὦ χρυσαλάκατοι Χάρι[τ]ες, πει-   Str. 1
σίμβροτον δοίητ', ἐπεὶ
Μουσᾶν γε ἰοβλεφάρων θεῖος προφ[άτ]ας
εὔτυκος Φλειοῦντά τε καὶ Νεμεαίου
Ζηνὸς εὐθαλὲς πέδον   5
5 ὑμνεῖν, ὅθι μηλοδαΐκταν
θρέψεν ἁ λευκώλε[νο]ς
Ἥρα περι[κλει]τῶν ἀέθλων
πρῶτον ['Η]ρ[α]κλεῖ βαρύφθογγον λέοντα.   9

Κε[ῖθι φοι]νικάσπιδες ἡμίθεοι πρ[ώ-   Ant. 1
τιστ]ον Ἀργείων κριτοὶ
10 ἄθλησαν ἐπ' Ἀρχεμόρῳ, τὸν ξανθοδερκὴς
πέφν' ἀωτεύοντα δράκων ὑπέροπλος,
σᾶμα μέλλοντος φόνου.
Ὦ μοῖρα πολυκρατές· οὔ νιν   15
πεῖθ' Ὀϊκλείδας πάλιν

Inscript. in mg. add. A³ ‖ 1 πεισίμβροτον A²? : πεισινβρ- A ‖, ἐπεὶ
Blass, Wil. et alii : ἔπει, K. επει A ‖ 2 γε Blass¹ ᵉᵗ² : τε A τοι Blass³ ‖ 5
ὅθι K. : οτι A ‖ 7 περιχλειτῶν suppl. K. ‖ 9 κεῖθι suppl. K. ‖
φοινικάσπιδες suppl. Housman, Desrousseaux, Blass et alii ‖ πρώτισ-
τον suppl. K. ‖ 10 ἐπ' Ἀρχεμόρῳ, τὸν A³ (de ἐ- dubito) :
παρμεμορωισυν A ‖ 11 ἀωτεύοντα Neil apud K. : ασαγεροντα A
ασαγέυοντα A³ ‖ 14 Ὀϊκλείδας A³ : οιλαειδας A²? οιλλειδας A.

ne les convainquit pas de revenir vers les rues peuplées d'hommes. L'espoir dérobe aux gens l'intelligence,

et c'est lui, en ce temps-là, qui envoya Adraste, le fils de Talaos [2], à Thèbes, pour aider Polynice ... Sont issus de ces célèbres Jeux de Némée les glorieux mortels qui couvrent leurs cheveux blonds de la couronne triennale [3]. Aujourd'hui justement, un dieu l'a donnée à Automédès victorieux.

II

Au pentathle, en effet, il s'est distingué, comme, la nuit du milieu du mois, la belle clarté de la lune éclipse la lumière des astres. Parmi les Hellènes en un cercle innombrable, tel il fit briller sa stature admirable, quand il lança le disque en forme de roue, et, quand il envoya la branche de sureau au noir feuillage, de sa main, vers les hauteurs de l'éther, il excita les cris de la foule,

ou quand il eut mis un terme aux éclats de la lutte. Et telle fut sa force débordante, quand il plaqua au sol des corps aux membres robustes, avant de gagner les bords de

2. Talaos, père d'Adraste et d'Ériphyle, fut tué par Amphiaraos. Cf. *Iliade* II, 566 et XXIII, 678.
3. Les Jeux Néméens avaient lieu tous les deux ans.

15 στείχειν ἐς εὐάνδρους ἀγ[υιάς.
  Ἐλπὶς ἀνθρώπων ὑφαιρ[εῖται νόημ]α·

    ἃ καὶ τότ' Ἄδραστον Ταλ[αϊονίδαν   Ep. 1

ol. 19 πέμπεν ἐς Θήβας Πολυνείκεϊ πλα.ι[− − ⌣ −   20
  κείνων ἀπ' εὐδόξων ἀγώ-
  νων ἐν Νεμέᾳ κλεινο[ὶ β]ροτῶν
20 οἳ τριέτει στεφάνῳ
  ξανθὰν ἐρέψωνται κόμαν.
  Αὐτομήδει νῦν γε νικά-   25
  σαντί νιν δαίμων ἔ[δ]ωκεν.

    Πενταέθλοισιν γὰρ ἐνέπρεπεν ὡς ἄσ-   Str. 2
  τρων διακρίνει φάη
  νυκτὸς διχομηνίδο[ς] εὐφεγγὴς σελάνα·
  τοῖος Ἑλλάνων δι' ἀπ[εί]ρονα κύκλον   30
25 φαῖνε θαυμαστὸν δέμας
  δίσκον τροχοειδέα ῥίπτων,
  καὶ μελαμφύλλου κλάδον
  ἀκτέας ἐς αἰπεινὰν προπέμπων
  αἰθέρ' ἐκ χειρὸς βοὰν ὤτρυνε λαῶν   35

30 ἢ τε[λε]υτάσας ἀμάρυγμα πάλας· τοί-   Ant. 2
  ῳ[θ' ὑπερθ]ύμῳ σ[θένε]ι
  γυια[λκέα σώ]ματα [πρὸς γ]αίᾳ πελάσσα[ς
  ἵκετ' ['Ασωπὸ]ν πάρα πορφυροδίναν,

15 ἀγυιάς suppl. K. ‖ 16 ὑφαιρεῖται νόημα suppl. Blass ‖ 17 ἃ καὶ
A³ : δη A ‖ Ταλαϊονίδαν suppl. K. ‖ 19 κλεινοὶ βροτῶν suppl. K. ‖ 20
τριέτει (attico accentu) A : τριετεῖ Blass ‖ 21 Αὐτομήδει νῦν γε
νικάσαντί A³ : αυτομηδενυνενικαισαντι A ‖ ἔ[δ]ωκεν A³ : ε[θ]ηκεν A ‖
24 ἀπείρονα suppl. K. ‖ 26 ῥίπτων Blass : ριπτῶν A (accent. add. A³?)
‖ 27 μελαμφύλλου A³ : μελανφ- A ‖ 30 τελευτάσας Hense : τε[..]
υταιας A ‖ πάλας A³ : ταλας A ‖ τοίῳ θ' Maehler : τοιω[A τοιῶδ' K.
‖ ὑπερθύμῳ σθένει suppl. K. ‖ 31 γυιαλκέα σώματα πρὸς suppl. K. ‖
πελάσσας K. in nota critica : πελασσω[A σω uel ω del. A³ ‖ 32
'Ασωπὸν suppl. Blass, Housman, Wil., Desrousseaux.

l'Asôpos aux tourbillons pourprés [4], dont le renom est allé dans la terre entière, et jusqu'aux confins de la région du Nil. Et celles qui habitent près du lit du Thermodon au beau cours, n'ignorant rien des javelines, les filles d'Arès qui presse ses chevaux,

apprirent à connaître tes descendants, seigneur si révéré des fleuves, comme le firent ceux de Troie aux hautes portes. Par un large chemin, elle marche, de tous côtés multipliée, la renommée des filles de ta race à ceinture brillante, que les dieux établirent, non sans bonheur comme fondatrices de rues à l'abri du pillage.

III

Qui ne connaît la ville bien bâtie de Thébé aux boucles sombres, ou Égine de grand renom, qui s'approcha de la couche du très grand Zeus [5] et mit au monde le héros ... qui, par l'épreuve, de la terre des Achéens ... au beau voile...

... dont s'enroule la couronne ... et toutes les autres qui

4. Il ne s'agit pas de l'Asôpos de Béotie, chanté par Pindare et Corinne, mais du fleuve qui passe à Phlionte. On prêtait à chacun des deux fleuves une nombreuse descendance, nymphes de leurs affluents ou des sources proches. Deux listes commentées de ces nymphes circulaient en Grèce, Égine et Thébè figurant sur les deux. Maehler (I, 2, p. 145-146) montre bien comment ces listes se sont très tôt combinées.

5. D'Égine et de Zeus naquit Éaque, père de Télamon et de Pélée, ancêtre de tous les Éacides. Cf. Pindare, VIIIe *Isthmique*, entre autres.

τοῦ κ[λέος π]ᾶσαν χθόνα   40
ἦλθε[ν καὶ] ἐπ' ἔσχατα Νείλου·
35 ταί τ' ἐπ' εὐναεῖ πόρῳ
οἰκεῦσι Θερμώδον[τος, ἐ]γχέων
ἴστορες κοῦραι διωξίπποι' Ἄρηος,

σῶν, ὦ πολυζήλωτε ἄναξ ποταμῶν,   Ep. 2
ἐγγόνων γεύσαντο, καὶ ὑψιπύλου Τροίας ἔδος.   46
40 Στείχει δι' εὐρείας κελε[ύ-
θου μυρία πάντᾳ φάτις
σᾶς γενεᾶς λιπαρο-
ζώνων θυγατρῶν, ἃς θε[ο]ὶ   50
σὺν τύχαις ᾤκισσαν ἀρχα-
γοὺς ἀπορθήτων ἀγυιᾶν.

Τίς γὰρ οὐκ οἶδεν κυανοπλοκάμου Θή-   Str. 3
βας ἔϋδμα[τον πόλι]ν,
ol. 20 ἢ τὰν μεγαλώνυ]μον Αἴγιναν, μεγ[ίστ]ου   55
45 Ζην]ὸς [ἃ πλαθεῖσα λ]έχει τέκεν ἥρω
-]δε σω[- - ⏑]ου,
ὃς γ]ᾶς βασά[νοισιν Ἀχ]αιῶν
]υ[   ]α[
τ[- - ⏑ - - - - ⏑ - -   60
50 ᾱ[   ]ω[. . . . . . . ε]ὔπεπλον [. .] .'[

ἢ [⏑ - -]αν ἑλικοστέφα[νον] κ[-   Ant. 3
- ὅ]σαι τ' ἄλλαι θεῶν

33 κλέος πᾶσαν suppl. K. ‖ 34 ἦλθε[ν Α³ : μαθε[Α ‖ καὶ suppl. K. ‖
35 εὐναεῖ Jebb apud K. ‖ 36 Θερμώδοντος ἐγχέων suppl. K. ‖ 37
κοῦραι K. : κοραι Α ‖ 38 πολυζήλωτε ἄναξ Blass, Housman, Wil. et
alii : -λωταναξ Α ‖ 39 ἐγγόνων Weil, Jurenka et Wil. : εγγονοι Α ‖ 42
ᾤκισσαν K. : ὠκι- Α ‖ ἀρχαγοὺς Α² : αρχαιγ- Α ‖ 43 ἐΰδματον πόλιν
suppl. K. ‖ 44 ἢ τὰν μεγαλώνυμον suppl. Blass :]νον Α]μον Α³ ‖ 45
Ζηνὸς ἃ πλαθεῖσα suppl. Wil. ‖ λέχει suppl. K. ‖ 47 ὃς γᾶς βασάνοισιν
Ἀχαιῶν suppl. Blass ‖ 51 ὅσαι suppl. Jebb.

furent soumises au joug en s'unissant glorieusement aux
dieux, les filles qu'on révère du vieux fleuve retentissant...
la cité ... la victoire ... les sons aigus des flûtes...

... ayant établi de noblement parler de la déesse dorée,
‹Cypris› aux tresses de violette, la mère des Amours
inflexibles ... fameuse chez les mortels ... l'hymne,

IV

... et une fois disparu ... le temps inépuisable, et puisse-
t-il toujours proclamer à la postérité ta victoire à Némée.
Assurément, la belle action à qui échoit des hymnes de
bon aloi est un dépôt là-haut, chez les dieux. Et si la vérité
les accompagne, elle reste, fût-on mort, comme le plus
beau divertissement des Muses[6]... qui soit pour les
mortels.

6. Le terme ἄθυρμα est probablement emprunté à Pindare :
'Ἀπολλώνιον ἄθυρμα, Vᵉ *Pythique*, 21.

ε[ὑναῖς ἐδ]άμησαν ἀριγνώτ[ο]ις π[α]λαι[οῦ
παῖδες αἰ]δο[ῖ]αι ποταμοῦ κε[λ]άδοντος ·   65
- ⌣ - -]αν πόλιν
55 - - ⌣ ⌣ -]σί τε νικα[
- ⌣ - αὐ]λῶν βοαὶ
- - - ⌣ -ο]υσαι · μερ[- -
- ⌣ - - - - ⌣ - - - - ⌣ -]αν ·   70

- - ⌣ - - - - ⌣ - - ⌣]νεος   Ep. 3
60 χρ]υσέα[ν . . .]θέντα ἰόπλοκον εὖ εἰπεῖν [⌣ -
- μ]ατ[έρ' ἀκ]νάμ[π]των ἐρώ-
των [- ⌣ - κλε]ινὰν βροτο[ῖς
- ⌣ ⌣ - ⌣]λέων   75
- - ⌣ - - προξεν[-
- ⌣ - - -] . ιώταν
- ⌣ - - - ⌣]ν ὕμνον,

- ⌣ - - -] καὶ ἀποφθιμένῳ [-   Str. 4
- ⌣ ἄτ]ρυτον χρόνον,   80
65 καὶ τοῖς ἐ]πιγεινομένοις αἰεὶ πιφαύσκοι
σὰν Νε]μέᾳ νίκαν · τό γέ τοι καλὸν ἔργον
γνησίων ὕμνων τυχὸν
ὑψοῦ παρὰ δαίμοσι κεῖται ·
σὺν δ' ἀλαθείᾳ βροτῶν   85
70 κάλλιστον, εἴπ[ερ καὶ θάνῃ τις,
λε[ί]πεται Μουσ[ᾶν ⌣ - - - ἄθ]υρμα.

52 εὐναῖς ἐδάμησαν suppl. Blass || 53 παῖδες αἰδοῖαι suppl. Jebb || 56
αὐλῶν suppl. Blass et Jurenka || 57 α supra σαι add. A³ || 61 ματέρ'
suppl. Jebb : ὦ μᾶτερ Blass || ἀκνάμπτων suppl. Snell (ἀγν- K.) ||
κλεινὰν suppl. Blass || 63 ï ex υ ante ωταν corr. A³ || 64 ἀποφθιμένῳ
A³ : -μενων A || ἄτρυτον suppl. Blass || 65 καὶ τοῖς suppl. Blass ||
πιφαύσκοι A³ : -σκω A || 66 σὰν suppl. Blass || Νεμέᾳ K. in notis :
]μέα A || 70 εἴπερ καὶ θάνη τις suppl. Blass || 71 Μουσᾶν et ἄθυρμα
suppl. K.

Il y a ... des hommes ... nombreuses. La volonté des dieux distingue ... la nuit ... et le meilleur... à un petit nombre d'hommes ... l'avenir,

... accorda la grâce et Dionysos ... habiter la cité qu'honorent les dieux ... au sceptre d'or ... beau ... puisse-t-il louer! Pour le fils de Timoxène, avec des fêtes ... au pentathle ...

Εἰ[σ]ὶ δ' ἀνθρώ[πων ◡◡–◡◡–] πολ-   Ant. 4

ol. 21   λαί· δι[α]κρίν[ε]ι δὲ θεῶν

β]ουλὰ [◡◡–ό]μενον νυκτὸς [◡– –   90

.]...[◡– – – –◡]γε καὶ τὸν ἀρείω

75 –◡– – –◡]που·

– –◡◡–◡◡]ευσων

–◡– – – –◡–]

– –◡– – –◡ π]αύροις   95

ἀν]δρ[άσιν – –◡– – –]ι τὸ μέλλον·

80 ..]ιμι δ[– –◡◡]δῶκε χάριν   Ep. 4

κ]αὶ Διων[υσ–◡◡–] θεοτίματο[ν] πόλιν

ν]αίειν ἀπο[– –◡]ευν-

τας [χ]ρυσεοσκάπτρ[–◡–   100

–]τι καλὸν φε[◡–

–]αἰνέοι· Τιμοξ[ένου

παιδὶ σὺν κώ[μοις ◡– –

..]οιτε πεντ[αθλ–◡– –

73 βουλὰ Blass :]ουλά uel] ουλᾶ A, unde βουλᾷ Blass in nota ‖ 79
ἀνδράσιν suppl. K. ‖ 82]ευντας A³ :]ευντες A ‖ 83 Τιμοξένου suppl.
Blass.

ÉPINICIE X

NOTICE

Date et circonstances
Il n'est pas possible de donner une date à cette épinicie et l'on ne peut risquer aucune conjecture du fait que Bacchylide se présente comme un « habitant d'une île » (v. 8), car, étant né à Kéos, il peut prendre ce nom en toute circonstance, et même à un moment où il ne séjourne pas dans son île natale. Par ailleurs, l'intitulé de l'ode a disparu, son début est lui-même très mutilé, de sorte que c'est du texte seul que l'on peut tirer quelques indications. Le vainqueur est un Athénien de la tribu d'Oineus (v. 14). L'athlète a triomphé aux « Jeux de Poséidon » (v. 15), donc à l'Isthme, où il a remporté deux couronnes à la course (v. 23), probablement dans la catégorie des hommes[1]. Enfin, c'est son beau-frère[2] qui a organisé la célébration et sollicité le concours de Bacchylide (v. 7-8) ; sans doute en fit-il les frais, jouant le rôle du père, probablement disparu.

Analyse
Cette épinicie est, parmi celles de Bacchylide, la seule qui soit composée d'une couple de triades. Une invocation à la Renommée ouvre le poème. Puis ce sont les précisions habituelles sur le vainqueur

---

1. La première course fut peut-être un diaulos. La deuxième dut être un ἵππιος δρόμος (v. 21-22 τετραέλικτον ἐπεὶ κάμψεν δρόμον).
2. L'intervention de ce beau-frère a fait penser parfois que l'athlète était mort et que l'épinicie avait été chantée au cours d'un banquet commémoratif. Rien ne l'indique avec certitude ; cf. pourtant la 1ʳᵉ antistrophe et le v. 44.

dont le texte exalte le double exploit. L'évocation de sa
vitesse fulgurante (épode de la 1re triade) est saisissante.
On dirait que ses admirateurs, sans doute au moment de la
deuxième course, ont rompu les barrières et qu'il s'ouvre
presque un chemin à travers la foule. La seconde triade
insiste d'abord sur les antécédents du champion, qui non
seulement a déjà gagné deux courses à Némée (v. 24), mais
s'est aussi distingué à Thèbes, Argos, Sicyone, Pellènè, sur
les rives de l'Eubée et à Égine. Le poète médite ensuite sur
la diversité des routes qui s'ouvrent devant la jeunesse,
ignorante de son destin, mais il proclame que « le beau
sort, c'est... d'être admiré grandement par un grand
nombre d'hommes » (v. 38-39). Arrive alors la conclusion
qui nous ramène à la joie de la fête.

Souvenirs poétiques   Depuis Romagnoli[3], les critiques ont ad-
mis l'influence, sur les vers 32-37 de l'*Épi-
nicie* X, d'un passage d'une *Élégie* de Solon
(v. 43-54)[4], développement tout désigné pour rehausser
l'éloge d'un Athénien. Le distique (v. 51-52) :

ἄλλος Ὀλυμπιάδων Μουσέων πάρα δῶρα διδαχθείς,
ἱμερτῆς σοφίης μέτρον ἐπιστάμενος

a visiblement inspiré le début de la 2e antistrophe (v. 32) :

ἦ γὰρ σοφὸς ἢ Χαρίτων τιμὰν λελογχώς,

où le rôle des Charites est proche de celui des Muses de
Solon.

On a pu reconnaître, dans la même antistrophe[5],

3. E. Romagnoli, *Appunti sulla gnomica Bacchilidea*, dans *Studi
it. fil. class.* 7, 1899, p. 161-174. Voir aussi Snell-Maehler, p. XXII et
note *ad locum*.

4. Fr. 13 West = 1 Diehl.

5. Déjà, au début de l'antistrophe, Jebb considère que l'adjectif
σοφός s'applique, comme chez Pindare, à l'activité poétique, et se
demande si les Charites représentent une allusion au poète lui-même
ou à l'athlète maître de son art. Il faut reconnaître que ce sens donné
à σοφός (il en est de même pour σοφία) est typique des conceptions
du poète thébain.

l'influence de Pindare, en rapprochant les v. 34-35 de Bacchylide, « un autre tend son arc ingénieux en l'honneur des garçons », de la première strophe de la IIe *Isthmique* évoquant Thrasybule, le fils du dédicataire de l'ode, Xénocrate d'Agrigente (v. 3-4) :

ῥίμφα παιδείους ἐτόξευ-
ον μελιγάρυας ὕμνους,
ὅττις ἐὼν καλὸς κτλ.

Lorsque Bacchylide nous dit (v. 36-37) : « Ceux-là se passionnent à travailler, à s'occuper des troupeaux de bœufs », il pense assurément aux *Travaux et Jours* d'Hésiode. Quant à la façon d'annoncer qu'il faut abréger un développement (début de la 2e épode), elle rappelle le Pindare de la fin de la IVe *Pythique* (v. 247-248) :

Μακρά μοι νεῖσθαι κατ' ἀμαξιτόν. Ὥρα
γὰρ συνάπτει, καί τινα
οἶμον ἴσαμι βραχύν κτλ.

Pindare chantait souvent dans la mémoire de Bacchylide. On peut voir là le témoignage d'une admiration de jeunesse qui dura bien au-delà.

Composition métrique   Cette ode est composée d'éléments dactylo-trochaïques et anapesto-iambiques. Après un vers initial d'attaque ascendante, dans lequel l'énoplios assure le passage au rythme descendant, la strophe comporte trois périodes, toutes de rythme descendant. La première est formée de trois vers (v. 2-4) dont les extrêmes, des dimètres trochaïques, sont identiques et dont celui du centre répète le même élément, un hémiépès féminin. Les deux autres sont faites de deux vers (v. 5-6 et 7-8). Chacune compte 14 temps marqués (4 + 6 + 4 ; 6 + 8 ; 6 + 8). D'une période à l'autre, le nombre des éléments dactyliques va en décroissant : deux dans la première ; un, prolongé, dans la seconde ; aucun dans la troisième. Le total des temps marqués de la strophe est de 48 (6 + 14 + 14 + 14).

Dans l'épode, les v. 2 et 3, tous deux d'attaque ascendante et hypermètres, forment une période de 12 temps marqués (5 + 7). Il y répond une période de longueur égale, d'attaque ascendante, formée par les v. 6 et 7 (4 + 8 temps marqués). Les v. 4 et 5 forment une période plus courte (5 + 3 temps marqués), de rythme descendant comme le vers initial (5 temps marqués). Le total des temps marqués est de 37 (5 + 12 + 8 + 12). La triade compte ainsi 133 temps marqués (48 + 48 + 37).

SCHÉMA MÉTRIQUE

Strophe :   — — ‿ — ‿ ‿ — —   — ‿ — —
               — ‿ — —   — ‿ — —
               — ‿ ‿ — ‿ ‿ — —
               — ‿ ‿ — ‿ ‿ —
               — ‿ — —   — ‿ ‿   5
      5 — ‿ — —   — ‿ ‿ — ‿ ‿ — ‿ ‿ —
               — ‿ ‿ —   — ‿ ‿
               — ‿ ‿ —   — ‿ —
               — ‿ — —   — ‿ — —   — ‿ — —
               — ‿ — —   — ‿ — —   — ‿ — ⌣̄   — ‿ — —   10

Épode :   — ‿ — —   — ‿ ‿ — ‿ ‿
             — — ‿ —   ⌣̄ — ‿ — —
             — — ‿ —   — ‿ ‿ —   — — ‿ —
             — ‿ ‿ — ‿ ‿ — —   — ‿ —
     5 — ‿ ‿ — ‿ ‿ —   5
             — — ‿ ‿ — ‿ ‿ —
             — ‿ — —   — ‿ — ‿ —
             — — ‿ —   — ‿ ‿ — —

ÉPINICIE X

<POUR ... D'ATHÈNES
VAINQUEUR À LA COURSE
AUX JEUX ISTHMIQUES>

I

Ô Renommée, car toi ... tu t'en vas visiter les tribus <des
hommes> ... les yeux ... un inactif repos ... et aujourd'hui
l'époux de sa sœur a sollicité, habitante d'une île, une
abeille au chant clair.

Il voulut mettre en tes mains l'offrande immortelle des
Muses et qu'elle restât parmi les hommes pour leur joie, au
monde révélant ta valeur par le nombre de fois où, avec
l'aide de la Victoire, sur ta tête blonde tu mis le diadème

I (c. 10)

⟨. . . . . ΑΘΗΝΑΙΩΙ
ΔΡΟΜΕΙ ΙΣΘΜΙΑ⟩

Φή]μα, σὺ γ[ὰ]ρ ἀ[‿‿‿‿‿ ἐ]ποιχνεῖς   Str. 1
φῦ]λα, καὶ πα[‿‿‿⌣
. . . . .]μελαμει[‿‿‿
. . . . .]πο κευ[‿‿‿⌣
. . . .]νωνται [‿‿‿‿   5
5 ‿‿] .΄. ῳ ξ[. .]ον, ὅτι χρυ[σ‿‿‿‿‿
ο[. . .]ν ὀφθαλμοῖσιν [‿‿
π[αῦλ]αν ἀπράκταν.. [.].. [
α[. .]α.ι καὶ νῦν κασιγνήτας ἀκοίτας
νασιῶτιν ἐκίνησεν λιγύφθογγον μέλισσαν,   10

ἐ[γ]χειρὲς ἵν᾽ ἀθάνατον Μουσᾶν ἄγαλμα   Ant. 1
10 ξυνὸν ἀνθρώποισιν εἴη
χάρμα, τεὰν ἀρετὰν μα-
νῦον ἐπιχθονίοισιν,
ὀσσά⟨κις⟩ Νίκας ἕκατι   15
ἄνθεσιν ξανθὰν ἀναδησάμενος κεφαλὰν

Inscript. in lac., rest. K. et Blass ‖ 1 φήμα et γὰρ suppl. K. ‖ 2 φῦλα
suppl. Wil. ‖ 6 παῦλαν suppl. Blass ‖ 8 ἐκίνησεν Blass : εκειν- A ‖ 9
ἐγχειρὲς legit Snell ‖ 10 εἴη K. : είηι A ‖ 11 χάρμα, τεὰν ἀρετὰν
Richards : χάρμα τεὰν ἀρετὰν K. χαρματ[.]αναρεταν A ‖ μανῦον A³ :
μανοον A ‖ 12 ὀσσάκις Niemeyer, Weil, Wil. et alii : ὄσσα νῦν K.
ὄσσον αὖ Richards ὄσσα A.

de fleurs, auréolant la vaste Athènes, et donnant la gloire
aux descendants d'Oinée. Dans les Jeux entre tous fameux
de Poséidon, ‹aussitôt tu fis voir› aux Hellènes la rapide
impulsion de tes pieds.

... il se plaça sur la limite du stade, avec encore son
souffle chaud de tempête ; puis il bondit, ... d'huile ... des
spectateurs en se ruant ... la foule. Quand il eut couru la
courbe des quatre spires de la piste, les hérauts des
judicieux ‹chefs des Jeux› le proclamèrent deux fois
vainqueur isthmique.

II

Et il le fut deux fois à Némée, près de l'autel sacré de
Zeus, fils de Kronos ! Et la fameuse Thébé l'accueillit, ainsi
qu'Argos aux larges places et Sicyone, selon les règles ; les
habitants de Pelléné aussi, la population de l'Eubée
couverte de champs de blé, et ceux de l'île sainte d'Égine !
Chacun s'efforce de trouver la route dont le trajet lui
obtiendra une réputation insigne. Il est multiple, le savoir
humain.

κῦδος εὑρείαις Ἀθάναις
θῆκας Οἰνείδαις τε δόξαν.
15 Ἐν Ποσειδᾶνος περικλειτοῖς ἀέθλοις
22 — ‿ — —]ας Ἕλλασιν ποδῶν ταχεῖαν ὁρμάν ·   20

. [.] . [. . . . . οὔ]ροισιν ἔπι σταδίου   Ep. 1
θερμ[ὰν ἔτι] πνέων ἄελλαν
ἔστα[‿ —]ν δ' ἄιξε θατήρων ἐλαίῳ
20 φάρε[‿ — ‿ ‿]ν ἐμπίτνων ὅμιλον.

Τετρ[αέλικτο]ν ἐπεὶ   25
κάμψ[εν δρό]μον, Ἰσθμιονίκαν
δίς ν[ιν ἀγκ]άρυξαν εὐβού-
λων [‿ — —]ων προφᾶται ·

δὶς δ' ἐ[ν Νεμέ]ᾳ Κρονίδα Ζηνὸς παρ' ἁγνὸν   Str. 2
25 βωμό[ν · ἁ κλει]νά τε Θήβα   30
δέκτ[ο νιν ε]ὐρύχορόν τ' Ἄρ-
    γο[ς Σικυώ]ν τε κατ' αἶσαν ·
οἵ τε Π[ελλάν]αν νέμονται,
ἀμφί τ' Εὔβοιαν πολ[υλάϊο]ν, οἵ θ' ἱερὰν
νᾶσον [Αἴγιν]αν. Ματεύει   35
    δ' ἄλλ[ος ἀλλοί]αν κέλευθον,
30 ἄντι[να στείχ]ων ἀριγνώτοιο δόξας
τεύξεται. Μυρίαι δ' ἀνδρῶν ἐπιστᾶμαι πέλονται ·

15 Ποσειδᾶνος Κ. : ποσιδ- Α ‖ περικλειτοῖς [-κλεί-] Α : -ς expunxit
Α³? (-τοὶ uel -τοῖο) ‖ 16 ταχεῖαν ὁρμάν Α : ὁρμ. ταχ. metri causa
Ludwich, Reinach ‖ 18 θερμὰν ἔτι πνέων [δ' ἔτι Blass] suppl. Jebb : θ.
ἀποπνείων Barrett ‖ 19 ἄιξε θατήρων Α : αυτεθεατηρων Α³ ‖ 20 φάρε[
Α ‖ 21 τετραέλικτον suppl. Jurenka, Platt et Desrousseaux ‖ 22
κάμψεν δρόμον suppl. Jebb apud Κ. ‖ 23 νιν ἀγκάρυξαν suppl. Jebb
apud Κ. ‖ εὐβούλων Α³ : ευβοιαων Α ‖ 24 ἐν Νεμέᾳ suppl. Κ. ‖ 25 ἁ
κλεινά suppl. Jebb apud Κ. ‖ 26 νιν et Σικυών suppl. Κ. ‖ 27
Πελλάναν suppl. Κ. ‖ 28 πολυλάϊον suppl. Blass (πολυλήϊον Κ.) ‖ 29
Αἴγιναν et ἄλλος ἀλλοίαν suppl. Κ. ‖ 30 ἄντινα στείχων suppl. Blass ‖
31 ἐπιστᾶμαι Α³ : -σταται Α.

Oui, il y a l'homme de talent, qui tient du sort l'estime des Charites ou connaît la volonté des dieux : en lui fleurit l'espérance dorée. Un autre tend son arc ingénieux en l'honneur des garçons. Ceux-là se passionnent à travailler, à s'occuper des troupeaux de bœufs. Mais l'avenir enfante des accomplissements indistincts, là où le hasard mettra son poids. Le plus beau sort, c'est, pour un honnête homme, d'être admiré grandement par un grand nombre d'hommes.

Je connais aussi le grand pouvoir de la richesse. A qui est sans valeur, la valeur même elle donne. Après avoir longtemps tenu un langage sans détour, pourquoi pousser en dehors de la route ? Les joyeux pensers, on les manifeste aux mortels après la victoire, et des flûtes... il faut...

ἢ γὰρ σ[ο]φὸς ἢ Χαρίτων τιμὰν λελογχὼς   Ant. 2
ἐλπίδι χρυσέᾳ τέθαλεν   40
ἤ τινα θευπροπίαν εἰ-
   δώς· ἕτερος δ' ἐπὶ παισὶ
35 ποικίλον τόξον τιταίνει·
οἱ δ' ἐπ' ἔργοισίν τε καὶ ἀμφὶ βοῶν ἀ[γ]έλαις
θυμὸν αὔξουσιν. Τὸ μέλλον   45
   δ' ἀκρίτους τίκτει τελευτάς,
πᾶ τύχα βρίσει. Τὸ μὲν κάλλιστον, ἐσθλὸν
ἄνδρα πολλῶν ὑπ' ἀνθρώπων πολυζήλωτον εἶμεν·

40 οἶδα καὶ πλούτου μεγάλαν δύνασιν,   Ep. 2
ἃ καὶ τ[ὸ]ν ἀχρεῖον τί[θησ]ι   50
χρηστόν. Τί μακρὰν γ[λ]ῶ[σ]σαν ἰθύσας ἐλαύνω
ἐκτὸς ὁδοῦ; Πέφαται θνατοῖσι νίκας
ὕστε]ρον εὐφροσύνα,
23 αὐλῶν [⌣ ⌣ – ⌣ ⌣ – –
46 μειγν[υ – – – – ⌣ – –   55
   χρή τιν[– – – ⌣ – –

32 ἢ Snell : η Α ἢ Κ. ‖ γὰρ Α² : αρ Α ‖ τιμὰν Κ. : τιμᾶν Α ‖ 34 ἢ
Κ. : ιη Α ‖ 38 πᾶ Α : πᾱι Α³ ‖ βρίσει. Τὸ μὲν Α³ : βρισενομεν Α ‖
ἐσθλὸν Wil. : εσελων Α ἐσθλῶν Κ. ‖ 39 εἶμεν Α : ἔμμεν Κ. ‖ 40 δύνασιν
Α³ : -μιν Α ‖ 41 τίθησι suppl. Κ. ‖ 42 γλῶσσαν Blass, Housman et alii
‖ ἰθύσας Adam et Festa : ϊουσασ Α ἰθὺς Α¹ υ supra ϊ add. Α³ ‖ 44
ὕστερον suppl. Κ. ‖ 46 μειγν[Blass : μιγν[Α.

ÉPINICIE XI

NOTICE

Date et circonstances

On ignore tout de la date de cette ode, et c'est par l'intitulé et par le texte uniquement que l'on a une idée des circonstances. Alexidame, originaire de Métaponte, cité de Grande-Grèce voisine de Sybaris, est un enfant, fils de Phaïskos. Il a triomphé à la lutte aux Jeux Pythiques. Cette victoire est une revanche, car le garçon précédemment, aux Jeux Olympiques, a été victime d'un accident, peut-être provoqué par un jaloux, qui l'a frustré d'une prestigieuse couronne. Rien n'indique expressément, semble-t-il, que le triomphe d'Alexidame fut célébré à Métaponte. Vu l'importance donnée dans le poème à Artémis Héméra, ou Hémérasia, et à son sanctuaire arcadien, nous pouvons nous demander si la victoire ne fut pas plutôt chantée sur la plate-forme rocheuse qui supportait le temple vénérable [1].

Analyse

Le poème comprend trois triades. La 1re débute par une invocation à la Victoire, fille de Styx, « la droite Justicière », c'est-à-dire celle qui,

1. Certains pensent que la famille d'Alexidame avait dû garder des attaches solides avec la région d'Arcadie où le poète a placé les errances des filles de Proitos ; que la reconnaissance de Proitos et de ses filles envers Artémis a bien l'air d'être le symbole de celle que le vainqueur et les siens lui vouent, encore plus qu'à son frère, le dieu de Pythô ; qu'en conséquence la revanche d'Alexidame se serait réalisée aux Jeux d'Artémis Hémérasia plutôt qu'à ceux d'Apollon Pythien. Cependant, l'objection que les Jeux d'Artémis n'ont pas le même niveau que ceux d'Olympie et ne peuvent procurer une vraie revanche doit être prise en considération.

assimilée à l'onde infernale, garantit la rectitude des
serments divins. Cette allusion s'éclaire quand on apprend,
dans la suite du texte, que cette victoire est une juste
revanche. Suivent l'évocation de Métaponte en liesse, de la
victoire d'Alexidame, avant que le poète ne s'arrête sur la
machination probable dont nous parlons plus haut. La
revanche est due à Artémis Héméra, la déesse de Lousoi,
en Arcadie, et de Métaponte. Commence aussitôt le récit
mythique qui va pratiquement remplir les deux autres
triades, sans que le poète revienne, même pour finir, à
l'exploit d'Alexidame et à la célébration de sa victoire.
Nous voyons donc la colère d'Héra contre les filles de
Proitos et assistons à l'égarement qui s'empare d'elles et
les précipite hors de Tirynthe dans les montagnes.
L'antistrophe et l'épode de la 2ᵉ triade nous ramènent à
l'époque de la fondation de Tirynthe, selon un procédé de
composition régressive cher à Pindare : origine argienne
des fondateurs, querelle des frères-rois Proitos et Acrisios,
création de la ville où les Argiens s'installent avec Proitos
derrière des remparts construits par les Cyclopes. La
dernière triade reprend l'histoire des filles de Proitos. Elles
errent pendant treize mois dans la forêt, tandis que Proitos
se désespère. Mais Artémis, à qui il adresse un jour ses
supplications près du cours du Lousos, obtient d'Héra
qu'elle rende la raison aux Proitides, qui font édifier le
sanctuaire de Lousoi. Après la guerre de Troie (épode de la
3ᵉ triade), les Achéens s'en viennent fonder Métaponte et
font passer le culte d'Artémis Héméra dans cette ville, où
ils lui consacrent un bosquet.

L'Arcadie inspiratrice de Bacchylide   Il faut d'abord se rendre compte
qu'en parlant, d'une part, d'Achéens
ou Argiens fondateurs de Métaponte [2],
d'autre part, de l'instauration dans cette

2. Nombreux sont, sur le pourtour méditerranéen, les mythes de
fondations lointaines (Grèce continentale, mais surtout Grande-Grèce
et Sicile) attribuées aux Achéens vainqueurs de Troie, mais empêchés,
pour une raison ou pour une autre, de rentrer dans leur patrie. Tel
faillit être le cas d'Ulysse ; tel fut celui de Teucros, d'Idoménée, de

ville du culte d'Artémis Héméra, originaire d'Arcadie, Bacchylide concilie des éléments de provenances différentes. Cette conciliation lui était antérieure et dut lui être suggérée. Sans doute fut-il aidé par une homonymie consécutive à la migration de population et de culte, résultat en même temps d'un transfert de noms géographiques tel qu'on en rencontre souvent dans tout le domaine historico-mythique [3]. A vrai dire, tout dans ce poème est parti d'Arcadie. La cellule primitive est bien le sanctuaire d'Artémis Hémérasia, non point celui de Métaponte, ni même celui d'Argos, si toutefois il a vraiment existé. L'Arcadie, région relativement difficile à pénétrer, a, dans le cours de l'histoire, fourni successivement un refuge aux cultes les plus archaïques, à mesure que les populations porteuses étaient bousculées par de nouveaux envahisseurs. C'est bien pour cette raison que Victor Bérard, désirant conduire une recherche méthodologique sur l'origine et l'histoire des cultes grecs dans leur période la plus archaïque, s'intéressa d'emblée aux cultes d'Arcadie [4]. Toute cette région a visiblement fasciné Bacchylide. Il y a retrouvé les grandeurs de l'histoire et de la légende ; il y a peut-être aussi rencontré la révélation du frisson sacré, du θάμβος ambivalent, générateur d'attirance et d'effroi [5], inspiré à l'homme par la nature sauvage et grandiose d'un lieu hautement vénéré.

Le temple d'Artémis était construit dans la région même

Diomède, etc. Ajoutons les mythes concernant les Troyens, tels les Anténorides à Cyrène. Cf. J. Perret, *Les origines de la légende troyenne de Rome*, Paris, 1942, *passim*.

3. Un bon exemple est celui des trois Pylos, d'Élide, de Triphylie, de Messénie. Cf. R. Baladié, *Pylos, géographie et mythologie*, dans les *Actes* du premier Colloque de Mythologie, Nanterre, 1974, Paris, 1977, p. 1-7.

4. *De l'origine des cultes arcadiens*, Paris, 1894 ; on y trouve, p. 156 sqq., d'intéressants développements sur Lousoi et sur Artémis Héméra. Voir maintenant la thèse de Madeleine Jost, *Sanctuaires et cultes d'Arcadie*, Paris, 1985.

5. Cf. R. Otto, *Le Sacré*, trad. A. Jundt, Paris, 1949. L'auteur y insiste sur l'aspect *numineux* qu'il appelle *mysterium tremendum*.

168 ÉPINICIE XI

où Strabon [6] place et décrit avec force détails la source Styx, ce qui nous fait mieux comprendre l'invocation liminaire de Bacchylide à Victoire, « fille de Styx »... La mythologie issue de la *Théogonie* hésiodique la personnifie d'autant plus aisément que tout le paysage inspire ce respect sacré, bien connu des lecteurs d'Homère et d'autres poètes grecs. Il n'est que de lire les impressions et commentaires du dernier voyageur français, à notre connaissance, à avoir visité ces lieux et décrit ce qu'il y a vu [7] : « Pour atteindre le cirque de haute montagne dont il s'agit, nous dit R. Baladié, la route la plus facile en venant de l'est, du bassin de Stymphale, est celle qui longe la rive occidentale du lac de Phénéos, franchit un col qui donne accès au bassin du Crathis, traverse les forêts... On n'est plus qu'à quelques heures de marche, mais de marche difficile, de la cascade appelée « l'eau du Styx ». On peut aussi l'atteindre de l'ouest... par la haute vallée de Lousoi... A Lousoi se trouvait, sur la plate-forme d'un rocher qui avance comme une proue au-dessus de la vallée, un sanctuaire fameux d'Artémis Hémérasia ; la proximité de Lousoi fait que la nymphe Styx est appelée volontiers Λουσῆτις ». Rien ne manque, on le voit, dans ce site montagneux, à ce que nous avons besoin de savoir et de nous représenter pour reconstituer, au moins en esprit, le juste cadre dans lequel Bacchylide a situé le mythe et où les pèlerins d'Artémis replaçaient les errances des filles de Proitos. Il est pour nous hors de doute que Bacchylide aussi connaissait le site et l'avait personnellement visité.

Composition métrique Parmi les nombreuses odes faites d'éléments dactylo-trochaïques et anapesto-iambiques, l'*Épinicie* XI se distingue par la place qu'y tient l'énoplios associé au mètre trochaïque.

6. VIII, 8, 4 ; cf. notes et traduction de R. Baladié dans Strabon, *Géographie* (C.U.F.), t. V, Paris, 1978.
7. R. Baladié, *Le Péloponnèse de Strabon*. Étude de géographie historique, Paris, 1980, p. 80.

Dans la strophe, tous les vers, à l'exception du v. 3, ont une attaque ascendante. Les v. 1 et 2 ont une composition identique, un énoplios suivi d'un dimètre trochaïque ; dans le v. 2, l'énoplios est catalectique, ce qui entraîne une syncope soulignée par une coupe fréquente (quatre fois sur six). Le dernier vers (v. 9) a la même composition que le premier. Dans les v. 6 et 8, l'énoplios est suivi d'un seul mètre trochaïque. Dans le v. 7, deux énoplios catalectiques se font suite. Le v. 4 ne diffère du v. 2 que par la substitution d'une dipodie dactylique catalectique *in sylla-bam* ($-\smile\smile-$) remplaçant le second mètre trochaïque. Le v. 5 est un énoplios catalectique et le v. 3 un hémiépès masculin. Le décompte des temps marqués fait apparaître une division en trois périodes, la première (v. 1-2) de 16 temps marqués (8 + 8), les deux autres (v. 3-6 et v. 7-9) égales, avec 20 temps chacune (3 + 8 + 3 + 6 et 6 + 6 + 8) ; la composition périodologique est donc de type proodique (A B B).

Dans l'épode, la plupart des vers ont une attaque ascendante ; seuls font exception le v. 3 et les deux derniers, 9 et 10. L'énoplios y est employé sept fois, soit seul sous sa forme catalectique (v. 1, 7 et 8), soit sous sa forme pleine devant un mètre trochaïque complet (v. 2) ou catalectique (v. 6), ou devant un dimètre trochaïque catalectique (v. 5), soit enfin sous sa forme catalectique devant un dimètre trochaïque, une coupe soulignant deux fois sur trois la syncope entre les deux éléments (v. 4) comme au v. 2 de la strophe. Des trois vers à attaque descendante, le premier (v. 3) est un hémiépès masculin identique au v. 3 de la strophe ; le second (v. 9) est un trimètre trochaïque ; et le troisième (v. 10), avec lequel s'achève l'épode, comporte un hémiépès féminin en synaphie avec un hémiépès masculin qu'une coupe fréquente (deux fois sur trois), soulignant la syncope, sépare du dimètre trochaïque final. Comme la strophe, l'épode se divise en trois périodes, les deux premières (v. 1-4 et v. 5-8) égales, de 20 temps marqués (3 + 6 + 3 + 8 et 8 + 6 + 3 + 3), la dernière (v. 9-10) de 16 temps marqués (6 + 10) ; les périodes correspondent donc exactement à celles de la strophe, mais cette fois dans une composition de type triadique (B B A). Pour la triade entière, le total des temps marqués est de 168 (56 + 56 + 56) [8].

8. On trouvera une étude plus détaillée dans *La composition métrique de la XIe* Épinicie *de Bacchylide* (*Studi in onore di Bruno Gentili*, à paraître).

SCHÉMA MÉTRIQUE

Strophe :

            ‒ ‒ ⏑ ‒ ⏑ ‒ ‒
            ‒ ⏑ ⏑ ‒ ⏑ ‒ ‒
            ‒ ‒ ⏑ ⏑ ‒ ‒
            ‒ ⏑ ‒ ⏒   ‒ ⏑ ‒ ‒
            ‒ ⏑ ⏑ ‒ ⏑ ⏑ ‒   5
            ‒ ‒ ⏑ ⏑ ‒ ⏑ ‒
            ‒ ⏑ ‒ ‒   ‒ ⏑ ⏑ ‒
    5 ‒ ‒ ⏑ ⏑ ‒ ⏑ ‒ ‒
            ‒ ‒ ⏑ ⏑ ⏑ ⏑ ⏒   ‒ ⏑ ‒ ‒
            ‒ ‒ ⏑ ⏑ ‒ ⏑ ‒ ‒   10
            ‒ ‒ ⏑ ⏑ ‒ ⏑ ‒
            ‒ ‒ ⏑ ⏑ ‒ ⏑ ‒
            ‒ ‒ ⏑ ⏑ ‒ ⏒   ‒ ⏑ ‒ ‒
            ‒ ‒ ⏑ ⏑ ‒ ⏑ ‒
            ‒ ⏑ ‒ ⏑ ‒ ⏑ ‒

Épode :

            ‒ ‒ ⏑ ⏑ ‒ ⏑ ‒
            ‒ ‒ ⏑ ⏑ ⏑ ⏑ ‒ ⏑   ‒ ⏑ ‒ ‒
            ‒ ⏑ ⏑ ‒ ⏑ ‒
            ‒ ⏑ ⏑ ‒ ⏑ ‒
            ‒ ⏑ ‒ ‒   ‒ ⏑ ‒ ‒   5
    5 ‒ ‒ ⏑ ⏑ ‒ ⏑ ‒
            ‒ ⏑ ‒ ‒   ‒ ⏑ ‒
            ‒ ‒ ⏑ ⏑ ⏑ ⏑ ⏒   ‒ ⏑ ‒
            ‒ ‒ ⏑ ⏑ ‒ ⏑ ‒
            ‒ ‒ ⏑ ⏑ ‒ ⏑ ‒   10
            ⏑ ‒ ‒   ‒ ⏑ ‒ ‒   ‒ ⏑ ‒ ‒
   10 ‒ ⏑ ⏑ ‒ ⏑ ‒ ‒
            ‒ ⏑ ⏑ ‒ ⏑ ‒
            ‒ ⏑ ‒ ‒   ‒ ⏑ ‒ ‒

ÉPINICIE XI

POUR ALEXIDAMOS DE MÉTAPONTE
ENFANT VAINQUEUR À LA LUTTE
AUX JEUX PYTHIQUES

I

Victoire aux doux présents ... c'est à toi que le père ... au siège sublime..., toi qui, debout aux côtés de Zeus, dans l'Olympe rempli d'or, décernes aux Immortels et aux mortels le prix de la valeur — sois-nous propice, fille de Styx aux boucles profondes, la droite Justicière [1]. Grâce à toi, aujourd'hui encore, les cortèges et les fêtes des jeunes gens bien découplés occupent Métaponte, la ville qu'honorent les dieux. Ils chantent le vainqueur pythique, l'enfant admirable de Phaiskos.

---

1. D'après la *Théogonie* (v. 383-385), Styx, épouse de Pallas, fils du Titan Krios, eut deux couples d'enfants : Zélos et Nikè, Kratos et Bié.

ΙΑ (c. 11)

ΑΛΕΞΙΔΑΜΩΙ ΜΕΤΑΠΟΝΤΙΝΩΙ
ΠΑΙΔΙ ΠΑΛΑΙΣΤΗΙ ΠΥΘΙΑ

Νίκα γ˪λυκύδωρε,[‿ - -   Str. 1
σοὶ πατ[ὴρ - - ‿ - -
ὑψίζυ[γος - ‿ ‿ -
ἐν πολ˪υχρύσῳ ⟨τ'⟩ Ὀλύμˌπῳ
Ζηνὶ ˪παρισταμένα˩   5
κρίνε˪ις τέˌλ˪οˌs ἀθανάτοι-
σίν τε ˪καὶ θˌνατοῖς ἀρετᾶς ·
5 ἔλλαθι, [βαθυ]πλοκάμου
κούρα Σ[τυγὸς ὀρ]θοδίκου · σέθεν δ' ἕκατι
καὶ νῦ[ν Μετ]απόντιον εὐγυί-   10
ων κ[ατέ]χουσι νέων
κῶμοί τε καὶ εὐφροσύναι θεότιμον ἄστυ ·
ὑμνεῦσι δὲ Πυθιόνι-
κον παῖδα θαητ[ὸ]ν Φαΐσκου.

Test. 1 et 2-3 Vrsinus (Carmina nouem illustrium feminarum... et lyricorum, Antverpiae, 1568, p. 206) ex Stobaei Flor. 3; deest in codicibus (cf. t. 3, p. 219, 9-11 Wachsm.-Hense) : Βακχυλίδης δὲ τὴν Νίκην γλυκύδωρόν φησι καὶ ἐν πολυχρύσῳ Ὀλύμπῳ Ζηνὶ παρισταμένην κρίνειν τέλος ἀθανάτοισί τε καὶ θνητοῖς ἀρετῆς.

Inscript. in mg. add. A³ ‖ 1 γλυκύδωρε e Stob. suppl. K. ‖ 2 πολυχρύσῳ... Ὀλύμπῳ Stob. ‖ τ' add. Snell ‖ 3-4 παρισταμένα — καὶ θνατοῖς e Stob. rest. Neue (κρίνεις K.) ‖ 5 βαθυπλοκάμου suppl. Jebb apud K. ‖ 6 Στυγὸς suppl. Blass et Fennell ‖ 7 νῦν Μεταπόντιον suppl. K. ‖ εὐγυίων A¹ : ειγ- A ‖ κατέχουσι suppl. Blass, Bruhn et Nairn.

Le dieu né à Délos, le fils de Létô à la ceinture profonde,
l'accueillit d'un œil bienveillant. Nombreuses autour
d'Alexidamos tombèrent les couronnes de fleurs [2], dans la
plaine de Kirrha, pour sa puissance à la lutte et sa
complète victoire. Ce n'est assurément pas ce jour-là que le
soleil l'a vu tomber contre le sol ! Et j'affirmerai que, sur la
terre divine du saint Pélops aussi, le long du beau cours de
l'Alphée, si quelqu'un n'avait pas détourné le chemin de la
droite justice, de l'olivier glauque à tous hospitalier [3]

il eût couronné sa chevelure, ... qui nourrit les génisses
... venir ... dans le pays aux belles places, exposa l'enfant à
de subtils artifices. Mais un dieu en fut cause, ou les mille
errements de la pensée humaine : il fut frustré de la plus
haute marque d'honneur ; elle lui échappa des mains.
Aujourd'hui, Artémis chasseresse à la quenouille d'or,
Héméra, la glorieuse archère, lui a donné une brillante
victoire, elle pour qui jadis les fils d'Abas et ses filles au
beau voile construisirent l'autel aux mille prières.

2. Il s'agit de la pratique triomphale de la φυλλοβολία par laquelle
on honorait, dès le premier instant, l'athlète vainqueur.
3. Le sanctuaire d'Olympie accueille les athlètes, sans autre
distinction que celle de leur mérite.

10 Ἴλεῴ [ν]ιν ὁ Δα[λ]ογενὴς υἱ-   Ant. 1
      ὸς βαθυζώνο[ιο] Λατοῦς   16
   δέκτ[ο] βλεφ[άρῳ]· πολέες
      δ' ἀμφ' Ἀλεξ[ίδα]μον ἀνθέων
   ἐν πεδίῳ στέφανοι
   Κίρρας ἔπεσον κρατερᾶς   20
      ἧρα παννίκοι⟨ο⟩ πάλας·
   οὐκ ε[ἶ]δέ νιν ἀέλιος
15 κείνῳ γε σὺν ἄματι πρὸς γαίᾳ πεσόντα.
   Φάσω δὲ καὶ ἐν ζαθέοις ἀγ-
      νοῦ Πέλοπος δαπέδοις   25
   Ἀλφεὸν παρὰ καλλιρόαν, δίκας κέλευθον
   εἰ μή τις ἀπέτραπεν ὀρ-
      θᾶς, παγξένῳ χαίταν ἐλαίᾳ

   γλαυκᾷ στεφανωσάμενον   Ep. 1
20 πορτιτρόφον [. . . .]·'[. . . . .]ραν θ' ἱκέσθαι   30
   ‒◡◡‒◡◡‒]
24 παῖδ' ἐν χθονὶ καλλιχόρῳ
      ποικίλαις τέχναις πέλασσεν·
   ἀ]λλ' ἢ θεὸς αἴτιος, ἢ [γ]νώ-
      μαι πολύπλαγκτοι βροτῶν   35
   ἄ]μερσαν ὑπέρτατον ἐκ χειρῶν γέρας.
25 Νῦν δ' Ἄρτεμις ἀγροτέρα
   χρυσαλάκατος λιπαρὰν
   Ἡμ]έρα τοξόκλυτος νίκαν ἔδωκε.
   Τ]ᾷ ποτ' Ἀβαντιάδας [β]ω-   40
      μὸν κατένασσε πολύλ-
   λ[ι]στον εὔπεπλοί τε κοῦραι·

10 ἵλεῴ νιν Α¹ : ιϙ . ωδιν Α ‖ Δαλογενὴς suppl. K. ‖ 11 βλεφάρῳ
suppl. K. : -ρω]ι Α³ -ρω]ν uel -ροι]ν Α ‖ 13 παννίκοιο K. : -ίκοι Α ‖
πάλας Α³ : παλλας Α ‖ 15 γε Α¹ : τε Α ‖ σὺν — πεσόντα add. Α⁴ ‖ 16
ἐν Α² : επι Α ‖ 18 παγξένῳ Α : -ξεινω Α¹ ‖ ἐλαίᾳ Α³ : -αιας Α ‖ 21
ἀλλά τις ἔχθος ἔχων ex. gr. prop. Duchemin ‖ 23 πολύπλαγκτοι K. :
-πλαγκοι Α ‖ 24 ἄμερσαν Palmer apud K. ‖ 27 Ἡμέρα suppl. Blass
(ἀμέρα Purser apud K.).

II

La toute-puissante Héra les avait fait fuir de l'aimable
demeure de Proitos, ayant soumis leur esprit aux puissan-
tes contraintes de la folie. Car, n'étant encore que de
jeunes vierges, elles se rendirent au sanctuaire de la déesse
ceinte de pourpre et prétendirent que les richesses de leur
père l'emportaient de loin sur celles de la blonde déesse
qui siège auprès de l'auguste et tout-puissant Zeus. La
colère la prit ; elle leur mit dans la poitrine les idées à
l'envers, et elles de fuir dans la montagne aux feuilles
étendues, en émettant des cris épouvantables [4],

laissant la ville de Tirynthe et ses rues bâties par des
dieux. Il y avait alors neuf ans qu'ils l'habitaient, après
avoir quitté l'Argolide aimée des dieux, les héros au
bouclier de bronze que n'effrayait pas le cri de guerre, avec
leur roi tant admiré. Car une insurmontable querelle avait
surgi chez les frères Proitos et Akrisios [5], d'un commence-
ment dans la douceur. Leurs dissensions, indifférentes aux
règles de la justice, et leurs déplorables combats causaient
la ruine des peuples. Et ceux-ci de supplier les fils d'Abas,
puisqu'ils avaient reçu une terre riche en orge,

4. Les Proitides croyaient être changées en génisses ; cf. Virgile :
Proetides implerunt falsis mugitibus agros (*Buc.* 6, 48).
5. Ces deux frères sont fils d'Abas, lui-même fils de Lyncée et de la
Danaïde Hypermestre, laquelle, on le sait, fut la seule des Danaïdes à
épargner son époux. Akrisios eut comme fille Danaè, qui eut de Zeus
Persée (Apollod. 2. 2, 1).

τὰς ἐξ ἐρατῶν ἐφόβησε⟨ν⟩   Str. 2
παγκρατὴς Ἥρα μελάθρων
30 Προίτου, παραπλῆγι φρένας   45
καρτερᾷ ζεύξασ' ἀνάγκᾳ·
παρθενίᾳ γὰρ ἔτι
ψυχᾷ κίον ἐς τέμενος
πορφυροζώνοιο θεᾶς·
φάσκον δὲ πολὺ σφέτερον   50
πλούτῳ προφέρειν πατέρα ξανθᾶς παρέδρου
35 σεμνοῦ Διὸς εὐρυβία. Ταῖ-
σιν δὲ χολωσαμένα
στήθεσσι παλίντροπον ἔμβαλεν νόημα·
φεῦγον δ' ὄρος ἐς τανίφυλ-   55
λον σμερδαλέαν φωνὰν ἱεῖσαι,

Τιρύνθιον ἄστυ λιποῦσαι   Ant. 2
καὶ θεοδμάτους ἀγυιάς.
Ἤδη γὰρ ἔτος δέκατον
θεοφιλὲς λιπόντες Ἄργος   60
40 ναῖον ἀδεισιβόαι
χαλκάσπιδες ἡμίθεοι
σὺν πολυζήλῳ βασιλεῖ.
Νεῖκος γὰρ ἀμαιμάκετον
βληχρᾶς ἀνέπαλτο κασιγνητοῖς ἀπ' ἀρχᾶς   65
25 Προίτῳ τε καὶ Ἀκρισίῳ· λα-
ούς τε διχοστασίαις
45 ἤρειπον ἀμετροδίκοις μάχαις τε λυγραῖς.
Λίσσοντο δὲ παῖδας Ἄβαν-
τος γᾶν πολύκριθον λαχόντας   70

TEST. 29-33 cf. scholia in Odysseam o 225 (p. 611, 3-17 Dindorf).

29 ἐφόβησεν Blass : -σε A ‖ 30 παραπλῆγι K. : παράπληγι A ‖ 35
εὐρυβία K. : -δίαι A ‖ 36 στήθεσσι K. : -εσιν A ‖ ἔμβαλεν νόημα K. :
εμβαλενομμα A ‖ 44 Ἀκρισίῳ K. : ακρσιωι A ‖ 45 ἤρειπον K. : ηριπ-
A ‖ 46 παῖδας A³ : -δες A.

que le plus jeune fondât Tirynthe, avant qu'ils ne
tombassent dans une terrible nécessité. Zeus, fils de
Kronos, estimant la race de Danaos et de Lyncée, le
meneur de chevaux, consentit à faire cesser d'abominables
angoisses. Les Cyclopes pleins de superbe vinrent bâtir un
très beau rempart pour la glorieuse cité, où habitèrent,
semblables à des dieux, les héros célèbres entre tous,
quand ils eurent quitté l'Argolide fameuse où paissent les
chevaux. C'est de là que s'enfuirent, bondissantes, les
vierges aux boucles sombres, les filles de Proitos.

III

Pour lui, il eut le cœur saisi d'angoisse et fut frappé
d'un étrange souci. Il résolut de s'enfoncer dans la poitrine
une épée à double tranchant. Mais les gardes le retinrent
par des paroles apaisantes et la force de leurs bras.
Pendant treize mois pleins, hors d'elle-mêmes, par l'ombre
épaisse des bois, par l'Arcadie, nourrice des moutons, elles
s'enfuirent. Mais le jour vint où leur père atteignit les
bords du Lousos au beau cours [6] ; alors, après les ablu-
tions,

6. Source célèbre, située près de la ville de Λοῦσοι. Une variante de
la légende (Ovide, *Mét.* 15, 322-328) veut que les jeunes filles aient
été rendues folles par Dionysos et guéries par Mélampous, qui jeta
ensuite dans cette source des plantes magiques et guérisseuses :
désormais l'eau de la source faisait prendre le vin en horreur.

Τίρυνθα τὸν ὁπλότερον   Ep. 2
κτίζειν, πρὶν ἐς ἀργαλέαν πεσεῖν ἀνάγκαν·
Ζεύς τ' ἔθελεν Κρονίδας
50 τιμῶν Δαναοῦ γενεὰν
    καὶ διωξίπποιο Λυγκέος   75
παῦσαι στυγερῶν ἀχέων. Τεῖ-
    χος δὲ Κύκλωπες κάμον
ἐλθόντες ὑπερφίαλοι κλεινᾷ π[όλ]ει
κάλλιστον, ἵν' ἀντίθεοι
    ναῖον κλυτὸν ἱππόβοτον   80
55 Ἄργος ἥρωες περικλειτοὶ λιπόντ[ες.
Ἔνθεν ἀπεσσύμεναι Προί-
    του κυανοπλόκαμοι
φεῦγον ἄδματοι θύγατρες.

Τὸν δ' εἷλεν ἄχος κραδίαν, ξεί-   Str. 3
    να τέ νιν πλᾶξεν μέριμνα·   86
δοίαξε δὲ φάσγανον ἄμ-
    φακες ἐν στέρνοισι πᾶξαι.
Ἀλλά νιν αἰχμοφόροι
60 μύθοισί τε μειλιχίοις   90
    καὶ βίᾳ χειρῶν κάτεχον.
Τρισκαίδεκα μὲν τελέους
μῆνας κατὰ δάσκιον ἠλύκταζον ὕλαν
φεῦγόν τε κατ' Ἀρκαδίαν μη-
    λοτρόφον· ἀλλ' ὅτε δὴ   95
Λοῦσον ποτὶ καλλιρόαν πατὴρ ἵκανεν,
65 ἔνθεν χρόα νιψάμενος
    φοινικοκ[ραδέμνο]ιο Λατοῦς

52 πόλει suppl. K. ǁ 56 κυανοπλόκαμοι Α¹ : -μος Α ǁ 57 μέριμνα
Α¹ : -ναι Α ǁ 63 κατ' Ἀρκαδίαν Palmer apud K. : κατακαρδίαν Α ǁ 65
φοινικοκραδέμνοιο suppl. K.

il invoqua la fille aux larges yeux [7] de Létô dont le voile
est de pourpre, tendant les mains vers les rayons du soleil
aux prompts chevaux, pour qu'elle enlevât ses enfants à la
funeste et folle Lyssa [8] : « Je t'immolerai vingt bœufs au
poil roux, qui ignorent le joug », dit-il, et celle qui guette
les bêtes, la fille d'un père tout parfait, entendit sa prière.
Elle persuada Héra et délivra les jeunes filles couronnées
de boutons de roses de la démence d'où sont absents les
dieux. Celles-ci lui construisirent aussitôt une enceinte et
un autel, qu'elles teignirent du sang des brebis, et établirent
des chœurs de femmes.

Et c'est de là que tu vins à la suite des guerriers achéens,
aimés d'Arès, dans la cité où l'on élève les chevaux. Avec
bonheur tu habites Métaponte [9], ô maîtresse dorée de ton
peuple. Les ancêtres, ayant constitué un aimable bois
sacré, près du Kasas [10] aux belles eaux ... après que, dans
la suite des temps, par la volonté des dieux bienheureux,
ils eurent mis à sac la cité bien bâtie de Priam, en
compagnie des Atrides à cuirasse de bronze. Qui possède
un esprit juste, l'entière suite des temps lui permettra de
découvrir les exploits innombrables des Achéens.

7. Littéralement « aux yeux de vache », épithète traditionnelle
difficile à faire passer en langue française.
8. La déesse de la folie furieuse.
9. Métaponte, fondée par les Achéens ; voir Strabon, VI, 1, 15
(p. 264).
10. Ce fleuve n'est mentionné qu'ici, et peut-être dans la *Souda*
(s.v. Κῆσος). Pline (*H.N.* 3, 15, 3) signale un fleuve Casuentus, près
de Métaponte, qui est sans doute le Kasas, aujourd'hui le Basiento.

κίκλη[σκε θύγατρ]α βοῶπιν   Ant. 3

l. 26   χεῖρας ἀντείνων πρὸς αὐγὰς   100
ἱππώκεος ἀελίου,
τέκνα δυστάνοιο Λύσσας
πάρφρονος ἐξαγαγεῖν·
« Θύσω δέ τοι εἴκοσι βοῦς
ἄζυγας φοινικότριχας. »   105
70 Τοῦ δ' ἔκλυ' ἀριστοπάτρα
θηροσκόπος εὐχομένου· πιθοῦσα δ' Ἥραν
παῦσεν καλυκοστεφάνους κού-
ρας μανιᾶν ἀθέων·
ταὶ δ' αὐτίκα οἱ τέμενος βωμόν τε τεῦχον,   110
χραῖνόν τέ μιν αἵματι μή-
λων καὶ χοροὺς ἵσταν γυναικῶν.

75 Ἔνθεν καὶ ἀρηϊφίλοις   Ep. 3
ἄνδρεσσιν ⟨ἐς⟩ ἱπποτρόφον πόλιν Ἀχαιοῖς
ἕσπεο· σὺν δὲ τύχᾳ   115
ναίεις Μεταπόντιον, ὦ
χρυσέα δέσποινα λαῶν·
ἄλσος τέ τοι ἱμερόεν Κά-
σαν παρ' εὔυδρον † πρόγο-
80 νοι ἐσσάμενοι † Πριάμοι' ἐπεὶ χρόνῳ   120
βουλαῖσι θεῶν μακάρων
πέρσαν πόλιν εὐκτιμέναν
χαλκοθωράκων μετ' Ἀτρειδᾶν. Δικαίας
ὅστις ἔχει φρένας, εὑρή-
σει σὺν ἅπαντι χρόνῳ   125
μυρίας ἀλκὰς Ἀχαιῶν.

66 κίκλησκε θύγατρα suppl. K. ‖ 67 Λύσσας Duchemin : λύσσας A
et edd. ‖ 70 uersum om. A, in mg. sup. add. A³ ‖ 73 ταὶ Blass, Platt,
Desrousseaux et alii : γαι A ‖ τε iterat. del. A¹ ‖ 76 ἐς add. Jebb ap.
K. ‖ 79-80 πρόγονοι ἐσσάμενοι A, locus corruptus necdum sanatus ‖
80 ἐπεὶ A³ : επι A.

ÉPINICIE XII

NOTICE

**Date
et circonstances**

Égine a toujours passé à juste titre pour le fief de Pindare [1], qui n'y a pas célébré moins de onze vainqueurs. On peut se représenter que Bacchylide fit des efforts en direction de l'île, mais il est évident que, malgré la recommandation et, plus tard, le souvenir de son oncle Simonide, il ne réussit pas à entamer la position du grand Thébain, puisque nous ne possédons que deux poèmes bacchylidéens écrits pour des Éginètes. Il faut, il est vrai, se souvenir que la sourde rivalité d'Athènes et d'Égine pour l'hégémonie maritime, commencée sous Thémistocle, et qui alla s'amplifiant jusqu'à la défaite de l'île, en 457/456, n'était sans doute pas de nature à favoriser les tentatives d'un poète inféodé au milieu athénien.

On pense généralement que, si Bacchylide fut chargé de célébrer la victoire de Tisias à la lutte (*Épinicie* XII), ce fut parce qu'elle se produisit pendant le temps où Pindare se trouvait en difficulté avec les Éginètes, c'est-à-dire entre le *Péan* VI et la VIIe *Néméenne* [2]. A. Puech s'appuie sur l'allusion du *Péan* VI à la suprématie maritime d'Égine sur la « mer dorienne » (v. 123 sqq.) pour placer ce *Péan* avant la disparition de la puissance d'Égine sur cette mer, donc avant qu'Athènes eût installé, avec ses alliés, son

---

1. Malgré l'interruption due à l'offense involontaire faite par le poète à Néoptolème, dans le *Péan* VI pour les Delphiens, interruption suivie d'une complète réconciliation, marquée par la VIIe *Néméenne* dans laquelle Pindare se justifie.

2. Cette épinicie est dédiée au jeune Sôgénès, fils de Théarion. Lors de la naissance du garçon, Simonide avait envoyé une épigramme de congratulation au père. Une recommandation de Simonide, antérieure au départ des deux poètes pour Syracuse, a pu être opérante et procurer à Bacchylide la commande pour Tisias, dont nous ignorons la date. Après la mort de Simonide, Bacchylide ne pouvait se prévaloir que de son souvenir.

empire sur une mer devenue ionienne ; quant à la VIIe
Néméenne, il la placerait en 467 [3]. Il serait alors assez
acceptable de placer l'*Épinicie* XII pendant la période
syracusaine de Bacchylide (476-466). Mais il faut
reconnaître que le texte lui-même, extrêmement mutilé, ne
fournit aucune indication valable ni sur la date, ni sur les
circonstances du poème.

Reconstitution matérielle   La grave détérioration du papyrus
de Londres, avec une coupure entre
la partie B, qui s'achève avec la co-
lonne 22 K. (26 du rouleau originel), et la partie C (23 K. à
29 K.), a donné lieu à des reconstitutions différentes des
Épinicies XII et XIII. Kenyon, sans prendre parti sur la
longueur de l'*Épinicie* XII, dont le début occupe les huit
dernières lignes de la colonne 22 K., lui rattache cinq fins
de ligne qui constituent à elles seules la colonne 23 K. ; et
il ajoute simplement « rest of column wanting ». En
revanche, pour l'*Épinicie* XIII, dont la composition
métrique est assurée, il estime qu'elle commençait vers le
bas de la colonne 23 K., qui contenait les dix premiers
côla de la strophe 1 ; ainsi l'ode, avec 198 *colâ* au total,
était la seconde en importance, après l'*Épinicie* V
célébrant Hiéron. Dès 1898, Blass propose une autre
reconstitution : pour lui, la strophe 1 de Kenyon est en fait
la seconde ; l'ode commençait vers le bas d'une colonne
disparue entre les colonnes 22 K. et 23 K., et du coup les
fins de ligne de la colonne 23 K. doivent être attribuées à
l'*Épinicie* XIII. Blass fait ainsi de cette épinicie la plus
longue du recueil, avec 231 *côla*, mais il laisse ouverte la
question de la longueur de l'*Épinicie* XII, en ajoutant
« deest pagina una vel plures ». En 1941, M. Norsa publie
un important fragment (*PSI* 1278 B) provenant du bas

3. Voir la notice de son édition (*Pindare*, t. III, p. 93-94, et la
n. 1). Gaspar avait proposé 493 et Wilamowitz 485, ce dernier
remontant pour le *Péan* VI jusqu'en 490. Mais, si la brouille de
Pindare et des Éginètes date de 490 ou 485, on ne saurait admettre
que Bacchylide eût alors bénéficié de commandes, parce qu'il était
beaucoup trop jeune à ce moment-là.

d'une colonne perdue, ce qui incite B. Snell à supposer la disparition de deux colonnes entre 22 K. et 23 K., donnant ainsi à l'*Épinicie* XII trois triades et 69 *côla*. Toutefois, comme on l'a rappelé plus haut dans l'*Introduction* (p. xxix et n. 18), l'examen des *kollemata* et la mesure de l'écart décroissant entre les dégradations de la marge inférieure du rouleau [4] font apparaître qu'une seule colonne séparait à l'origine les colonnes 22 K. et 23 K. Il faut donc, avec Snell, accorder trois triades, mais seulement 66 *côla*, à l'*Épinicie* XII, et en revenir pour l'*Épinicie* XIII, à la reconstitution proposée par Kenyon, soit six triades et non sept.

Analyse L'ode comportait trois triades. La première se réduit à six vers; les côla 9 à 31 manquent. La seconde, après quelques débris (c. 32-33), présente sept vers complets et un incomplet; les c. 47-66 manquent. Dans ces conditions, une analyse véritable est impossible. Disons que le poète, invoquant Clio (dont le nom revient au c. 44) pour lui et, semble-t-il, pour ses interprètes, exalte la renommée de l'île d'Égine, insiste sur le nombre — trente — des victoires de ses athlètes aux Jeux. Outre le succès de Tisias à Némée, on entrevoit en effet des triomphes d'Éginètes à Delphes, à l'Isthme, à Némée et à Olympie.

Composition métrique Cette ode est faite d'éléments anapesto-iambiques et dactylo-trochaïques, mais son état de conservation en rend incertaine l'analyse, qui reste de plus incomplète.
Des six vers de la strophe, deux seulement, 2 et 5, ont une attaque de rythme descendant; les éléments iambiques encadrent (v. 1) ou suivent (v. 3) les éléments anapestiques. La périodologie semble être la suivante : v. 1, 8 temps marqués, v. 2-3, 8 temps, v. 4-5, 8 temps, v. 6, 6 temps.

---

4. Pour le détail des calculs, on se reportera à mes *Prolégomènes*, (cités *supra*, p. vii), aux p. 55-57.

Les deux premiers vers de l'épode sont faits l'un d'un énoplios catalectique, l'autre d'un énoplios, soit 7 temps marqués, total qui se retrouve dans le vers 3, de rythme descendant, où un hémiépès féminin est encadré de deux mètres trochaïques, soit 2 + 3 + 2. Il est probable, mais non assuré, que le vers 4 ressemblait fort au précédent. La suite et la fin de l'épode font défaut.

Le nombre des vers symétriques, dans lesquels la suite de brèves et de longues reste la même quand on les prend à partir du début ou de la fin, est assez élevé dans ce qui reste de l'ode : v. 1, 2 et 4 de la strophe, v. 2 de l'épode.

SCHÉMA MÉTRIQUE

Strophe :   — — ⏑ — ⏑ — — ⏑ ⏑ — ⏑ —
                — — ⏑ — —
              — ⏑ ⏑ — ⏑ ⏑ —
              — — ⏑ ⏑ — ⏑ —   ⏑ — ⏑ —
              — — ⏑ ⏑ — ⏑ ⏑ — —   5
         5 — ⏑ ⏑ —   — ⏑ ⏑ —
              — — ⏑ —   — ⏑ ⏑ —   — — ⏑ —

Épode :   — — ⏑ ⏑ — ⏑ ⏑ —
              — — ⏑ ⏑ — ⏑ ⏑ —
              — ⏑ ⏑ —   — ⏑ ⏑ ⏑ — —
              — ⏑ ⏑ —
              [— ⏑ —] —   — ⏑ ⏑ — ⏑ ⏑ — —   5
              . . . .

ÉPINICIE XII

POUR TÉISIAS D'ÉGINE
VAINQUEUR À LA LUTTE
AUX JEUX NÉMÉENS

I

Comme l'habile pilote, Clio, reine des hymnes, dirige aujourd'hui notre esprit, si jamais jusqu'ici tu le fis. Pour mes hôtes, en effet, l'auguste Victoire me commande de venir, dans l'île opulente d'Égine, honorer la cité bâtie par les dieux,

et celle[1] qui..., à Némée, la lutte des membres robustes...

II

‹de la ville› hospitalière ... dans les Jeux des proches voisins, avec trente splendides victoires, ils furent célébrés, les uns ‹à Pythô›,

---

1. Il s'agit d'une déesse, mais est-ce la nymphe éponyme, ou plutôt Athéna Aphaia, qui possédait dans l'île un sanctuaire renommé?

IB (c. 12)

ΤΕΙΣΙΑΙ ΑΙΓΙΝΗΤΗΙ
ΠΑΛΑΙΣΤΗΙ ΝΕΜΕΑ

Ὡσεὶ κυβερνήτας σοφός, ὑμνοάνασ-   Str. 1
    σ᾽ εὔθυνε Κλειοῖ
νῦν φρένας ἁμετέρας,
εἰ δή ποτε καὶ πάρος · ἐς γὰρ ὀλβίαν
ξείνοισί με πότνια Νίκα   5
5 νᾶσον Αἰγίνας ἀπάρχει
ἐλθόντα κοσμῆσαι θεόδματον πόλιν

τάν τ᾽ ἐν Νεμέᾳ γυ⟨ι⟩αλκέα μουνοπάλαν   Ant. 1

27⟩ (desunt cola 9-31)

        ] . [   ]πιδ[Ant. 2
ξεινου [. . . .]νιοι αστ[⌣ – ⌣ –
ἀμφικ[τιόν]ων ἐν ἀέθλοι[ς
30 σὺν τρι[άκο]ντ᾽ ἀγλααῖσιν   35
νίκαις [ἐκ]ωμάσθησαν οἱ μὲν [Πυθόϊ,

Inscript. in mg. add. A³ ‖ Τεισίᾳ Blass : τισ- A³ ‖ 5 Αἰγίνας K. :
αιγειν- A ‖ 7 γυιαλκέα K. : γυαλ- A ‖ 27-35 in PSI XII 1278 B ‖ 29
ἀμφικτιόνων suppl. Norsa ‖ 30 τριάκοντ᾽ suppl. Snell ‖ 31 ἐκωμάσ-
θησαν suppl. Norsa ‖ Πυθόϊ prop. Snell.

183 ÉPINICIE XII

les autres sur le cou riche en pins de l'île toute divine de
Pélops [2], et d'autres dans l'enceinte de Zeus Néméen aux
rouges éclairs ... celles aussi ... aux tourbillons argentés [3]...

... Clio ...

2. C'est-à-dire l'Isthme, et les Jeux du sanctuaire de Poséidon.
3. Cette épithète est celle de l'Alphée dans l'*Épinicie* VIII, 26-27 :
allusion aux Jeux Olympiques.

οἱ δ' ἐν Πέλοπος ζαθέας   Ep. 2
νάσου π[ι]τυώδεϊ δείρᾳ,
οἱ δὲ φοινικοστερόπα τεμένει Ζη-
νὸς Νεμεαίου ·   40
35 . . . . . .] ταύτας καὶ ἐπ' ἀργυροδίνα
. 28   [   ]
                              ] Κλειω
                              ].ʹ. . ρ[44

       [   ]   Str. 3
                              ]δαν ·
(desunt cola 47-66)

    35 ταύτας legit Snell.

ÉPINICIE XIII

NOTICE

Datation   Cette épinicie célèbre encore une victoire néméenne, qui fut remportée par un autre Éginète, Pythéas fils de Lampon, à l'épreuve du pancrace, dans la catégorie des imberbes. L'ode triomphale fut commandée à Pindare (Ve *Néméenne*), et Bacchylide, qui devait des remerciements à Lampon pour son hospitalité, envoya son poème comme cadeau. Le fait montre combien la situation de Pindare était brillante à Égine. Nous avons jadis daté de 480 [1] la première victoire isthmique de Phylacidas, frère cadet de Pythéas, ce qui rendrait acceptable une date légèrement antérieure pour le triomphe de celui-ci à Némée, soit 483 ou 481.

Reconstitution   En raison de l'accident survenu au
matérielle   papyrus de Londres entre les parties
                   B et C, la limite séparant les *Épinicies* XII et XIII a fait l'objet d'hypothèses différentes pour lesquelles on se reportera ci-dessus à la *Notice* de l'*Épinicie* XII. Il suffira de rappeler ici que le reste de la colonne 23 K. est rattaché dans notre édition à cette dernière épinicie (c. 42-46).

---

1. Dans notre *Pindare poète et prophète*, Paris, 1955, p. 146-149, nous avons mis en rapport deux poèmes de Pindare, la Ve *Isthmique*, dédiée à Phylacidas et le *Péan* IX, dit *Péan sur l'éclipse de soleil*, dont certains passages semblent se faire écho (cf. l'invocation liminaire à Théia, puissante divinité du Soleil). Or il doit s'agir de l'éclipse de soleil qui se produisit exactement trois jours après la bataille de Salamine.

Analyse   C'est un long poème de six triades. Le début de la première manque. Le reste ne présente que peu de lacunes. Pour nous, le texte commence avec la dernière partie d'un discours tenu soit par un prophète, tel le Tirésias de la Ire *Néméenne*, soit par un dieu bienveillant, évoquant l'exploit d'Héraclès contre le lion de Némée et promettant l'institution des Jeux Néméens. L'épode souligne l'éclat de la gloire que les champions remportent désormais à Némée. La 2e triade met en œuvre des thèmes familiers au lyrisme : les couronnes de fleurs, les chants de fête, les chœurs de jeunes filles, parmi lesquelles le poète distingue, sans la nommer, une jouvencelle qui peut être la fiancée de Pythéas. Au moment où l'on aborde la 3e triade, commence un récit mythique qui s'étend jusqu'au début de la 5e. Après avoir rappelé que de Pélée et de Télamon, issus des amours d'Éaque et Endaïs, naquirent Achille et Ajax, le récit reprend un épisode de la guerre de Troie : Achille s'est retiré du combat ; les Troyens, jusque-là effrayés, s'enhardissent à sortir de la ville, comme les marins profitent de l'apaisement du Borée pour naviguer, et c'est une bataille acharnée près du camp des Achéens ; mais Ajax empêche Hector d'embraser les nefs... A cet endroit, l'état du texte ne permet que d'entrevoir le sens : la situation se retourne contre les Troyens trop présomptueux. La suite de la 5e triade présente un rappel de la gloire d'Égine et de Pythéas, et l'éloge de Ménandre, l'entraîneur renommé des athlètes vainqueurs à Olympie. Dans la dernière triade, après avoir engagé Pythéas à ne pas se soucier des jaloux, dont l'action sera toujours vaine, et à se fier à l'Espérance, le poète lui offre son ode dont le message portera partout sa gloire.

Cette épinicie, toute nourrie d'Homère, reste pourtant très personnelle. Si une telle poésie demeure habituellement en deçà des résonances profondes de celle de Pindare, elle révèle, non une imitation scolaire, mais une maîtrise incontestable, dans une forme qui annonce déjà les belles qualités de l'*Épinicie* V.

Commentaire métrique

Cette épinicie est composée d'éléments anapesto-iambiques et dactylo-trochaïques.

Les huit vers de la strophe se répartissent en trois périodes égales (v. 1-3, 4-5 et 6-8) de 13 temps marqués chacune (6 + 3 + 4, 4 + 9, 3 + 3 + 7) ; le vers final de chaque période compte au moins une majorité d'éléments iambiques ou trochaïques et offre une terminaison identique (⏗ – ⏑ – –). L'hémiépès du v. 2 présente une forme exceptionnelle : le dactyle initial y est remplacé par un spondée, de sorte que la suite des longues et des brèves évoque le phérécratien, vers qui n'a rien à faire dans ce poème ; une fois la variation admise, le v. 2 est identique aux v. 6 et 7, faits chacun d'un hémiépès féminin. Ces deux vers, et le début du v. 8, scandent fortement par leur suite dactylique la période finale de la strophe en l'opposant aux deux premières où les éléments dactyliques ou anapestiques sont séparés par des éléments trochaïques ou iambiques.

Dans l'épode, chaque vers comporte un élément dactylique ou anapestique et un seul, et se termine toujours par un élément trochaïque ou iambique. Le v. 2 est identique au v. 1 de la strophe. Le v. 1 en est une forme abrégée (prosodiaque plus mètre iambique). Dans les trois derniers vers, les éléments iambo-trochaïques sont plus nombreux : le v. 4 est une forme prolongée des v. 1 et 2 ; le v. 5, final, est identique au vers final de la strophe. Le décompte des temps marqués, vers par vers, est le suivant : 5, 6, 9, 10, 7. Leur total est donc de 37, contre 39 (3 × 13) pour la strophe.

SCHÉMA MÉTRIQUE

Strophe : — — ⏑ ⏑ — ⏑ ⏑ — ⏓

        — ⏑ ⏑ —

        — — — ⏑ ⏑ —

        — ⏑ — ⏓ — ⏑ — —

        — — ⏑ ⏑ — ⏑ — —   5

    5 — ⏑ — — — ⏑ — —

        — ⏑ ⏑ — ⏑ — ⏓

        — ⏑ — —

        — ⏑ ⏑ ⏑ — ⏑ — —

        — ⏑ ⏑ ⏑ — ⏑ — —   10

        — ⏑ ⏑ — ⏑ — —

        — ⏑ — ⏓ — ⏑ — —

Épode : — — ⏑ ⏑ — ⏑ — ⏓ — ⏑ —

        — — ⏑ ⏑ — ⏑ ⏑ — ⏓

        — ⏑ — —

        — ⏑ — — — ⏑ ⏑ ⏑ — —

        — ⏑ — — — ⏑ ⏑ — — —   5

        — ⏑ ⏑ — ⏑ ⏑ —

        — ⏑ — ⏓ — ⏑ — ⏓ — ⏑ —

    5 — ⏑ ⏑ — ⏑ ⏑ — ⏓

        — ⏑ — ⏓ — ⏑ — —

ÉPINICIE XIII

‹POUR PYTHÉAS D'ÉGINE
VAINQUEUR AU PANCRACE
AUX JEUX NÉMÉENS›

I

...

« ... maître de la justice chez les mortels, il fera cesser l'arrogante démesure.

Quels durs chocs de la main au cou du lion carnassier envoie de cent façon le Perséide ! Car le bronze qui flamboie et dompte les mortels ne consent pas à traverser son corps que rien ne peut approcher : l'épée s'est courbée en arrière. En vérité, je le dis, un jour viendra qu'en ces lieux, les Hellènes peineront et sueront pour les couronnes du pancrace ! » [1].

---

1. Blass et Wilamowitz attribuent ces paroles à la nymphe Némée ; Jebb, suivi par beaucoup, à Athéna. Ne pourrait-on penser à Zeus, le dieu du lieu ?

ΙΓ (c. 13)

⟨ΠΥΘΕΑΙ ΑΙΓΙΝΗΤΗΙ
ΠΑΓΚΡΑΤΙΑΣΤΗΙ ΝΕΜΕΑ⟩

(desunt cola decem primae strophae)

29 ὕβριος ὑψινόου παύ-   11
    σει δίκας θνατοῖσι κραίνων·

οἵαν τινὰ δύσλοφον ὠμησ-   Ant. 1
    τᾷ λέοντι
10 Περσείδας ἐφίησι   15
χεῖρα παντοίαισι τέχναις·
οὐ γὰρ] δαμασίμβροτος αἴθων
χαλ]κὸς ἀπλάτου θέλει [χω-
ρε]ῖν διὰ σώματος, ἐ[γνάμ-
φθη δ' ὀπίσσω   20
φάσγα]νον· ἦ ποτέ φαμι
15 τᾷδε] περὶ στεφάνοισι
παγκ]ρατίου πόνον Ἑλ[λά-
νεσσι]ν ἱδρώεντ' ἔσεσθαι. »

Inscript. in lac., restit. K. add. παιδὶ quod del. Blass ‖ 12 οὐ γὰρ
suppl. K. ‖ 13 χαλκὸς suppl. K. ‖ χωρεῖν suppl. Blass et Herwerden ‖
ε- in fine uersus add. A³ ‖ ἐγνάμφθη suppl. Blass et Tyrrell ‖ ὀπίσσω
A : οπισω A³ ‖ 14 φάσγανον suppl. K. ‖ 15 τᾷδε suppl. Blass ‖ 16
παγκρατίου suppl. K. ‖ Ἑλλάνεσσιν suppl. Blass.

... près de l'autel de Zeus, le plus noble des rois, les fleurs ‹de la Victoire› porteuse de gloire font croître à jamais dans la durée, pour un petit nombre d'hommes, l'or d'une insigne renommée. Et quand le sombre nuage de la mort les recouvre, ils laissent derrière eux l'immortelle gloire de leurs exploits, avec un sûr destin.

II

Voilà ce que tu as reçu, toi aussi, à Némée, fils de Lampon. Tes longs cheveux couverts de couronnes de fleurs tout épanouies, ‹tu t'avances› vers la cité ‹d'Éaque› aux rues superbes ... l'île ancestrale des fêtes aux chants délicats ... qui charment les mortels, en faisant paraître ta force invincible, au cours de la lutte au pancrace. Ô fille du fleuve tourbillonnant, Égine aux bienveillants pensers,

-- παρ]ὰ βωμὸν ἀριστάρχου Διὸς   Ep. 1
Νίκας] φ[ε]ρ[ε]κυδέος ἀν[θρώ-   26
   πο]ισιν ἄ[ν]θεα
χρυσέ]αν δόξαν πολύφαντον ἐν αἰ[ῶ-
   νι] τρέφει παύροις βροτῶν
20 α]ἰεί, καὶ ὅταν θανάτοιο   30
   κυάνεον νέφος καλύψῃ, λείπεται
ἀθάνατον κλέος εὖ ἐρ-
   χθέντος ἀσφαλεῖ σὺν αἴσᾳ.

Τῶν κα[ὶ σ]ὺ τυχὼν Νεμέᾳ, Λάμ-   Str. 2
   πωνος υἱέ,   35
πανθαλέων στεφάνοισιν
   ἀνθ]έ[ων] χαίταν [ἐρ]εφθεὶς
25 στείχεις] πόλιν ὑψιάγυιαν
   Αἰακοῦ, τε]ρψιμ[β]ρότων [-
   -˘˘]ἀβ[ροθρ]όων κώ-   40
   μ[ων] πατρ[ῴα]ν
νᾶσο[ν], ὑπέρβι[ον] ἰσχὺν
   παμμαχίαν ἄνα φαίνων.
Ὦ ποταμοῦ θύγατερ δι-
   νᾶντος Αἴγιν' ἠπιόφρον,   45

Test. 17 Apollonivs Dysc., de constructione 2, 161 (p. 256, 1
Uhlig) : καθὼς ἔχει τὸ ἀρίσταρχος Ζεὺς παρὰ τοῖς περὶ τὸν
Βακχυλίδην.

17 παρὰ suppl. K. ‖ 18 Νίκας suppl. Jebb apud K. ‖ φερεκυδέος
suppl. Wil. ‖ ἀνθρώποισιν suppl. Blass ‖ 19 χρυσέαν suppl. Richards ‖
αἰῶνι suppl. Jebb apud K. ‖ παύροις Platt, Housman, Wil. et alii :
-οισι A ‖ 20 ὅταν θανάτοιο A³ : οταθαν- ‖ καλύψῃ A² : -ψη A ‖ 24
ἀνθέων et ἐρεφθεὶς suppl. K. ‖ 25 στείχεις suppl. Herwerden ‖ 26
Αἰακοῦ suppl. Blass ‖ ἀβροθρόων suppl. Barrett ‖ κώμων K. : -μαν A
ut uid. ‖ 28 παμμαχίαν ἄνα φαίνων Blass¹ : παμμαχιᾶν ἀναφαίνων K.
-χίᾶν αναφ- A ‖ 29 δινᾶντος A¹ : -νανεος A.

‹le fils de Kronos› t'a accordé, dans tous ..., de grandes
marques d'honneur, qu'il fait paraître aux yeux des
Hellènes comme un flambeau. Ta ‹renommée› fait aussi le
contentement d'une fière jeune fille..., à pas pressés,
comme une jeune biche, ignorant la douleur, qui saute,
légère, sur les ‹collines› toutes fleuries, avec les très
illustres ‹compagnes› qui demeurent près d'elle.

Et ces vierges, couronnant de fleurs pourprées et de
roseau la fête du pays, célébrent par leurs chants ‹ta
gloire›, maîtresse d'un ‹sol› à tous hospitalier, ainsi
qu'Endéis aux bras roses, qui enfanta ‹Pélée pareil à un
dieu› et Télamon ‹porte-casque›, après que sur sa couche
elle se fut unie à Éaque.

III

De leurs fils, qui faisaient lever les batailles, je clamerai
les noms : le rapide Achille et l'enfant plein d'ardeur de la

l. 30   ἦ τοι μεγάλαν [Κρονίδας] ἔ-   Ant. 2
δωκε τιμὰν
31 ἐν πάντεσσιν [⏑ – –
πυρσὸν ὡς Ἑλλ[ασι – –
φαίνων· τό γε σὸν [κλέος αἰ]νεῖ   50
καί τις ὑψαυχὴς κό[ρα –
– ⏑ ⏑ – ⏑ ⏑]ραν πό-
δεσσι ταρφέως
35 ἠΰτε νεβρὸς ἀπεν[θὴς
ἀνθεμόεντας ἐπ[' ὄχθους   55
κοῦφα σὺν ἀγχιδόμ[οις] θρῴσ-
κουσ' ἀγακλειτα[ῖς ἑταίρα]ις·

ταὶ δὲ στεφανωσάμε[ναι φοιν]ικέων   Ep. 2
ἀνθέων δόνακός τ' ἐ[πιχω]ρί-
αν ἄθυρσιν   60
40 παρθένοι μέλπουσι τ[⏑ – ⏑ ⏑]ς, ὦ δέσ-
ποινα παγξε[ίνου χθονός,
Ἐν]δαΐδα τε ῥοδό[παχυν,
ἃ τὸ[ν ἰσ]ό[θε]ον ἔτι[κτεν Πηλέα
καὶ Τελαμ[ῶ]να [κο]ρυ[στὰν   65
Αἰακῷ μιχθεῖσ' ἐν εὐ[νᾷ·

τῶν υἷας ἀερσιμάχ[ους,] τα-   Str. 3
χύν τ' Ἀχιλλέα

30 Κρονίδας suppl. Blass ‖ 33 κλέος αἰνεῖ suppl. K. : κράτος ὑμνεῖ
Barrett ‖ 34 καί τις Α²? : κατις Α ‖ ὑψαυχὴς [-χὰς Jebb apud K.]
Blass : υφαυχας Α υφαυχης Α³ ‖ κο[   ]ρᾶν Α, duo cola in unum
contracta, spatio breuiore relicto ‖ 35 νεβρὸς Α² : -κρος Α ‖ ἀπενθὴς
suppl. K. : απέν[Α απὲν[Α¹ ‖ 36 ἐπ' ὄχθους suppl. K. ‖ 37
θρῴσκουσ' Blass : θρωσκ- Α ‖ ἑταίραις suppl. K. ‖ 38 φοινικέων
suppl. Headlam ‖ 39 ἐπιχωρίαν suppl. Jebb apud K. ‖ 40 τεὸν κλέος
prop. Jebb apud K., τ. τέκος Housman, alii alia ‖ παγξείνου χθονός
suppl. Housman : παγξε[Α παιξε[Α³? ‖ 41 Ἐνδαΐδα et ῥοδόπαχυν
suppl. Palmer et Jebb apud K. ‖ ἰσόθεον suppl. Barrett ‖ ἔτικτεν
Πηλέα suppl. Jebb apud K. ‖ 42 κορυστὰν suppl. Jebb (]ρυ[legit
Barrett) ‖ εὐνᾷ suppl. Sitzler : ευ[Α³ ει[Α ‖ 43 υἷας Christ : υιεας Α.

belle Éribée, Ajax, le héros porteur du bouclier. Sur une
poupe dressé, celui-ci contint Hector au cœur vaillant,
ceint de bronze, ne pensant qu'à <brûler les nefs> au
moyen du feu redoutable, à l'époque où le fils de Pélée fit
lever <dans sa poitrine> un âpre courroux,

et délivra <les Dardanides> du malheur. Ceux-ci aupara-
vant ne quittaient pas Ilion, l'admirable ville <aux cent
tours>; en proie à la terreur, ils se faisaient tout petits
devant la cruauté des combats, chaque fois qu'Achille, fou
de fureur, bousculait tout dans la plaine, en brandissant sa
lance aux peuples meurtrière. Mais, quand l'intrépide
<fils> de la Néréide couronnée de violettes cessa de
combattre,

εὐειδέος τ' Ἐριβοίας
45 παῖδ' ὑπέρθυμον βοά[σω   70
Αἴαντα σακεσφόρον ἦ[ρω,
ὅστ' ἐπὶ πρύμνᾳ σταθ[εὶς] ἔσ-
χεν θρασυκάρδιον [ὅρ]μαί-
νοντα ν[ᾶας
θεσπεσίῳ πυ[ρὶ – –   75
Ἕκτορα χαλ[κεομίτρα]ν,
50 ὁππότε Πη[λεΐδας] τρα-
χ]εῖαν [ἐν στήθεσσι μ]ᾶνιν

ὤρίνατ[ο, Δαρδανίδας] τ' ἔ-   Ant. 3
λυσεν ἄ[τας ·   80
οἳ πρὶν μὲν [πολύπυργο]ν
31   Ἰ]λίου θαητὸν ἄστυ
οὐ λεῖπον, ἀτυζόμενοι [δὲ
55 πτᾶσσον ὀξεῖαν μάχα[ν,] εὖτ'
ἐν πεδίῳ κλονέω[ν] μαί-   85
νοιτ' Ἀχιλλεύς,
λαοφόνον δόρυ σείων ·
ἀλλ' ὅτε δὴ πολέμοι[ο
λῆξεν ἰοστεφάνο[υ] Νη-
ρῆδος ἀτρόμητο[ς υἱός,   90

TEST. 58 AMMONIVS, de adfinium differentia, §33 Nickau : Νηρεῖ-
δες Νηρέως θυγατέρων διαφέρει · Δίδυμος ὁμοίως ἐν ὑπομνήματι
Βακχυλίδου Ἐπινίκων... (cf. epin. 1, 4).

45 βοάσω suppl. Housman et Wil. ‖ 46 ἥρω suppl. K. ‖ 47 σταθεὶς
et ὁρμαίνοντα νᾶας suppl. K. ‖ 48 πυρὶ suppl. K. ‖ 49 χαλκεομίτραν
suppl. K. : χαλκοκορυστάν Blass ‖ 50 ὁππότε K. : ὁπότε A ‖ Πηλεΐδας
suppl. K. ‖ τραχεῖαν leg. Blass et Desrousseaux ‖ ἐν στήθεσσι suppl.
Desrousseaux ‖ μᾶνιν Blass et Desrousseaux :]ανιν A³]ηνιν A ‖ 51
ὤρίνατο Blass : ωρει- A ‖ Δαρδανίδας... ἄτας suppl. Desrousseaux ‖
52 πολύπυργον Desrousseaux et Blass ‖ 54 οὐ leg. Blass ‖ δὲ suppl. K.
‖ 55 πεδίῳ A³ : -διον A ‖ 56 λαοφόνον A³ : λαιοφ- A ‖ 58 Νηρῆδος
K. : -ρῇῒδος A ‖ υἱός suppl. K.

de même que, sur la mer aux sombres fleurs, Borée
déchire, au choc des vagues, le cœur des hommes — il les
rencontre la nuit..., mais il s'arrête en même temps que
l'aurore éclairant les mortels ; un bon vent alors aplanit la
mer ; ‹les souffles› du Notos gonflent la voile et les
hommes avidement parviennent au continent, qu'ils
n'espéraient plus voir, —

IV

ainsi les Troyens, quand ils apprirent qu'Achille le
porte-lance restait dans sa baraque, à cause d'une blonde
femme, Briséis au corps désirable, tendirent les mains vers
les dieux, regardant sous la tempête l'éclat brillant du
soleil. Ils quittèrent, tout impétueux, les murailles de
Laomédon et s'élancèrent dans la plaine, apportant la
puissante mêlée.

Ils firent naître l'effroi chez les Danaens. Arès à la bonne
javeline les pressait, ainsi que Loxias Apollon, le seigneur

ὥστ' ἐν κυανανθέϊ θ[υμὸν ἀνέρων   Ep. 3
60 πόντῳ Βορέας ὑπὸ κύμα-
σιν δαΐζει,
νυκτὸς ἀντάσας ἀνατε[◡ ◡ –] λῆ-
ξεν δὲ σὺν φαεσιμ[βρότῳ   95
Ἀοῖ, στόρεσεν δέ τε πό[ντον
οὐρία· Νότου δὲ κόλπ[ωσαν πνοᾷ
ἱστίον ἁρπαλέως ⟨τ'⟩ ἄ-
ελπτον ἐξί[κ]οντο χέ[ρσον.

Ὥς Τρῶες, ἐπ[εὶ] κλύον [αἰ]χμα-   Str. 4
τὰν Ἀχιλλέα   101
65 μίμνο[ντ'] ἐν κλισίησιν
εἵνεκ[ε]ν ξανθᾶς γυναικός,
Β]ρ[ι]σηΐδος ἱμερογυίου,
θεοῖσιν ἄντειναν χέρας, φοι-   105
βὰν ἐσιδόντες ὑπαὶ χει-
μῶνος αἴγλαν·
πασσυδίᾳ δὲ λιπόντες
70 τείχεα Λαομέδοντος
ἐ]ς πεδίον κρατερὰν ἄ-
ϊξαν ὑ[σ]μίναν φέροντες·   110

ὦρσάν τ[ε] φόβον Δαναοῖς· ὦ-   Ant. 4
τρυνε δ' Ἄρης
ε]ὐεγχής, Λυκίων τε
Λοξίας ἄναξ Ἀπόλλων·   115

---

59 θυμὸν ἀνέρων suppl. Schwartz, alii alia ‖ 61 ἀντάσας Α³ : αντασ
Α ‖ ἀνατε[Α³ : ανυμ[Α ‖ δὲ Α² ? : τε Α ‖ φαεσιμβρότῳ suppl. K. ‖ 62
πόντον suppl. K. ‖ οὐρία K. : ουρανια Α ουριαι Α¹ ‖ κόλπωσαν suppl.
Blass ‖ πνοᾷ suppl. Housman (e πνοῇ Jebb) ‖ 63 ἁρπαλέως Α³ : -λέωτ
Α ‖ τ' add. Blass, Platt et alii ‖ χέρσον suppl. K. ‖ 65 κλισίησιν Α :
-σίαισιν Smyth ‖ 68 θεοῖσιν Α³ : θε.. ην Α ‖ 69 πασσυδίᾳ K. : -διας Α
‖ δὲ λιπόντες Α³ : μελποντες Α.

des Lyciens, et ils parvinrent sur la grève. Ils luttèrent près des nefs aux bonnes poupes. La terre noire rougissait du sang des hommes que tuait la main d'Hector, ... pour les héros ... à cause de l'assaut des ... pareils à des dieux.

... oui, avec de grandes espérances ... plein de superbe ... ‹voix...› les cavaliers ‹troyens› ... les nefs au sombre aspect ... et des festins ... qu'ils auront la cité bâtie par les dieux. Ils devaient donc d'abord rougir les tourbillons du Scamandre,

V

mourant sous les coups des Éacides abatteurs de remparts. Parmi eux, même si ... ou de bois haut empilé ...

75 ἷξόν τ' ἐπὶ θῖνα θαλάσσας·
32 ν]αυσὶ δ' εὐπρύμνοις παρα⟨ὶ⟩ μάρ-
    ναντ', ἐναριζ[ομέν]ων [δ' ἔ-
    ρ]ευθε φώτων
    αἵμα]τι γαῖα μέλα[ινα
    Ἑκτορ]έας ὑπὸ χει[ρός,   120
    – ˘]εγ' ἡμιθέοις [–
    – ˘] ἰσοθέων δι' ὁρμάν.

80 – –]ρονες, ἦ μεγάλαισιν ἐλπίσιν   Ep.4
   –]οντες ὑπερφ[ία]λον [≍   125
   – ˘] αὐ[δὰ]ν
   Τρῶε]ς ἱππευταὶ κυανώπιδας ἐκ[–
   – ˘ – – –] νέας
   – – ˘ ˘ εἰλα]πίνας τ' ἐν
   – ˘]ρεις ἕξειν θ[εόδ]ματον πόλιν.   130
   Μ]έλλον ἄρα πρότε[ρο]ν δι-
   ν]ᾶντα φοινίξει[ν Σκ]άμανδρ[ον,

85 θ]νᾴσκοντες ὑπ' [Αἰα]κίδαις ἑ-   Str. 5
   ρειψ[ι]πύ[ργοις·
   τῶν εἰ καὶ τ[˘ ˘ – –   135
   ἢ βαθυξύλῳ [˘ – –
   (desunt cola quinque)
91 οὐ γὰρ ἀλαμπέϊ νυκ[τὸς

75 θῖνα K. : θεινα A ǁ 76 παραὶ Blass, Housman et Platt : παρα A ǁ
ἐναριζομένων suppl. K. ǁ δ' ἔρευθε suppl. Palmer :]έυθε A το supra
uersum add. A³ ǁ 77 αἵματι et μέλαινα suppl. K. ǁ 78 Ἑκτορέας ...
χειρός suppl. K. ǁ 79 ἰσοθέων A : aliquid supra o add. A³ ἰσόθεον
Tyrrell ǁ δι' ὁρμάν A [inter ι et o spat. uac. explet. ductibus duobus] :
δ' ορ- A³? ǁ 81 αὐδὰν leg. Barrett ǁ 82 Τρῶες suppl. K. in notis ǁ 83
εἰλαπίνας suppl. K. in nota ǁ θεόδματον suppl. K. ǁ 85 θνᾴσκοντες
Blass :]νασκ- A ǁ Αἰακίδαις suppl. K. ǁ ἐρειψιπύργοις leg. Barrett ǁ
91 ἀλαμπέϊ A³ : αλαεπϊ A ǁ νυκτὸς suppl. K.

car la Valeur à tous évidente, l'obscurité de la nuit ne l'assombrit pas en la couvrant d'un voile[2] ;

mais gonflée d'un infatigable renom, elle demeure immuable sur la terre et sur la mer aux mille errances. Et justement, elle est l'honneur de l'île d'Éaque auréolée de gloire ; en companie d'Eukleia amie des couronnes, elle gouverne la cité ; avec elles, la sage Eunomia, qui a les banquets dans son lot et garde dans la paix les villes des hommes pieux.

Chantez, jeunes gens, la très glorieuse victoire de Pythéas, et la sollicitude de Ménandre, aux mortels salutaire, qu'a souvent honorée, près du cours de l'Alphée, l'auguste et magnanime Athéna[3] au char d'or ; et déjà la chevelure de milliers d'hommes par elle fut ceinte de couronnes, dans les Jeux Panhelléniques.

VI

A moins d'être la proie de l'envie effrontée, on doit louer l'homme habile en son art, comme le veut la justice.

---

2. J. Dumortier (*De quelques associations d'images chez Bacchylide*, dans *Mélanges offerts à A.-M. Desrousseaux*, Paris, 1937, p. 151-158 = *Pindaros und Bakchylides*, p. 413-420) défend justement la restitution de Housman, en rapprochant les v. 20-21 de la même épinicie.

3. On sait qu'Athéna possédait un temple à Égine. On sait aussi qu'elle fut substituée, sur les célèbres frontons d'Aphaia, à la vieille divinité indigène, moins connue des Grecs, mais chantée par Pindare.

πασιφανὴς Ἀρετ[ὰ] κρυφ-
θεῖσ᾽ ἀμαυρο[ῦται καλύπτρᾳ,

ἀλλ᾽ ἔμπεδον ἀκ[αμάτᾳ] βρύ-   Ant. 5
ουσα δόξᾳ   146
στρωφᾶται κατὰ γᾶν [τε
95 καὶ πολύπλαγκτον θ[άλασσαν.
Καὶ μὰν φερεκυδέα ν[ᾶσον
Αἰακοῦ τιμᾷ, σὺν Εὐκλεί-   150
ᾳ δὲ φιλοστεφ[άνῳ] πό-
33   λιν κυβερνᾷ,
Εὐνομία τε σαόφρων,
ἃ θαλίας τε λέλογχεν
100 ἄστεά τ᾽ εὐσεβέων ἀν-   155
δρῶν ἐν εἰ[ρ]ήνᾳ φυλάσσει.

Νίκαν {τ᾽} ἐρικυ[δέα] μέλπετ᾽, ὦ νέοι,   Ep. 5
Π]υθέα, μελέτα[ν τε] βροτωφ[ε-
λέα Μενάνδρου,
τὰν ἐπ᾽ Ἀλφειοῦ τε ῥο[αῖς] θαμὰ δὴ τί-   160
μασεν ἁ χρυσάρματος
σεμνὰ μεγάθυμος Ἀθάνα,
μυρίων τ᾽ ἤδη μίτραισιν ἀνέρων
105 ἐστεφάνωσεν ἐθείρας
ἐν Πανελλάνων ἀέθλοις.   165

Ε]ἰ μή τινα θερσι[ε]πὴς φθό-   Str. 6
νος βιᾶται,
αἰνείτω σοφὸν ἄνδρα

92 ἀμαυροῦται suppl. K. ‖ καλύπτρᾳ suppl. Housman, def.
Dumortier ‖ 93 ἀκαμάτᾳ suppl. Blass et Platt ‖ 95 πολύπλαγκτον Α³ :
-αγκταν Α ‖ θάλασσαν suppl. K. ‖ 96 νᾶσον suppl. K. ‖ 97
φιλοστεφάνῳ suppl. K. ‖ 101 τ᾽ del. Barrett ‖ ἐρικυδέα suppl. K. ‖ 103
θαμὰ suppl. Nairn, Herwerden et alii : ἅμα K. ‖ 106 θερσιεπὴς Blass :
-ρσἰ[˙]πης Α.

Tout ce qu'on fait est la cible de la critique des mortels. Mais la vérité d'ordinaire triomphe, et le temps qui tout maîtrise exalte toujours les belles actions. Le vain ‹langage› des malveillants perd sa force et cesse d'être perçu...

... l'espérance ‹lui réchauffe› le cœur. En elle, moi aussi, plaçant ma confiance, comme je la place dans les Muses au voile pourpré,

je fais paraître ici ... un de mes hymnes ... et rends hommage à l'hospitalité amie des splendeurs que Lampon me ... faible ... ayant porté un regard favorable ... Et cet hymne, si Clio, la toute fleurie, l'a vraiment inspiré à mon ‹esprit›, mes chants aux paroles délectables le proclameront devant tout le peuple.

σὺν δίκᾳ. Βροτῶν δὲ μῶμος
πάντεσσι μέν ἐστιν ἐπ' ἔργοι[ς·   170
110 ἁ δ' ἀλαθεία φιλεῖ νι-
κᾶν, ὅ τε πανδ[α]μάτω[ρ] χρό-
νος τὸ καλῶς
ἐ]ργμένον αἰὲν ἀ[έξει·
δ‿υ‿σ‿μενέ‿ω‿ν δὲ μα[ταία   175
113 γλῶσσ'] ‿ἀϊδ‿ὴς μιν[ύθει

(desunt cola decem)   Ant. 6

34 ἐλπίδι θυμὸν ἰαίν[–
121 τᾷ καὶ ἐγὼ πίσυνο[ς] φοι-
νικοκραδέμνοις [τε Μούσαις   189

ὕμνων τινὰ τάνδε ν[‿–‿‿–‿‿–   Ep. 6
φαίνω, ξενίαν τε [φιλά]γλα-
ον γεραίρω,
τὰν ἐμοὶ Λάμπων [‿‿–‿‿–] βλη-
χρὰν ἐπαθρήσαις τ[‿–
125 τὰν εἰκ ἐτύμως ἄρα Κλειὼ   195
πανθαλὴς ἐμαῖς ἐνέσταξ[εν φρασίν,
τερψιεπεῖς νιν ἀ[ο]ιδαὶ
παντὶ καρύξοντι λα[ῷ.

TEST. 112-113 Cramer, Anecd. Oxon. 1, 65, 22 : βαρυτόνως τὸ
'Αίδης· τὸ γὰρ ἐπιθετικὸν ὀξύνεται· δυσμενέων δ' ἀϊδὴς λέγει
Βακχυλίδης.

108 βροτῶν Α¹ : βρυωτων Α ‖ 111 ἀέξει suppl. K. : ἀνίσχει Maehler
‖ 112 δυσμενέων An. Ox. ‖ 112-113 ματαία γλῶσσ' suppl. Blass ‖ 113
ἀϊδης An. Ox. ‖ μινύθει suppl. Blass ‖ 120 ἰαίνει suppl. uol. K. ‖ 121
τε Μούσαις suppl. Nairn ‖ 122 τάνδε ν[Α³ : τάνδε ι[Α ‖ 123 φαίνω
Α¹ : -ων Α ‖ 125 εἰκ Α : εἴ γ' Blass ‖ φρασίν suppl. Blass et
Housman : φρεσίν Jebb apud K.

ÉPINICIE XIV

NOTICE

Date et circonstances — Le Thessalien Cléoptolémos, fils de Pyrrichos, ne nous est pas autrement connu. L'ode triomphale composée pour lui remonte, croyons-nous, à la jeunesse de Bacchylide, à ses premiers voyages. Son oncle Simonide avait longuement séjourné en Thessalie auprès des dynastes, grands propriétaires à l'hospitalité fastueuse, notamment après la chute des Pisistratides. Lorsqu'il quitta Athènes, Simonide dut recommander son neveu, d'abord à des clients moins illustres. Le jeune Bacchylide put ainsi venir à son tour en Thessalie et se former une clientèle. En tout cas, au début de la 2e triade de l'ode, il vante l'hospitalité reçue par lui. Quant aux Jeux Pétréens, où Cléoptolémos, selon l'intitulé de l'épinicie, a triomphé à la course de chars, ils étaient célébrés en l'honneur de Poséidon ; ils faisaient partie des jeux de Thessalie, qui n'avaient qu'une renommée locale.

Des deux triades, au minimum, que semble avoir comportées l'ode, seule la première existe vraiment. Après des considérations gnomiques sur les rétributions dues aux divers mérites, et des généralités sur la nécessité de s'adapter à son destin, le poète nomme Cléoptolémos et se prépare à glorifier le sanctuaire de Poséidon et à célébrer l'aurige qui a conduit le char vainqueur.

Commentaire métrique — Comme cette ode ne comporte plus qu'une seule triade, il est difficile de déterminer les fins de vers et de périodes en raison de la rareté ou de l'absence de responsion.

Dans la strophe, un vers central (v. 2), qui est un
tétramètre trochaïque, est encadré de deux vers compor-
tant l'un (v. 1) un élément dactylique médian, l'autre
(v. 3) un élément anapestique initial. Le rythme ascendant
du v. 3 s'oppose au rythme descendant des deux premiers.
Le total des temps marqués est respectivement de 7, 8 et
11, soit 26 pour la strophe.

L'épode se compose de deux vers anapestiques, un
prosodiaque (v. 1) et un énoplios (v. 2), de rythme
ascendant, que suivent trois vers de rythme descendant : le
premier (v. 3) à initiale trochaïque et à finale dactylique, le
second (v. 4) à initiale et à finale dactyliques, le troisième
(v. 5) entièrement trochaïque. Ce vers final fait écho, en
rythme descendant, aux trois derniers éléments du vers
final de la strophe, de rythme ascendant. Le décompte des
temps marqués, respectivement 3, 4, 9, 10 et 6, suggère
deux périodes égales de 16 temps, soit 3 + 4 + 9 et 10 +
6 ; la division en deux du vers 4 (un hémiépès masculin
d'une part, un dimètre iambique suivi d'un énoplios de
l'autre, soit 3 et 8 temps marqués) est donc peu vraisem-
blable. Après le prosodiaque initial de l'épode, l'énoplios
du v. 2 entraîne un renversement rythmique qui assure
jusqu'au bout le rythme descendant, alors que dans la
strophe c'est le vers final qui s'oppose aux deux premiers
avec son rythme ascendant.

SCHÉMA MÉTRIQUE

Strophe : — ∪ — —   — ∪ ∪ — ∪ — —
                    — ∪ — ∪
                    — ∪ — ∪   — ∪ — —
                    — ∪ — —   — ∪ — —
      3 — — ∪ ∪ — ∪ ∪ —
                    — — ∪ —   — — ∪ —
                    — — ∪ —   — — ∪ —

Épode : — — ∪ ∪ — — ∪ —
                    — — ∪ ∪ — — ∪ —
                    — ∪ — ∪ — ∪ —
                    — ∪ — ∪   — ∪ ∪ ∪ — —
                    — ∪ ∪ — ∪ ∪ — —
                    — ∪ — —   — ∪ — —
                    — ∪ ∪ — ∪ ∪ — —
      5 — ∪ — —   — ∪ — ∪   — ∪ — —

ÉPINICIE XIV

POUR CLÉOPTOLÉMOS DE THESSALIE
VAINQUEUR À LA COURSE DE CHARS
AUX JEUX PÉTRÉENS [1]

I

Tenir de la divinité un heureux sort, c'est pour les hommes le meilleur. Lourde à porter, l'adversité, quand elle arrive, anéantit l'homme de bien ; l'homme de rien, elle le fait haut briller, quand il l'a redressée. Chacun a sa part d'honneur.

Les vertus des hommes sont innombrables. Entre toutes, il en est une qui a la première place : celle de qui gouverne d'un cœur juste ce qui est son bien propre. Aux combats, causes de lourdes peines, la voix de la lyre ne s'ajuste pas, ni les chœurs qui sonnent clair,

---

1. Jeux en l'honneur de Poséidon Pétraios. La plus ancienne mention de cette épiclèse est due à Pindare (*Pyth.* 4, 138). Le scholiaste explique ce terme par le mythe de l'ouverture de Tempé, pour laisser passer le Pénée, le tremblement de terre étant le domaine de Poséidon. Cf. aussi Hdt., 7, 139 et sch. ad Ap. Rh. 3, 1244. Il est vrai que le même scholiaste de Pindare pense aussi que l'épiclèse peut se rapporter à la naissance du cheval, né du sperme de Poséidon endormi, reçu par la terre ou le rocher (πέτρα). De là les Jeux Pétréens en l'honneur du dieu Ἵππιος, avec course de chars, épreuve où justement les deux Thessaliens ont triomphé.

ΚΛΕΟΠΤΟΛΕΜΩΙ ΘΕΣΣΑΛΩΙ
ΙΠΠΟΙΣ ΠΕΤΡΑΙΑ

Εὖ μὲν εἱμάρθαι παρὰ δαίμ[ονος ἀν]θρώ-   Str. 1
ποις ἄριστον·
σ]υμφορὰ δ' ἐσθλόν ⟨τ'⟩ ἀμαλδύ-
νει β]αρύτλ[α]τος μολοῦσα
καὶ τ]ὸν κακ[ὸν] ὑψιφανῆ   5
τεύ[χει κ]ατορθωθεῖσα· τι-
μὰν [δ' ἄλ]λος ἀλλοίαν ἔχει·

μυρί]αι δ' ἀνδρῶν ἀρε[ταί,] μία δ' ἐ[κ πα-   Ant. 1
σᾶ]ν πρόκειται,
5 ὃς τὰ] πὰρ χειρὸς κυβέρνα-   10
σεν δι]καίαισι φρένεσσιν.
Οὔτ' ἐ]ν βαρυπενθέσιν ἁρ-
μό[ζει μ]άχαις φόρμιγγος ὀμ-
φὰ [καὶ λι]γυκλαγγεῖς χοροί,

Inscript. in mg. add. A³ || 1 δαίμονος suppl. Blass, Desrousseaux et
multi alii : δαίμοσιν K. || 2 τ' add. Jebb apud K. in notis, metri causa
|| post μολοῦσα dist. A, haud recte || 3 καὶ τὸν suppl. Wil. || κακὸν
suppl. Schwartz : και[A³ ηδη A || τεύχει suppl. Blass, Housman, Wil.
et alii || δ' ἄλλος suppl. K. || 4 μυρίαι ... ἀρεταί suppl. K. || ἐκ πασᾶν
suppl. Jurenka || 5 ὃς τὰ suppl. Wil. et Bruhn : εἰ τὰ Desrousseaux ||
κυβέρνασεν suppl. Wil. : κυβερνα| A¹ -ναι| A || δικαίαισι suppl. K. || 6
οὔτ' suppl. Platt || ἐν et ἁρμόζει suppl. K. || μάχαις suppl. Jebb apud
K. || καὶ λιγυκλ. suppl. K.

pas plus qu'aux festins le fracas que font les chocs du
bronze. Mais, pour chacune des actions humaines, le plus
beau, c'est d'agir à propos [2]. Mais qui bien agit a aussi un
dieu qui le ... Pour être utile à Cléoptolémos, il nous faut
maintenant célébrer le sanctuaire de Poséidon Pétréen,
ainsi que le champion des courses de chars, le fils fameux
de Pyrrichos,

II

qui ... ami de l'étranger et équitable...

2. Cf. Théognis (v. 401) : μηδὲν ἄγαν σπεύδειν · καιρὸς δ' ἐπὶ πᾶσιν
ἄριστος | ἔργμασιν ἀνθρώπων. Cf. aussi Hés., *Tr.* 694 et Pd., *Ol.* 13,
48 : ἕπεται δ' ἐν ἑκάστῳ | μέτρον · νοῆσαι δὲ καιρὸς ἄριστος.

οὔτ' ἐ]ν θαλίαις καναχὰ   Ep. 1
χαλκ]όκτυπος · ἀλλ' ἐφ' ἑκάστῳ   16
καιρὸς] ἀνδρῶν ἔργματι κάλ-
   λιστος · [ε]ῦ ἔρδοντα δὲ καὶ θεὸς ὁ[–
10 Κλεοπτολέμῳ δὲ χάριν νῦν
   χρὴ Ποσειδᾶνός τε Πετρ[αί-   20
   ου τέμενος κελαδῆσαι
Πυρρίχου τ' εὔδοξον ἱππόνικ[ον υἱόν,

ὃς φιλοξείνου τε καὶ ὀρθοδίκου [–   Str. 2
35› (desunt reliqua)

7 οὔτ' suppl. Platt ‖ ἐν suppl. K. ‖ 8 χαλκόκτυπος suppl. K. ‖ 9
καιρὸς suppl. Jebb apud K. ‖ ἔρδοντα A³ : -οντι A ‖ 10 Ποσειδᾶνός
K. : ποσιδ- A ‖ 11 et 12 extrem. uersibus ιχ[et ιχου[adiecit Edmonds
‖ 11 ἱππόνιχον υἱόν suppl. Blass.

ÉPINICIE XV

NOTICE

Le papyrus L contient les restes des trois derniers *côla* d'une ode. L'appartenance de celle-ci au livre des *Épinicies* est assurée par le début de l'ode suivante dont le destinataire a été deux fois vainqueur à Delphes (mais voir pour plus de précision la *Notice* de l'*Épinicie* XVI) et surtout par le fait que deux fragments du papyrus de Londres en recouvrent les premiers vers, ce qui implique nécessairement qu'on a affaire ou à un dithyrambe, solution exclue par le contenu de l'ode, ou à une épinicie.

Le fragment de l'*Épinicie* XV, qui mentionne Dionysos, est si réduit qu'on ne peut rien en inférer sur le destinataire ni sur le contenu de l'ode. On doit seulement, en raison de la brièveté du dernier *côlon*, de l'ordre de cinq syllabes, écarter la solution économique qui en ferait la fin de l'*Épinicie* XIV, car le dernier *côlon* de l'épode de cette ode ne compte pas moins de dix syllabes ; une erreur de colométrie de cette importance paraît exclue.

ÉPINICIE XV

...

... de Dionysos et ...

IE (c. 14A)

(deest initium)

```
              ] . .      [
              ]          [
         ] . [ . ] .     [
         ]μνατοῖσιν ἄστρο[
. αι . [   ]ϊκας Διωνύσου τε[        5
μου . [    ] . τι .
```

P. Oxy. 23, 2363 (pap. L), l. 1-6. — Finis odae.

ÉPINICIE XVI

NOTICE

Du titre de l'ode, écrit de première main et disposé sur deux lignes à gauche du début du texte dans le papyrus L, il ne subsiste qu'une lettre de la première ligne et les deux dernières de la seconde. Lobel, à qui est due l'édition princeps, avait proposé d'interpréter le groupe ΠΑ (avec A en exposant) comme une abréviation de Π(ΥΘΙ)Α, lecture insoutenable tant pour la résolution de la prétendue abréviation qu'en raison du classement de l'ode vers la fin du livre des *Épinicies* : une victoire de quadrige aux Jeux Pythiques lui aurait valu, selon les critères adoptés par les éditeurs alexandrins, d'être classée juste après le groupe des odes célébrant les victoires d'Hiéron. Le fait que deux petits fragments du papyrus de Londres (fr. 22 K. et 11 K.) complètent les *côla* 1 à 8 du papyrus L montre que l'ode était proche de l'*Épinicie* XIV, la dernière attestée de façon indubitable dans ce grand rouleau.

Puisqu'il faut exclure l'hypothèse d'une ode composée pour célébrer une victoire pythique, la solution proposée par Maehler [1] est assez séduisante. Elle consiste à restituer dans le titre le mot ΙΠ]ΠΑ(ΡΧΗΙ) au lieu d'une indication de jeux. Après l'*Épinicie* XIV, qui concerne un succès remporté à des jeux locaux de Thessalie, après l'*Épinicie* XV d'objet indéterminé, on aurait, comme à la fin du livre des *Néméennes* de Pindare — le dernier des quatre livres des *Épinicies* dans l'édition alexandrine — où la XIe *Néméenne* fête l'installation d'un collège de prytanes, une

---

1. H. Maehler, I, 2, p. 302-303.

ode qui ne serait pas une épinicie. De même qu'à Ténédos
un athlète qui avait remporté de nombreuses victoires,
Aristagoras, a demandé à Pindare de célébrer l'installation
du collège des prytanes dont il faisait partie cette année-là,
de même Aristotélès de Larissa, dont le début de l'ode
mentionne le nom et l'ethnique, aurait commandé à
Bacchylide un chant choral pour fêter son entrée dans la
magistrature annuelle d'hipparque. Cette solution n'est
qu'une hypothèse, car la fonction était somme toute
secondaire, mais le commanditaire ne l'était pas puisque,
l'ode même nous l'apprend, il appartenait à l'illustre
famille des Agathocléades et qu'il avait remporté deux fois
la victoire à Delphes. De plus, l'*Épinicie* XVI commence,
de même que la XIe *Néméenne*, par une invocation à la
déesse Hestia dont c'est la seule mention chez l'un et
l'autre poète, rencontre qui tend à confirmer l'interpréta-
tion proposée par Maehler. Ce qui paraît certain, c'est que
l'ode a été composée lors du séjour de Bacchylide en
Thessalie, pour lequel nous renvoyons au début de la
Notice de l'*Épinicie* XIV.

**Commentaire
métrique**　　Il ne subsiste de cette ode que les
onze premiers *côla*. Il n'est donc pas
possible de déterminer si la composition
était triadique ou monostrophique, mais l'absence de toute
responsion interne montre que seule la première strophe a
subsisté. Les vers sont du type, si fréquent dans les
épinicies de Bacchylide, dactylo-trochaïque et anapesto-
iambique. Les vers 1, 3 et 7 ont une attaque descendante,
les cinq autres une attaque ascendante. Toutefois, faute de
responsion, une incertitude subsiste sur la répartition des
côla en vers, à l'exception du vers 1 (*côla* 1 et 2) et du
vers 8 (*côla* 9 et 10). Pour le même motif, il n'est pas
question de tenter une quelconque répartition des vers en
périodes.

SCHÉMA MÉTRIQUE

```
      – ∪ – –   – ∪ – ∪ –
      – ∪ ∪ – ∪ ∪ –   – ∪ –
    – – ∪ – ∪ – ∪ ∪ –
    – ∪ – ∪   – ∪ ∪ –
    – – ∪ –   – – ∪ ∪ – ∪ ∪ –          5
5   – – ∪ – ∪ – ∪ ∪ –
    – – ∪ ∪ – ∪ ∪ –
    – – ∪ –   – – ∪ –
    – ∪ ∪ – ∪ ∪ – –
      – ∪ – –   – ∪ –                   10
```

ÉPINICIE XVI

POUR ARISTOTÉLÈS DE LARISSA...

Hestia au trône d'or, tu fais croître la grande fortune des descendants glorieux d'Agathoclès, qui sont gens opulents, toi qui sièges [1] au cœur de la ville [2], sur les bords du Pénée embaumé, dans les vallons de la Thessalie, nourrice des moutons. De là aussi vint Aristotélès vers la florissante Kirrha [3], et, par deux fois — honneur pour Larissa, maîtresse des attelages — il gagna la couronne...

1. Le poète fait visiblement allusion à un édifice précis ; voir la Notice.
2. Le mot ἀγυιαί, au pluriel, paraît désigner la ville de Thessalie, où ἀγυιᾶται désigne les habitants ; ce cœur de la cité, résidence d'Hestia, est le prytanée (à Syros, Hestia porte l'épithète de πρυτανεία), où siègent les divers magistrats.
3. La mention de Kirrha suffit à désigner, sans aucun doute possible, les Jeux Pythiques ; voir la Notice.

IS (c. 14B)

[ΑΡΙΣΤΟΤΕΛΕΙ Λ]Α[ΡΙΣΑΙΩΙ]
[   ]Πᴬ

Ἑστία χρυˌσόθροˌν᾽, εὐδό-
  ξων ᾽Αˌγαθοκˌλεαδᾶν ἅτ᾽ ἀφνε[ῶν
ἀνδρῶνˌ μέγαˌν ὄλϐον ἀέξεις
ἡμέναˌ μέσαιˌs ἀγυιαῖς
Πηνειὸˌν ἀμφ᾽ ˌeˌὺώδεα Θεσσαˌλία[s   5
5 μηλοτρόφουˌ ἐν γυάλοιs ᾽
κεῖθεν καὶ ᾽Αρισˌτοτέλης
Κˌίρˌραν πρὸς εὐθαλˌέα ˌμοˌλὼν
δὶς στεφανώσατο Λαρί-
  σα[s ἀ]ναξίππου χάριν [10
κλυ[   ].οs
(desunt reliqua)

P. Oxy. 23, 2363 (pap. L), l. 7-17 = 1-9; fr. 22 K. = 1-4; fr. 11 K.
= 4-7.
Inscript. post Lobel rest. Maehler ‖ Πᴬ : Πύθια suppl. Lobel parum
probabiliter ἱπ]πά(ρχη) Maehler dubitanter ‖ 1 ἀφνεῶν suppl. Lobel ‖
3 μέσαιs L s. l. : μεσαι[A μεσσαιs L in l. ‖ 4 Θεσσαλίας suppl. Lobel ‖
8 Λαρίσας ἀναξίππου suppl. Lobel.

FRAGMENTS D'ÉPINICIES

1 (c. 21)

Ce fragment du papyrus de Londres appartient à un passage cité par Didyme dans son commentaire de la Xe *Olympique* de Pindare, ode qui célèbre la victoire au quadrige d'un Mantinéen. Selon Didyme, Mantinée était l'une des villes saintes de Poséidon ; d'où le symbole du trident sur le bouclier des Mantinéens.

> Lorsque les Mantinéens, portant le trident de Poséidon sur leurs boucliers de bronze artistement travaillé...

2 (c. 21a)

...

ΕΚ ΤΩΝ ΕΠΙΝΙΚΩΝ

1 (c. 21)

Ποσει‿δάνιον ὡ‿ς
Μαντ‿ινέες τριό‿δοντα χαλκοδαιδάλοισιν ἐν
ἀσπίσι‿ν φορεῦν‿τες...
......]οφευγε[

Pap. A, fr. 2. — Scholia in Pindari Olymp. 10, 83 a (t. 1, p. 331,
15-18 Drachmann) : ... Δίδυμος... τὴν Μαντινέαν φησὶν εἶναι ἱερὰν
Ποσειδῶνος καὶ παρατίθεται τὸν Βακχυλίδην λέγοντα οὕτω · Ποσει-
δάνιον — φορεῦντες.

1 in summa pagina inc. fr. 2 ‖ 2 Μαντ]ινέες A : -νεῖς schol. Pind.
‖ χαλκοδαιδάλοισιν schol. Pind. : χαλκοδαιδάλτοις coni. Wil. ut
metrum dactylo-troch. eueniat ‖ ἀσπίσι]ν A : -σι schol. Pind.

2 (c. 21a)

]λμο[
]. σιο[
]αινειν[

Pap. A, fr. 14.

3 (fr. 1)

Ce fragment est attribué par Stobée aux *Épinicies*, sans autre précision. Ni son contenu, qui a l'allure d'une maxime, ni sa composition métrique, en dactylo-trochaïques, ne permettent de l'insérer avec certitude dans l'une des lacunes du papyrus de Londres.

Disons-le une bonne fois : si ferme que soit l'esprit des hommes, le gain lui fait violence

3 (fr. 1)

‒ ⌣ ‒ ‒   ‒ ⌣ ⌣ ‒ ⌣ ⌣ ‒
‒ ⌣ ‒ ‒   ‒ ⌣ ‒ ‒

Ὡς δ᾽ ἅπαξ εἰπεῖν, φρένα καὶ πυκινὰν
κέρδος ἀνθρώπων βιᾶται.

STOBAEVS, Flor. 3, 10, 14 (t. 3, p. 411 Wachsm.-Hense) : Βακχυλί-
δου 'Επινίκων· ὡς — βιᾶται.

FRAGMENTS DES LIVRES
CONSACRÉS AUX DIEUX

HYMNES

Les fr. 1 et 2 des *Hymnes* se trouvent sur le même *P. Oxy.* 2366, qui donne l'extrême fin d'un hymne et le début des premiers vers du suivant.

fr. 1 (1 A)

‹A APOLLON›

‹Chant de départ›

Les Grecs attribuaient au dieu de Delphes et de Délos des déplacements d'un sanctuaire à l'autre ; il allait ainsi jusqu'en Lycie, où sa mère avait un culte, et chez les Hyperboréens. Selon le rhéteur Ménandre, Bacchylide avait composé quelques hymnes ἀποπεμπτικοί, destinés à saluer le départ du dieu pour l'un de ses déplacements. Les quelques lettres qui subsistent sur le papyrus suffisent pour identifier le dieu, ici qualifié de Loxias, et indiquer son mouvement, assurant ainsi le caractère ἀποπεμπτικός de l'hymne.

... ‹lève-toi› ...

... Loxias ...

fr. 2 (1 B)

A HÉCATE

Une citation faite dans les scholies d'Apollonios de Rhodes permet de compléter les débuts de lignes donnés par le papyrus. Le scholiaste mentionne le passage à propos de l'invocation adressée par Médée, en faveur de Jason, à Hécate, la « vénérable déesse, fille de Persès ». Dans l'*Hymne à Hécate* de la *Théogonie* (v. 411-452) d'Hésiode, elle est dite fille d'Astérie, sœur de Létô et, comme elle, fille de Persès et de Phoibè. Bacchylide en fait ici la fille de la Nuit.

Hécate porte-torche [1]...

---

1. Dans l'*Hymne à Déméter*, alors que la déesse cherche sa fille à la lueur des torches, elle rencontre Hécate, qui tient elle-même une lumière (σέλας) à la main (v. 52).

ΥΜΝΟΙ

1 (1 A)

⟨ΕΙΣ ΑΠΟΛΛΩΝΑ
ΑΠΟΠΕΜΠΤΙΚΟΣ⟩

ὀρνυ[
Λοξίᾱ[

P. Oxy. 23, 2366, 1-2 (pap. H). — Finis hymni.
De Bacchylidis hymnis qui ἀποπεμπτικοὶ dicuntur, uide Menandrum, de demonstrationibus 2 (t. 3, p. 333 Spengel) : ... ἀποπεμπτικοὶ καὶ παρὰ τῷ Βακχυλίδῃ ἔνιοι εὕρηνται ..., et 4 (ibid., p. 336) : εἰσὶ τοίνυν καὶ τῷ Βακχυλίδῃ ὕμνοι ἀποπεμπτικοί; cf. schol. in Callimachi hymnum 4, 28 (t. II, 67 Pfeiffer) : εἰ δὲ λίην πολέες σε [sc. Delum] περιτροχόωσιν ἀοιδαί· αἱ Πινδάρου καὶ Βακχυλίδου.
Inscript. rest. Lobel. ‖ 1 ὄρνυο prop. Snell.

2 (1 B)

ΕΙ[Σ ΕΚΑΤΗΝ
Ἑκάτα[ͺδαϊδοφόρε
ταν ἱε[ρ

P. Oxy. 23, 2366, 3-7 (pap. H); schol. Apoll. Rhod. 3, 467 (p. 233, 9-10 Wendel) : Βακχυλίδης δὲ Νυκτός φησιν αὐτὴν [sc. Hecaten] θυγατέρα· Ἑκάτα δαϊδοφόρε, Νυκτὸς μεγαλοκόλπου θύγατερ. — Initium hymni.
Inscript. suppl. Lobel ‖ 1 δαϊδοφόρε Apoll. Rhod. cod. L : δαϊφόρου cod. P δαδοφόρου cod. F

fille de la Nuit ² au vaste sein,
toi...

fr. 3 (2)

Stobée attribue ce fragment aux *Hymnes*. Son contenu pourrait faire penser à un thrène, car l'expression τέκος ἁμέτερον semble employée ici par des parents mortels dont le fils vient de connaître un destin tragique.

Hélas! notre enfant!
plus grand que la douleur un malheur a paru,
égal à l'indicible.

fr. 4 (3)

Le nom de Kéléos est attribué aux *Hymnes* par une scholie au v. 49 des *Acharniens* d'Aristophane, où un certain Amphithéos se présente devant la Pnyx comme un descendant de Kéléos et, par lui, du premier Amphithéos, fils de Déméter et de Triptolème. On peut penser soit à un hymne à Déméter, soit même à l'*Hymne à Hécate* (cf. note 1 du fr. 2).

Kéléos

2. La *Théogonie* fait une place importante (v. 211-232) à la Nuit et à sa nombreuse descendance. Mais on rencontre ensuite bien des variations : ainsi Eschyle, dans les *Euménides*, fait des Érinyes les filles de la Nuit, alors que pour Hésiode (v. 183-185) elles sont nées de la Terre et du sang d'Ouranos.

Νυκ_ιτὸς μεγαλοκόλπου θύγατερ
σὺ κα[
βα.[5

3 μεγαλοκόλπου Apoll. Rhod. codd. : μελανοκόλπου coni. Vrsinus.

3 (2)

‒ ‒ ◡ ‒ ‒ ◡ ‒

‒ ◡ ‒ ‒ ‒ ◡ ‒ ◡ ‒ ‒ ‒ ◡ ‒ ‒

Αἰαῖ τέκος ἁμέτερον,
μεῖζον ἢ πενθεῖν ἐφάνη κακόν, ἀφθέγκτοισιν ἶσον.

STOBAEVS, Flor. 4, 54, 1 (t. 5, p. 1113 Wachsm.-Hense) : Βακχυλί-
δου Ὕμνων· Αἰαῖ — ἶσον.

4 (3)

Κελεός

Scholia in Aristophanis Acharn. 47 (p. 14, 13 Wilson) : τοῦ δὲ
Κελεοῦ μέμνηται Βακχυλίδης διὰ τῶν Ὕμνων.

PÉANS

fr. 1 (4)

NOTICE

Cette ode se compose de fragments dont aucun ne laisse entrevoir un refrain, mais une indication de Stobée nous assure qu'il s'agit d'un *Péan*. Une étude fondamentale de W. S. Barrett [1] donne une idée précise de l'ensemble du poème et du sens qu'il y faut trouver.

Les Asinéens Le fragment placé en tête est cité par Athénée. Le mythe mis en œuvre est celui d'Héraclès et des Dryopes. Apollodore (*Bibl.* 2, 153) décrit le héros, affamé, volant un bœuf à un Dryope, le bouvier Theiodamas, et l'immolant pour se préparer un repas. Mais les Dryopes interviennent et Héraclès se réfugie chez Kéyx, roi de Trachis, neveu d'Amphitryon, et donc son cousin. Il se présente au moment d'un festin [2]. Par la suite, Héraclès défait les Dryopes, qui habitaient alors sur les pentes du Parnasse. Selon Pausanias (IV, 34, 9), le héros les emmène à Delphes pour les offrir au dieu comme esclaves, mais l'oracle lui ordonne de les transporter en Argolide, près d'Hermione. Leur cité est Asinè et ils prennent le nom d'Asinéens. Plus tard, continue Pausanias, chassés par les Argiens, ils s'installent en Messénie, autour d'une nouvelle Asinè : mais ils restent toujours les

---

1. W. S. Barrett, *Bacchylides, Asine and Apollo Pythaieus*, dans *Hermes* 82, 1954, p. 421-444.
2. Passage (c. 21-25) cité par Athénée, V, 178 b.

serviteurs fidèles d'Apollon, auquel ils attribuent même la paternité de leur ancêtre éponyme Dryops. Quant à la première Asinè, elle est rasée par les Argiens, qui respectent seulement le temple d'Apollon construit par les Dryopes.

Mélampous Le *Péan* I de Bacchylide reprend une tradition locale qui faisait remonter la fondation du sanctuaire d'Asinè au devin mythique Mélampous (ou Mélampos). Une des plus anciennes épopées de l'archaïsme grec, la *Mélampodie*, racontait les faits et gestes de ce personnage. Mais cette œuvre et son héros restent pour nous assez mystérieux[3]. Son père, Amythaon, était le fils de cette Tyrô, aimée de Poséidon, dont l'histoire (*Odyssée*, XI, 235-259) forme le début du catalogue des femmes rencontrées par Ulysse aux Enfers. Le chant XV du même poème donne toute une généalogie des descendants de Mélampous, lui-même réfugié à Argos, où il prit femme et régna sur de nombreux peuples. Dans sa lignée brillent les noms d'Amphiaraos et de Polyphide, illustres devins. On retiendra que Mélampous et ses descendants sont aimés d'Apollon et qu'ils partagent la destinée malheureuse qui est associée au don de divination. Ce dernier point nous incite à noter par surcroît que les voyages — fuites ou exils — des héros légendaires ne sont que des transpositions mythiques de très réelles migrations de peuples.

Héraclès et l'olivier Si le mythe de Mélampous et de sa postérité nous permet une telle remarque, il en sera de même pour celui d'Héraclès. La IIIᵉ *Olympique* de Pindare nous montre l'un des nombreux voyages que les poètes lui font effectuer. Dans cette ode, il rapporte du pays des Hyperboréens, serviteurs d'Apollon, le feuillage d'olivier qu'ils offrent à Zeus, dans

---

3. Pour un essai de reconstitution de l'épopée, voir I. Löffler, *Die Melampodie, Versuch einer Rekonstruktion des Inhalts* (Beitr. zur Kl. Philologie, 7), Meisenheim, 1963.

son sanctuaire d'Olympie. Or, dans la partie du péan de Bacchylide qui suit le premier fragment, on trouve une allusion où sont associés Phoibos Apollon, Héraclès et un olivier. De son côté, W. S. Barrett rapproche la triple allusion que nous venons de signaler, d'un passage de Pausanias (II, 28, 2) où l'on voit Héraclès replier et retourner sur lui-même, d'une simple torsion de main, un énorme olivier. L'arbre fut appelé στρεπτὴ ἐλαία, dit Pausanias, avouant du reste en ignorer l'emplacement exact. Il servait, lui a-t-on appris, à marquer la limite entre l'Argolide et le pays d'Asinè.

Il est à présumer que ce péan fut commandé par les habitants d'Asinè désireux de célébrer la fête d'Apollon. Les prêtres du sanctuaire purent apprendre à Bacchylide tous les mythes qu'il y a utilisés. La composition du poème date, selon toute vraisemblance, du temps où l'auteur était exilé dans le Péloponnèse. On reconnaît, en tout cas, le plaisir que prend Bacchylide à évoquer l'allégresse de tout un peuple.

Composition métrique L'état de conservation de ce péan rend incertaine la composition de l'épode et ne permet pas, pour la strophe, qu'on distingue avec certitude les fins de vers. Le poème est fait de séries dactylo-trochaïques et anapesto-iambiques sans particularités notables. Si l'on associe les trois premiers *côla* de la strophe pour en faire un long vers de rythme ascendant, on distinguera trois périodes : la première (*côla* 1-4) et la troisième (*côla* 7-10) avec le même total de temps marqués, 16, soit 13 + 3 d'une part (*côla* 1-3 et 4), 7 + 5 + 4 d'autre part (*côla* 7-8, 9 et 10) ; la période centrale (*côla* 5 et 6), tout entière trochaïque, compte 10 temps marqués (6 + 4). Toute spéculation sur la périodologie de l'épode serait vaine.

SCHÉMA MÉTRIQUE

Strophe :   – – ∪ – – – – ∪ –
            – – ∪ ∪ – ∪ ∪ –
            – – ∪ – – – ∪ – – – ∪ –
            – ∪ ∪ – ∪ ∪ –
            – ∪ – – – ∪ – – – ∪ –   5
            – ∪ – – – ∪ –
        5 – ∪ ∪ – ∪ ∪ – –
            – ∪ – – – ∪ –
            – ∪ ∪ – ∪ ∪ – – ∪ – –
            – ∪ – – – ∪ – –   10

Épode :   ∪ ∪ ∪ – ∪ ∪ – –
            – ∪ – – – ∪ ∪ – ∪ ∪ –
            – ∪ ∪ – ∪ ∪ –
            – ∪ – – – ∪ – – – ∪ – –
            – ∪ – – – ∪ – –   5
            – ∪ ∪ – ∪ ∪ – –
        5 – ∪ – – – ∪ –
            . . . .
            . . . .
            . . . .

fr. 1 (4)

[POUR APOLLON PYTHIEN,
ADRESSÉ À ASINÉ]

I

...

Il s'arrêta sur le seuil de pierre. Eux préparaient le festin et il leur parla ainsi : « Aux repas généreux des gens de bien, d'eux-mêmes arrivent les hommes justes. » ...

II

... à Pythô ...

1 (4)

[ΑΠΟΛΛΩΝΙ ΠΥΘΑΙΕΙ ΕΙΣ ΑΣΙΝΗΝ]

(desunt stropha et antistropha : cola uiginti)

στᾶ δ' ἐπὶ λάϊνον οὐδόν,   Ep. 1
  τοὶ δὲ θοίνας ἔντυον, ὧδέ τ' ἔφα·   22
« Αὐτόματοι δ' ἀγαθῶν ἐς
  δαῖτας εὐόχθους ἐπέρχονται δίκαιοι
φῶτες. » ⟨－－－◡－－⟩   25

(desunt epodi cola quinque et strophae cola octo)

－◡◡－◡]τα Πυθω[－◡－－   (Str. 2)
－◡－－]ει τελευτ[－   40

ATHENAEVS 5, 5, p. 178 B (t. 1, p. 409 Kaibel) : Βακχυλίδης δὲ περὶ
τοῦ Ἡρακλέους λέγων ὡς ἦλθεν ἐπὶ τὸν τοῦ Κήϋκος οἶκον, φησίν·
ἔστη — φῶτες (21-25); ZENOBIVS ATHOVS 1, 15 (p. 350 Miller) :
αὐτόματοι - δαῖτας (23-24); P. Oxy. 3, 426 [pap. T] (39-70);
STOBAEVS, Flor. 4, 14, 3 (t. 4, p. 371 Wachsm.-Hense) : Βακχυλίδου
Παιάνων· τίκτει — φλέγονται (61-80); PLVTARCHVS, Numa 20, 6 (69-
77), poetae nomine omisso.

Inscript. rest. Barrett ‖ 21 στᾶ Barrett : ἔστη ATH. ἔστα Neue ‖ 22
ἔντυον Neue : ἔντυνον ATH. ‖ ἔφα Neue : ἔφασ' ATH. ‖ 23 ἀγαθοὶ ante
ἀγαθῶν add. ZEN. ‖ ἐς Barrett : ἐπὶ ZEN. om. ATH. ‖ 24 post δαῖτας
praebet ἵενται ZEN.

... Phoibos ordonna au fils d'Alcmène, le glorieux combattant, ... hors du temple ... Mais lui, en ce pays, ... ayant tordu ... d'un olivier ... habitants d'Asinè ... Avec le temps ... et des habitants d'Halieis ... D'Argos le devin Mélampous

arriva, le fils d'Amythaon ; pour le Pythien il fonda un autel dont il fit la souche d'un très divin sanctuaire ... Apollon honora d'une façon extraordinaire le bois sacré où fleurissent les fêtes et les claires mélodies ..., seigneur, ... et toi ...

III

La paix pour les mortels enfante l'altière richesse et la floraison des chants aux paroles de miel. Elle fait que, sur les autels artistement ouvragés, la blonde flamme brûle en l'honneur des dieux les cuisses des bœufs et des brebis de

--]κέλευσεν Φοῖϐος ['Αλ-   Ant. 2
κμήνας] πολεμαίνετον υ[ἱ-
ὸν - ᴗ] ἐκ ναοῦ τε καὶ παρ[- ᴗ -.
'Αλλ' ὅ γε τᾷ]δ' ἐνὶ χώρᾳ
- ᴗ - - -]χισεν ταν φυλλο. [-   45
- ᴗ - στ]ρέψας ἐλαίας
- ᴗ ᴗ -]φ' 'Ασινεῖς [-
-]λε. .'· ἐν δὲ χρόν[ῳ
- ᴗ]ες ἐξ 'Αλικῶν τε. [- ᴗ - -
μάντι]s ἐξ "Αργευς Μελάμ[πους   50

ἦλ]θ' 'Αμυθαονίδας [βω-   Ep. 2
μόν τε Πυθα⟨ι⟩εῖ κτίσε[- ᴗ ᴗ -
καὶ] τέμενος ζάθεον [κεί-
ν]ας ἀπὸ ῥίζας. Τὸ δὲ χρ[- - ᴗ - -
ἐξό]χως τίμασ' 'Απόλλων   55
ἄλσο]s, ἵν' ἀγλαῖαι [τ' ἀν-
θ]εῦσ[ι] καὶ μολπαὶ λίγ[ειαι
]ονες, ὦ ἄνα, τ. . [
]τι, σὺ δ' ὀλ[ϐ
] . αιοισιν[60

τίκτει δέ τε˩ θνατˏοῖσιν εἰ-   Str. 3
ρήνα μεγαλˏάνορα ˏπλοῦ-
τον καὶ μελιγλώˏσσων ἀˏοιδᾶν ἄνθεα
δαιδαλέων τ'˩ ἐπὶ βωˏμῶν
θεοῖσιν αἴθεˏσθαι βοˏῶν ξανθᾷ φλογί   65

41-42 'Αλκμήνας suppl. Barrett || 42 υἱὸν suppl. Edmonds || 47]φ'
'Ασινεῖς legit Barrett || 48 χρόνῳ suppl. Gr.-H. || 50 μάντις suppl. Snell
|| "Αργευς Τ² : αργους Τ || Μελάμπους suppl. Gr.-H. || 51 ἦλθ' suppl.
Edmonds || 'Αμυθαονίδας Gr.-H. : ομαθ. Τ ομαθ. Τ¹ αμαθ. Τ² || 52
βωμόν suppl. Blass. apud Gr.-H. || Πυθαιεῖ Snell : πυθαει Τ || 53 καὶ
suppl. Blass apud Gr.-H. || 54 κείνας suppl. Blass apud Gr.-H. || 55
ἐξόχως suppl. Blass apud Gr.-H. || 56 ἄλσος suppl. Snell || 57 τ'
ἀνθεῦσι suppl. Barrett || λίγειαι suppl. Blass apud Gr.-H. || 61-62
Εἰρήνα Kenyon : εἰρήνη Στοϐ. || 62 μεγαλ]άνορα Τ : μεγάλα Στοϐ. ||
63 ἀοιδᾶν Boeckh : -δῶν Στοϐ. || 65 αἴθεσθαι L. Dindorf et
Schneidewin : ἔθεσθε Στοϐ.

belle laine. Elle fait que les jeunes gens songent aux travaux du gymnase, aux flûtes, aux cortèges joyeux. Et, sur les poignées aux attaches de fer des boucliers, il y a les toiles des noires araignées.

Les javelines pointues, les épées à double tranchant, la moisissure en vient à bout ... Nul fracas des trompettes de bronze. Le sommeil, miel de l'âme, qui réchauffe le cœur, n'est pas ôté des paupières, à l'aurore. Les rues sont pleines d'aimables beuveries, et flamboient des hymnes d'enfants.

...

μηρί' εὐ‿μάλ]λων τε ‿μήλων
γυμνασίω‿ν τε νέοι‿ς αὐ-
λῶν τε καὶ‿ κώμω‿ν μέλειν.
Ἐν δὲ σιδαρο‿δέτοις ‿πόρπαξιν αἰθᾶν
ἀραχνᾶν ἱστ‿οὶ πέλ‿ονται,   70

ἔγχεα τε λογχωτὰ ξίφεα   Ant. 3
τ' ἀμφάκεα δάμναται εὐ-
ρώς. ⟨‒ ∪ ‒ ‒ ‒ ‒ ∪ ‒ ‒ ‒ ‒ ∪
‒ ∪ ∪ ‒ ∪ ∪ ‒ ‒⟩ .
χαλκεᾶν δ' οὐκ ἔστι σαλπίγγων κτύπος,   75
οὐδὲ συλᾶται μελίφρων
ὕπνος ἀπὸ βλεφάρων ἀ-
ῷος ὃς θάλπει κέαρ.
Συμποσίων δ' ἐρατῶν βρίθοντ' ἀγυιαί,
παιδικοί θ' ὕμνοι φλέγονται.   80
        (deest epodus : cola decem)

    66 μηρί ' εὐμάλλων Barrett :]λων Τ μηρίταν εὐτρίχων Stob. ‖ 69
πόρπαξιν Plvt. : ὄρπαξιν uel ἔρπ. codd. Stob. ‖ 70 ἱστοὶ πέλονται
Stob. : ἔργα καὶ Plvt. ‖ 71 ante ἔγχεα transp. εὐρὼς δάμναται (72)
Plvt. ‖ 72 εὐρώς post δάμναται colloc. Bergk : ante δάμν. praebet
Plvt. om. Stob. ‖ 73-74 lacunam indic. Maas ‖ 75 χαλκεᾶν δ' οὐκ ἔστι
Plvt. : χαλκέων δ' οὐκέτι Stob. ‖ 78 ἀῷος Blass : ἄμος uel ἆμος
Stob.

fr. 2 (5)

Clément d'Alexandrie, qui cite ce fragment, l'attribue aux *Péans*
de Bacchylide et l'explicite en y insérant quelques mots de paraphra-
se. Neveu de Simonide, Bacchylide reconnaît avec modestie ce qu'il
lui doit, non sans quelque malice envers Pindare, si fier de son art.

> Tout artiste est l'héritier d'un autre, aujourd'hui
> comme autrefois [car il n'est pas très facile] ...
> de trouver les portes d'un langage qui ne fut jamais
> dit.

fr. 3 (6)

Selon un paroemiographe, Bacchylide, dans ses *Péans*, mentionnait
le proverbe :

> « Quand l'ourse est là, ne cherche pas ses traces ».

2 (5)

◡ ◡ ◡ – ◡ ◡ – ◡ –
◡ ◡ ◡ – ◡ ◡ – [
– – – – ◡ ◡ – ◡ –
– – –

Ἕτερος ἐξ ἑτέρου σοφὸς
τό τε πάλαι τό τε νῦν. [Οὐδὲ γὰρ ῥᾷστον]
ἀρρήτων ἐπέων πύλας
ἐξευρεῖν

CLEMENS ALEX., Strom. 5, 68, 5 (p. 372 Stählin) : ἕτερος δὲ — νῦν,
φησὶ Βακχυλίδης ἐν τοῖς Παιᾶσιν· οὐδὲ γὰρ ῥᾷστον ἀρρήτων —
ἐξευρεῖν ; THEODORETVS, Therap. 1, 78 (p. 23 Raeder = t. 1, p. 124
Canivet), inde ab οὐδὲ .

2 οὐδὲ γὰρ ῥᾷστον uerba Clementis esse arbitratur Snell.

3 (6)

Ἄρκτου παρούσης ἴχνη μὴ ζήτει.

Paroemiographorum recensio Parisina (= Zenob. uulg. 2, 36) :
Ἄρκτου — μὴ ζήτει· ἐπὶ τῶν δειλῶν κυνηγῶν εἴρηται ἡ παροιμία·
μέμνηται δὲ αὐτῆς Βακχυλίδης ἐν Παιᾶσιν .

PROSODIES

fr. 1 (11 + 12)

Neue avait déjà noté que ces deux fragments (1*a* et 1*b*), cités par Stobée, devaient appartenir au même poème. La composition fait appel aux mètres choriambiques. Après une attaque trochaïque, les glyconiens prédominent. Le fragment *b* reprend le schéma métrique du vers 3 (deux glyconiens en synaphie) et du début du vers 4 (sans résolution de la longue initiale du crétique) du fragment *a*.

(*a*) La seule règle pour les mortels, la seule voie du bonheur, c'est de pouvoir passer la vie entière l'âme exempte de douleur. Qui occupe son esprit de mille objets et, pour cela, ressent, le jour, la nuit, par le souci de l'avenir, une blessure continuelle au cœur, ne trouve dans sa peine aucun profit.

...

(*b*) Quel soulagement y a-t-il alors à agiter son cœur en gémissant sur l'œuvre qu'on n'a pas accomplie?

ΠΡΟΣΟΔΙΑ

1 (11 + 12)

```
‿ ‿ ‿   ‿ ‿ ‿   ‿ ‿ ‿ ‿ ‿ ‿ ‿
‿ ‿ ‿ ‿ ‿ ‿ ‿   ‿ ‿ ‿
‿ ‿ ‿ ‿ ‿ ‿ ‿ ‿
  ͞͞ ‿ ‿ ‿ ‿ ‿ ‿
  ͞͞ ‿ ‿   ‿ ‿ ‿   ‿ ‿ ‿   ‿ ‿          5
5 ‿ ‿ ‿ ‿ ‿ ‿ ‿
  ‿ ‿ ‿ ‿ ‿ ‿ ‿
```

(a) Εἷς ὅρος, μία βροτοῖσίν ἐστιν εὐτυχίας ὁδός,
     θυμὸν εἴ τις ἔχων ἀπενθῆ δύναται
     διατελεῖν βίον· ὃς δὲ μυ-
     ρία μὲν ἀμφιπολεῖ φρενί,
     τὸ δὲ παρ' ἆμάρ τε ⟨καὶ⟩ νύκτα μελλόντων   5
5 χάριν αἰὲν ἰάπτεται
     κέαρ, ἄκαρπον ἔχει πόνον·

(b) τί γὰρ ἐλαφρὸν ἔτ' ἐστὶν ἄ-
     πρακτ' ὀδυρόμενον δονεῖν
4 καρδίαν;   5

STOBAEVS, Flor. 4, 44, 16 (t. 5, p. 962 Wachsm.-Hense) : Βακχυλί-
δου προσοδίων· εἷς ὅρος — βίον (3); id., ibid., 3, 1, 12 (t. 3, p. 6-7
Wachsm.-Hense) : εἷς ὅρος — πόνον (5); id., ibid., 4, 44, 46 (t. 5,
p. 969 Wachsm.-Hense) : Βακχυλίδου προσοδίων· τί γὰρ — καρδίαν
(b).

(a) 3 ὃς Grotius : οἷς STOB. ‖ 4 παρ' ἆμάρ τε Grotius : παρόμαρτε
STOB. πᾶν ἦμάρ τε Stephanus ‖ καὶ add. Stephanus ‖ 5 αἰὲν ἰάπτεται
Boeckh : αονι ἅπτεται STOB. ἑὸν ἰάπτεται Grotius.
(b) 3 ἔτ' ἐστὶν Blass : ἔτ' ἔστ' STOB.

fr. 2 (13)

Encore un fragment gnomique cité par Stobée. Le mètre est dactylo-trochaïque, avec attaque iambique.

A tous les mortels la divinité a prescrit des peines, à chacun les siennes.

2 (13)

```
_ _ ᴗ _    _ ᴗ _
_ ᴗ ᴗ _ ᴗ ᴗ _ _    _ ᴗ _ _
```

πάντεσσι θνατοῖσι δαί-
μων ἐπέταξε πόνους ἄλλοισιν ἄλλους

STOBAEVS, Flor. 4, 34, 24 (t. 5, p. 833 Wachsm.-Hense) : Βακχυλί-
δου προσοδίων · πάντεσσι — ἄλλους.

PARTHÉNÉES

Cette phrase du Pseudo-Plutarque nous apprend que Bacchylide a composé des Parthénées dans la tonalité dorienne, dont nous n'avons absolument rien gardé.

« Il (Platon) n'ignorait pas qu'Alcman, Pindare, Simonide, Bacchylide, sont les auteurs d'un grand nombre de parthénées doriens. »

ΠΑΡΘΕΝΕΙΑ

[Plutarchus,] de musica 17 (1136 F) : Οὐκ ἠγνόει δὲ (sc. Plato) ὅτι πολλὰ Δώρια παρθένεια [ἄλλα] ᾿Αλκμᾶνι καὶ Πινδάρῳ καὶ Σιμωνίδῃ καὶ Βακχυλίδῃ πεποίηται.

2 ἄλλα del. Burette.

HYPORCHÈMES

fr. 1 (14)

Ces quelques vers traduisent une idée chère à Bacchylide : la valeur d'un homme ne reçoit son plein éclat que de l'habileté d'un artiste (σοφία) qui la célèbre en prenant appui sur la vérité. Le sens ici du mot σοφία est celui qu'il a chez Pindare et il s'éclaire par le parallèle que Bacchylide établit avec la pierre de Lydie. Cette pierre, Platon, dans l'*Ion* (533d), l'appelle pierre de Magnésie et pierre d'Héraclée. Elle lui sert à expliquer qu'un artiste ne remplit pas son rôle à l'aide d'une technique (τέχνη), mais grâce à une habileté tout irrationnelle qui est une inspiration divine. On peut penser que Bacchylide suit la pensée de Pindare, tout comme on a pu parler d'une influence du Thébain sur certains aspects de la pensée de Platon[1]. Le mètre privilégié des hyporchèmes est le crétique ; ici, des dactyles y sont associés.

La pierre de Lydie révèle l'or ; la valeur humaine,
c'est l'habileté dans l'art qui la prouve, associée
à la toute-puissante vérité.

---

1. Voir J. Duchemin, *Platon et l'héritage de la poésie*, dans *Rev. Ét. Grecques*, 68, 1955, p. 25-37. Sur l'inspiration poétique chez Pindare, voir J. Duchemin, *Pindare, poète et prophète*, Paris, 1955, 1ʳᵉ partie.

ΥΠΟΡΧΗΜΑΤΑ

1 (14)

```
–◡– ––◡–
–◡– –◡–
  –◡◡–◡◡––
–◡– ◡––
4 ◡–– ◡                                        5
```

Λυδία μὲν γὰρ λίθος
μανύει χρυσόν, ἀν-
    δρῶν δ' ἀρετὰν σοφία τε
παγκρατής τ' ἐλέγχει
4 ἀλάθεια   5

STOBAEVS, Flor. 3, 11, 19 (t. 3, p. 432 Wachsm.-Hense) :
Βακχυλίδου Ὑπορχημάτων· Λυδία — ἀλάθεια ; lapis Lydius apud
Caylus, Recueil d'antiquités, t. 5, tab. 50, 4 (ubi haec gemma nunc sit
ignotum est) : Λυδία λίθος μα . . ει χρυ . . . ἀνδρῶν δ' ἀρ . . . ια τε
πα . . . . . ης τ' ἐλεγ . . . ἀλάθεια.

1 μὲν γὰρ om. gemma ‖ 2 σοφία STOB. codd. SM lapis : -ίαν STOB.
codd. L Bruxell. ‖ τε om. STOB. cod. L ‖ 4 ἀλάθεια gemma : ἀλήθ-
STOB. codd.

fr. 2 (15)

Écrit en vers crétiques, ce fragment évoque Athéna Itônia dont le culte, originaire d'Itôn en Thessalie, était célébré dans toute la Béotie, notamment à Koronée, aux Παμβοιώτια[2]. Le poème de Bacchylide a été vraisemblablement composé pour accompagner la procession, au cours des fêtes de Koronée.

> Ce n'est pas notre affaire de rester assis et d'atermoyer. Il nous faut aller près du temple de l'Itônienne à l'égide d'or, une belle œuvre d'art, pour y produire quelque <chant> délicat.

fr. 3 (15 A)

Outre Koronée, la déesse Athéna possédait un sanctuaire à Krannon et surtout à Alalcomène. L'*Iliade* (4, 8) écrit déjà Ἀλαλκομενηὶς Ἀθήνη. Cette épiclèse n'est pas, comme le voulait Aristarque, un vocable formé sur le radical verbal d'ἀλαλκεῖν « préserver », mais, comme le dit P. Mazon, un adjectif rappelant la ville d'Alalcomène, voisine de Koronée et de Krannon, où s'élevait le temple fameux[3].

> (Athéna) Alalcoménienne.

fr. 4 (16)

> Ô tout glorieux, non, je l'espère, tu ne méconnaîtras pas l'évidence.

---

2. Cf. M. P. Nilsson, *Griechische Feste*, Leipzig, 1906, p. 86 et 89-90. Voir aussi Pausanias, IX, 34, 1 et Strabon, IX, 417 C.
3. Sur ces cités de Béotie, voir Callimaque, *Hymnes*, notamment V, 63 sqq. et VI, 74.

2 (15)

```
 ─ ◡ ─   ─ ◡ ─   ─ ◡ ─
    ─ ◡ ─   ─ ◡ ⌣   ─ ◡ ─
2 ─ ◡ ─   ─ ◡ ─   ─ ◡ ─
    ─ ◡ ─   ─ ◡ ─   ─ ◡ ─                    4
```

Οὐχ ἕδρας ἔργον οὐδ' ἀμβολᾶς,
ἀλλὰ χρυσαίγιδος Ἰτωνίας
2 χρὴ παρ' εὐδαίδαλον ναὸν ἐλ-
θόντας ἀβρόν τι δεῖξαι ⟨ ◡ ─ ⟩   4

DIONYS. HALIC., de composit. uerborum 25, 28 (p. 183 Aujac-Lebel
= p. 131 Usener-Radermacher) : παρὰ Βακχυλίδη · Οὐχ — δεῖξαι ‖
ATHENAEVS, 14, 28, 631 C (t. 3, p. 393 Kaibel) : φησὶ γοῦν ὁ
Βακχυλίδης · Οὐχ — ἀμβολᾶς (id. in Ael. Hist. anim. 6, 1; Lucian.
Scyth. 11; etc.). — Initium odae.

3 (*15 A)

Ἀλαλκομενία

LACTANTIVS ad Statii Thebaid. 7, 330 (p. 361, 4-9 Jahnke) :
*Itonaeos et Alalcomenaea Mineruae agmina : In qua Itonus
regnauit, Herculis filius ; haec ciuitas Boeotiae est. Hinc Bacchylides
Mineruam Itoniam dixit* (Hyporch., *fr. 2*) *et Alchomenem* (Ἀλαλ-
κομενήν coni. Mitscherlich. -μενίην Snell) *significauit.*

4 (*16)

```
 ─ ◡ ─   ─ ◡ ─   ─ ◡ ─
    ─ ◡ ─   ─ ◡ ─
```

Ὦ περικλειτέ, δῆλ' ἀγνοή-
σειν μὲν οὔ σ' ἔλπομαι.

HEPHAESTIO, de metris 13, 7 (p. 42, 25 Consbruch) : καὶ ὅλα
ᾄσματα κρητικὰ συντίθεται, ὥσπερ καὶ παρὰ Βακχυλίδη · ὦ —
ἔλπομαι . — Initium odae.

1 δῆλ' Wil. : δ' ἄλλ' HEPH. τἄλλ' Bergk Δᾶλ' Blass.

FRAGMENTS DES LIVRES
EN L'HONNEUR D'HOMMES

CHANSONS D'AMOUR

Les trois fragments attribués à ce livre feraient plutôt songer à des chansons à boire (παροίνια). Mais Athénée (fr. 1) emploie le terme ἐρωτικά, en même temps qu'il fait allusion au jeu du *cottabe*. Il est évident que les deux genres de chansons se côtoient. Apulée, sans avancer aucun nom, parle d'un Grec de Téos, d'un autre de Sparte, d'un troisième de Kéos, comme ayant composé des chansons d'amour. Les deux premiers sont évidemment Anacréon et Alcman. Mais quel est le poète de Kéos : Simonide ou Bacchylide?

fr. 1 (17)

Le fragment, en mètre trochaïque, décrit le geste d'une femme qui joue au *cottabe*. Il peut s'agir d'une hétaïre participant au banquet, comme on en voit sur les vases peints. On sait que le jeu consistait à lancer les dernières gouttes d'une coupe de vin dans un bassin métallique; le son produit était considéré comme un oracle d'amour qu'il fallait interpréter.

... quand, du poignet, pour ces jeunes gens elle jette
‹le fond de sa coupe› en déployant son bras blanc.

fr. 2 (*18)

Ce fragment est cité, avec le suivant, par Héphestion, comme exemple d'ἐπιφθεγματικόν, refrain pourvu d'un sens en relation directe avec le sujet du poème, à la différence de l'ἐφύμνιον (type Ἰήϊε παιάν). Ici, il est peut-être encore question du jeu du *cottabe* avec, dans le premier vers, un dimètre iambique acéphale, la formule accompagnant le geste, appuyée de l'interjection des serments; le second vers, un dimètre iambique, le joueur se le dit à lui-même.

Oui, il est beau, Théocrite!
Tu n'es pas seul au monde à le voir.

ΕΡΩΤΙΚΑ

APVLEIVS, de magia, 8 : *Fecere et alii talia (sc. amatorios uersus)* ... *apud Graecos Teius quidam et Lacedaemonius et Cius cum aliis innumeris.*

1 (17)

$$]-\cup$$
$$-\cup-\cup \quad -\cup-\cup \quad -\cup-\cup \quad -\cup-$$
$$-\cup--\quad -\cup--$$

.....εὖτε

τὴν ἀπ' ἀγκύλης ἵησι τοῖσδε τοῖς νεανίαις
λευκὸν ἀντείνασα πῆχυν

ATHENAEVS, Deipnosoph. 15, 5, p. 667 C (t. 3, p. 475 Kaibel) : Βακχυλίδης ἐν Ἐρωτικοῖς · εὖτε — πῆχυν; ID., ibid. [Epitome] 11, 22, p. 782 E (t. 3, p. 20 Kaibel) : Βακχυλίδης · εὖτε — πῆχυν.

2 τοῖσδε om. Epit. ‖ 3 ἀντείνασα ATHEN. : ἐντείνουσα Epit.

2 (*18)

$$-\cup-\cup \quad -\cup-$$
$$--\cup- \quad --\cup-$$

Ἦ καλὸς Θεόκριτος ·
οὐ μοῦνος ἀνθρώπων ὁρᾷς.

HEPHAESTIO, de poemat. 7, 3 (p. 71, 21 Consbruch) : οἷον τὸ Βακχυλίδου · Ἦ — ὁρᾷς.

2 μοῦνος Wil. : μόνος HEPH. ‖ ὁρᾷς HEPH. : ἐρᾷς coni. Vrsinus.

fr. 3 (*19)

Des débris de ce fragment, probablement en ioniques mineurs, n'apparaît clairement qu'un refrain fort plaisant, fait d'un anaclomène et d'un anaclomène catalectique suivi d'un bacchée. Le texte complet évoquait-il les mésaventures burlesques d'un personnage du folklore? Il semble que, après s'être enfui des combats, il fuit sous les injures, peut-être victime d'un mari rentré trop tôt, un tel thème excitant volontiers la verve populaire, comme en témoignent les chants siciliens recueillis par Pitré, au siècle dernier, et conservés au Musée Pitré de Palerme. A chaque fois, le poltron s'en retourne au foyer conjugal.

> Et toi, n'ayant que ta tunique,
> tu fuis auprès de ta femme.
>
> ... les combats
>
> ... médisant
> ... parjure.
> Et toi, n'ayant que ta tunique,
> tu fuis auprès de ta femme.

3 (*19)

◡◡−◡−◡−−
◡◡−◡−◡− ◡−−   2/9
. . . .

Σὺ δὲ‿ σ]ὺν χιτῶνι μούνῳ
παρὰ τ‿ὴν φίλην γυναῖκα φεύγ‿ε‿ις.

                    ]. μάχαις
                              ]
        ]ο . . [.] . [   ]ς   5
. . . . .]απατ[η]ς καὶ ψίθυ[ρος]
. . . . ἐπ]ίορκος.
Σὺ δὲ‿ σὺ]ν χιτῶνι μούν‿ῳ
παρὰ τ‿ὴν φίλην γυ‿ναῖκ‿α φεύγεις.   9

P. Oxy. 23, 2361 (pap. U); Hephaestio, de poemat. 7, 3 (p. 72, 1-3
Consbruch) : καὶ πάλιν παρὰ τῷ αὐτῷ Βακχυλίδῃ · σὺ — φεύγεις (1-2
et 8-9).

1 et 8 σὺ δὲ σὺν suppl. Lobel : σὺ δ᾿ ἐν Ηερη. ‖ 6 ξειναπάτης prop.
Lobel ‖ ψίθυρος suppl. Lobel.

ÉLOGES

A l'exception du dernier (fr. 11), tous les fragments du livre des *Éloges* (ou des *Scolies*?) nous ont été transmis par les papyrus P et Q (voir l'*Introduction*, p. XXXVII).

fr. 1 (*20)

Bribes de la colonne 1 du papyrus P.

fr. 2 (*20 A)

Selon le scholiaste de Pindare[1], Événos massacrait les prétendants de sa fille Marpessa, cette conduite étant également celle d'Antée, roi de Libye, et de Diomède de Thrace. A ces êtres cruels Sophocle joignait Oinomaos d'Olympie. Le texte de Bacchylide, tout mutilé qu'il est, nous permet de comprendre que Marpessa fut arrachée à sa triste situation par Idas, qui l'enleva avec la complicité de Poséidon, et qu'elle tua son père. Le *Dithyrambe* VI de Bacchylide est consacré au même sujet, sur lequel on pourra en consulter la Notice. Les commentateurs modernes retrouvent dans de tels récits la survivance du thème ethnologique de la suppression du vieux roi par son jeune successeur. Marpessa nous est aussi connue par le récit de Phénix, au chant IX de l'*Iliade*, dont le personnage central est Méléagre, époux de Cléopâtre, la fille d'Idas et de Marpessa[2] ; on se reportera à la Notice de l'*Épinicie* V de Bacchylide.

On voit, d'après l'*Éloge* d'Hiéron ou l'*Éloge* d'Amyntas, que l'ἐγκώμιον s'adresse à un personnage vivant et à quelqu'un d'important, nullement à un héros mythique. Par sa forme de narration au

---

1. *Schol. vet. in Isthm.*, IV, 92 a (t. III, p. 236, 5-9 Drachmann).
2. Les v. 560-564 évoquent une contestation violente entre Apollon et Idas au sujet d'une jeune femme, mais le texte ne permet pas de décider s'il s'agit de Marpessa ou de Cléopâtre.

ΕΓΚΩΜΙΑ

1 (*20)

    ...   ...

(a)]ονκι[(b)]εσκο[
   ]χολ[   ]
   ]τοι[   ]ου   (c)
   ].[   ]
   ...   ...   ]λει   5

Tit. prop. Körte : Σκόλια Grenfell-Hunt.

P. Oxy. 11, 1361 (pap. P), fr. 30 (a), 31 (b) et 19, 1-2 (c). — Finis odae.

2 (* 20 A)

Strophe : $\smile\smile--\ \smile\smile--$
             $\smile\smile-\smile-\smile--$
             $\smile\smile--\ \ \smile\smile-$
             $---\smile\smile-\smile-\ \smile-\smile-$
   3 $---\smile\smile-\smile-$ 5
             $---\smile\smile-\smile-\ \smile-\smile-$

La courte strophe est faite de trois vers. Le premier comporte deux dimètres ioniques mineurs, le second catalectique, encadrant un anaclomène, forme anaclastique du dimètre ionique mineur. Cette composition symétrique se retrouve dans les deux vers suivants : le premier, fait d'un glyconien prolongé par un mètre iambique, est identique à la seconde partie du vers final, qui comporte en tête un autre glyconien.

style à la fois épique et lyrique, le poème auquel nous avons affaire ici est plutôt comparable aux *Dithyrambes*. Il peut aisément, selon l'usage le plus fréquent, indiqué par Aristarque pour ce genre de poèmes, prendre le titre que suggère le personnage principal, Marpessa.

1

...

... assise

... et la haine de son père, elle en a plus que sa part.

2

et elle supplie..., la malheureuse, les ‹ Érinyes [3] › infernales de lui faire achever plus promptement sa vieillesse et maudit ... au-dedans gardant seule ... et ses blancs ... cheveux sur la tête.

3

On dit que le fils d'Arès à l'aigrette d'or, Événos ceint de bronze, au bras audacieux, souillé de meurtres, fut, ainsi, le père de Marpessa, une vierge au long voile, aux yeux comme des boutons de fleurs. Mais le temps

3. 'Αραί , les Imprécations, c'est-à-dire les divinités qui se chargent de l'accomplissement des imprécations et sont confondues avec les Érinyes. Cf. Eschyle, *Euménides*, 417.

‿‿−−‿‿−−   ]   Str. 1

‿‿−‿−‿−−   ]

‿‿−−‿‿−   ]

−−−‿‿−‿−   κ]αθημένη

− − −]υο̣[−]π[‿−‾−‿]μας   5

− − −] καὶ ὑπέρ[μορ' ἄχθε]ται πατρί,

ol. 2   ἱκ[ε]τεύει δὲ κα[− −   Str. 2

χ[θ]ονίας τάλαι[ν' Ἀρὰς] ὀ-

ξ[ύ]τερόν νιν τελ[έσαι

5 γῆρας καὶ κατάρατ[ον −‾−‿−]ν̣   10

μούνην ἔνδον ἔχω[ν ‿−

λε]υκαὶ δ' ἐν [κ]εφαλ[ῇ ‿−‿− τ]ρίχες.

Ἄρ]ε̣ο̣ς χρυσολόφου παῖ[−   Str. 3

δα] λέγουσι χαλκομίτραν

τα]νυπέπλοιο κόρης   15

Εὐ]εανὸ[ν] θρασύχειρα καὶ μιαι[φόνο]ν

Μ]αρπήσσης καλυκώπιδος

τοι]οῦτον πατέρ' ἔμμεν'· ἀλλά γ[ιν] χρόνος

P. Oxy. 11, 1361 (pap. P.), fr. 19, 3-8 [u. 1-3) ; fr. 5 (col. 1) et 6, P.
Oxy. 17, 2081 e (pap. P), fr. 1 et P. Oxy. 11, 1361, fr. 29 [u. 4-16]; fr.
5 (col. 2), 10, 11, 15, 17 et 42 [u. 18-28].

3 ὑπέρμορ' ἄχθεται suppl. Snell ‖ 4 ἱκετεύει legit H. Fränkel ‖
Ἀρὰς suppl. et ὀξύτερον legit Maas ‖ τελέσαι suppl. Maas ‖ 6 λευκαὶ
suppl. Gr.-H. ‖ 7 Ἄρεος suppl. Snell ‖ παῖδα suppl. Maas ‖
χαλκομίτραν Snell : χαλκεομ- P ‖ τανυπέπλοιο suppl. Gr.-H. ‖ 8
Εὐεανὸν et μιαιφόνον suppl. Gr.-H.

4

le dompta, en dépit qu'il en eût, avec le puissant
châtiment de la nécessité... poussant... les cavales
de Poséidon... Idas, le rejeton fortuné d'Apharès.

5

Le héros ravit la vierge aux beaux cheveux avec
son consentement ... de la déesse à la belle
mantille... prompt messager.

6

... lorsque vint...

7

... époux...

10 ἐδά]μασσε κρατερά τ' ἔκ-   Str. 4
    δικος ο]ὺ θέλοντ' ἀνάγκη.   20
    ⌣ ⌣ – –   ]ε̣λίου
    – – – ⌣ ⌣   ]εν Ποσειδαωνίας
    ἵππους – ⌣ ⌣   ]ας ἐλαύ-
    νων Ἴδας 'Αφάρ]ητος ὄλβιον τέκος.

    'Εθέλουσαν δ]ὲ κόρην ἥρ-   Str. 5
    πασεν εὐέθει]ραν ἥρως·   26
    ⌣ ⌣ – – ⌣ ⌣   ]τ̣ου
    – – – ⌣ ⌣   κ]αλλικρηδέμνου θεᾶς
15 – – – ⌣ ⌣ – ⌣ –   ]
    – – – ⌣ ⌣ – ⌣ ⌣ ὠ]κὺς ἄγγελος

    ⌣ ⌣ – – ⌣ ⌣   ]αν εὖτ'   Str. 6
    ἔμολεν
            (desunt cola 33-35)

l. 3   ]ιουν[36

    ⌣ ⌣ – – ⌣ ⌣ –   ].'νον-   Str. 7
                     ]πόσιν
                     ]
20   ]καπ[40
    σ[– – – ⌣ ⌣ – ⌣ –
    ε[   ] . . . [.] . . δ . ίνα[

10 ἐδάμασσε suppl. Gr.-H. ‖ ἔκδικος suppl. Snell : ἐκ Διὸς Maas ‖
ἀνάγκη H. Fränkel : -κηι P -και P¹ ‖ 11 Ποσειδαωνίας Snell : -δαον-
P ‖ 12 ἵππους suppl. Snell ‖ ἐλαύνων suppl. Snell ‖ Ἴδας 'Αφάρητος
suppl. Maas ‖ 13 ἐθέλουσαν suppl. Maas ‖ δὲ suppl. Snell ‖ ἥρπασεν [-
σε Gr.-H.] εὐέθειραν suppl. Maas.

8

... son père, la furieuse...

9

...

10

...

fr. 3 (*20 B, 1)

Ce qui reste de ce poème est suffisant pour nous faire comprendre que c'était un ἐγκώμιον. Ce terme, dont l'étymologie a d'abord désigné un chant exécuté au cours d'un banquet, a fini par s'appliquer à un éloge, pouvant du reste revêtir diverses formes. Comme le σκόλιον attique, avec lequel il en vint à se confondre, il se chantait, semble-t-il, le plus souvent à une seule voix, avec accompagnement d'une sorte de lyre à sept cordes appelée *barbitos*, mot peut-être d'origine phrygienne[4]. C'est Simonide, pense-t-on, qui donna au genre son caractère propre[5].

Alexandre fils d'Amyntas, dit Alexandre le Philhellène, régna sur la Macédoine de 498 à 454. Il prétendait être issu de Pâris-Alexandre. En même temps, il revendiquait son appartenance à la race grecque. Il avait ainsi pu obtenir de concourir à Olympie, où il avait failli triompher en 496[6]. Le poème est généralement daté, avec raison, des environs de 490[7].

4. Voir N. Dufourcq, *Dictionnaire de la Musique*, s.v., et J. Chailley, *La Musique grecque antique*, Paris, 1979, p. 59 et 66.
5. Sur les *Éloges* de Pindare, voir l'édition d'A. Puech, t. IV, p. 185-186.
6. Cf. Hérodote, V, 22.
7. Un poème pindarique a également célébré Alexandre le Philhellène, probablement un ἐγκώμιον (*Éloges*, fr. 2 Puech = fr. 120-121 Snell-Maehler). Par ailleurs, Pindare a écrit un ἐγκώμιον ou σκόλιον pour le jeune Thrasybule d'Agrigente (*Éloges*, fr. 5 Puech = fr. 124 Snell-Maehler) qu'il est facile de rapprocher de notre fragment de Bacchylide. Mais alors que le Thébain est attiré par les réflexions

π[ατέρ' ἡ μ]αινόλις ἀκρο[ι'   Str. 8

  ἀπο̣[   ]ν κατ[

  θυγατ[   ]νο̣[45

  Μαρ[πησσ   ]s · ὑπ[

  ξα[νθ   ]σαισ[

  ἐμ[   ]τνο[

25 π[   ]και . [Str. 9

  μο̣[   ]   50

  δο[

  χέσ̣[

  σει̣[

  . . [

28 δρα[   ]α̣ σ̣[Str. 10

  [   ]αν χαρ̣[ι   56

22 πατέρ ' ἡ μαινόλις suppl. Snell ‖ 23 Μαρπησσ suppl. Snell ‖ 24 ξανθ suppl. Snell.

3 (*20 B, 1)

Strophe :   – – ᴗ – – ᴗ ᴗ – ⌣̆   – ᴗ – –

               – ᴗ ᴗ – ᴗ ᴗ – ⌣̆   – ᴗ – –

               – ᴗ ᴗ – ᴗ ᴗ – ⌣̆   – ᴗ – –

    4   – ᴗ – –   – ᴗ – –   – ᴗ –   4

La strophe est faite de quatre vers de type anapesto-iambique ou dactylo-trochaïque. Le premier vers, d'attaque ascendante, se prolonge par une longue qui assure le renversement rythmique manifesté par les trois autres vers, tous descendants. Les v. 2 et 3 sont identiques, avec un hémiépès féminin suivi d'un mètre trochaïque, alors que le v. 4 est trochaïque. Le décompte des temps marqués dénote une composition symétrique : 6, 5, 5, 6.

POUR ALEXANDRE, FILS D'AMYNTAS

1

Ne reste plus, ma lyre, en faction au crochet,
contenant la claire voix de tes sept cordes. Viens ici
dans mes mains. Je brûle d'envoyer à Alexandre
quelque plume d'or des Muses,

2

et parmi les beuveries du vingtième jour une
offrande, lorsque la douce contrainte des coupes
impatientes échauffe la tendre ardeur des jeunes et
que l'attente de Cypris fait palpiter leur cœur

3

en se mêlant aux dons de Dionysos. A-t-on l'âge
d'homme, ils envoient tout là-haut les pensées. Ils
rompent à l'instant les remparts des cités. Tous les
humains croient devenir monarques.

---

sur les réalités humaines et leurs aspects moraux, le poète de Kéos se
plaît à évoquer la joie des festins et la vie opulente des heureux de ce
monde.

ol. 4   [ΑΛΕΞΑ]Ν[ΔΡΩΙ ΑΜΥΝΤ]Α

Ὦ βάρβιτε, μηκέτι πάσσαλον φυλάσ[σων   Str. 1
ἑπτάτονον λ[ι]γυρὰν κάππαυε γᾶρυν·
δεῦρ' ἐς ἐμὰς χέρας· ὁρμαίνω τι πέμπ[ειν
χρύσεον Μουσᾶν Ἀλεξάνδρῳ πτερὸν

5 καὶ συμποσ[ίαι]σιν ἄγαλμ' [ἐν] εἰκάδεσ[σιν,   Str. 2
εὖτε νέων ἁ[παλὸν] ˪γλυκεῖ᾽ ἀ˩νάγκα   6
σευομενᾶν κ˪υλίκων θάλπη˩σι θυμ˪όν,
Κυπριδός τ' ἐλπ˪ὶς δ⟨ι⟩αιθύσσῃ φρέ˩νας,

ἀμμειγνυμέν˪α Διονυσίοισι˩ δώροις·   St. 3
10 ἀνδράσι δ' ὑψο˪τάτω πέμπει˩ μερίμν˪ας·   10
αὐτίκ˪α˩ μὲν π˪ολίων κράδ˪εμνα ˪λύει,
πᾶσ˪ι δ' ἀνθρώποις μοναρ˪χήσ˪ειν δοκεῖ·

P. Oxy. 11, 1361 (pap. P), fr. 1, 2, 3, 20, 22, 23 et 39. —
ATHENAEVS, Deipnosoph. 2, 10, p. 39 E (t. 1, p. 92 Kaibel = t. 1,
p. 97-98 Desrousseaux) : Διὸ Βακχυλίδης φησί· γλυκεῖ᾽ — κέαρ (u. 6-
16).

1 φυλάσσων suppl. Gr.-H. ‖ 5 συμποσίαισιν suppl. Maas : -σίοισιν
Gr.-H. ‖ ἄγαλμ' ἐν εἰκάδεσσιν suppl. Gr.-H. ‖ 6 ἁπαλὸν suppl. Mass :
ἀταλὸν prop. Erbse ‖ 7 σευομενᾶν P [iam coni. Blass] : -μένα ATHEN. ‖
θάλπησι P¹ ATHEN. : -πῃσι P ‖ 8 τ' om. ATHEN. ‖ διαιθύσσῃ Blass :
δ' αἰθύσσει ATHEN. διαιθύσσει Erfurdt ‖ 9 ἀμμειγνυμένα Blass : ἀ
μειγνυμε[P ἀναμιγνυμένα ATHEN. ἀμμιγν- Dindorf ‖ 10 ἀνδράσι δ'
ATHEN. : ἀνδράσιν P ‖ 11 αὐτίκα Kaibel : αὐτὰς ATHEN. cod. E αὐτὴ
ATHEN. cod. C αὐτίχ' ὁ coni. Bergk ‖ πολίων Bergk in notis : πόλεων
uel πολέων ATHEN. codd. CE π[P ‖ κράδεμνα Bergk in notis :]εμνα
P κρήδεμνον ATHEN. κρήδεμνα coni. Erfurdt

4

D'or et d'ivoire les maisons luisent. Chargées de
blé, les nefs, parcourant la splendeur marine,
amènent d'Égypte une immense richesse. Tels sont
les pensers qui s'agitent dans le cœur du buveur.

5

Fils d'Amyntas...
quel plus grand profit pour les hommes que de bien
satisfaire leur cœur...

6

... l'obscurité... aucun des hommes...

7

de la vie. Mais celui qui reçoit... égales...

8

... tout divin... demi-dieux...

χρυ‿σ‿ῷ ‿δ' ἐλέφαντί τε μαρμ‿αίρ‿ουσιν οἶκοι,   Str. 4
πυροφ‿όροι δὲ κατ' αἰγλάεντ‿α πό[ντον
15 νᾶες ἄγο‿υσιν ἀπ' Αἰγύπτου μέγιστον   15
πλοῦτον· ὡς ‿πίνοντος ὁρμαίνει κέαρ.

Ὦ π[α]ῖ μεγαλ[‿ ᴗ ᴗ]ῠ [≍ - Ἀμύντα   Str. 5
- ᴗ]εουπ[ᴗ ᴗ - ≍ -]ον[- -
- ᴗ]λάχ[ον·] τί γὰρ ἀνθρώ[ποισι μεῖζον
20 κέρδο]s ἢ θυμῷ χαρίζε[σθα]ι κ[αλὰ   20

- -]φρονο[. . . . .]ρά[. . .]κα[Str. 6
- ᴗεπερ[. .] . . . . . [. .]μ[
- ᴗ ᴗ]φης σκότος· ὀλβ[≍ - ᴗ - -
οὔτις] ἀνθρώπων διαισ[- - ᴗ -

25 αἰῶ]νος· ἴσας δ' ὁ τυχὼν [≍ - ᴗ - -   Str. 7
5   .]σ[. . . .] ατα‿τοσα[26
.]ε[- -]ον θέμεθ[λ - ≍ - ᴗ - -
θυ[ᴗ - ≍ -] ποτε τρω[- ᴗ -

θα[- ᴗ ᴗ   ]αν ζαθεο[≍ - ᴗ - ≍   Str. 8
30 μν[- ᴗ ᴗ -   ]ατε δη κα[30
- ᴗ ᴗ   ἡ]μίθεοι[ ]π[
]νσυνβ[   ]ηκιτ[ ]ου[

---

14 αἰγλάεντα Bergk : αἰγλήεντα Athen. ‖ πόντον suppl. Erfurdt :
πο[P om. Athen. ‖ 15 νᾶες P : νῆες Athen. ‖ ἀπ' Musurus : ἐπ'
Athen. ‖ 17 παῖ suppl. Gr.-H. ‖ Ἀμύντα suppl. Maas ‖ 19 λάχον et
ἀνθρώποισι μεῖζον suppl. Snell ‖ 20 κέρδος et χαρίζεσθαι καλά suppl.
Snell ‖ 24 οὔτις suppl. Snell ‖ 25 αἰῶνος suppl. Snell ‖ 32 fr. 26 in
initio uersus colloc. Snell, dubitanter ‖ finis odae.

fr. 4 (*20 B, 2)

... quand...
... vin...
... pourquoi donc...

... porteur de couronnes...
... alors des jeunes gens...
... et pour Phoibos, le bon joueur de lyre.

fr. 5 (*20 C)

Nous avons eu l'occasion de parler de ce σκόλιον ou ἐγκώμιον[8]. L'année 470 connut la victoire d'Hiéron à Pythô et l'inauguration d'Etna[9], la nouvelle Catane fondée par le roi de Syracuse pour son fils Deinoménès. L'allusion à cette cité, dès le début de la 2ᵉ strophe du poème, semble bien indiquer que Bacchylide l'écrivit en cette circonstance pour l'envoyer (π[έμπειν, 1ʳᵉ strophe) à Hiéron. L'expression συμπόταις ἄνδρεσσι évoque sans doute les banquets qui marquèrent l'événement. Il en résulte que la mention d'un exploit des juments du roi (1ʳᵉ strophe) ne saurait guère s'appliquer qu'à la victoire du quadrige royal à Pythô, précisément la même année. Quant à Phérénikos, il apparaît, semble-t-il alors, dans la suite de la 2ᵉ strophe pour rappeler les triomphes antérieurs d'Hiéron, notamment la victoire au cheval monté de 476[10], célébrée par Bacchylide lui-même dans l'*Épinicie* V.

La strophe est faite d'éléments dactylo-trochaïques et anapesto-iambiques. L'état de conservation du papyrus ne permet pas une délimitation sûre des vers. Il est probable que les *côla* 1 et 2 et sûr que les *côla* 3 et 4 formaient un vers ; il est donc assez vraisemblable que les *côla* 5 et 6 ne faisaient aussi qu'un seul vers d'une extension comparable à celle des deux autres. Le schéma métrique présente cette répartition en vers qui n'a pas été conservée pour le texte afin que les lacunes du papyrus apparaissent plus clairement.

8. Voir dans notre *Introduction* « L'hôte d'Hiéron » (p. xiv), et la Notice de l'*Épinicie* IV (p. 109-110).
9. Lors des fêtes données à cette occasion, Eschyle monta probablement la reprise des *Perses* (plutôt qu'en 471) et donna les *Etnéennes*, écrites sans doute en Sicile, Pindare dirigea l'exécution de la 1ʳᵉ *Pythique*.
10. C'est en 468 seulement, deux ans avant sa mort, qu'Hiéron remporta la victoire tant désirée au quadrige olympique, que Bacchylide chanta dans son *Épinicie* III.

4 (*20 B, 2)

]ϛ ὅταν μ[   ]κλ . [
]ὰϛ οἴνῳ[   ]οχὰ[
]ι · τί γὰρ [ἐ]κκα[3
(desunt cola undecim)
δο . . [15
στεφαναφο[ρ
τότε νέων ὁμοφ[
   δ' εὐλύρᾳ τε Φοί[βῳ

ad hanc columnam pertinere uidentur :
fr. 37   fr. 40   fr. 14   fr. 16
] . [   ]νεια[   ]οεσσα[   ]ϛ
]νουσα[   ]ντερ[   ]ιν ·   ]εχε[
]τ' ἄγ[   ]μᾶϛ   ] . νᾳ[
                                                ]ην
                                                ]

P. Oxy. 11, 1361 (pap. P) fr. 12 et 26.

Initium odae ‖ 1-3 fr. 26 in initio uersuum colloc. Snell, dubitanter ‖ 17 νέων P¹ : νέω P ‖ 18 finis odae?

5 (*20 C, 1)

Strophe :   − − ∪ − − ∪ − − −
              − ∪ − − − ∪ − − [− ∪ − −
              − ∪ − − − ∪ ∪ − ∪ − − −
              − ∪ − −
          3   − ∪ ∪ − − ∪ − − −   5
              − ∪ − − − ∪ − −

POUR HIÉRON DE SYRACUSE

1

Ne <suspends> point ta lyre aux sons clairs. A
Hiéron..., en l'honneur de ses juments alezanes, aux
compagnons de son banquet, je dois... envoyer la
fleur aimable des Muses que j'ai parfaite,

2

dans Etna la bien bâtie, car j'ai plus que jamais
chanté... avec ses jambes promptes Phérénikos et sa
victoire aux bords de l'Alphée, cherchant à plaire à
l'homme...

3

... des vierges alors à moi... tous ceux qui... ont
posé... tout en or de Zeus... sur terre... à un lâche...

4

Les talents en vérité forment un ensemble infini.
Mais, fort de l'appui divin, ... des hommes...

. 6   [Ι]ΕΡΩΝΙ [ΣΥ]ΡΑΚΟΣΙΩΙ

Μήπω λιγυαχ[έα--   Str. 1
   βάρβιτον· μέλλ[ω π]ολ[υ--◡--
ἄνθεμον Μουσᾶ[ν Ἱ]έρων[ι ◡-] ξαν-
   θαῖσιν ἵπποις
ἱμ]ερόεν τελέσας [κα]ὶ   5
   συμπόταις ἄνδρεσσι π[έμπειν

Αἴ]τναν ἐς ἐύκτιτον, εἰ κ[αὶ   Str. 2
   πρ]όσθεν ὑμνήσας τὸν [---◡--
5 πο]σσὶ λαιψ[η]ρο[ῖ]ς Φερ[ένικον ἐπ' Ἀ]λφ[ει]-
   ῷ τε ν[ί]καν   10
ἀν[δ]ρ[ὶ χ]αριζόμενος εἰ̣
   -]εανθυ[-◡--

-[-◡] ἐμοὶ τότε κοῦραι[Str. 3
   -◡-] ὄσσοι Διὸς πάγχρ[υσον --
-◡--]μο[ι]ς̣ τίθεσαν μ[◡◡--   15
   -]ερειπε[
-◡]ς ἐπιχθονίων [-
   ]ω τὸ μὴ δειλῷ . υναι[-

10 τέχν]αι γε μέν εἰσ[ι]ν ἄπα[σαι   Str. 4
    μυρία]ι· σὺν θεῷ δὲ θ[α]ρσή[σας ◡--   20

P. Oxy. 11, 1361 (pap. P), fr. 4, 46, 13, 27, 24, 33 et 48 (u. 1-12);
fr. 7, 8, 9, 28, 32 (u. 15 sqq.).

Inscript. suppl. Gr.-H. ǁ 1 λιγυαχέα suppl. Gr.-H. ǁ μέλλω πολυ
suppl. Snell ǁ 3 ἱμερόεν suppl. Gr.-H. ǁ καὶ et πέμπειν suppl. Gr.-H. ǁ
4 Ἀίτναν suppl. Gr.-H. ǁ 5 ποσσὶ suppl. Gr.-H. ǁ Φερένικον e schol.
suppl. Gr.-H. ǁ ἐπ' Ἀλφειῷ suppl. Gr.-H. ǁ 6 ἀνδρὶ χαριζόμενος suppl.
Snell ǁ 7 πάγχρυσον suppl. Gr.-H. ǁ 10 τέχναι ... ἄπασαι μυρίαι suppl.
Gr.-H. ǁ θαρσήσας suppl. Maas.

l'Aurore aux blancs chevaux... apportant autant de
lumière, pendant qu'il vit, parmi les hommes.

5

...

6

... envoyé des dieux... ils chantaient...
et la nature...

fr. 6 (*20 C, 2)

... chevelure... riche en or...

- ⏑]ν' ἀνθρώπων ἔ[⏑ - ⏑ ⏑ -] λε[ύ]-
κι]ππος Ἀώς
τόσσ[ο]ν ἐφ' ἁλικίᾳ φέγ-
γος κατ' ἀνθρώπ[ους φέρουσα

(desunt cola tria)　　　　　　　Str. 5

l. 7　tum, secundum Snell-Maehler, fortasse hoc modo coniun-
genda fr. 7 + 8, 9, 28, 32 :

[- ⏑ - -　　　　　]
15　-χ]αριτε[σ ⏑ ⏑]εν ·[-]σ
ταιπ[⏑ - - 　　]ον φυ[- -　　　　　　30

- -] θεόπο[μπον ἔ]μελπο[ν　　　Str. 6
]ητεσ[　　　]οὗτοι τ[⏑ - -
]ιαπ[　　　]σιως φ[⏑ ⏑ - -
- ⏑ -　[　　　]ον ·
- ⏑ ⏑ -⏑　　]εται ι[ ]ις　　　　　　35
καὶ φύσιν[- -].ν τὰλ[- -

11 λεύκιππος suppl. Gr.-H. ‖ 12 ἁλικίᾳ suppl. Maas ‖ ἀνθρώπους
φέρουσα suppl. H. Fränkel ‖ 16 θεόπομπον ἔμελπον suppl. Gr.-H. ‖ 18
ultimus uersus odae?

6 (*20 C, 2)

]ε χαίταν ἐξ[　　　]μο[
π]ολυχρ[υσ　　　]αν ϊ-
μφ[　　　　　]
　　　　]γιαμ[

　　　　　　　　　　　　　　　5
]ται
].ν
]
]
]

P. Oxy. 11, 1361 (pap. P), fr. 8 et 28.

fr. 7 (*20 D)

La liaison οὐδέ, au début du v. 3, nous permet de penser que le
poème comportait le rappel de plusieurs héroïnes, qui venait sans
doute à l'appui d'un cas particulier, à moins qu'il n'illustrât un thème
général. Pour les précisions concernant l'épouse d'Oineus, Althaia, on
se reportera à l'*Épinicie* V. Althaia se pendit après la mort de son fils,
qu'elle avait pourtant elle-même provoquée. La légende de Niobé est
trop connue pour qu'on y insiste [11].

Si le mètre — de type dactylo-trochaïque et anapesto-iambique —
est assuré, la répartition en vers ne l'est pas. Seule la composition du
côlon 6 semble impliquer qu'il forme un vers avec le *côlon* suivant.

... d'en haut la belle épouse... s'élança vers son
dernier...

et la douloureuse Niobé non plus... que firent
périr les enfants de Létô, et les dix garçons... les
vierges sous la pointe effilée de leurs flèches. Zeus
en son siège sublime <la> regardant <du haut du
ciel>, s'apitoya sur son affliction inguérissable et,
faisant d'elle une pierre aux arêtes aiguës, il mit fin
à...

11. Elle apparaît pour la première fois dans l'*Iliade*, 24, 602-611.
Sophocle a mis dans la bouche d'Antigone marchant au tombeau une
évocation de Niobé changée en pierre. Ovide, *Mét.* 6, 146-312, et
Apollodore, 3, 5, 6, ont repris le même sujet.

7 (*20 D)

Strophe :   － ⌣ － －   － ⌣ ⌣ －[
　　　　　　－ － ⌣ －　　－ －[
　　　　　　－ － ⌣ ⌣ －　⌣ ⌣ －[
　　　　　　－ － ⌣ ⌣ － ⌣ ⌣ －　 － － ⌣ ⌣ －[
　　　　　　－ ⌣ － － 　 － ⌣ ⌣ － ⌣[⌣ －　　　　　　　5
　　　　　　－ ⌣ ⌣ － ⌣ ⌣ － －　　－ ⌣ ⌣ － －
　　　　　　　－ ⌣ ⌣ － ⌣ ⌣ － －
　　　　　　－ ⌣ － －　　－ ⌣ － －[

1　　　　　　　　　　].οις

(desunt cetera huius columnae cola, non minus uiginti
septem)

2　　　　　　　ὐ]ψόθεν εὐει-
　　δὴς ἄλοχος . [⌣ ⌣ － －
　　λοισθίαν ὥρμασεν Οἰν[－ － ⌣ －(－)

　　οὐδὲ τλαπενθὴς Νιόβα[⌣ ⌣ － (－)
　　τᾶς ὤλεσαν Λατοῦς α . [　　　　　　　　　　　5
　　παῖδες δέκα τ' ἠΐθέους δ[
　　κο⟨ύ⟩ρας τανυάκεσιν ἰοῖς · τᾱ[
　　εἰσιδὼν ὑψίζυγος οὐραν[
　　Ζεὺς ἐλέησεν ἀνακέστ[οις] ἄχεσιν, θη-
　　κέν τέ νιν ὀκριόεντ[α　　　　　　　　　　　10
　　λᾶαν ἄμπαυσέν τε δυστλάτ[

P. Oxy. 23, 2362 (pap. Q), fr. 1, col. 2 (u. 1-12), fr. 2 (u. 15-18); P.
Oxy. 11, 1361 (pap. P), fr. 36 (u. 8-10).

1 ὑψόθεν suppl. Lobel ‖ 3 λοισθίαν Q¹ : -θίδαν Q ‖ 4 οὐδὲ Q² : οιδε
Q ‖ 5 τᾶς Maas : τᾶν Q ‖ 7 κούρας Snell : κορας Q ‖ 9 ἀνακέστοις
suppl. Lobel ‖ 10 ὀκριόεντα suppl. Lobel ‖ 11 λᾶαν ἄμπαυσέν τε legit
Lobel : λᾶαν · ά[ ]παυσέν τε Q].' μπὰ[P.

fr. 8 (*20 E)

... de bronze...
... noir...
... destin...
... qui tout donne...
... tient du sort.
A la foudre puissante, très haut...
... de l'Olympe ...
... Sarpédon...

οὐδ[ ] . ωπ[ ] . ε . [.] . . . γις
. . ι . [. . .]οϲεν[
.] . τ . [. . .] . . δα[. . . . . .] . . [
   (desunt duo cola)
] . τρ . . [17
  ]βομα[
-]επησή[

-]πομ[20
-]ῶνοσ[
(desunt ante uersum 1 fr. sequentis non minus cola tredecim)

8 (*20 E)

      ]θρ[
   χά]λκεον[
     ]μέλαν[
    ]ανδ' αἶσα . [
  π]άνδωρος αθαν[5
    ]ηϊταν λέλογχε ·
  κερ]αυνοβίας ὕπατος[
    ]αλλ' ἀπ' Ὀλύμπου
    ]ομάχαν
  Σαρ]πηδόνα πυροφόρ[10

P. Oxy. 23, 2362 (pap. Q), fr. 1 col. 3, 6-28; P. Oxy. 11, 1361 (pap.
P), fr. 21 (u. 5-10). — (a) : Q, fr. 3. — (b) : Q, fr. 4. — (c) : Q, fr. 5.

2 χάλκεον suppl. Lobel ‖ 5 πάνδωρος suppl. Lobel ‖ 7 κεραυνοβίας
suppl. Lobel ‖ 10 Σαρπηδόνα prop. Lobel.

... la renommée...
... les hommes...
... la fin...
... au Simoïs coulant sans cesse...
... avec le bronze...
... le temps...
... l'âme...
... le cœur...
... différentes...

     (*a*)   (*b*)   (*c*)

     ...   .

ΕΓΚΩΜΙΑ   243

                ].ενον· χρυσοπλόκ[
                ]αν φάτιν εἰπαρα.[
                ]ἀνθρώπ[ο]υς ὁμι[
                ]ε.σι μὲν ἀθαν[ατ
                ]αι τελευτάν·   15
            ἀ]ενάῳ Σιμόε[ν]τι πε[
                ]..[..]ει̣ χαλκῷ.
                        ]
                    ]ι̣ χρόνος
                    ]νει φρέν' αἴσιο[20
                ].ι θυμὸν α.[
                ]αλλοῖαί..[
                ].α[
                ]...

11 χρυσοπλόκαμος prop. Lobel ‖ 12 παρα Q² : περα Q ‖ 14 ἀθανατ
suppl. Lobel ‖ 16 ἀενάῳ suppl. Lobel.

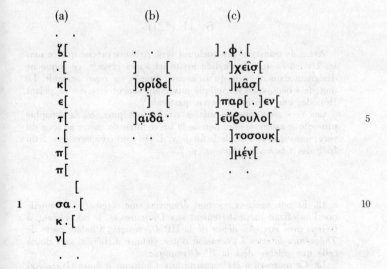

(a)   (b)   (c)

    . .
    ζ[. .   ].φ.[
    .[   ]   [   ]χεῖσ̣[
    κ[   ]ορίδε[   ]μᾶσ̣[
    ε[   ]   [   ]παρ[.]εν[
    τ[   ]αϊδᾶ·   ]εὔβουλο[5
    .[. . .   ]τοσουκ[
    π[   ]μέν[
    π[. .
    [
1   σα.[10
    κ.[
    ν[
    . .

(a) 8 coronis sub hoc colo posita finem odae significat ‖ 9 inscript.
odae ἐν εἰσθέσει ‖ 10 noua oda incipit.

fr. 9 (*20 F)

...

fr. 10 (*20 G)

...

fr. 11 (*21)

Avant de transcrire ces quelques vers, Athénée précise que ce sont les Dioscures que Bacchylide invite ici à des ξένια [12], ce terme ne désignant dans ce texte qu'un accueil simple, un repas agréable. Le mot de « béotiennes » appliqué aux coupes peut être, en rappelant Hésiode, une allusion à la vie pastorale [13].

Ces vers sont faits de mètres trochaïques purs, où la synaphie prosodique assure le maintien de la brève finale du mètre au long du vers ; une catalexe marque la fin du v. 1. On peut comparer le v. 2 du fr. 1 des *Chansons d'amour*, p. 230.

---

12. Et non θεοξένια, ce mot désignant une cérémonie solennelle que l'on offrait particulièrement aux Dioscures et, le cas échéant, à Hélène avec eux. Au début de la IIIe *Olympique*, Pindare parle de *Théoxénies* offertes à l'occasion d'une victoire d'Hiéron, sans doute celle que célèbre déjà la IIe *Olympique*.

13. Ce morceau a été rapporté aux *Chansons à boire* (Παροίνια) par Neue, alors que Wilamowitz y voyait un hyporchème (cf. Snell-Maehler, p. LIII).

ΕΓΚΩΜΙΑ 244

9 (*20 F)

ου . [

οὐδ[
   δ' ὡφ[
δημ[
τωπ . [5
ἱμερτ[

P. Oxy. 23, 2362 (pap. Q), fr. 6, 1-6.

6 coronis sub hoc colo posita finem odae significat.

10 (*20 G)

Χλιδῆ[
μαλ . [
λεύκα[
ηθοσε . [
ἔρωτιδ[5

ἤ σεξ[

P. Oxy. 23, 2362 (pap. Q), fr. 6, 7-12.

1 Initium odae ‖ 6 σε ξ- uel σ' ἐξ-.

11 (*21)

   _◡_◡ _◡_◡ _◡_◡
   _◡_◡ _◡_◡
   _◡_◡ _◡_
2 _◡_◡ _◡__ _◡_◡
   _◡_◡ _◡_◡   5

On ne trouve point ici des cadavres de bœufs, ni de l'or, ni des tapis de pourpre, mais un cœur bienveillant, une Muse charmante et, dans les gobelets de Béotie, un vin délicieux.

Οὐ βοῶν πάρεστι σώματ', οὔτε χρυσός,
οὔτε πορφύρεοι τάπητες,
ἀλλὰ θυμὸς εὐμενής,
2 Μοῦσά τε γλυκεῖα, καὶ Βοιωτίοισιν
ἐν σκύφοισιν οἶνος ἡδύς.   5

ATHENAEVS, Deipnosoph. 11, 101, p. 500 A (t. 3, p. 103
Kaibel) : μνημονεύει δὲ τῶν Βοιωτικῶν σκύφων Βακχυλίδης ἐν
τούτοις, ποιούμενος τὸν λόγον πρὸς τοὺς Διοσκούρους, καλῶν αὐτοὺς
ἐπὶ ξένια· Οὐ βοῶν — ἡδύς.

FRAGMENTS
D'ORIGINE INCERTAINE

fr. 1 (23)

Ce fragment en mètres dactylo-trochaïques, qui se retrouve chez Eusèbe et qu'on peut rapprocher de Pindare, Xe *Pythique* (v. 41-42), est ainsi introduit par Clément d'Alexandrie : « Écoutons donc encore parler, sur le sujet du divin, Bacchylide, le poète lyrique ».

Ceux-ci (les dieux) ne connaissent pas le joug
d'indignes maladies ; ils n'en sont pas atteints,
n'ayant aucune ressemblance avec les hommes.

fr. 2 (24)

Les deux premiers vers de ce fragment cité par Stobée sont faits de mètres iambiques ; les deux autres sont de type dactylo-trochaïque. Au rythme ascendant des deux premiers s'oppose le rythme descendant des deux derniers.

ΕΞ ΑΔΗΛΩΝ ΕΙΔΩΝ

1 (23)

```
 ‒ ◡ ‒    ‒ ◡ ◡ ‒ ◡ ◡ ‒
† ‒ ‒ ‒ ◡ ◡ † ◡ ‒ ‒
 ‒ ◡ ‒ ‒    ‒ ◡ ◡ ‒
```

οἱ μὲν ἀδμῆτες ἀεικελιᾶν
† νούσων εἰσὶ καὶ † ἄνατοι,
οὐδὲν ἀνθρώποις ἴκελοι

CLEMENS ALEX., Strom. 5, 110, 1 (p. 400 Stählin) : ἀκούσωμεν οὖν
πάλιν Βακχυλίδου τοῦ μελοποιοῦ περὶ τοῦ θείου λέγοντος · Οἱ μὲν —
ἴκελοι; EVSEBIVS, Praepar. evang. 13, 13, 37 (t. 2, p. 212 Mras) :
idem.

1 ἀεικελιᾶν Neue : ἀεικελίων Evs. ἀεὶ καὶ λίαν CLEM. ‖ 2 ἄνατοι
Schaefer : ἀναίτιοι CLEM. Evs. ‖ 3 ἴκελοι CLEM. Evs. cod. O [ἴκ-] :
εἴκελοι Evs. codd. BIN.

2 (24)

```
 ‒ ‒ ◡ ‒    ‒ ‒ ◡ ‒
 ‒ ‒ ◡ ‒    ‒ ‒ ◡ ‒
  ‒ ‒ ◡ ‒    ‒ ‒ ◡ ‒
 ‒ ◡ ‒ ‒    ‒ ◡ ‒ ◡ ◡ ◡ ‒
 ‒ ◡ ‒ ‒    ‒ ◡ ‒ ‒
```

Les mortels ne choisissent eux-mêmes ni l'opulen-
ce, ni l'inflexible Arès, ni la discorde qui tout
détruit ; mais le Destin qui tout donne, sur chaque
contrée, à tour de rôle, fait s'approcher un nuage.

fr. 3 (25)

Le premiers vers de ce fragment cité par Clément d'Alexandrie est
d'attaque iambo-anapestique, mais avec un renversement rythmique
dans l'élément central, qui rend le vers rétrogradable. Le second vers
fait écho au début du premier, alors que le troisième répète trois fois
l'élément final, trochaïque, de ce même vers, avec une catalexe finale.

Peu de mortels reçoivent de la divinité le don d'agir
tout le temps à propos et d'atteindre la vieillesse
aux tempes grises avant de rencontrer le malheur.

fr. 4 (26)

On retrouve ici le sens tout pindarique de σοφία, comme au fr. 1
des *Hyporchèmes*.

Car elle n'apporte pas aux mortels le son d'un
langage trompeur... l'habileté dans l'art.

θνατοῖσι δ' οὐκ αὐθαίρετοι
οὔτ' ὄλβος οὔτ' ἄκναμπτος Ἄ-
ρης οὔτε πάμφθερσις στάσις,
ἀλλ' ἐπιχρίμπτει νέφος ἄλλοτ' ἐπ' ἄλλαν
4   γαῖαν ἁ πάνδωρος Αἶσα   5

STOBAEVS, Ecl. phys. 1, 5, 3 (t. 1, p. 74 Wachsm.-Hense) :
Βακχυλίδου.

1 θνατοῖσι Neue : θνητοῖς STOB. ‖ 2 ἄκναμπτος Snell : ἄκαμπτος
STOB. ‖ 3 ἐπ' ἄλλαν Canter : ἔπαλαν STOB. ‖ 4 γαῖαν Boeckh : γᾶν
STOB. ‖ Αἶσα Farnesii codex apud Canter : δεῖσα STOB. codd. FP.

3 (25)

‒ ‒ ⌣ ⌣   ‒ ‒ ⌣ ⌣ ‒ ⌣ ⌣ ‒ ‒   ‒ ⌣ ‒ ‒
‒ ‒ ⌣ ⌣   ‒ ‒ ⌣ ⌣ ‒ ⌣ ⌣ ‒
‒ ⌣ ‒ ‒   ‒ ⌣ ‒ ‒   ‒ ⌣ ‒

παύροισι δὲ θνατῶν τὸν ἅπαντα χρόνον δαίμων ἔδωκεν
πράσσοντας ἐν καιρῷ πολιοκρόταφον
γῆρας ἱκνεῖσθαι, πρὶν ἐγκύρσαι δύᾳ

CLEMENS ALEX., Strom. 6, 14, 3 (p. 433 Stählin) : Βακχυλίδου τε
εἰρηκότος· Παύροισι — δύᾳ.

1 παύροισι Stephanus : παρ' οἶσι CLEM. ‖ θνατῶν Neue : θνη-
CLEM. ‖ δαίμων ἔδωκεν Neue (ὁ δ. ἔδ. Vrsinus) : τῷ δαίμονι δῶκε
CLEM. ‖ 2 πράσσοντας Sylburg : -οντα CLEM.

4 (26)

οὐ γὰρ ὑπόκλοπον φορεῖ βροτοῖσι φωνάεντα λόγον
† ἔσται λόγος † σοφία

CLEMENS ALEX., Paedagog. 3, 100, 2 (p. 290 Stählin) : Οὐ γὰρ —
σοφία, ὥς φησι Βακχυλίδης.

ἔσται λόγος P : ἔστε λ. P¹ ἔστι δὲ λόγος in mg. add. P².

fr. 5 (27)

Pour traduire les deux mots qui constituent ce fragment, il est indispensable de les remettre dans la phrase de Plutarque. On a donc : « Et si quelqu'un parle autrement, comme le dit Bacchylide,

la route est large. »

fr. 6 (29)

Ce texte est cité dans différents lexiques à propos du mot εἴδωλον . Ainsi la *Souda*, voulant éclairer ce terme qui apparaît dans l'*Iliade* pour désigner un fantôme d'Énée fabriqué par Apollon, après avoir défini « image ombreuse ou apparition d'un corps, sorte d'ombre embrumée », fait appel à Bacchylide, qui, semble-t-il, parle d'Ulysse (un Ulysse défunt, dans un contexte qui nous échappe) et cite :

Teint en noir, le fantôme de l'homme d'Ithaque

fr. 7 (30)

On peut voir dans ce fragment cité par Athénée l'attrait exercé, à l'époque du poète, par l'Égypte et le Nil [1], et le rapprocher de tel passage du livre II d'Hérodote, ou encore, chez Eschyle, du mythe d'Io en sa phase finale. On rappellera aussi l'évocation de l'Égypte chez Bacchylide lui-même dans le *Dithyrambe* V et le fragment 3 des *Éloges* [2].

Memphis ignorant les orages et le Nil rempli de roseaux

1. Voir C. Froidefond, *Le mirage égyptien*, Paris, 1970.
2. Blass a suggéré que ce fragment provenait de l'*Épinicie* XIII et Snell-Maehler (p. 108) en discutent les localisations possibles.

5 (27)

πλατεῖα κέλευθος

PLVTARCHVS, Numa 4, 11 : εἰ δὲ λέγει τις ἄλλως, κατὰ Βακχυλίδην πλατεῖα κέλευθος.

6 (29)

μελαμβαφὲς εἴδωλον ἀνδρὸς Ἰθακησίου

Etymol. Genuinum = Etymol. Magnum 295, 57 (n° 59 Calame); Suda, s.u. εἴδωλον (ει 45 Adler) : εἴδωλον· σκιῶδες ὁμοίωμα ἢ φαντασία σώματος · σκιά τις ἀεροειδής, ὡς καὶ Βακχυλίδης· μελαμβαφὲς — Ἰθακησίου.

μελαμβαφὲς Sud. : μελαγκεθὲς Et. Gen. cod. A μελακεθὲς cum littera η supra ακ scriptum Et. Gen. cod. B μελαγκευθὲς coni. Neue.

7 (30)

‒ ∪ ‒ ‒   ‒ ∪ ‒ ‒
‒ ∪ ∪ ‒ ∪ ∪ ‒ ‒

τὰν ἀχείμαντόν τε Μέμφιν
καὶ δονακώδεα Νεῖλον

ATHENAEVS, Deipnosoph. 1, 36, p. 20 D (t. 1, p. 44 Kaibel = t. 1, p. 45 Desrousseaux) : τὸν ... φιλόσοφον ὀρχηστὴν Μέμφιν ἐκάλεσαν, ἀπεικάζοντες ... τῇ τῶν πόλεων ἀρχαιοτάτῃ καὶ βασιλικωτάτῃ περὶ ἧς Βακχυλίδης φησί· τὰν — Νεῖλον .

1 τὰν Neue : τὴν ATHEN.

fr. 8 (33)

C'est à l'appui d'une remarque métrique sur un vers iambique de Pindare (fr. 178 Snell-Maehler = fr. incertain 55 Puech) s'achevant par un tribraque, que Priscien cite ce vers du poète de Kéos. Bergk a suggéré de réunir ce texte aux premiers mots du fr. 1 des *Hyporchèmes*, mais le mètre paraît s'y opposer. La phrase deviendrait alors :

<La pierre de Lydie> révèle l'or pur au jugement des mortels

fr. 9 (34)

On a fait sur le comportement humain d'innombrables distinctions

fr. 10 (35)

Ces quelques mots sont cités pour un problème d'accentuation, le πλήμυριν de Bacchylide étant donné comme exemple. En fait, P. Chantraine dans son *Dictionnaire étymologique* (s. u.) établit que d'une part le mot doit s'accentuer correctement πλημυρίς, d'autre part il ne prend qu'un seul μ.

ayant fui la montée des flots de la mer

8 (33)

‒ ‒ ‿ ‒   ‒ ‒ ‿ ‒   ‒̆ ‒ ‿ ‿ ‒

χρυσὸν βροτῶν γνώμαισι μανύει καθαρόν

PRISCIANVS, de metris Terentianis (t. 3, p. 428, 21 Keil) : *Similiter Bacchylides* : χρυσὸν — καθαρόν. *Hic quoque iambus in fine tribrachum habet.*

9 (34)

‒ ‒ ‿ ‒   ‒ ‒ ‿ ‿ ‒ ‿ ‿ ‒
‒ ‿ ‒

ὀργαὶ μὲν ἀνθρώπων διακεκριμέναι μυρίαι

HESYCHIVS, s.u. δίχολοι (δ 2017 Latte) : ... Βακχυλίδης · ὀργαὶ — μυρίαι; ZENOBIVS vulg. 3, 25 : idem; Alcmani tribuit EROTIANVS (p. 102, 6-7 Nachmanson).

10 (35)

‒ ‿ ‒ ‒   ‒ ‿ ‒

πλήμυριν πόντου φυγών

Etymol. Genuinum (codex B, p. 248 Miller) = Etymol. Magnum 676, 25 (deest in Calame) : Πλημμυρὶς ... εἰ μέντοι ὄνομά ἐστιν, εὔλογον βαρύνεσθαι αὐτὸ διὰ τὴν παρὰ Βακχυλίδη αἰτιατικήν, οἷον · πλήμυριν — φυγών.

πλήμυριν Wil. : πλήμμυ- Et. Gen. B

fr. 11 (38)

Ammien Marcellin nous apprend que l'empereur Julien se plaisait à lire Bacchylide et qu'il citait souvent ces vers :

De même qu'un peintre hors du commun modèle
un beau visage, ainsi la pudeur orne une vie qui
s'élève et gagne en hauteur.

fr. 12 (39)

Le mot suivant est cité comme exemple chez Bacchylide de μεταπλασμός, ou irrégularité dans la déclinaison par suite de variation du thème nominal :

avec des cornes comme des tours

fr. 13 (40)

A propos des flûtes dont les Cariens jouaient pour accompagner les thrènes, Athénée signale que chez Bacchylide, comme chez Corinne, on trouve le nom de la Phénicie désignant la Carie [3].

la Phénicie

fr. 14 (41)

Quelle déesse est chargée d'immortaliser les héros ? Chez Pindare et Bacchylide, c'est Athéna. Cratinos, puis Aristophane ne purent lui confier ce rôle, alors qu'il s'agissait d'immortaliser des grotesques ; aussi imaginèrent-ils une déesse Βασίλεια. Ainsi trouve-t-on évoquées ici la tradition des Lyriques et celle qu'ont forgée les Comiques. A noter que, chez certains auteurs, c'est Tydée qu'Athéna immortalise, tandis que chez d'autres c'est Diomède. Le fragment est une citation du poète érudit Euphronios, commentateur d'Aristophane :

« Royauté est fille de Zeus. C'est elle qui passe pour régir le domaine de l'immortalité que détient aussi Athéna, chez Bacchylide, puisqu'elle donnera l'immortalité à Tydée. »

3. Cf. E. Schwartz, *Quaestiones Herodoteae*, Programm Rostock, aest. 1890, p. 10 = *Gesammelte Schriften* 2, Berlin, 1956, p. 76.

11 (38)

*ut egregius pictor uultum speciosum effingit, ita pudicitia celsius
consurgentem uitam exornat*

AMMIANVS MARCELLINVS 25, 4, 3 : *Item ut hoc propositum ualidius
firmaret (sc. Iulianus), recolebat saepe dictum lyrici Bacchylidis,
quem legebat iucunde, id adserentis quod ut egregius — exornat.*

12 (39)

πυργοκέρατα

APOLLONIVS DYSCOLOS, de adverbiis, p. 183, 15 Schneider : ὃν
τρόπον καὶ ἐπ' ὀνομάτων μεταπλασμοὶ γίνονται, καθάπερ ... τὸ
πυργοκέρατα παρὰ Βακχυλίδῃ.

13 (40)

Φοινίκη

ATHENAEVS, Deipnosoph. 4, 76, p. 174 F (t. 1, p. 392 Kaibel) :
γιγγραίνοισι ... οἱ Φοίνικες ... ἐχρῶντο αὐλοῖς · τούτοις δὲ καὶ οἱ Κᾶρες
χρῶνται ἐν τοῖς θρήνοις, εἰ μὴ ἄρα καὶ ἡ Καρία Φοινίκη ἐκαλεῖτο, ὡς
παρὰ Κορίννῃ καὶ Βακχυλίδῃ ἔστιν εὑρεῖν.

14 (41)

Schol. Ar. Av. 1536 : Εὐφρόνιος · ὅτι Διὸς θυγάτηρ ἡ 'Βασίλεια',
καὶ δοκεῖ τὰ κατὰ τὴν ἀθανασίαν αὕτη οἰκονομεῖν, ἣν ἔχει καὶ παρὰ
Βακχυλίδῃ ἡ 'Αθηνᾶ, τῷ Τυδεῖ δώσουσα τὴν ἀθανασίαν.

Scholia in Aristoph. Aues 1536 (p. 243 b, 17-20 Dübner).

fr. 15 (42)

« Bacchylide dit que Rhéa guérit Pélops en le faisant descendre au fond d'un chaudron. »

fr. 16 (43)

Au sujet d'Ioulis de Kéos, Himérios mentionne :

« L'attachement de Simonide, comme de Bacchylide, à la cité. »

fr. 17 (44)

On rapprochera, avec H. Lloyd-Jones [4], ce fragment de l'histoire narrée dans le fragment douteux 13 (p. 263).

« Bacchylide pense qu'Eurytion est différent (d'Eurytos, tué au cours des noces de Pirithoos). Il dit en effet qu'ayant reçu l'hospitalité de Dexaménos, en Élide, il mit outrageusement la main sur la fille de son hôte et que, pour ce motif, il fut enlevé à la vie par Héraclès, survenu à propos dans la maison. »

fr. 18 (45)

« Certains indiquent la généalogie des quatre Aristée, comme Bacchylide qui fait l'un fils de Carystos, un autre de Chiron, un autre de la Terre et du Ciel, ajoutant le fils de Cyrène. »

4. Cité par D. L. Page (dans *Class. Review* 73, 1959, p. 22).

15 (42)

Schol. Pind. Olymp. 1, 40 a : ὁ δὲ Βακχυλίδης τὸν Πέλοπα τὴν Ῥέαν λέγει ὑγιάσαι καθεῖσαν διὰ λέβητος.

Scholia vet. in Pindari Olymp. 1, 40 a (t. 1, p.30, 5-7 Drachmann).
Καθεῖσαν διὰ λέβητος codd. : ἐγκαθεῖσαν πάλιν τῷ λέβητι coni. Bergk.

16 (43)

Himerius, Orat. 27, 30, de Iulide Cei oppido : καὶ Σιμωνίδῃ καὶ Βακχυλίδῃ ἡ πόλις ἐσπούδασται.

HIMERIVS, Oratio 27, 30-31 (p. 126-127 Colonna).
πόλις HIM. (cod. R) : Ἰουλὶς coni. Wernsdorf.

17 (44)

Schol. Od. φ 295 : Βακχυλίδης δὲ διάφορον οἴεται τὸν Εὐρυτίωνα · φησὶ γὰρ ἐπιξενωθέντα Δεξαμενῷ ἐν Ἤλιδι ὑβριστικῶς ἐπιχειρῆσαι τῇ τοῦ ξενοδοχοῦντος θυγατρί, καὶ διὰ τοῦτο ὑπὸ Ἡρακλέους ἀναιρεθῆναι καιρίως τοῖς οἴκοις ἐπιστάντος.

Scholia in Odysseam φ 295 (p. 702, 1-10 Dindorf); cf. EVSTATHII comment. in Odysseam 1909, 61.
Δεξαμενῷ Barnes : δεξάμενος sch. EVST. ‖ οἴκοις schol. : ἐκεῖ EVST.

18 (45)

Schol. Apoll. Rhod. 2, 498 : Τινὲς τέσσαρας Ἀρισταίους γενεαλογοῦσιν, ὡς καὶ Βακχυλίδης τὸν μὲν Καρύστου, ἄλλον δὲ Χείρωνος, ἄλλον δὲ Γῆς καὶ Οὐρανοῦ, καὶ τὸν Κυρήνης.

Scholia in Apoll. Rhod. 2, 498 (p. 169, 7-9 Wendel).
Χείρωνος P : Χέρωνος LV.

fr. 19 (47)

La *Théogonie* n'indique pas le lieu du rapt de Perséphone. L'*Hymne à Déméter* donne la plaine de Nysa, mais on ignore quelle est la région du monde ainsi désignée.

« Elle (Perséphone) fut enlevée de Sicile, selon les uns ; de Crète, selon Bacchylide. »

fr. 20 (48)

La *Vita Homeri* 5 dit d'Homère :

« Selon Bacchylide et Aristote le philosophe, ‹il était› originaire d'Ios. »

fr. 21 (49)

Selon Strabon :

« Le Kaïkos ne coule pas de l'Ida, comme l'a dit Bacchylide. »

fr. 22 (50)

Une scholie d'Apollonios de Rhodes précise :

« Le *Rhyndakos* est un fleuve de Phrygie dont Bacchylide fait mention. [5] »

fr. 23 (51)

L'orichalque, mentionné par une autre scholie d'Apollonios de Rhodes, est un alliage de cuivre rouge, une sorte de laiton ; l'intérêt de cette citation est de montrer un emprunt probable de Bacchylide à Stésichore.

« Stésichore et Bacchylide font mention de l'*orichalque*. »

5. Hérodien, sans nommer l'auteur, donne la citation suivante : « Au bord du Rhyndakos aux joncs épais ». Schneidewin a rapproché les deux fragments.

19 (47)

Schol. Hes. Theog. 914 : Ἡρπάσθαι δὲ αὐτήν (sc. τὴν Περσεφόνην) φασιν οἱ μὲν ἐκ Σικελίας, Βακχυλίδης δὲ ἐκ Κρήτης.

Scholia in Hesiodi Theogoniam, 914 (p. 113 Di Gregorio).

20 (48)

Vita Homeri 5 : (de Homero) κατὰ δὲ Βακχυλίδην καὶ Ἀριστοτέλην τὸν φιλόσοφον Ἰήτης.

Vita Homeri 5 (p. 29, 7 Wil.).

21 (49)

Strabo 13, 1, 70 : ὁ δὲ Κάϊκος οὐκ ἀπὸ τῆς Ἴδης ῥεῖ, καθάπερ εἴρηκε Βακχυλίδης.

STRABO 13, 1, 70, p. 616.

22 (50)

Ῥύνδακος

Scholia in Apoll. Rhod. 1, 1165 a (p. 104, 24-25 Wendel) : Ῥύνδακος ποταμός (coni. Schaefer : τόπος codd.) ἐστι Φρυγίας, οὗ μνημονεύει Βακχυλίδης.

23 (51)

ὀρείχαλκος

Scholia in Apoll. Rhod. 4, 973 (p. 300, 12-15 Wendel) : ὀρείχαλκος· εἶδος χαλκοῦ .. μνημονεύει καὶ Στησίχορος καὶ Βακχυλίδης.

fr. 24 (52)

Ce texte de Tzetzès reprend, de façon très libre, le contenu de la *Théogonie* (v. 178 sqq.). Il s'agit d'Ouranos mutilé par Kronos.

> « Du sang qui s'écoulait de ses parties sont nées d'abord, dans la terre, les trois Erinyes, Tisiphone, Mégère et, avec celles-ci, Alektô ; puis, avec elles, les quatre célèbres Telchines, Aktaios, Mégalèsios, Orménos et Lykos, que Bacchylide déclare fils de Némésis et du Tartare, tandis que d'autres les disent fils de la Terre et de la Mer. »[6]

6. Bacchylide fait une grande place, dans le mythe des origines de Kéos, aux Telchines impies et punis par les dieux ; voir l'*Épinicie* I et sa Notice (p. 79).

24 (52)

Tzetzes, Theog. 80 :

> ἐκ δὲ τοῦ καταρρέοντος αἵματος τῶν μορίων
> ἐν μὲν τῇ γῇ γεγόνασι τρεῖς Ἐρινύες πρῶτον,
> ἡ Τεισιφόνη, Μέγαιρα, καὶ Ἀληκτὼ σὺν ταύταις,
> καὶ σὺν αὐταῖς οἱ τέσσαρες ὀνομαστοὶ Τελχῖνες,
> Ἀκταῖος, Μεγαλήσιος, Ὅρμενός τε καὶ Λύκος,
> οὓς Βακχυλίδης μέν φησι Νεμέσεως Ταρτάρου,
> ἄλλοι τινὲς δὲ λέγουσι τῆς Γῆς τε καὶ τοῦ Πόντου.

Ioannes TZETZES, Theogonia, 80-86 (P. Matranga, Anecd. graeca, 2, p. 580).

FRAGMENTS DOUTEUX

fr. 1 (53a)

Décelés par Xylander chez Plutarque, ces vers furent attribués par Wilamowitz à Simonide ou Bacchylide[1]. L'évocation des boutons de roses semble bacchylidéenne (voir *Épin.* V, 55, et XI, 72).

la couronne qu'enflamment les boutons de roses

fr. 2 (54)

A rapprocher du fragment d'origine incertaine 3 (p. 247).

Nul des mortels n'est tout le temps heureux.

1. *Lesefrüchte*, dans *Hermes*, 60, 1925, p. 305 = *Kleine Schriften*, 4, p. 393.

ΑΔΕΣΠΟΤΑ

1 (53a)

_◡◡_◡◡_⌣

_◡◡_◡◡_

τὸν καλ[ύκεσσι] φλέγοντα
ταῖς ῥοδίναις στέφανον

PLVTARCHVS, Quaest. Conuiu. 3, 1, 2, p. 646 A. — Versus agnouit
Xylander; Simonidi uel Bacchylidi (« eher von einem der Keer als
von Pindar ») attribuit Wilamowitz.

1 καλύκεσσι suppl. Wil. : καλυκ et lac. 5 litter. PLVT. cod. T ‖ 2
ταῖς ῥοδίναις scripsi [ταῖς Wil.] : τοῖς ῥοδίνοις PLVT. cod. T.

2 (54)

_◡__ _◡__ _◡_

ὄλϐιος δ᾽ οὐδεὶς βροτῶν πάντα χρόνον

STOBAEVS, Flor. 4, 34, 26 (t. 5, p. 833 Wachsm.-Hense). —
Fragmentum haud recte a Stobaeo adiunctum uersibus 76-77 Epinicii
V.

fr. 3 (55)

Attribué par Blass à Bacchylide (cf. *Dith*. I, 49-51), ce fragment est fait d'éléments dactylo-trochaïques.

Ils ne sont pas à la disposition du premier venu
pour qu'il les emporte, les dons âprement disputés
des Muses.

fr. 4 (56)

Blass attribue ce vers à Bacchylide et suggère de l'inclure dans l'*Épinicie* I. Snell le rapproche de la VIIIe *Néméenne* (v. 40 sqq.). Chez Pindare, les métaphores végétales sont fréquentes et souvent longuement développées. Peut-être a-t-on ici une trace de l'influence du poète thébain [2].

car le mérite qu'on loue croît comme un arbre

fr. 5 (57)

Attribués à Bacchylide par Bergk, ces deux vers, selon Blass, devraient suivre le fr. 1 des *Hyporchèmes*, qui est placé juste avant eux chez Stobée. La résonance pindarique est ici manifeste [3].

La vérité et les dieux n'ont qu'une cité,
seule elle partage la vie des dieux.

2. Cf. J. Duchemin, *Pindare poète et prophète*, p. 237-247.
3. Cf. *Ol.* VIII, 1 sqq.

3 (55)

$- \cup - \breve{} \quad - \cup - -$

$- \cup - \breve{} \quad - \cup - -$

$- \cup - \cup - \cup -$

οὐ γὰρ ἐν μέσοισι κεῖται
δῶρα δυσμάχητα Μοισᾶν
τὦπιτυχόντι φέρειν

CLEMENS ALEX., Strom. 5, 16, 8 (p. 336 Stählin). — Sine poetae
nomine.

4 (56)

$\cup \cup - \cup \cup - \quad \approx \cup - \quad - \cup - \quad \cup - \cup -$

ἀρετὰ γὰρ ἐπαινεομένα δένδρον ὣς ἀέξεται

CLEMENS ALEX., Paedagog. 1, 94, 1 (p. 146 Stählin). — Sine poetae
nomine.

5 (57)

$\cup - - \cup \cup - \quad \cup \cup - -$

$\cup - \cup - \quad - \cup - \quad - \cup -$

Ἀλάθεια θεῶν ὁμόπολις,
μόνα θεοῖς συνδιαιτωμένα

STOBAEVS, Flor. 3, 11, 20 (t. 3, p. 433 Wachsm.-Hense) : Ὀλυμπιά-
δος· Ἀλάθεια — συνδιαιτωμένα. — Lemma alienum esse censuit
Bergk et Bacchylidi tribuit fragmentum quod in Florilegio subsequi-
tur hyporchematon fragmentum 1.

1 Ἀλάθεια Meineke : ἀληθ- STOB. codd. ‖ 2 μόνα... συνδιαιτωμένα
Meineke : μόνη... -μένη STOB. codd.

fr. 6 (58)

Ce texte d'un scholiaste comporte deux affirmations : d'un côté, les Siciliens auraient inventé le char (ἅρμα) ; d'un autre côté, Pindare et Bacchylide seraient les auteurs ou propagateurs d'une telle assertion. Blass, citant Homère, ruine aisément la première affirmation. Il tente d'affaiblir la seconde en faisant remarquer que le fr. 2 des *Hyporchèmes* de Pindare (= fr. 106 Snell-Maehler) parle d'un ὄχημα « chariot à mules », non d'un ἅρμα, tout comme le titre de sa Vᵉ *Olympique* en l'honneur de Psaumis de Camarine mentionne l'ἀπήνη, « la voiture attelée de mules ». Mais peut-être faut-il aller moins vite. En effet l'ὄχημα de l'hyporchème est qualifié de δαιδάλεον « décoré ». Or, il y a encore peu d'années, on pouvait rencontrer sur les chemins de Sicile des carrioles peintes, historiées sur les thèmes des aventures des anciens paladins[4]. On peut fort bien imaginer que Pindare et Bacchylide, dans des textes que nous ne connaissons pas, ont parlé d'un ἅρμα δαιδάλεον, d'ἅρματα δαιδάλεα, en précisant que ce genre de décoration avait été inventé en Sicile[5].

« Suivant d'autres, c'est la Sicile qui fit d'abord paraître le char. Bacchylide et Pindare en effet, qui célébrèrent Hiéron et Gélon, les maîtres de la Sicile, et les admirèrent fort à la course de chars, pour leur plaire dirent que les Siciliens furent les premiers inventeurs du char. »

fr. 7 (60)

Seule la dernière partie de ce fragment papyrologique permet de se faire quelque idée de son contenu. On peut penser qu'il s'agit de l'installation d'un groupe de Troyens fugitifs quelque part sur les bords de la Méditerranée. On connaît le voyage d'Énée au cours duquel, nous dit Virgile, d'après la tradition, certains de ses compagnons s'étaient arrêtés pour constituer une colonie. On sait de reste que Bacchylide s'est intéressé aux Anténorides (*Épinicies* I et II) qui furent des colons renommés[6].

4. On peut en admirer une au musée de Taormine.
5. A noter qu'aux vers 34 sqq. de la Vᵉ *Pythique*, Pindare décrivant le char du vainqueur, le roi de Cyrène, se sert de l'adjectif δαίδαλος, équivalent de δαιδάλεος. Le scholiaste précise qu'il s'agit de la caisse historiée du char, ornée de reliefs et ciselures en métal.
6. Certains ont rapproché ce fragment du fr. 5 des *Dithyrambes*. C. Gallavotti (*Riv. fil. istr. class.* 28, 1950, p. 267) voudrait les réunir sous le titre de *Cassandre*. On objecte que Cassandre prophétisait des malheurs à venir, alors que le fr. 7 concerne des Troyens sauvés du désastre.

6 (58)

Schol. Ael. Aristid. : ἄλλοι δὲ λέγουσιν ὡς (τὸ ἅρμα) ἐκ Σικελίας
ἐφάνη τὴν ἀρχήν · Βακχυλίδης γὰρ καὶ Πίνδαρος Ἱέρωνα καὶ Γέλωνα,
τοὺς Σικελίας ἄρχοντας, ὑμνήσαντες καὶ πλεῖστα θαυμάσαντες ἐν
ἱππηλασίᾳ πρὸς χάριν αὐτῶν εἶπον ὡς Σικελιῶται πρῶτοι ἅρμα
ἐξεῦρον.

Scholia in Ael. Aristid. (t. 3, 317, 36 Dindorf).

7 (60)

```
                          ].να                        Ant.
                          ]ίδον δέμας
                          ].
                          ].υς
   ]..[.]θ.[        ]                                   5
   ].ε[.]..[.....]..ν
ὑ]πὲρ ἀμετέρ[ας
   τ]ατος ἐράτυ[....]ματα
δ]υσμενέω[ν...]χοίμεθα
ἀκρίτοις ἀλι[άστοις                                    10
ὑπὸ πένθε[σιν ἥ]μεναι ·
κρυόεντι γὰρ [ἐμ π]ολέμῳ
δίμενακα . [...]αι παν
κιχέταν λι[.....].[..].υ
.τερι πατρι.[......]οι                                 15
αἵ σφιν θο[....]δ[...]ν
εὐανθέο[ς..].αρε[..ἐλ]ευθερίας
Ἀχέρον[τι.].ρου..θεων ἀδαεῖ
```

PSI 10, 1181 (ed. Vogliano).

10 ἀλιάστοις suppl. Diehl ‖ 11 πένθεσιν ἥμεναι suppl. Vogliano ‖ 12
ἐμ suppl. Maas apud Vogl. (propter spatium) ‖ 16 αἵ σφιν legit
Vogliano ‖ 18 Ἀχέροντι γὰρ οὐ παθέων ἀδαεῖ suppl. Vogliano.

... corps...

d'ennemis...

sans bouger, sous d'incessantes, sous d'inflexibles
douleurs, car dans le frisson glacé du combat... ils
parvinrent... fleurie... de la liberté l'Achéron... qui
ignore les dieux... et d'Hadès...

... un tel bruit : lorsque le flot eut transporté la
nef [7] d'Ilion vers les pointes ombreuses aux mille
arbres, l'un des dieux... rester sur place visible-
ment... et fuir l'abominable mort. Leurs cris inin-
terrompus parvinrent au ciel... leur joie étant
inespérée... Aux assemblées des guerriers non
plus... la bouche n'était pas sans voix, et les jeunes
filles adressaient leurs prières... iê! iê!

fr. 8 (61)

Étant précédés d'un titre, ces quelques vers sont le début d'un
poème, un dithyrambe exactement. On sait en effet par le scholiaste
des *Dithyrambes* de Bacchylide que, selon Aristarque, les dithyram-
bes étaient seuls avec les tragédies à posséder un titre. Le scholiaste de
la Xe *Néméenne* [8] nous apprend que, à la différence de Pindare qui
parle d'un rapt de bœufs, sans doute imaginé par lui pour ôter à l'acte
des Dioscures son caractère odieux, la tradition courante est la
suivante : les filles de Leucippe, Phoibè et Hilaera, furent enlevées
par les Dioscures au cours du festin de leurs noces avec les deux
Apharétides, Idas et Lyncée. On se rappelle la lutte fameuse qui
s'ensuivit, pendant laquelle Castor fut tué, ainsi que les deux fils
d'Aphareus.

LES FILLES DE LEUCIPPE

En l'honneur de Cypris aux yeux de violette,
instituant un beau chœur aux accents nouveaux...

7. Littéralement « la poutre ».
8. *Schol. vet. in Nem.* X, 112a (t. III, p. 178, 17-179, 3 Drach-
mann).

ΑΔΕΣΠΟΤΑ   257

εὐηρατ[. . . .]ναι[.]ομων
   τ'] Ἀΐδαο.[. . .]ν   20

μάλ' ἔγε[. . .] τοι[α]ύτα φάτις·   Ep.
ἐπεὶ δοκ[ὸν σ]κια[ρῶ]ν
ἐπ{ε}ὶ πολυ[δεν]δρέ[ω]ν ἀκτῶν
κῦμα πό[ρευσ'] ἀπ' Ἰλίου,
θεῶν τι[ς ἀ]μ-   25
   φανδὸ[ν
αὖθι μένε[ιν. . . . .]ε̣ρ.μίδι
τὸν δ' οὐλόμε[νον. .]έιμε̣ν̣
προφυγεῖν θά[νατ]ον
Ἐ]πασσύτεραι δ' ἰα[χαὶ   30
οὐρανὸν ἷξον[
ἀέλπτῳ περὶ χάρ[μα]τι̣ [
οὐδ' ἀνδρῶν
θώκοισι μετε[.].[.].ʹτω[ν στόμα
ἄναυδον ἦν,   35
νέαι δ' ἐπεύχο[ν]τ[ο].[.].λλαι
ἰὴ ἰή.

23 ἐπὶ Snell : επει pap. ‖ πολυδενδρέων suppl. Maas ‖ ἀκτῶν legit
Milne ‖ 24 πόρευσ' suppl. Maas apud Vogl. ‖ 25 ἀμφανδὸν suppl. Maas
apud Vogl. ‖ 28 οὐλόμενον suppl. Vogliano ‖ 29 θάνατον suppl.
Vogliano ‖ 30 ἰαχαὶ suppl. Maas apud Vogl. ‖ 34 στόμα suppl. Snell ‖
37 finis odae.

8 (61)

ΛΕΥΚΙΠΠΙΔΕΣ

Ἰοδερκέϊ τελλόμεναι
Κύπριδι νεοκέλαδον
ε]ὐειδέα χορόν
(desunt reliqua)

PSI 10, 1181 (ed. Vogliano).
Initium odae.

fr. 9 (62)

La colonne *a*) du papyrus semble concerner les hommes qui meurent dans les combats. La colonne *b*) en est-elle la suite ? Le verbe au duel ἐμίξατον suggère un combat singulier.

a)   ... des mortels
     ... allant...
     au cœur endurant...
     ... de bronze
     ... s'avançant...
     ... la force.
     Chaque homme
     de la patrie... pour eux...
     ... grandement renommé...
     ... terriblement
     ... toute...
     ... celui qui tient...
     pour un homme en effet...

b) ...   *c*) ...

9 (62)

(a)

```
        ]τοισι βροτῶν
        ]ερχομένοισιν ὑποσ[
     τα]λακάρδιος ἔπλε-
  το  ]ντα χαλκοῦ
        ]ων ἐπιόντ' ἐρεμναι[              5
        ]ελλαις
        ]τ' ἀλκάν.
      ἔ]καστος ἀνήρ
     π]ατρίδος αἴ σφισιν ο[
        ]ν μεγαλοκλέα δο[              10
     ]χθει
        ]
        ]ντες αἰνῶς
        ]τα πᾶσαν ε . . . ' λλοϐ[
        ]αρ τὸν ἔχον̣[τ'] ε̣[              15
     ἀ]νδρὶ γὰρ οὐδ[
        ]
        ]ευτε κα
```

(b)   (c)

```
   . . . . .                        . . . . .
   ]δεδορ[                          ]
   ]ηρολο[                          ]ντο[
   ]                               ]
   ]ρ̣ ὁρματ̣[                        . . . . .
   ]                                                5
```

P. Oxy. 6, 860 (ed. Grenfell-Hunt).

(a) 6 ἀέλλαις uel θυέλλαις suppl. Gr.-H.
(b) sub (a) ponendum esse censent Gr.-H.

... les rangs serrés
... et ils mêlèrent...
avec les armes...
...

fr. 10 (63)

Ce fragment paraît être le début d'un poème. Qui est la (fille) d'un
père puissant ? Athéna, fille de Zeus ? Mnémosyne, fille d'Ouranos,
comme le propose Blass ? Aucun sens ne se dégage de ces quelques
mots.

des Piérides...
de la (fille) d'un père puissant...
des rivages...
déesses marines...
tresses...

fr. 11 (64)

Des restes de ce poème on dégage aisément ce que l'ensem-
ble pouvait être : il s'agit de la mort du Centaure Nessos. Le *Dithy-
rambe* II contient une allusion à ce meurtre qu'accomplit Héraklès,
mais l'allusion implique l'idée que le Centaure perdant son sang a été
transpercé par une flèche du fils de Zeus — ce qui apparente le poème
aux *Trachiniennes*, la plus ancienne des tragédies de Sophocle —
tandis que ce fr. 11 nous dit qu'Héraklès lui fracassa le crâne. Les
peintures sur vases qui représentent souvent, à partir du VI\ :sup siècle, la
mort de Nessos, suivent en général cette dernière version. On trouve
aussi une représentation du Centaure tué par l'épée du héros.

I (?)

Alcmène...
et conduit de là...

]πρ[   ]
]τολέμων
]εν πυκινὰς στίχα[ς
]καὶ ἐμίξατον λ[
ὅ]πλοις   10

10 (63)

Πιερ]ίδων θερα[π
ὀβρι]μοπάτρας[
  ]μενα γλυκ[
  ]. ἱππόβοτο[
  ]νόμοις · Ὀλυμ[π   5
  ]γτος ὑπο π[
  ]ρ ἀϊόνων ε[
π]οντιάδεσσι[
π]λοκάμοις θεαῖς[
  ]εν [[δ']] ἁγιοκουρ[10
  ]φνε τοξ[

P. Oxy 4, 673 (ed. Grenfell-Hunt).

1 Πιερίδων suppl. Blass apud Gr.-H. ‖ 2 ὀβριμοπάτρας suppl. Blass
apud Gr.-H. ‖ 10 ανιο pap.[1] : δαιοιο pap.

11 (64)

col. 2

ο[5
Ἀλ̣[κ]μην[
ἄγ̣ει τ' ἐκ κ[
τọνας ἐνθεγ[

P. Berlin 16140 (ed. C. M. Bowra in Pindari carmin., fr. 341). —
Bacchylidi attribuit Snell.

Vestigia col. 1 praetermisi.

ignorante aux bras roses...
avec les mains...
à travers le fleuve...
aux chevaux ayant...
mais lorsque...
amoureux...

II (?)

le Centaure...
poussa un grand cri...
son époux...
se hâter...
de la femme...
un regard où flambe le feu...
le meurtre et...
indicible...
dans la mêlée...
et dans la main...
une grande massue...
de la bête farouche...
de l'oreille au milieu...
il brisa...
des yeux...
et des sourcils.
avec les pieds...

πορθμευοντ[

νήϊδα ῥοδόπ[αχυν   10

  τα χερσὶ πεδα[

διὰ ποταμὸν.[

ἵπποις ἔχων [

ἀλλ' ὅτε δὴ πελ[

ἀφροδισιᾶν μ[15

Κένταυρος ἀϊ[

κελάδησε δὲ δ[

φίλον πόσιν ἱκ[ετευ

σπεύδ[ει]ν επη[

γυναικὸς φον[20

πυριδαὲς ὄμμα [

φόνον τε καὶ δ[

Ξ   ἄφατος· οὐ προ[

ἐν δαΐ βρομωχ[

ἐν δὲ χειρὶ δεξ[ι   25

ῥόπαλον μέγα [

φη[ρ]ὸς ἀγρίου [

οὔατος μέσσαν [

συνάραξέ τε π[

ὀμμάτων τε σ[30

ὀφρύων τε· πε[

πόδεσσιν αθα[

νυπ[. .]ξιν· επε[

. . . .]ανδροσ[

. . . . . .] . ο[35

10 ῥοδόπαχυν suppl. Diehl ‖ 18 ἱκετευ suppl. Snell ‖ 19 σπεύδειν suppl. Roberts ‖ 23 Ξ in mg. adscript. libri uersum 1400ᵐᵘᵐ significauit; agnouit Siegmann ‖ ἄφατος legit Diehl ‖ 27 φηρὸς legit Roberts.

fr. 12 (65)

Pour Lobel et pour Snell, l'attribution de ce fragment à Bacchylide est fort douteuse. On peut penser à un hymne, à un péan en l'honneur d'Artémis.

a)   ... moi une gloire immortelle...
          Artémis...
          avec l'opulence...
          avec l'enviable fortune...
          Délos...
          maîtresses des chœurs, filles de Zeus dont brille
          la foudre...
          aux bandeaux d'or...
          quittant l'Hélicon...

b)   ... très illustre...

12 (65)

(a)

. . . .]ι τέ μοι ἀθάν[ατον
. . . κ]ῦδος ὀπάσσατ[
. . .] . . γελειμῶ[
.] . ξιαν χρυσανι . [
.] . τωτ' ἀπενθητα . [5
. . . .]ντ' Ἄρτεμιν τ[
. . . .]ε σύν τ' ὄλβῳ κ[
σύν] τ' ἐπιζήλῳ τ[ύχᾳ
. . . .] . υ Δᾶλον ποτ . [
. . . . .] ὑπ' ἀνθρωπο[10
. . . . . ἀν]αξίχοροι
κοῦραι Δ]ιὸς ἀργικε[ραύνου
. . . .]οι χρυσάμ[πυκες
. . . Ἑλι]κῶνα λιπ[οῦσαι
. . . .

(b)

ἀ]γακλέϊ[
] . ωναι[
]λοφων
]σελασεν . [
]αις   5
]ἐπίμοιρ[ο
]νδιος ·

P. Oxy. 23, 2365 (ed. Lobel) : (a) et (b); PSI ined. inv. 2011 (ed. Maehler) : (c).

(a) 1 ἀθάνατον suppl. Lobel ‖ 2 κῦδος suppl. Lobel ‖ 8 σύν et τύχᾳ suppl. Lobel ‖ 10 finis odae? ‖ 11 ἀναξίχοροι suppl. Lobel ‖ 12 κοῦραι suppl. Snell ‖ Διὸς ἀργικεραύνου suppl. Lobel ‖ 14 Ἑλικῶνα suppl. Lobel ‖ λιποῦσαι suppl. Snell.
(b) 1 ἀγακλέϊ suppl. Lobel.

... la parure...
... beaux...
... toi de la vie...

c) ... avec les conseils...

```
      ] . ναϲ
      ]ἄγαλμα
      ]ων κἀλων                        10
      ] . ϲε βίου
      ] . αλενϐιά[
       ] . ε̣κόμα
```

(c)

```
      col. 1              col. 2

      ]ν φραδαῖϲ        [
       ]ήδεα            [
      ]αϲε              . [
      ]                 πε̣[
      ] . ʼνακυ         ομ[              5
      ]                 πα̣[
      ]                 ολε̣[
      ]                 ναι̣[
      ]                 χρυ[
      ]                 ζη[              10
      ]                 ῆτ[
      ]τ̣ὲκ             αζ̣[
                         . [
```

(c) col. 2 : 7 sub uers. diple.

fr. 13 (66)

Ce fragment, que Page a édité dans les *Adespota* (*Poetae melici graeci*, n° 924), concerne un Centaure et il y est question du cap Malée. H. Lloyd-Jones le rapproche du fragment d'origine incertaine 17, auquel on se reportera (p. 251).

... par son courage...
... par sa force...

... avec impatience...
... il dit ceci...
... je souffre en mon cœur...
... de lui-même...
... agréable festin...
... le Centaure des montagnes...
... me demande ma fille...
... voulant l'emmener...
... à Malée ;

mais malgré moi...

ΑΔΕΣΠΟΤΑ 263

13 (66)

. . . . . . θ]υμῷ
. . . .]αῦ βίᾳ χ . [

. . . . . .] δυσφορεω[Ant.?
     ] . [   ] . δ' ὁ . [
.]υδεσηλ[. . .]ν . [5
ἔ]ειπε δὲ τουτ . . [
ἄ]χομα[ι] θυμὸν ζ . . [
α]ὐτόματον τ[
ἐραννὰν ἐπὶ δ[αῖτα
ὁρικοίτας Κένταυρ[ος   10
αἰτεῖ δέ με παίδατα[
ἐθέλων ἄγεσθαι
πρὸς Μαλέαν · ἐμοὶ δ'[

ἀέκοντι δ[.] . ικροτε[Ep.?
.ασεπιτλά[.]αι μέγ' ἀά[15
ἀλλασεγ[. . . .] . όντ' . [
ως ὀφελ[.] . αμυμ[

P. Oxy 24, 2395 (ed. Lobel); ad incerti libri fragmentum 17 (44)
traxit H. Lloyd-Jones; fr. 2 praetermisi.

1 θυμῷ suppl. Lobel || 6-10 suppl. Lobel.

ÉPIGRAMMES

1

Fille de Pallas sous tant de noms connue, auguste Victoire, puisses-tu dans ta bonté toujours veiller sur l'aimable chœur des Kranaens [1], et, dans les divertissements des Muses, ceins de couronnes sans nombre Bacchylide de Kéos.

2

Eudémos a offert ce temple, sur son domaine, au plus fécond de tous les vents, Zéphyr. A sa prière, en effet, il est venu l'aider à vanner au plus vite le grain qui sort des épis mûrs.

1. Descendants de Kranaos, roi légendaire d'Athènes; on écrit d'ordinaire Κραναοί.

ΕΠΙΓΡΑΜΜΑΤΑ

1

Κούρα Πάλλαντος πολυώνυμε, πότνια Νίκα,
πρόφρων Κρανναίων ἱμερόεντα χορὸν
αἰὲν ἐποπτεύοις, πολέας δ' ἐν ἀθύρμασι Μουσᾶν
Κηΐῳ ἀμφιτίθει Βακχυλίδῃ στεφάνους.

Anth. Pal. 6, 313 : Βακχυλίδου.

2 Κρανναίων P : Κραναϊδῶν coni. Meineke Καρθαιῶν Bergk alii alia
‖ 3 Μουσᾶν Reiske : -σῶν P ‖ 4 Κηΐῳ Brunck : κηόρω P ‖ Βακχυλίδη
P a.c. : -ίδης P p.c.

2

Εὔδημος τὸν νηὸν ἐπ' ἀγροῦ τόνδ' ἀνέθηκεν
τῷ πάντων ἀνέμων πιοτάτῳ Ζεφύρῳ.
Εὐξαμένῳ γάρ οἱ ἦλθε βοηθόος, ὄφρα τάχιστα
λικμήσῃ πεπόνων καρπὸν ἀπ' ἀσταχύων.

Anth. Pal. 6, 53 : Βακχυλίδου . Lemma : ἀνάθημα τῷ Ζεφύρῳ παρὰ
Εὐδήμου γεωργοῦ. PLAN. 6, 39.
1-2 τόνδ' — Ζεφύρῳ Sud. s. u. πιότατος ἄνεμος (π 1632 Adler) ; 3-4
ὄφρα — ἀσταχύων ibid., s. u. πέπονες (π 1013 Adler).

1 ἀνέθηκεν P : -κε PLAN. Sud. ‖ 3 βοηθόος PLAN. : βοαθ- P.

INDEX NOMINVM

Les références sont données dans l'ordre de l'édition, avec les abréviations suivantes :

Di.	= Dithyrambes	Par.	= Parthénées
fr. Di.	= fragments de Dithyrambes	Hyp.	= Hyporchèmes
		Ch. d'amour	= Chansons d'amour
Ép.	= Épinicies	Él.	= Éloges
fr. Ép.	= fragments d'Épinicies	fr. incert.	= fragments incertains
H.	= Hymnes		
Pé.	= Péans	fr. dout.	= fragments douteux
Pr.	= Prosodies	Épigr.	= Épigrammes

Pour éviter des confusions, les numéros des odes appartenant aux livres des *Dithyrambes* (Di.), et des *Épinicies* (Ép.) sont indiqués en chiffres romains ; partout ailleurs on a utilisé les chiffres arabes. Les renvois sont faits aux vers (numéros placés à gauche du texte grec) en principe ; lorsque la répartition en vers n'a pu être déterminée avec certitude, les renvois se font aux *côla* (numéros placés à droite du texte grec).

A

ABAS (Ἄϐας ; adj. Ἀϐαντιάδας). Fils de Lyncée, père d'Akrisios et de Proitos : Ép. XI, 28 et 46.

ACHÉEN (Ἀχαιός). Habitant de l'Achaïe ; nom générique des habitants de la Grèce à l'époque héroïque : Di. I, 37 ; Ép. IX, 46 [conj.] ; XI, 76 et 85.

ACHÉRON (Ἀχέρων). Fleuve des enfers : fr. dout. 7, 18.

ACHILLE (Ἀχιλλεύς). Fils de Thétis et de Pélée : Ép. XIII,

43, 56 et 64. — Voir aussi Pélée.

ADRASTE (Ἄδραστος). Fils de Talaos, chef des Sept contre Thèbes : Ép. IX, 17. — Voir aussi Talaos.

AGATHOCLÈS (adj. Ἀγαθοκλεάδας). Ancêtre de l'aurige thessalien Aristotélès : Ép. XVI, 1.

AGÉLAOS (Ἀγέλαος). Frère de Méléagre, tué par le sanglier de Calydon : Ép. V, 66.

AGÉNOR (adj. Ἀγανορίδας). Roi phénicien, père de Cadmos : Di. V, 30.

AGLAÉ (Ἀγλαΐα). L'une des Charites : Ép. III, 5.

AITHRA (Αἴθρα). Fille du roi de Trézène Pitthée, mère de Thésée : Di. III, 35.

AJAX (Αἴας). Fils de Télamon et d'Éribée : Ép. XIII, 46. — Voir aussi Éaque.

AKRISIOS (Ἀκρίσιος). Fils d'Abas : Ép. XI, 44. — Voir aussi Abas.

ALALCOMÉNIENNE (Ἀλαλκομενία). Épiclèse d'Athéna, ainsi dénommée d'après le sanctuaire qui lui était consacré à Alalcomène, en Béotie : Hyp. 3.

ALCMÈNE (Ἀλκμην[; adj. Ἀλκμήνιος). Mère d'Héraclès : Ép. V, 39; fr. dout. 11, 1.

ALEXANDRE (Ἀλέξανδρος). Fils d'Amyntas, roi de Macédoine : Él. 3, 4.

ALEXIDAME (Ἀλεξίδαμος). Fils de Phaïskos de Métaponte, lutteur victorieux aux Jeux Pythiques : Ép. XI, 11.

ALPHÉE (Ἀλφειός et Ἀλφεός). Fleuve d'Élide, qui coule à Olympie : Ép. III, 6 [conj.]; V, 20 et 102; VI, 3; VIII, 26; XI, 17; XIII, 103; Él. 5, 5.

ALTHAIA (Ἀλθαία). Épouse d'Oineus, mère de Méléagre, d'Oinkaios et d'Agélaos : Ép. V, 69.

ALYATTÈS (Ἀλυάττας). Roi de Lydie, père de Crésus : Ép. III, 26.

AMPHITRITE (Ἀμφιτρίτα). Épouse de Poséidon : Di. III, 62.

AMPHITRYON (Ἀμφιτρύων ; adj. -υωνιάδας). Souverain de Thèbes, père putatif d'Héraclès : Di. II, 13; fr. Di. 4, 25; Ép. V, 49 et 88.

AMYNTAS (Ἀμύντας). Roi de Macédoine, père d'Alexandre : Él. 3, 17 [conj.].

AMYTHAON (adj. Ἀμυθαονίδας). Père de Mélampous : Pé. 1, 51.

ANKAIOS (Ἀγκαῖος). Frère de Méléagre : Ép. V, 66.

ANTÉNOR (Ἀντήνωρ; adj. Ἀντηνορίδας). Compagnon de Priam et époux de Théanô, qui lui donna cinquante fils : Di. I, 1.

APHARÈS (Ἀφάρης). 1. Fils de Thestios et oncle maternel de Méléagre : Ép. V, 74. — 2. Père d'Idas et de Lyncée : Él. 2, 25 [conj.].

APHRODITE (Ἀφροδίτα) : Di. III, 66. — Voir aussi Cypris.

APOLLON (Ἀπόλλων) : Di. II, 8; fr. Di. 5, 11; Ép. I, 71; III, 19, 38 et 50 [conj.]; IV, 1; XIII, 74; Pé. 1, 55. — Voir aussi Délos, Létô, Loxias, Phoibos, Pythien.

ARCADIE (Ἀρκαδία; adj. Ἀρκάς) : fr. Di. 10; Ép. XI, 63.

ARCHÉMOROS (Ἀρχέμορος). Les Jeux Néméens furent institués pour commémorer sa mort : Ép. IX, 10.

ARÈS (Ἄρης) : Ép. V, 18 et 74; IX, 37; XIII, 72; Él. 2, 7 [conj.]; fr. incert. 2, 2.

ARÉTÉ : voir Valeur.

ARGEIOS (Ἀργεῖος). Pugiliste de Kéos, vainqueur aux Jeux Isthmiques : Ép. I, 68; II, 2.

ARGOS ([ὁ] Ἄργος). Bouvier aux cent yeux : Di. V, 11 et 18.

ARGOS ([τὸ] Ἄργος; adj. Ἀργεῖος). La cité d'Argos et l'Argolide : Di. I, 5; V, 8; Ép. IX, 9; X, 26; XI, 39 et 55; Pé. 1, 50.

ARISTÉE (Ἀρισταῖος). Divinité pastorale et agraire : fr. incert. 18.

ARISTOMÉNÈS (adj. Ἀριστομένειος). Père du coureur La-

chon de Kéos : Ép. VI, 6;
VII, 6.

ARISTOTÉLÈS ('Αριστοτέλης). Au-
rige thessalien, vainqueur à
des Jeux : Ép. XVI, 6.

ARTÉMIS ("Αρτεμις) : fr. Di. 4, 6
[conj.]; Ép. V, 56; XI, 25; fr.
dout. 12, 6. — Voir aussi
Héméra, Létô.

ASINÈ (adj. 'Ασινεύς). Ville d'Ar-
golide : Pé. 1, 47.

ASÔPOS ('Ασωπός). Fleuve du
nord du Péloponnèse, père de
la nymphe Égine : Ép. IX, 32
[conj.].

ATHÉNA ('Αθάνα) : Di. I, 2; II,
17; III, 4; Ép. XIII, 104; fr.
incert. 14. — Voir aussi Alal-
coménienne, Itônienne, Pallas.

ATHÈNES ('Αθᾶναι; adj. -ναῖος) :
Di. III,52; IV, 1 et 32; V, 4;
fr. Di. 2, 1; Ép. X, 14.

ATRÉE (adj. 'Ατρείδας). Ancêtre
d'Agamemnon et de Ménélas :
Di. I, 6; Ép. XI, 83.

AURORE ('Αώς). Mère des Vents,
Borée, Notos et Zéphyr : Di.
III, 21; Ép. V, 23; XIII, 62;
Él. 5, 11.

AUTOMÉDÈS (Αὐτομήδης). Spor-
tif de Phlionte, vainqueur du
pentathle aux Jeux Néméens :
Ép. IX, 21.

B

BACCHYLIDE (Βακχυλίδης). Poète
lyrique de Kéos : Épigr. 1, 4.

BÉOTIE (adj. Βοιωτός et Βοιώ-
τιος). Contrée de la Grèce
dont Hésiode était originaire :
Ép. V, 108; on y fabriquait
des gobelets d'un type parti-
culier : Él. 11, 2.

BORÉE (Βορέας; adj. βορεάς).
Vent du nord : Di. III, 3 et
52; Ép. V, 26; XIII, 60.

BRISÉIS (Βρισηΐς). Captive
d'Achille : Ép. XIII, 67.

C

CADMOS (Κάδμος). Fondateur de
Thèbes, fils d'Agénor et père
de Sémélè : Di. V, 32. — Voir
aussi Agénor.

CALLIOPE (Καλλιόπα). Muse :
Di. V, 7; Ép. V, 100.

CALYDON (Καλυδών). Cité d'Éto-
lie, dévastée par un sanglier
monstrueux : Ép. V, 59.

CASSANDRE (Κασσάνδρα). Fille
de Priam et d'Hécube : fr. Di.
2, tit.

CASTALIE (Κασταλία). Fontaine
de Delphes : Ép. III, 14.

CENTAURE (Κένταυρος) : fr.
dout. 11, 16 (Nessos); 13, 10.
— Voir aussi Chiron, Nessos.

CHAIROLAS (Χαιρόλας). Un habi-
tant de Kéos : Ép. VII, 7.

CHARITES (Χάριτες). Les Grâ-
ces : Di. I, 45; V, 3; Ép. I,
73; V, 5; IX, 1; X, 32; Él. 5,
14 [conj.].

CHIRON (Χείρων). Centaure : fr.
Di., tit. — Voir aussi Phyllire.

CHRONOS : voir Temps.

CLÉOPTOLÉMOS (Κλεοπτόλεμος).
Aurige thessalien, vainqueur
aux Jeux Pétréens : Ép. XIV,
10.

CLIO (Κλειώ). Muse : Ép. III, 3;
XII, 2 et 37; XIII, 125.

CLYMÉNOS (Κλύμενος). Fils de
Daipylos, un des Courètes
tués par Méléagre : Ép. V, 82.

CLYTIOS (Κλύτιος). Oncle de
Méléagre : fr. Di. 4, 29 [conj.].

CNOSSOS (Κνωσός; adj. Κνώ-
σιος). Ville de Crète : Di. III,
20 et 70; fr. Di. 6, 13; Ép. I,
59.

Cocyte (Κωκυτός). Fleuve des enfers : Ép. V, 35.

Coré (Κούρα). Autre nom de Perséphone, fille de Déméter : Ép. III, 2.

Courètes (Κουρῆτες). Peuple d'Étolie : Ép. V, 72.

Crésus (Κροῖσος). Roi de Lydie : Ép. III, 18.

Crète (Κρήτα; adj. Κρής, Κρητικός). Mer de Crète : Di. III, 2. Les Crétois de Minos : Ép. I, 55. Lieu d'enlèvement de Perséphone : fr. incert. 19.

Créuse (Κρέουσα). Mère d'Égée : Di. IV, 8.

Cyclopes (Κύκλωπες). Constructeurs des remparts de Tirynte : Ép. XI, 52.

Cypris (Κύπρις). Surnom d'Aphrodite : Di. III, 6; Ép. V, 99; Él. 3, 8; fr. dout. 8, 2.
— Voir aussi Aphrodite.

D

Daipylos (Δαΐπυλος). Courète, père de Clyménos : Ép. V, 82.

Danaens (Δαναοί). Au siège de Troie : Ép. XIII, 72.

Danaos (Δαναός). Roi d'Argos : Ép. XI, 50.

Dédale (Δαίδαλος). Constructeur du labyrinthe de Crète : fr. Di. 6, 7.

Deinoménès (Δεινομένης). Père de Gélon et d'Hiéron : Ép. III, 6; IV, 9; V, 19.

Déjanire (Δαϊάνειρα). Sœur de Méléagre et épouse d'Héraclès : Di. II, 20; Ép. V, 99; fr. dout. 11, 17 [conj.].

Délos (Δᾶλος; adj. Δάλιος, Δαλογενής). L'une des Cyclades : fr. dout. 12, 9; Apollon y est né : Di. III, 77; Ép. III, 38.

Delphes (adj. Δελφοί). Les Delphiens : Di. II, 9; Ép. III, 15.

Déméter (Δαμάτηρ). Déesse, souveraine de la Sicile : Ép. III, 2.

Dexaménos (Δεξαμενός). Éléen, hôte du centaure Eurytion : fr. incert. 17.

Dexithéa (Δεξιθέα). Fille du Telchine Damon, violentée par Minos, mère d'Euxantios : Ép. I, 57.

Dikè (Δίκα). Personnification de la Justice : Di. I, 50; III, 13; Ép. IV, 8.

Dionysos (Διόνυσος et Διών-; adj. Διονύσιος). Fils de Zeus et de Sémélé : Di. V, 34; Ép. IX, 81; XV, 5; Él. 3, 9.

E

Éaque (Αἰακός; adj. -ίδας). Fils de Zeus et de la nymphe Égine, époux d'Endéïs, père de Pélée et de Télamon : Ép. XIII, 42 et 97; cité [ἥρως] : Ép. IX, 45. Les Éacides, ses petits-fils : Ép. XIII, 85.

Échidna (Ἔχιδνα). Mère de Cerbère : Ép. V, 34.

Égine (Αἴγινα). 1. La nymphe fille du fleuve Asôpos, mère d'Éaque : Ép. IX, 44; XIII, 29. — 2. L'île du même nom : Ép. X, 29; XII, 5.

Égypte (Αἴγυπτος) : Él. 3, 15.

Endéïs (Ἐνδαΐς). Fille de Sciron, épouse d'Éaque, mère de Pélée et de Télamon : Ép. XIII, 41.

Épaphos (Ἔπαφος). Fils de Zeus et d'Io : Di. VIII, 26.

Éribée (Ἐρίβοια). 1. Mère d'Ajax : Ép. XIII, 44. — 2. Jeune Athénienne (la même que 1?) : Di. III, 7.

I

IDA ("Ἴδα). 1. Montagne de Troade : Ép. V, 36 ; fr. incert. 21.
— 2. Montagne de Crète : Di. III, 16.

IDAS ("Ἴδας). Fils d'Apharès : Di. VI, 5 [conj.] ; Él. 2, 13 [conj.].

ILION ("Ἴλιον). Troie : Ép. XIII, 53 ; fr. dout. 7, 24.

INACHOS ("Ἴναχος). Fils d'Océan et père d'Io : Di. V, 10.

Io ('Ἰώ). Fille d'Inachos et mère d'Épaphos : Di. V, 24.

IOLE ('Ἰόλα). Fille d'Eurytos, roi d'Oechalie, enlevée par Héraclès : Di. II, 22.

IONIEN ('Ἰάων et "Ἴων) : Di. III, 2 ; IV, 2.

Ios (adj. 'Ἰήτης). Ile de l'Égée : fr. incert. 20.

IOULIS ('Ἰουλίς). Ville natale de Bacchylide, dans l'île de Kéos : fr. incert. 16.

IPHIKLOS ("Ἴφικλος). Oncle maternel de Méléagre : Ép. V, 73.

ISTHME ('Ἰσθμός ; adj. "Ἴσθμιος, -μιονίκας, -μιόνικος). L'Isthme de Corinthe, où se célébraient les Jeux en l'honneur de Poséidon : Di. IV, 9 ; Ép. I, 3 et 75 ; II, 4 ; VIII, 18 ; X, 22.

ITHAQUE (adj. 'Ἰθακήσιος). Ulysse (?), l'homme d'Ithaque : fr. incert. 6.

ITÔNIENNE ('Ἰτωνία). Épiclèse d'Athéna, ainsi dénommée d'après le sanctuaire qui lui était consacré à Itôn, en Thessalie : H. 2, 2.

K

KAÏKOS (Κάϊκος). Fleuve de Mysie : fr. incert. 21.

KASAS (Κάσας). Fleuve proche de Métaponte : Ép. XI, 79.

KÉLÉOS (Κελεός). Roi d'Éleusis, qui accueillit Déméter à la recherche de sa fille : H. 4.

KÉNÉEN (Κηναῖος). Épiclèse de Zeus, honoré près du cap Kénée, au nord-ouest de l'Eubée : Di. II, 14.

KÉOS (Κέος ; adj. Κήϊος). Ile de l'Égée, patrie de Bacchylide : Di. III, 77 ; V, 5 ; Ép. II, 2 ; III, 65 ; VI, 5 et 16 ; VIII, 14 ; Épigr. 1, 4.

KERKYON (Κερκυών). Brigand d'Éleusis, tué par Thésée : Di. IV, 14.

KIRRHA (Κίρρα). Ville de Phocide, proche de Delphes : Ép. IV, 9 ; XI, 13 ; XVI, 6.

KREMMYON (Κρεμμυών). Ville du golfe Saronique : Di. IV, 13.

KRONOS (adj. Κρόνιος, -νίδας). Père de Zeus : Di. III, 38 ; Ép. V, 101 ; X, 24 ; XI, 49 ; XIII, 30 ; et père de Poséidon : Di. III, 4 et 6 ; IV, 11 ; Ép. I, 75.

L

LACÉDÉMONIEN (Λακεδαιμόνιος) : Di. VI, 2.

LACHON (Λάχων). Jeune athlète de Kéos, vainqueur à la course aux Jeux Olympiques : Ép. VI, 1 ; VII, 7.

LACONIENNE (Λάκαινα) : Di. IV, 27.

LAERTE (adj. Λαρτιάδας). Père d'Ulysse : Di. I, 6 [conj.].

LAMPON (Λάμπων). Éginète, père de Pythéas : Ép. XIII, 22 et 124.

LAOCOON (Λαοκόων) : fr. Di. 11.

LAOMÉDON (Λαομέδων). Roi de Troie, qui fit construire les

remparts de la citadelle : Ép. XIII, 70.

LARISSA (Λάρισα). Ville de Thessalie : Ép. XVI, 7.

LEMNOS (adj. Λάμνιος). Ile volcanique de l'Égée : Di. IV, 29.

LÉTÔ (Λατώ; adj. Λατοΐδας). Mère d'Apollon et d'Artémis : Ép. III, 26; V, 72; XI, 11 et 66; Él. 7, 3.

LOUSOS (Λοῦσος). Source en Arcadie : Ép. XI, 64.

LOXIAS (Λοξίας). Nom d'Apollon en tant que divinité oraculaire aux réponses ambiguës : Ép. III, 43 [conj.]: XIII, 7; H. 1, 2.

LYCIEN (Λύκιος) : Ép. XIII, 73.

LYCORMAS (Λυκόρμας). Fleuve d'Étolie : Di. II, 27.

LYDIE (Λυδία; adj. Λύδιος) : Ép. III, 13; Hyp. 1, 1.

LYNCÉE (Λυγκεύς). Fils d'Égyptos et père d'Abas : Ép. XI, 51.

LYSSA (Λύσσα). Personnification de la Frénésie : Ép. XI, 67.

LYTAIOS (Λυταῖος). Épiclèse thessalienne de Poséidon : Di. IV, 11.

M

MAIA (Μαῖα). Mère d'Hermès : Di. V, 13.

MAKELÔ (Μακελώ). Fille de Damon et sœur de Dexithéa : Ép. I, 36.

MALÉE (Μαλέα). Cap de la côte méridionale de la Laconie : fr. dout. 13, 13.

MANTINÉE (adj. Μαντινεύς). Cité d'Arcadie : fr. Ép. 1, 2.

MARPESSA (Μάρπησσα). Fille d'Événos, roi de Pleurôn : Di. VI, 6; Él. 2, 9 et 23.

MÉLAMPOUS (Μελάμπους). Fils d'Amythaon, devin, fondateur du sanctuaire d'Asinè : Pé. 1, 50.

MÉLÉAGRE (Μελέαγρος). Fils d'Oineus et d'Althaia, victime de la colère d'Artémis : Ép. V, 43, 53 et 98. — Voir aussi Porthaon.

MEMPHIS (Μέμφις). Ville d'Égypte : fr. incert. 7.

MÉNANDRE (Μένανδρος). Athénien, entraîneur de Pythéas d'Égine, vainqueur au pancrace aux Jeux Néméens : Ép. XIII, 102.

MÉNÉLAS (Μενέλαος). Atride, fils de Plisthène et frère d'Agamemnon : Di. I, 16 et 44. — Voir aussi Atrée, Plisthène.

MÉTAPONTE (Μεταπόντιον). Cité de Grande-Grèce : Ép. XI, 6 et 78.

MINOS (Μίνως). Roi de Crète, fils de Zeus et d'Europe, père de Dexithéa : Di. III, 5 et 41; fr. Di. 6, 12; Ép. I, 55.

MOIRE (Μοῖρα). Personnification du destin de chaque homme : Di. III, 13 et 51; Ép. V, 80; [au pluriel] fr. Di. 3, 8.

MUSE (Μοῖσα ou Μοῦσα) : Di. I, 43: V, 2; fr. Di. 5, 9; Ép. II, 5; III, 46 et 61; V, 2 et 109; IX, 2 et 71; X, 9; Él. 3, 4; 4, 2; 11, 2; fr. dout. 3, 2; Épigr. 1, 3. — Voir aussi Calliope, Clio, Piérides, Uranie.

MYSIENS (Μυσοί) : fr. Di. 7, 51.

N

NÉMÉE (Νεμέα; adj. Νεμεαῖος). Vallée d'Argolide, où des Jeux étaient célébrés en l'honneur de Zeus : Ép. VIII, 17; IX, 3,

19 et 66; XII, 7 et 34; XIII, 22.

NÉRÉE (Νηρεύς). Dieu marin, père des Néréides et beau-père de Poséidon : Di. III, 58; Ép. I, 4.

NÉRÉIDE (Νηρηΐς). Nom des filles de Nérée : Di. III, 19; en particulier Thétis, mère d'Achille : Ép. XIII, 52.

NESSOS (Νέσσος). Centaure tué par Héraclès, et cause à son tour, par Déjanire, de la mort du héros : Di. II, 26. — Voir aussi Centaure.

NIKÈ : voir Victoire.

NIL (Νεῖλος). Fleuve d'Égypte : Di. V, 24; Ép. IX, 34; fr. incert. 7, 2.

NIOBÉ (Νιόβα). Fille de Tantale, massacrée avec ses vingt enfants par Apollon et Artémis : Él. 7, 3.

NOTOS (Νότος). Vent du sud : Ép. XIII, 62.

NUIT (Νύξ). Divinité, mère d'Hécate : Ép. VII, 1; H. 2, 3.

O

OECHALIE (Οἰχαλία). Ville d'Eubée, mise à sac par Héraclès : Di. II, 12.

OIAGROS (adj. Οἰαγρίδας). Père d'Orphée : fr. Di. 5, 8.

OÏCLÈS (adj. Ὀϊκλείδας). Père d'Amphiaraos : Ép. IX, 14.

OINEUS (Οἰνεύς; adj. Οἰνεΐδας).
1. Roi de Calydon, père de Méléagre : Ép. V, 54, 69 et 95. — 2. Fils de Pandion, éponyme d'une des dix tribus attiques : Ép. X, 14.

OLYMPIE (Ὀλυμπία; comp. Ὀλυμπιοδρόμος; Ὀλυμπιονικία). Sanctuaire de Zeus, siège des Jeux Olympiques : Ép. III, 3; IV, 12; VI, 6; VII, 3.

OLYMPE (Ὄλυμπος; adj. Ὀλύμπιος). Montagne aux confins de la Thessalie et de la Macédoine, séjour des dieux : Ép. V, 102 : XI, 2; Él. 8, 8.

ORPHÉE : voir Oiagros.

P

PACTOLE (Πακτωλός). Fleuve de Lydie : Ép. III, 30.

PALLAS (Πάλλας). Nom d'homme : Epigr. 1, 1.

PALLAS (Παλλάς). Surnom d'Athéna : Di. I, 3; Ép. V, 53. — Voir aussi Athéna.

PANDION (Πανδίων). Père d'Égée et grand-père de Thésée : Di. III, 7; IV, 8.

PANHELLÉNIQUES (Πανέλλανες). Les quatre grands Jeux (Olympiques, Pythiques, Isthmiques, Néméens), ainsi distingués des fêtes régionales ou locales : Ép. XIII, 106.

PANTHÉIDÈS (Πανθείδας). Père d'Argeios, de Kéos : Ép. I, 71; II, 8.

PASIPHAÈ (Πασιφάα). Épouse de Minos : fr. Di. 6, 2.

PÉLÉE (Πηλεύς; adj. Πηλεΐδας). Fils d'Éaque et père d'Achille : Ép. XIII, 41 [conj.], 50.

PELLÈNÈ (Πελλάνα). Ville d'Achaïe, siège de Jeux locaux : Ép. X, 27.

PÉLOPS (Πέλοψ). Phrygien, fils de Tantale, éponyme du Péloponnèse; les Jeux Olympiques étaient célébrés en son honneur : Ép. I, 8; V, 103; VIII, 30; XI, 16; XII, 32.

PÉNÉE (Πηνειός). Fleuve de Thessalie : Ép. XVI, 4.

PERSE (Πέρσας). L'armée des Perses : Ép. III, 18.

PERSÉE (adj. Περσείδας). Persée, grand-père d'Amphitryon et, par là, arrière-grand-père d'Héraclès : Ép. XIII, 10.

PERSÉPHONE (Φερσεφόνα). Enlevée en Crète : fr. incert. 19. Déesse des enfers : Ép. V, 32. — Voir aussi Corè.

PÉTRÉEN (Πετραῖος). Épiclèse thessalienne de Poséidon : Ép. XIV, 11.

PHAÏSKOS (Φάϊσκος). Citoyen de Métaponte, père d'Alexidamos : Ép. XI, 9.

PHÉNICIE (Φοινίκα). Nom de la Carie chez Bacchylide : fr. incert. 13.

PHÉNICIENNE (Φοίνισσα). Qualificatif d'Europe, fille de Phénix : Di. III,31.

PHÉNIX (Φοῖνιξ). Roi de Phénicie, père d'Europe : Di. III, 17.

PHÉRÉNICOS (Φερένικος). Cheval de course d'Hiéron : Ép. V, 20 et 104 ; Él. 5, 5.

PHÉRÈS (Φέρης). Père d'Admète : Ép. III, 51.

PHILLYRE (adj. Φιλλυρίδας). Mère du centaure Chiron : fr. Di. 7, 34.

PHILOCTÈTE (Φιλοκτήτας [?]). Légataire de l'arc et des flèches d'Héraclès, il fut ramené de Lemnos à Troie : fr. Di. 9.

PHLIONTE (Φλειοῦς). Cité du nord du Péloponnèse, proche de Némée, patrie du sportif Automédès : Ép. IX, 3.

PHOIBOS (Φοῖϐος). Un des noms (« le Pur ») d'Apollon : Ép. III, 14 ; Pé. 1, 41 ; Él. 4, 18.

PHRYGIEN (Φρύγιος). Qualificatif de Pélops : Ép. VIII, 30.

PIÉRIDES (Πιερίδες). Les Muses, ainsi dénommées d'après leur résidence en Piérie : Di. V, 2 et 19 ; Ép. I, 2 ; fr. dout. 10, 1 [conj.].

PISA (Πίσα). Ville d'Élide, proche du sanctuaire d'Olympie : Ép. V, 103.

PITTHÉE (Πιτθεύς). Fils de Pélops, père d'Aithra et grand-père de Thésée : Di. III, 18.

PLISTHÈNE (adj. Πλεισθενίδας). Père de Ménélas : Di. I, 44.

PLEURÔN (Πλευρών). Ville d'Étolie : Di. VI, 10 ; Ép. V, 84.

POLYNICE (Πολυνείκης). Fils d'Œdipe et de Jocaste : Ép. IX, 18.

POLYPÉMON (Πολυπήμων). Père ou frère de Procoptas : Di. IV, 14.

PORTHAON (adj. Πορθανίδας). Grand-père de Méléagre : Ép. V, 38.

POSÉIDON (Ποσειδάν ; adj. -δάνιος et -δαώνιος). Dieu de la mer, père de Thésée ; en son honneur étaient célébrés les Jeux Isthmiques et les Jeux Pétréens : Di. III, 19, 35 et 46 ; VI, 8 ; Ép. X, 14 ; XIV, 11 ; fr. Ép. 1, 1 ; Él. 2, 4. — Voir aussi Kronos, Lytaios, Pétréen.

PRIAM (Πρίαμος). Roi de Troie : Di. I, 36 ; Ép. XI, 80.

PROCAON (Προκάων). Oncle de Méléagre : fr. Di. 4, 29.

PROCOPTAS (Προκόπτας). Autre nom du brigand Procruste : Di. IV, 15.

PROITOS (Προῖτος). Roi de Tirynthe, fils d'Abas et frère d'Akrisios : Ép. XI, 30, 44, 56. — Voir aussi Abas.

THESTIOS (Θέστιος). Père d'Althaia et grand-père de Méléagre : Ép. V, 77.

TIMOXÈNE (Τιμόξενος). Père d'Automédès, sportif de Phlionte : Ép. IX, 84.

TIRYNTHE (Τίρυνς; adj. Τιρύνθιος). Ville d'Argolide, fondée par Proitos; ses remparts furent construits par les Cyclopes : Ép. XI, 38 et 47.

TRÉZÈNE (adj. Τροιζήνιος). Ville d'Argolide, patrie d'Aithra : Di. III, 34.

TROIE (Τροία; adj. Τρώς). Ville de Troade : Di. I, 38 et 46; fr. Di. 7, 38; Ép. IX, 39; XIII, 64. — Voir aussi Ilion.

TYDÉE (Τυδεύς). Fils d'Oineus, roi de Calydon; fr. incert. 14.

U

ULYSSE ('Οδυσσεύς). Fils de Laerte : Di. I, 5. — Voir aussi Ithaque, Laerte.

URANIE (Οὐρανία). Muse : Ép. IV, 5; V, 7; VI, 5; Di. II, 3.

V

VALEUR ('Αρετά). Personnification : Ép. XIII, 92.

VICTOIRE (Νίκα). Fille de Pallas Athéna : Ép. III, 4; V, 16; VI, 5; X, 12; XI, 1; XII, 4; Épigr. 1, 1.

VIOLENCE ('Ύβρις). Personnification : Di. I, 55.

Z

ZÉPHYR (Ζέφυρος). Vent d'ouest : Ép. V, 14; Épigr. 2, 2.

ZEUS (Ζεύς). Fils de Kronos, roi des dieux, époux d'Héra, père (entre autres) des Muses, d'Héraclès et de Minos, vénéré à Olympie, à Némée et dans d'autres sanctuaires; l'aigle est son messager; c'est lui qui, aux Jeux, accorde aux concurrents la Victoire, sa parèdre : Di. I, 47; II, 15 et 23; III, 10, 16, 30, 40, 44 et 49; V, 9; fr. Di. 4, 19; Ép. I, 1 et 56; III, 8, 17, 36 et 45; V, 10, 45, 101 et 115; VI, 1; VIII, 25; IX, 4 et 45 [conj.]; X, 24; XI, 3, 35 et 49; XII, 34; XIII, 17; Él. 5, 7; 7, 8; fr. dout. 12, 12. — Voir aussi Glorieux, Kénéen, Kronos, Némée, Olympe.

TABLE DE CONCORDANCE

L'édition Snell-Maehler numérote séparément et de façon continue les restes papyrologiques des *Épinicies* et des *Dithyrambes* d'une part, tous les autres fragments d'autre part, quelle que soit leur origine. On distinguera donc ci-dessous les *carmina* et les *fragmenta* ; la colonne de gauche reprend dans l'ordre les numéros de l'édition Snell-Maehler (sont mis entre parenthèses les numéros non utilisés), celle de droite donne la correspondance dans notre édition, avec le même système d'abréviations que dans l'*index nominum*, soit : Di. = Dithyrambes. — fr. Di. = fragments de Dithyrambes. — Ép. = Épinicies. — fr. Ép. = fragments d'Épinicies. — H. = Hymnes. — Pé. = Péans. — Pr. = Prosodies. — Par. = Parthénées. — Hyp. = Hyporchèmes. — Ch. d'amour = Chansons d'amour. — Él. = Éloges. — fr. incert. = fragments incertains. — fr. dout. = fragments douteux. — Épigr. = Épigrammes.

Snell-Maehler	Notre édition	Snell-Maehler	Notre édition
		Di. 17	Di. 3
Carmina		Di. 18	Di. 4
		Di. 19	Di. 5
Ep. 1	Ép. 1	Di. 20	Di. 6
Ep. 2	Ép. 2	Di. vel Ep. fr. 21	fr. Ép. 1
Ep. 3	Ép. 3	Di. vel Ep. fr. 21a	fr. Ép. 2
Ep. 4	Ép. 4	Di. vel Ep. fr. 22	fr. Di. 1
Ep. 5	Ép. 5	Di. vel Ep. fr. 23	fr. Di. 2
Ep. 6	Ép. 6	Di. vel Ep. fr. 24	fr. Di. 3
Ep. 7	Ép. 7	Di. vel Ep. fr. 25	fr. Di. 4
Ep. 8	Ép. 8	Di. vel Ep. fr. 26	fr. Di. 6
Ep. 9	Ép. 9	Di. vel Ep. fr. 27	fr. Di. 7
Ep. 10	Ép. 10	Di. vel Ep. fr. 28	fr. Di. 5
Ep. 11	Ép. 11	Di. vel Ep. fr. 29	fr. Di. 8
Ep. 12	Ép. 12		
Ep. 13	Ép. 13	**Fragmenta**	
Ep. 14	Ép. 14	1	fr. Ép. 3
Ep. 14 A	Ép. 15	1 A	H. 1
Ep. 14 B	Ép. 16	1 B	H. 2
Di. 15	Di. 1		
Di. 16	Di. 2		

TABLE DE CONCORDANCE

Snell-Maehler	Notre édition	Snell-Maehler	Notre édition
2	H. 3	33	fr. incert. 8
3	H. 4	34	fr. incert. 9
4	Pé. 1	35	fr. incert. 10
5	Pé. 2	(36)	
6	Pé. 3	(37-37 B)	
7	fr. Di. 9	38	fr. incert. 11
8	fr. Di. 10	39	fr. incert. 12
(8a)	fr. Di. 11	40	fr. incert. 13
10	fr. Di. 12	41	fr. incert. 14
11 + 12	Pr. 1	42	fr. incert. 15
13	Pr. 2	43	fr. incert. 16
Partheneia	Par.	44	fr. incert. 17
14	Hyp. 1	45	fr. incert. 18
15	Hyp. 2	(46)	
15 A	Hyp. 3	47	fr. incert. 19
16	Hyp. 4	48	fr. incert. 20
17	Ch. d'amour 1	49	fr. incert. 21
18	Ch. d'amour 2	50	fr. incert. 22
19	Ch. d'amour 3	51	fr. incert. 23
20	Él. 1	52	fr. incert. 24
20 A	Él. 2	(53)	
20 B	Él. 3 et 4	53a	fr. dout. 1
20 C	Él. 5 et 6	54	fr. dout. 2
20 D	Él. 7	55	fr. dout. 3
20 E	Él. 8	56	fr. dout. 4
20 F	Él. 9	57	fr. dout. 5
20 G	Él. 10	58	fr. dout. 6
21	Él. 11	(59)	
(22)		60	fr. dout. 7
23	fr. incert. 1	61	fr. dout. 8
24	fr. incert. 2	62	fr. dout. 9
25	fr. incert. 3	63	fr. dout. 10
26	fr. incert. 4	64	fr. dout. 11
27	fr. incert. 5	65	fr. dout. 12
(28)		66	fr. dout. 13
29	fr. incert. 6		
30	fr. incert. 7	Epigr. 1	Épigr. 1
(31)		Epigr. 2	Épigr. 2
(32)			

TABLE DES MATIÈRES

COLLECTION DES UNIVERSITÉS DE FRANCE
DÉJÀ PARUS

Série grecque
dirigée par Jean Irigoin
de l'Institut
professeur au Collège de France

Règles et recommandations pour les éditions critiques (grec). (1 vol.).

ACHILLE TATIUS.
Le Roman de Leucippé et Clitophon. (1 vol.)

ALCÉE. SAPHO.
Fragments. (1 vol.).

LES ALCHIMISTES GRECS.
(1 vol. paru).

ALCINOOS.
Les doctrines de Platon (1 vol.).

ALEXANDRE D'APHRODISE.
Traité du destin. (1 vol.).

ANDOCIDE.
Discours. (1 vol.).

ANTHOLOGIE GRECQUE.
(11 vol. parus).

ANTIPHON.
Discours. (1 vol.).

ANTONINUS LIBERALIS.
Les Métamorphoses. (1 vol.).

APOLLONIOS DE RHODES.
Argonautiques. (3 vol.).

ARCHILOQUE.
Fragments. (1 vol.).

ARCHIMÈDE. (4 vol.).

ARGONAUTIQUES ORPHIQUES. (1 vol.).

ARISTÉNÈTE. (1 vol.).

ARISTOPHANE. (5 vol.).

ARISTOTE.
De l'âme. (1 vol.).
Constitution d'Athènes. (1 vol.).
Du ciel. (1 vol.).
Economique. (1 vol.).
De la génération des animaux. (1 vol.).
De la génération et de la corruption. (1 vol.).
Histoire des animaux. (3 vol.).
Marche des animaux - Mouvement des animaux. (1 vol.).
Météorologiques. (2 vol.).
Les parties des animaux. (1 vol.).
Petits traités d'histoire naturelle. (1 vol.).
Physique. (2 vol.).
Poétique. (1 vol.).
Politique. (5 vol.).
Problèmes. (1 vol. paru).
Rhétorique. (3 vol.).
Topiques. (1 vol. paru).

ARRIEN.
L'Inde. (1 vol.).

ASCLÉPIODOTE.
Traité de tactique. (1 vol.).

ATHÉNÉE.
Les Deipnosophistes. (1 vol. paru).

ATTICUS.
Fragments. (1 vol.).

AUTOLYCOS DE PITANE.
Levers et couchers héliaques. - La sphère en mouvement. - Testimonia. (1 vol.).

BACCHYLIDE.
Dithyrambes. - Epinicies. - Fragments. (1 vol.).

BASILE (Saint).
Aux jeunes gens. - Sur la manière de tirer profit des lettres helléniques. (1 vol.). Correspondance. (3 vol.).

BUCOLIQUES GRECS.
Théocrite. (1 vol.).
Pseudo-Théocrite, Moschos, Bion. (1 vol.).

CALLIMAQUE.
Hymnes. - Epigrammes. - Fragments choisis. (1 vol.).

CHARITON.
Le roman de Chaireas et Callirhoé. (1 vol.).

COLLOUTHOS.
L'enlèvement d'Hélène. (1 vol.).

DAMASCIUS.
Traité des premiers principes. (3 vol.).

DÉMÉTRIOS.
Du Style. (1 vol.).

DÉMOSTHÈNE.
Œuvres complètes. (13 vol.).

DENYS D'HALICARNASSE.
Opuscules rhétoriques. (5 vol.).

DINARQUE.
Discours. (1 vol.).

DIODORE DE SICILE.
Bibliothèque historique. (7 vol. parus).

DION CASSIUS.
Histoire romaine. (1 vol. paru).

DIOPHANTE.
Arithmétique. (2 vol. parus).

DU SUBLIME. (1 vol.).

ÉNÉE LE TACTICIEN.
Poliorcétique. (1 vol.).

ÉPICTÈTE.
Entretiens. (4 vol.).

ESCHINE.
Discours. (2 vol.).

ESCHYLE.
Tragédies. (2 vol.).

ÉSOPE.
Fables. (1 vol.).

EURIPIDE.
Tragédies (8 vol. parus).

GÉMINOS.
Introduction aux phénomènes. (1 vol.).

GRÉGOIRE DE NAZIANZE (le Théologien) (Saint).
Correspondance. (2 vol.).

HÉLIODORE.
Les Ethiopiques. (3 vol.).

HÉRACLITE.
Allégories d'Homère. (1 vol.).

HERMÈS TRISMÉGISTE.
(4 vol.).

HÉRODOTE.
Histoires. (11 vol.).

HÉRONDAS.
Mimes. (1 vol.).

HÉSIODE.
Théogonie. - Les Travaux et les Jours. - Bouclier. (1 vol.).

HIPPOCRATE. (7 vol. parus).

HOMÈRE.
L'Iliade. (4 vol.).
L'Odyssée. (3 vol.).
Hymnes. (1 vol.).

HYPÉRIDE.
Discours. (1 vol.).

ISÉE.
Discours. (1 vol.).

ISOCRATE.
Discours. (4 vol.).

JAMBLIQUE.
Les mystères d'Egypte. (1 vol.).
Protreptique. (1 vol.).

JOSÈPHE (Flavius).
Autobiographie. (1 vol.).
Contre Apion. (1 vol.).
Guerre des Juifs. (3 vol. parus).

JULIEN (L'empereur).
Lettres. (2 vol.).
Discours. (2 vol.).

LAPIDAIRES GRECS.
Lapidaire orphique. - Kerygmes lapidaires d'Orphée. - Socrate et Denys. - Lapidaire nautique. - Damigéron. - Evax. (1 vol.).

LIBANIOS.
Discours. (2 vol. parus).

LONGUS.
Pastorales. (1 vol.).

LYCURGUE.
Contre Léocrate. (1 vol.).

LYSIAS.
Discours. (2 vol.).

MARC-AURÈLE.
Pensées. (1 vol.).

MÉNANDRE. (2 vol. parus).

MUSÉE.
Héro et Léandre. (1 vol.).

NONNOS DE PANOPOLIS.
Les Dionysiaques. (6 vol. parus).

NUMÉNIUS. (1 vol.).

ORACLES CHALDAÏQUES.
1 vol.).

PAUSANIAS.
Description de la Grèce. (1 vol. paru).

PHOCYLIDE (Pseudo-). (1 vol.).

PHOTIUS.
Bibliothèque. (9 vol.).

PINDARE.
Œuvres complètes. (4 vol.).

PLATON.
Œuvres complètes. (26 vol.).

PLOTIN.
Ennéades. (7 vol.).

PLUTARQUE.
Œuvres morales. (16 vol. parus).
Les Vies parallèles. (16 vol.).

POLYBE.
Histoires. (9 vol. parus).

PORPHYRE.
De l'Abstinence. (2 vol. parus).
Vie de Pythagore. - Lettre à Marcella. (1 vol.).

PROCLUS.
Commentaires de Platon. - Alcibiade. (2 vol.).
Théologie platonicienne. (5 vol. parus).
Trois études. (3 vol.).

PROLÉGOMÈNES A LA PHILOSOPHIE DE PLATON. (1 vol.).

QUINTUS DE SMYRNE.
La Suite d'Homère. (3 vol.).

SALOUSTIOS.
Des Dieux et du Monde.
(1 vol.).

SOPHOCLE.
Tragédies. (3 vol.).

SORANOS D'ÉPHÈSE.
Maladies des femmes. (2 vol.
parus).

STRABON.
Géographie. (9 vol. parus).

SYNÉSIOS DE CYRÈNE.
(1 vol. paru).

THÉOGNIS.
Poèmes élégiaques. (1 vol.).

THÉOPHRASTE.
Caractères. (1 vol.).
Recherches sur les plantes.
(2 vol. parus).

THUCYDIDE.
Histoire de la guerre du Pélo-
ponnèse. (6 vol.).

TRIPHIODORE.
La Prise de Troie. (1 vol.).

XÉNOPHON.
Anabase. (2 vol.).
L'Art de la Chasse. (1 vol.).
Banquet. - Apologie de Socrate.
(1 vol.).
Le Commandant de la Cava-
lerie. (1 vol.).
Cyropédie. (3 vol.).
De l'Art équestre. (1 vol.).
Economique. (1 vol.).
Helléniques. (2 vol.).

XÉNOPHON D'ÉPHÈSE.
Ephésiaques ou Le Roman
d'Habrocomès et d'Anthia.
(1 vol.).

ZOSIME.
Histoire nouvelle. (5 vol.).

Série latine

dirigée par Paul Jal

Règles et recommandations pour
les éditions critiques (latin).
(1 vol.).

AMBROISE (Saint).
Les devoirs. (2 vol. parus).

AMMIEN MARCELLIN.
Histoires. (5 vol. parus).

AMPÉLIUS.
Aide-mémoire. (1 vol.).

APICIUS.
Art culinaire. (1 vol.).

APULÉE.
Apologie. - Florides. (1 vol.).
Métamorphoses. (3 vol.).
Opuscules philosophiques. (Du
Dieu de Socrate - Platon et sa
doctrine - Du monde) et Frag-
ments. (1 vol.).

ARNOBE.
Contre les Gentils. (1 vol.
paru).

AUGUSTIN (Saint).
Confessions. (2 vol.).

AULU-GELLE.
Nuits attiques. (3 vol. parus).

AURÉLIUS VICTOR.
Livre des Césars. (1 vol.).

AURÉLIUS VICTOR (Pseudo-).
Origines du peuple romain.
(1 vol.).

AVIANUS.
Fables. (1 vol.).

AVIÉNUS.
Aratea. (1 vol.).

CALPURNIUS SICULUS.
Bucoliques. CALPURNIUS
SICULUS (Pseudo-). Eloge
de Pison. (1 vol.)

CATON.
De l'Agriculture. (1 vol.).
Les origines. (1 vol.).

CATULLE.
Poésies. (1 vol.).

CÉSAR.
Guerre d'Afrique. (1 vol.).
Guerre d'Alexandrie. (1 vol.).
Guerre civile. (2 vol.).
Guerre des Gaules. (2 vol.).

CICÉRON.
L'Amitié. (1 vol.).
Aratea. (1 vol.).
Brutus. (1 vol.).
Caton l'ancien. De la vieil-
lesse. (1 vol.).
Correspondance. (9 vol. parus).
De l'Orateur. (3 vol.).
Des termes extrêmes des Biens
et des Maux. (2 vol.).
Discours. (22 vol.).
Divisions de l'Art oratoire.
Topiques. (1 vol.).
Les Devoirs. (2 vol.).
L'Orateur. (1 vol.).
Les Paradoxes des Stoïciens.
(1 vol.).
De la République. (2 vol.).
Traité des Lois. (1 vol.).
Traité du Destin. (1 vol.).
Tusculanes. (2 vol.).

CLAUDIEN.
Œuvres. (1 vol. paru).

COLUMELLE.
L'Agriculture. (2 vol. parus).
Les Arbres. (1 vol.).

COMŒDIA TOGATA.
Fragments. (1 vol.).

CORNÉLIUS NÉPOS.
Œuvres. (1 vol.).

CORIPPE.
Eloge de l'Empereur Justin II.
(1 vol.).

CYPRIEN (Saint).
Correspondance. (2 vol.).

DRACONTIUS.
Œuvres. (2 vol. parus).

ÉLOGE FUNÈBRE D'UNE MA-
TRONE ROMAINE. (1 vol.).

L'ETNA. (1 vol.).

FIRMICUS MATERNUS.
L'Erreur des religions païen-
nes. (1 vol.).
Mathesis. (1 vol. paru).

FLORUS.
Œuvres. (2 vol.).

FRONTIN.
Les aqueducs de la ville de
Rome. (1 vol.).

GAIUS.
Institutes. (1 vol.).

GERMANICUS.
Les phénomènes d'Aratos.
(1 vol.).

HISTOIRE AUGUSTE.
(1 vol. paru).

HORACE.
Epîtres. (1 vol.).
Odes et Epodes. (1 vol.).
Satires. (1 vol.).

HYGIN.
L'Astronomie. (1 vol.).

HYGIN (Pseudo-).
Des Fortifications du camp.
(1 vol.).

JÉRÔME (Saint).
Correspondance. (8 vol.).

JUVÉNAL.
Satires. (1 vol.).

LUCAIN.
La Pharsale. (2 vol.).

LUCILIUS.
Satires. (3 vol.).

LUCRÈCE.
De la Nature. (2 vol.).

MARTIAL.
Epigrammes. (3 vol.).

MINUCIUS FÉLIX.
Octavius. (1 vol.).

NÉMÉSIEN.
Œuvres. (1 vol.).

OROSE.
Histoires (Contre les Païens).
(3 vol.).

OVIDE.
Les Amours. (1 vol.).
L'Art d'aimer. (1 vol.).
Contre Ibis. (1 vol.).
Les Fastes. (1 vol. paru).
Halieutiques. (1 vol.).
Héroïdes. (1 vol.).
Les Métamorphoses. (3 vol.).
Pontiques. (1 vol.).
Les Remèdes à l'Amour.
(1 vol.).
Tristes. (1 vol.).

PALLADIUS.
Traité d'agriculture. (1 vol.
paru).

PANÉGYRIQUES LATINS.
(3 vol.).

PERSE.
Satires. (1 vol.).

PÉTRONE.
Le Satiricon. (1 vol.).

PHÈDRE.
Fables. (1 vol.).

PHYSIOGNOMONIE (Traité de).
(1 vol.).

PLAUTE.
Théâtre complet. (7 vol.).

PLINE L'ANCIEN.
Histoire naturelle. (35 vol.
parus).

PLINE LE JEUNE.
Lettres. (4 vol.).

POMPONIUS MELA.
Chorographie. (1 vol.).

PROPERCE.
Elégies. (1 vol.).

PRUDENCE. (4 vol.).

QUINTE-CURCE.
Histoires. (2 vol.).

QUINTILIEN.
De l'Institution oratoire.
(7 vol.).

RHÉTORIQUE À HERENNIUS.
(1 vol.).

RUTILIUS NAMATIANUS.
Sur son retour. (1 vol.).

SALLUSTE.
La Conjuration de Catilina. La
Guerre de Jugurtha. Fragments
des Histoires. (1 vol.).

SALLUSTE (Pseudo-).
Lettres à César. Invectives.
(1 vol.).

SÉNÈQUE.
L'Apocoloquintose du divin
Claude. (1 vol.).
Des Bienfaits. (2 vol.).
De la Clémence. (1 vol.).
Dialogues. (4 vol.).
Lettres à Lucilius. (5 vol.).
Questions naturelles. (2 vol.).
Théâtre. (2 vol.).

SIDOINE APOLLINAIRE.
(3 vol.).

SILIUS ITALICUS.
La Guerre punique. (4 vol.).

STACE.
Achilléide. (1 vol.).
Les Silves. (2 vol.).
Thébaïde. (2 vol. parus).

SUÉTONE.
Vie des douze Césars. (3 vol.).

SYMMAQUE.
Lettres. (2 vol. parus).

TACITE.
Annales. (4 vol.).
Dialogue des Orateurs. (1 vol.).
La Germanie. (1 vol.).
Histoires. (3 vol.).
Vie d'Agricola. (1 vol.).

TÉRENCE.
Comédies. (3 vol.).

TERTULLIEN.
Apologétique. (1 vol.).

TIBULLE.
Elégies. (1 vol.).

TITE-LIVE.
Histoire romaine. (21 vol. parus).

VARRON.
L'Economie rurale. (2 vol. parus).
La Langue latine. (1 vol. paru).

LA VEILLÉE DE VÉNUS (Pervigilium Veneris). (1 vol.).

VELLEIUS PATERCULUS.
Histoire romaine. (2 vol.).

VIRGILE.
Bucoliques. (1 vol.).
Enéide. (3 vol.).
Géorgiques. (1 vol.).

VITRUVE.
De l'Architecture. (6 vol. parus).

Catalogue détaillé sur demande

CE VOLUME
LE TROIS CENT
CINQUANTE CINQUIÈME
DE LA SÉRIE GRECQUE
DE LA COLLECTION
DES UNIVERSITÉS DE FRANCE
PUBLIÉE
AUX ÉDITIONS LES BELLES LETTRES,
A ÉTÉ ACHEVÉ D'IMPRIMER
EN JANVIER 1993
PAR
L'IMPRIMERIE F. PAILLART
À ABBEVILLE

DÉPÔT LÉGAL : 1er TRIMESTRE 1993
Nº. IMP. 8279. Nº. D. L. ÉDIT. 2992